新编 行政办公室文秘写作与规范处理全书

张　浩◎编著

中国文史出版社

图书在版编目（CIP）数据

新编行政办公室文秘写作与规范处理全书 / 张浩编著. —北京：中国文史出版社，2017. 1

ISBN 978 - 7 - 5034 - 8676 - 0

Ⅰ. ①新… Ⅱ. ①张… Ⅲ. ①行政—公文—写作 Ⅳ. ①H152. 3

中国版本图书馆 CIP 数据核字(2016)第 278540 号

责任编辑：詹红旗　戴小璇

出版发行：**中国文史出版社**
社　　址：北京市海淀区西八里庄 69 号院　　邮编：100142
电　　话：010 - 81136606　81136602　81136603（发行部）
传　　真：010 - 81136655
印　　装：廊坊市海涛印刷有限公司
经　　销：全国新华书店
开　　本：1/16
印　　张：27. 25
字　　数：518 千字
版　　次：2017 年 3 月北京第 1 版
印　　次：2019 年 7 月第 2 次印刷
定　　价：49. 80 元

目　　录

上　编　行政办公室文秘写作

下　编　公文规范处理

上　编

行政办公室文秘写作

第一章　公文写作概论

第一节　公文概述

一、公文的标准定义

公文是实施领导、履行职能、处理公务的具有特定效力和规范体式的文书，是传达贯彻党和国家的方针政策，公布法规和规章，指导、布置和商洽工作，请示和答复问题，报告、通报和交流情况等的重要工具。

二、公文的特点

公文和其他实用文体比较，具有以下五个明显的特点。

1. 鲜明的政治性和高度的思想性

公文是国家各级政权机关、各企事业单位、各组织机构的指挥意图、行动意图的系统记录，直接反映国家政权、单位、组织的政治意向和根本利益。因此，公文的政治性质，取决于国家的政治性质。我国是人民民主专政的社会主义国家，我国公文有鲜明的政治性和高度的思想性，集中体现在为广大人民群众的根本利益服务、为发展社会主义事业服务、为提高工作效率服务上。

2. 法定的作者

公文体现着国家及各级组织、单位的管理职能，因此，必须由法定的作者在法定范围内行使职权时制定和颁发。所谓法定作者，是指依法成立并能以自己的名义行使权力和担负义务的组织，各级党政机关、社会团体、企事业单位都是合法存在的法定作者。

3. 法定的权威性和行政约束力

公文是法定作者在法定范围内行使职权制定和发布的，代表着制发机关的法定权威，因此，公文，特别是下行公文，就更具有法定的权威性，有着行政领导和行政指挥的作用。公文的这一特点，是任何其他文字材料都不具备的。尊重公文的权威性、承认它的行政约束力，是保证党和国家及各级组织和单位的方针、政策、规章制度、计划等得以顺利贯彻执行的重要前提。

4. 特定的格式

公文是国家及各级组织、单位发挥管理职能的书面工具，国家规定了统一的公文格式及严格的行文规范，写作中要严谨，不能随心所欲。

5. 广泛使用性

与其他实用文相比，公文没有专业特性，因此，不分行业和地区，所有机关、团体、单位都能使用，也都要使用，是目前使用范围最广的一类文体。

三、公文的分类

公文是党政机关、企事业单位、社会团体处理行政公务往来的文书。公文是应用文中最重要而用途最广泛的文体。

公文分类的方式很多，一般可按以下五个方面进行分类。

1. 按公文的性质分类

公文有党内公文、行政公文、社会团体公文及各企事业单位公文等。

2. 按公文的来源分类

公文可分收文和发文两类。收文是其他机关发送到本机关来的文件，如上级机关发来的指示、通知，下级机关报送的报告、请示等。发文是由本机关制发的文件，一部分是发送给需要用它进行工作联系的其他机关，一部分是下发给本机关内部使用的文件。

3. 按公文的行文方向分类

公文可分为上行文、下行文和平行文。上行文是指下级机关向它所隶属的上级领导机关发送的文件，例如请示、报告等。下行文是指领导机关对下属机关的发文，例如指示、决定、决议、通报等。平行文是指同级机关或不相隶属的机关（即没有领导或业务指导关系的机关）之间的来往文件，例如公函。

4. 按公文发送与处理的时间要求分类

有特急件、急件、平件三类。特急件指内容特别紧急，必须随时优先迅速传递处理的文件。急件指内容紧急，必须打破工作常规优先迅速传递处理的文件。平件指无特殊的时间要求，可按工作常规传递处理的文件。

5. 按公文内容的机密程度分类

公文可分为绝密公文、机密公文、秘密公文和普通公文。绝密公文指含有最重要的国家秘密，泄露会使国家的安全和利益遭受特别严重损害的公文。机密公文是指含有重要的国家秘密，泄露会使国家的安全和利益遭受严重损害的公文。秘密公文是指含有一般的国家秘密，泄露会使国家的安全和利益遭受损害的公文。普通公文是指可以向人民群众公开发布或在机关组织内部使用的公文。划分秘密等级要准确，划分过宽，容易失密；划分过严，会妨碍工作的开展。

四、公文的作用

1. 领导和指导的作用

公文的内容反映党政机关或企事业、单位组织工作的意图，所以具有领导和指导工作的作用。在传达贯彻党和国家的方针政策、发布行政法规和规章、统一上下级思想及行动方面，通过公文来进行上传下达。各级组织可以认真领会上级组织的精神意图并按照这一精神意图进行工作、开展活动。公文本身就体现了上级对下级的领导和指导作用。

2. 宣传和教育的作用

公文既是推动工作的工具，也是向广大干部群众进行宣传教育，使他们提高认识、统一思想的武器。所以公文虽然与报纸、图书上的宣传教育材料不同，但也具有一定的宣传教育作用。特别是一些纲领性文件、重大政策性文件和党政领导同志的批示、指示及各级组织的决定，其宣传教育作用十分明显。

3. 联系和关照的作用

国家机关包括了党政各级机关、企事业单位和社会团体。每个系统机关有各自相应的权限范围，要保持国家机关、企事业单位、社会团体正常运转，又需要各系统之间有互相配合、互相促进的关系。这种互相之间的关系，包括上下之间的纵向联系，也包括各同级机关之间的横向联系。这种联系的纽带之一，就是公文。与联系作用紧密相关的是知照作用，即公文是为了把有关事项通知、关照对方，使之了解情况，使机关之间得以保持联系、互通信息，从而有秩序地开展工作。

4. 依据和凭证的作用

公文反映了制发机关的意志、愿望和要求，收文机关要贯彻落实这一意图，就必须以公文来作为依据，根据公文的内容要求开展工作、处理问题。一方面，上级机关所发的公文对下级机关来说，无疑都是工作依据。另一方面，下级机关所发的公文，如请示、报告等，对上级机关来说，同样也有依据作用。上级机关就是根据这些上行的公文来了解下情，作为制定正确决策的参考依据，或作为针对性答复问题、指导具体工作的凭证。

5．规范和制约的作用

公文作为管理国家的重要工具，其权威性和法定性赋予了它以规范和制约社会行为和公民活动的作用。正所谓“国有国法，家有家规”。公文中有许多法规、命令、条例、告示、公告等，不仅规范和制约着机关单位工作人员的行为活动，甚至直接规范和制约着人们日常生活中的行为活动。例如《北京市人民政府关于禁止春节期间在市区燃放烟花爆竹的规定》一经发布，便具有法律效果，任何人都不得违反。又如，一些在公共场所不准乱扔垃圾的公告和规定等，也具有制约人们行为的作用，同时它们也是保证社会秩序稳定的武器之一。

五、公文的一般格式

国家规范办公的公文，具有特定的格式，保证了公文的权威性、完整性、科学性和效率性。公文基本上是由两部分组成，即基本部分和附加标记部分。基本部分包括标题、受文机关名称、正文、附件、发文机关名称、发文日期等。附加标记部分包括文件版头、发文字号、机密等级、紧急程度、附注等。

1．标题

公文标题一般要标明发文机关、事由和文种三要素，如《中共中央、国务院关于抗震减灾紧急指示》；也有只用发文机关和文种做标题的，如《北京市人民政府公告》；还有用事由和文种做标题的，如《关于任命×××为市委办公室主任的决定》；为了引人注目，也有只用文种做标题的，如《通知》《公告》等。

2．受文单位

公文的受文单位分为主送单位和抄报、抄送单位三种。主送单位就是公文的接受者、主办者，负责贯彻或研究答复公文内容的单位。主送单位名称在标题下一行顶格写，后面加冒号。需要同时上报的单位称抄报单位，需要同时送达的平行不相隶属或下级单位称抄送单位。抄报、抄送单位名称写在公文末页下端，通常用两条横线上下隔开。

3．正文

公文的正文一般分为三部分：

第一部分是开头，称引据部分，简要说明发文的原因和依据。

第二部分是主体，是公文主体部分，要求重点突出，条理清楚。

第三部分是结语，简要提出要求和希望。一般根据上行、下行、平行的不同文种，采用不同的结语。如“是否妥当，请予指示”“此令”“特此函复”等。

4. 附件

公文的附件是随公文一起发出的文件或材料。一般分两类：一类是对公文的补充，说明或证实的文字材料、图表、凭据等；另一类是随文颁发的规章制度、办法、规定，以及向上级机关报送或向下级机关“批转、批发”的文件。附件是附在正件之后的，一般在附件的正文前另起一行写上“附件”二字。

5. 发文单位、发文日期

公文的发文单位应使用全称，如“北京市人民政府”，或规范化的简称，如“中共中央”，写在正文下边偏右处，印有文件版头的公文发文单位可以不写，只在发文日期中间加盖公章。

发文日期要写明年、月、日全称。

6. 文件版头、发文字号

正式公文一般都印有版头，即在文件开头正中印有发文单位的名称和公文种类，如“辽宁省人民政府文件”，用大字体标写，通常套红，以示庄重。

发文号标在文件头下边正中处，如“中发〔2014〕××号”，发文号下边用一红色横线与正文区分。

7. 机密等级、紧急程度

按照中共中央保密委员会规定，涉及党和国家机密的公文，应根据内容确定机密等级，在标题右下方标明“秘密”“机密”“绝密”等字样。

根据公文办理和送达时间的要求，确定公文紧急程度，在标题左上方标明“急”或“特急”等字样。

第二节　公文写作技巧和要求

一、公文的布局技巧和要求

公文的布局，就是搭好文章的结构架子，即遵循一定的逻辑，有规则、有次序地依据文章主题的需要，对材料加以排列组合，使文章成为一个有机的整体。

公文布局的基本要求之一是严谨。严谨指公文结构要使材料之间缜密、纲目清晰、逻辑性强，使人感到材料的组合严丝合缝。

基本要求之二是完整。完整指构成文章的各个局部结合得完美统一，而且各个局部相应齐备，没有残缺。要使文章有头、有尾、有起、有承、有转、有合，开头有交代，结尾有照应说明。

基本要求之三是匀称。要使文章疏密相间、详略得当。将主体文字置于中间，分为多层、多段展开，详细论述，谓之密笔；而把目的、意义、希望、要求等放在开头或结尾，作为单段、概要简述，谓之疏笔。切忌将中心内容压在一头，一团乱麻，令人喘不过气，难以读懂。

基本要求之四是连贯。连贯指文章的各部分在内容脉络上要相互贯通、协调一致，语言上要注意过渡，衔接紧密、自然，文中不能出现互不相干或自相矛盾的现象。

公文的布局一般使用以下五种方式。

1．分列小标题式

全文分若干段，依每段内容归纳出一个小标题。通常指示性通知、调查报告、决定、简报、通报等都经常用这种形式。

2．分块式

全文分成几大块，每一块独立成章，块中可有自然段，每块前面正中加（一）（二）（三）等序号。通常调查报告、工作总结、会议纪要等采用分块式。

3．并列式

并列式指在公文开头以简要的语句开宗明义以后，正文部分是若干并列的句子，有的句与句押韵，以诗歌、顺口溜的形式表述。通常守则常用这一形式。

4．章、条、款分列式

这种形式是把全文分成几章，章下分条，条中有款，条目清晰，款项明了。通常章程、规定、规则、办法、细则等法规性公文采用此方式者多。

5．转发、转述式

用批转、转发、转述的方式，把上下级或平级的有关公文转印给下级单位，一般在文首以“现将××转发给你们，望遵照执行”形式以文载文。通常批转性通知、转发性通知、简报等都采用这种形式。

二、公文的表达方式技巧

1．公文运用表达方式的含义

公文既要记述概要、叙述清楚，又要议论发挥、剖析义理，还要说明措施、提出要求。因此，公文的表达方式以叙述为基础、议论为手段、说明为目的，三者综合运用。

由于公文的内容制约了表达方式的采用，因此，当公文的主要内容不一样时，其表达方式就各有侧重。具体来讲，以反映情况为主要内容的公文，表达方式侧重于叙述；以阐明道理为主要内容的公文，表达方式侧重于议论；以提出要求为主要内容的公文，表达手段侧重于说明。

2．公文运用表达方式的作用

与记叙文的表达方式相比较，公文中的叙述带有显著的概括性。公文中叙述事物，不像记叙文的断面特写、细节刻画、气氛渲染，而是直叙本质、明确无误。公文中叙述事件，不像记叙文那样详写事情发展变化的具体过程，描绘复杂、曲折的生动情节，而是概括反映全貌，明白叙说梗概。公文中表述情感，不如记叙文奔放或细腻，而是庄重、鲜明。

与议论文的表达方式相比较，公文中的议论带有直接的目的性。任何议论都是为了得出相应的结论，证实某一问题，都带有目的性。但议论文（如社论、评论、学术论文）旨在影响读者，并非针对某一具体事项提出要求，所以带有泛论的属性。而公文中的论述是为解决实际工作中某一问题、围绕既定要求而发，不允许偏离目的，写无关的内容，更不得放言空论。

说明是公文的主要表达方式，每篇公文中都有完整的说明文字。但就总体而论，公文综合运用了这三种表达方式，所以它不同于说明文。

三、如何写好公文

1．提高政策水平

就某种意义讲，公文的撰写过程，即是执行政策、依靠政策、理解政策、表达政策的过程，所以撰写者必须具有较高的政策水平，要了解相关的方针政策，熟悉相关的法律规定，善于把握政策新动向。否则，写出的公文将会失败。例如，有个城建开发公司，在请示中把大片保证城市居民蔬菜供应的菜田作为建房用地，因没有了解国家在这方面的新规定，以致请示碰壁。

2．拓宽知识领域

公务活动涉及社会各方面，因素复杂多样，所以就要求撰写者具备多方面知识，否则就不能适应公务活动的需要。很难设想，一个知识面很窄的撰写者会写出较好的公文。因此，要求撰写者尽可能地通晓政治、经济、哲学、管理等各方面的知识，甚至对于社会学、心理学、公关学、行政学等也要知晓。当然，不是要求每个撰写者成为全才或各方面的专才，也不要求每门知识都掌握得深透，只是要求撰写者知识面越宽越好，从实际出发，尽量拓宽知识领域，打好坚实的知识基础，并有必备的合理的知识结构。

3．精通业务知识

公文是为了解决生活中、工作中的实际问题而撰写的。每个单位、部门都有自己的业务与工作要求，只有熟悉了有关的情况，在写作时才能把事情叙述清楚，把道理讲明白，把要求提明确。很难想象，一个从事公文写作者，对党政机关的实际不了解，又不懂行政管理的规律，能写出符合行政实际的公文。又如，拟定一份购销合同，不仅要了解《中华人民共和国合同法》，而且还要熟悉销售方与生产方的情况，如销售方的销售地点、商店分布、价格情况、储存仓库等，生产方产品的质量、规格、发货地点、运输情况、售后服务等。如果不熟悉有关情况，拟出来的合同就不可能合理。

4．要有写作基本功

应用文写作虽有自身的特点与格式，但又必须遵守一般文章写作的规律，如提炼观点、选择材料、安排结构、锤炼语言、起草修改，以及根据目的内容采取记叙、议论、说明等方法。如果不掌握这些写作基础知识和基本功，就会失去写好应用文的基础。因此，必须打好语文基础，练好写作基本功。

5．要有逻辑思维

公文写作是以逻辑思维为主，要求写作者在认识过程中借助概念、判断、推理去反映现实，用科学抽象概念揭示事物本质，表述认识现实的结果。逻辑思维在自己的运动过程中，极力舍弃思维对象的外在感性形态，而努力去把握它的内在本质，舍弃思维对象之间的偶然联系，积极地把握它们的必然联系。逻辑思维与形象思维往往是既有区别而又相辅相成的，但在公文写作中则是以逻辑思维为主。

掌握公文写作的思维特点是写作公文的关键，因为公文具有鲜明的思维过程的规定性。

6．学以致用

公文写作是为了解决日常生活、学习与工作中的实际问题，也就是说，学公文写作是为了“用”，因此，在学习时既要掌握应用文写作的理论，又要联系生活、学习与工作中的问题进行思考、研究、探讨，以便找到解决的办法，使学与用结合起来，统一起来。

要理解公文写作的性质、特点、作用、写法，还要多读一些党中央、国务院以及省、市党政机关发布的合乎规范的文书，了解它们在思想内容、表达形式、写作方法、版面设计等方面是如何处理的。如果接触到一些不规范的文书，也要进行思考与分析，从中吸取教训。此外，还要阅读一些相关的论著，以开拓思路，扩大眼界。

写作是一种技能，技能是要经过反复实践才能获得的。学习公文写作理论，重要的还在于实践。只有通过实践，才能把知识转化为能力，形成熟练的技巧。做好教材所提出的练习是一种实践，除此以外，还要结合日常所遇到的事情来写，如开会时做记录，会后编简报、写纪要，讲话前写讲稿，开学初订学习计划，学期结束时写总结，开展社会调查时写调查报告，等等。要多写多练，才能掌握公文写作的技能技巧，成为一个文笔高手。

四、公文书面语体要求

现代公文语体，建立在书面白话语体基础上，既具有与其他体裁用语的共性，又形成与一般文章不同的特点。

1. 词语

公文用语必须规范、凝练、概括、简洁、周到、严谨。

公文写作应该以规范的书面白话为基础，一般不用口语、方言、俚俗语表述。公文中的词语应概念清楚，有严格的限定；含义准确，已约定俗成，如：凡、皆、审核、管辖、惩戒、事宜、量力而行、概不追究、统筹兼顾等词语，均无二义。对于多义词，则少用喻义、引申义，尽量采用其直接词义，使词义通晓，理解统一，不使阅文人曲解、误会。

公文中许多凝练词语是沿袭历代文言，具有特定含义，很难用同义白话替代，而且言简意赅，易为广大人员领会、理解、形成专门语。经长期使用、淘汰、选择，已趋于定型，使用位置也比较固定。例如：

开头词：近查、根据、兹因、遵照。

称谓词语：本部、贵厂、该单位。

请示词：拟请、恳请、特请。

询问词语：当否、如无不妥、是否可行。

表态词语：业已颁发、存案备查、遵照执行、参照办理。

结尾词语：特此报告、为荷、为要、此布、此令。

公文中多用概括词语，从而使既定范围内的事物全部纳入。对专门领域，公文仅采纳其范围广泛但程度浅显的行业用语，以照应公文推动相关公务的用途和兼顾不同类型读者的需要。

公文用语简洁，大量运用联合短语作主语或谓语、宾语，如，“积极会同工商、税务、审计、监察、公安等部门，对各类营业性组台（团）演出活动实行有效的监督、检查、管理”。公文中常用“的”字结构词组来省略所表述客观对象的中心词，以趋简要。

公文为表述周严，大量使用介宾短语作定语、状语，从目的、范围、条件、依据、方式等方面加以修饰，来限定被表述的对象、动作，成为一种较为固定的表达方式。公文中常以名词作宾语，前缀“严禁”“严加”“禁止”“予以”“给予”“加以”等动词作谓语以构成短句，如，“予以打击”“严禁走私”等。

2. 修辞

文书以实用为目的，主要表达方式是叙述、议论、说明，不要求抒情、描写，不追求语言的艺术化，不用或少用夸张、委婉、比拟、含蓄等积极修辞手段，为使语言明白、通畅、稳密，主要采用消极修辞。

消极修辞并不意味着不讲究辞章，不追求语言美，而是不凭借华丽辞藻，以质朴流畅的语言、明确的叙事表意，于平淡中见神采，显示精练美、平直美、朴实美。这比藻饰铺陈更见功力。因此说，“文章不难于巧，而难于拙；不难于曲，而难于直；不难于细，而难于粗；不难于华，而难于实”。

为增强文势，显示事理程度上的差异，也常适当运用排比、对偶、反复等修辞手法，但在缜密、严谨上多下功夫。

3. 语法

公文写作必须遵守语法规则，格式结构完整，必要的主、谓、宾语和附加成分完备，单、复句应分清，若违背语法规则，就会出现文理不通现象，影响思想、内容的表达。公文行为讲究简练，但不能太简，不能任意压缩句子成分，而造成残缺不全，含义不明，更不能将两层意思混在一起，造成语意混乱。在句式结构齐备的前提下，应注意相关句子成分的搭配，特别是运用联合短语作句子成分时，并列谓语动词与同一宾语是否对应，在运用句群时，多组状语与单一动作是否和谐，多组定语与同一名词是否相称，等等。

公文句类主要使用陈述句和祈使句，用以直接、明确地表示：是什么，不是什么；是怎样，不是怎样；做什么，不做什么；应怎样做，不应怎样做。句型则多用主谓句，规章制度非针对特定对象的，也常使用无主句。为避免歧义，多用完全句，少用省略句，即使用省略句也是承上省略，以使语句含义不言自明。

4. 节奏

为增强公文的感染力，往往通过句式的长短，来显示出节奏，以蓄文势。现行公文还运用多种标点符号，将并义排列，勿使错置；近义辨析，勿使纠缠；同义集中，勿使分离；反义区分，勿使混淆。

公文的用语表达还应慎重。命令（令）、指令词措辞庄重、强硬，语气明确、肯定，斩钉截铁，不可更易。指示、计划等应有伸缩性，一般不用绝对肯定的语气，为下级灵活执行留有余地。决定、决议、发言、讲话、讲演词要鲜明犀利。批复、批示、批转或转发通知则明确、稳健。请示、报告、总结、调查报告可适当增饰词采，以求生动活泼。布告、公告、通告则要求明白晓畅、通俗易懂。章则条规、契约、条据则要求措辞精确、语意精密、无懈可击。

五、公文材料的提炼技巧和要求

1. 材料的收集

公文写作者要得心应手地完成各类写作任务，首先必须收集材料。

收集材料首先要注意广泛性。收集上下左右和本单位已有的公文、简报、总结、大事记、规章制度等。要求各业务职能部门提供、报送材料。通过参观学习、出席会议、函索、交换等手段，收集其他机关、系统、行业的材料。剪辑、摘要各类报纸、内部刊物、书籍上的材料。

收集材料还应注意政策性。注意收集党和国家的方针、政策、法令、法规及上级下发的材料，收集有关领导的讲话、指示，以便撰文中引证、查考，作为提出本地区、本行业、本单位具体实施办法的依据。

收集材料还应体现实用性。要根据本系统、本行业、本单位的权限、职能、隶属、业务关系，划定收集范围，提高材料的质量和效益。

2. 材料的鉴别

调查者不能简单地有闻必录，把所记载的情况都当作可靠材料，而应下一番功夫审查、验证。

（1）审定材料来源，分清是提供者的亲身经历，还是得之于传言。

（2）考察提供者与所述事项有无直接、间接利害关系，剔除出于个人动机而夸大、缩小、杜撰的部分。

（3）衡量提供者的思想政策水平和观察、领悟、表述能力，弥补其因经历局限、认识片面、词不达意而造成的偏差。

（4）将不同来源的材料相互印证、比较对照，以鉴别真伪、正误。

3. 材料的整理

写作调查的主要任务，是掌握情况以充实材料，掌握情况是手段，用于写作是目的，为方便日后撰文时采用，需要下一番功夫。

（1）割舍累赘、重复、空洞无物的文字记载，以免玉石混杂。

（2）凡相对独立的某一情况，应删削可有可无的语句、文字，简明扼要地摘录其实在内容。

（3）凡适用性广的重要情况，皆摘抄成卡片。每张卡片限载某一结论或事例、数据，可分可合，灵活方便。

（4）凡比较零散、细碎的情况，应适当概括、汇总、统计，以利定量分析，反映整体面貌。

4．材料的条理

一次调查中，对一个点的情况，须根据内在联系，写成条理清晰的综合材料，使之一目了然。对几个点上的同一方面情况，应适当横向比较。

5．材料的分析

在把握事实的基础上，分析材料的类型、用途，批注简短结论，以方便日后撰写文稿时选用。

（1）性质分析。性质分析是指辨别材料是适用于宏观方面的材料，还是适用于微观方面的材料；是概括性情况，还是具体事例；是内部控制的保密材料，还是可普遍采用的公开材料。

（2）主次分析。主次分析是指考察材料是反映个别、特殊、局部的情况，还是具有一般、共性、全局意义的代表性材料；是正常态势，还是反常特例；是说明某一问题的主干材料，还是辅助材料。

选出的材料要做到三个结合：

（1）新旧结合。以反映现状的材料为主，又有反映既往情况的材料，以利新老相参、今昔对比。

（2）正反结合。服务于同一结论，正面材料能确立论点、阐明道理，反面材料能提供反证、增进深度，以利正反相成。

（3）点面结合。点上的典型材料利于见微知著，面上的概况材料利于统观全局，写作时可以点面相援。

六、公文的主旨

1．公文主旨的含义

公文的主旨是通过公文的全部思想内容表现出来的一种贯穿全文的基本观点和中心思想。公文的主旨和文艺作品的主题不同，公文的主旨不是“从场面和情节中自然地流露出来的”，而是以事论理，直截了当地点明主张什么、反对什么，把观点明白无误地告诉阅者。因此，公文主旨在写作前就必须十分明白地确定下来。主旨确定了，文章才有方向，才能坚定不移地去按照主旨组织文章。公文的主旨可控制全篇，决定公文成败。

2．公文主旨的三要素及作用

公文的主旨包括三方面因素：

首先是公文的中心思想，也就是公文要表示的意见、要求、办法、主张、措施等。一篇公文无论是长是短，无论是什么文种，都是为了解决公务活动中的现实问题而写的。这些解决现实问题的意见、要求、办法、措施、主张就是公文中心思想的体现。

其次是公文所述事项的背景、原委。这些背景和原委就是公文主旨产生的基础。

最后是公文的写作目的。一般公文都要在一开篇就用“自我说明”的方式直接表述清楚该文的写作目的。

中心思想、原委和背景及写作目的这三个要素是公文主旨的完整体现。有些公文，如决定、通告、指示性通知、指导性通报、大型会议纪要及机关应用文中的综合性总结和综合性的调查报告，都采取“三要素”共同组合的形式确立公文的主旨。公文主旨除靠三个要素组合体现外还有两种不同情况，一是只有一个要素，只写出写作目的或只体现中心思想，比如批转、转发、公布性通知等仅有写作目的一个要素，但这个要素就是全文主旨的完整体现。像一些内容单一的指令、命令、公告、通告、批复等全文只有中心思想一个要素，主旨通过中心思想体现。有些公文则采用写作目的和中心思想组合体现主旨，或者仅有背景和中心思想两个要素组合，比如“请示”往往没有写作目的。

总之，公文的原委、背景是公文主旨的前因，目的则是公文主旨中的期望达到的结果成分，中心思想是公文主旨的核心。“三要素”从各个不同侧面服务于主旨。

一篇公文只表达一个思想，提出和解决一个问题，沟通一个情况，不可表达两个或更多的中心思想，主旨不可分散。

对公文主旨的表述一定要态度明朗，观点明确。是则是，非则非，清清楚楚，明明白白，毫不含糊。在公文的观点中或语言使用上丝毫的模糊、泛泛之谈都会使阅者不知所从，使某些人有机可乘。

七、公文起草和修改技巧与要求

1．写作前的构思

写作活动，是一项创造性的精神劳动。起草阶段，是写作的“实践”阶段。写作主体时必须思想高度集中，潜心思索。这如同演员演戏，一个演员要把戏演得精彩，总是千方百计地进入角色。起草公文时，需要写作者身临其境，全神贯注，全身心进入角色，为行文一气呵成创造良好的心境。有时，在行文中也会发生阻隔，但只要进入角色，也能集中精力一鼓作气，攻克难关，进入“柳暗花明又一村”的境界。因此，写作的行文阶段需要最佳精神状态。假若“走神跑戏”，心猿意马，甚至想入非非，要写好文章是不可能的。

2．抓住灵感

经过艰苦的构思过程，文章框架结构已经建立起来，思路豁然贯通，神思飞动，文思泉涌，中枢神经高度兴奋，“灵感”来临。这时，就应“趁热打铁”，一气呵成，让汹涌奔腾的思潮一泻无余，“力气用在刀刃上”。这样，不仅能发挥理论水平、知识积蓄和写作才能，而且能增强文章的整体感，取得最佳写作效果。错过“灵感”来临时机，再去捕捉，就要大费周折。

有鉴于此，那种写写改改、折腾来折腾去的做法，既浪费时间，又写不出水平。特别是在字句上下功夫过多，是起草的大忌，必须避免。日常工作和琐碎事务相互穿插，随着思考对象的频繁变换，起草者思绪分散，注意力转移，在间隔的几段时间内所草成文稿，极易内容交叉、语意重复或衔接不紧、角度移异，从而，在全篇和谐、各部分协调等方面产生严重缺陷，日后修改势必耗时费力。

3．掌握方法

有些文稿的起草受多方面牵制，特别是会议总结、调查报告等综合性文稿，许多素材须随着工作活动的逐步展开才能获得，总体情况依赖各方面的提供、汇总，关键观点、结论有待领导讨论敲定。而一旦材料准备齐全，文稿使用时限也接踵而至，来不及从容推敲、构思，易形成先等后赶的局面。为防止延迟误事或草率成篇，应不待万事俱备就先行动笔，将撰写起点推前。

根据纲目，可将通篇分为几大部分，每一部分再分为若干单元，每一单元做一卡片，分别编号。随着工作进程的展开，对材料充分和思考成熟的单元先行另页撰写成文。而绕过材料不足、筹思未熟或尚无定论的单元，留待条件具备后再写。等各单元全部完成，再从头至尾串联起来，调整内容、修改文字、贯通语气，集各段为全文。

4．重复修改

任何公文写作者，无论其经验如何丰富、才思如何敏捷，撰写中总难免有思虑不周、疏漏失误之处。其原因在于：

（1）文稿应是对所述工作情况的本质、真切、概括的反映，是对规律性的正确、深刻、全面的认识。但是，公文写作的受制性、时限性等特点，决定了执笔人必须遵循机关指令撰写。即使面对不完全熟悉的情况，作为写作任务，执笔人既无可推托，也不能旷日持久。因此，执笔人可能会对领导意图理解偏差，对实际情况掌握不全，形成“意不称物”的缺陷。修改就是深化认识、更正补充、正确表述的过程。

（2）即使撰文人事前将领导意图吃得很透，对实际情况摸得很准，思想认识正确无误，在把它转化为文字的过程中，也难免会“文不达意”。修改也是使文字表述切合初衷的重要一环。

（3）构思中对层、段、句、词酝酿得越细密、深入，在脑海中的串联也就越复杂，局部印象也就越不稳定。因此，起草时需要力求速成，然后再从不同角度、方面对文稿进行全面检查。从这一写作规律出发，主动修改自己起草的文稿，实际上是起草的延续和深化。

5．怎样修改

修改公文主要是从主题、观点、材料、结构、语言五个方面认真推敲。

（1）主题是否明确。一篇公文在写作前就必须有十分明确的目的。要说明和解决什么问题，务必表述清楚。要想检验主题是否明确，首先，看文稿是否抓住了重点问题，并且针对重点问题是否做出了明确的回答，全文是否句句段段都围绕这一重点问题展开。这是大问题，如果文稿中这方面有问题，一定要全面认真改稿；其次，要注意一篇公文只能有一个中心，不能什么都写，并列一起，什么问题都想一起解决，这样会影响主要问题的解决。因此，发现这样的问题要删去多余的，坚持只在主要问题上下功夫；最后要注意考虑所选材料是否能说明问题，如果材料与主题不符将会闹笑话，会大大减弱文章的说服力，因此，所选材料要典型，否则就必须更换。有了重点问题，有了充分的能说明问题的材料，还要有充分的科学的分析论证，使观点与材料融为一体，使材料、事例紧扣观点，充分论证，观点鲜明，有论有据。

（2）观点是否正确。修改文章要注意文稿的基本观点是否正确，是否符合辩证唯物主义。如有片面的、绝对化的内容务必要纠正。文中所提的要求、号召、措施等也必须符合党和国家的方针、政策、法令，否则必须修改。

（3）材料是否可靠。公文中的材料必须确凿，材料与实际情况必须完全吻合。因为公文中的材料是观点赖以生存的关键，材料不实，观点站不住脚，文稿也就没有说服力了。因此，文稿动笔前就必须审查材料的真实、确切程度，写完后还必须再三审核，否则文笔再精彩，公文也无法产生说服力无法具有权威性。

（4）结构是否完整、清晰。修改公文要注意公文格式是否正确、完整。各文种的不同特点是否抓准确，并在文中体现出来了。此外还要检查公文层次是否清楚，是否符合大多数人的思维习惯，段与段的联系是否紧密，首尾是否照应，过渡是否自然，有没有重复或与全文中心脱节之处，如有以上结构上的问题，必须逐一改正。

（5）语言是否准确、简练、流畅。公文语言首先要准确，模棱两可的公文让人看了不知所从。因此，在修改时发现有概念含混不清，容易产生歧义的必须修改。比如“免职”不含贬义写成含贬义等。再比如公文中的数量词要准确，在语言运用上限制要明确。其次公文用语要得体，如修改时发现在各文种中出现与该文种口气、提法、感情色彩不适宜、不得体的必须修改。公文语言要朴实，不赶时髦，不滥用修饰语，注意端正文风。在使用专用名词、时间、地点、人名、数字时要注意规范，不可以乱用简称。用到时间的表述务必用“××××年××月××日”“上午××点××分”“下午××点××分”或以每日24小时计写作“××日××点”的形式。

6. 修改方式

公文修改方式有调、删、增、换四种。

(1) 调。即做一些结构、叙述、词序等方面的调整。

①结构调整。重新安排各层次、段落顺序，以切合文稿在逻辑和主旨上的表述需要。

②叙述调整。改变同一段文字的内在表达顺序，如结论前置、先分后总等，条理清楚地反映单位制文意图，吸引收文者注意，便于理解和办理。

③词序调整，使文句顺畅。

(2) 删。即将不紧密的观点、未说明白的观点及可有可无的段、句、字删除。

①将与主旨无关或联系不紧密的分支观点删去，使中心突出。

②凡不具体、不确切、不足以说明观点的例证，虽能说明观点但平淡、一般、不典型、无代表性的例证，因使用过多“密不通风”而湮没观点的例证，皆在砍削之列。

③删掉一切可有可无的段、句、字。

(3) 增。增加推理、例证，做出交代。

①充实。观点、例证虽都正确但缺乏融汇，要适当增加符合逻辑的推理、论述，使理由充分、坚实。

②丰润。对抽象议论过多的论点，要填补贴切的例证作为依据。

③照应。对转折生硬之处增加过渡段、句、词，对须交代清楚的事项做必要说明，以免读者感到突兀、迷惘。

(4) 换。换也称改，是删、增方式的综合运用。

①主旨深化。对立意浮浅、浑浊不清的中心思想，通过深入挖掘或改换角度，使其集中鲜明。

②文意合并。将内容相近、语意重复的几段文字改写为一段。

③例证更换。将说不明白的例子删除，增补能说明问题的例证。

④语言润色。使语气得体合度，文字精练生动。

第三节 新党政机关公文格式与旧版的比较

一、新党政机关公文格式的主要特点

这次新实施的《国家党政机关公文处理工作条例》在一定意义上综合了《中国共产党机关公文处理工作条例》和《国家行政机关公文处理办法》，其主要特点有以下几个方面：

第一，统一了公文的定义。党政机关公文是党政机关实施领导、履行职能、处理公务的具有特定效力和规范体式的文书，是传达贯彻党和国家方针政策，公布法规和规章，指导、布置和商洽工作，请示和答复问题，报告、通报和交流情况等的重要工具。

第二，统一了公文种类。原来党的机关公文种类有 14 种（决议、决定、指示、意见、通知、通报、公报、报告、请示、批复、条例、规定、函、会议纪要），原来行政机关公文种类有 14 种，有命令（令）、决定、公告、通告、通知、通报、议案、报告、请示、批复、意见、规定、函、会议纪要，两者之间只有 9 个文种是相同的。新实施的《国家党政机关公文处理工作条例》规定的公文种类有 15 种，有决议、决定、命令（令）、公报、公告、通告、意见、通知、通报、报告、请示、批复、议案、函、纪要，可以理解为是在行政机关公文种类基础上增加了党的机关的“决议”和“公报”两个文种。这里大家注意，除了文种种类统一以外，还有一点就是“会议纪要”改成了“纪要”。

第三，统一了公文构成要素。这方面变化较多，一是公文格式要素进行了调整。党的机关公文由版头、份号、密级、紧急程度、发文字号、签发人、标题、主送机关、正文、附件、发文机关署名、成文日期、印章、印发传达范围、主题词、抄送机关、印制版记组成。行政机关公文一般由秘密等级和保密期限、紧急程度、发文机关标志、发文字号、签发人、标题、主送机关、正文、附件说明、成文日期、印章、附注、附件、主题词、抄送机关、印发机关和印发日期等部分组成。这次进行了统一，规定公文一般由份号、密级和保密期限、紧急程度、发文机关标志、发文字号、签发人、标题、主送机关、正文、附件说明、发文机关署名、成文日期、印章、附注、附件、抄送机关、印发机关和印发日期、页码等组成，最大的变化是增加了发文机关署名和页码两个公文格式要素，取消了主题词格式要素。二是公文格式要素编排有较大变化，进一步细化了特定格式公文的编排要求，新增了联合行文公文首页版式、信函格式首页、命令（令）首页版式等式样。

第四，统一了行文规则。这方面，变化不是很大，基本规则没有大的变化，主要是做了进一步的细化和明确。一是行文要确有必要，讲究实效。二是行文关系根据隶属关系和职权范围确定，一般不得越级行文。三是向上级行文原则上主送一个上级机关，部门向上级主管部门请示、报告重大事项，应当经本级党委或政府同意或者授权（属于部门职权范围内的事项应当直接报送上级主管部门），请示应当一文一事，不得在报告等非请示性公文中夹带请示事项，除上级机关负责人直接交办事项外，不得以本机关名义向上级机关负责人报送公文，不得以本机关负责人名义向上级机关报送公文（新增加）。四是向下级机关行文，要主送受理机关，根据需要抄送相关机关，部门和单位不得向下级党委、政府发布指令性公文或者在公文中向下级党委、政府中提出指令性要求，涉及多个部门协商不一致的不得向下行文。五是同级党政机关、党政机关与其他同级机关必要时可以联合行文。六是部门内设机构除办公厅（室）外不得对外正式行文。

第五，统一了公文处理工作，将原来《中国共产党机关公文处理工作条例》中的“公文起草”“公文校核”“公文签发”“公文办理的传递”“公文管理”“公文立卷归档”“公文保密”和《国家行政机关公文处理办法》中的“发文办理”“收文办理”“公文归档”“公文管理”统一规范为“公文拟制”“公文办理”“公文管理”三大类一系列相互关联、有序衔接的工作，从而使公文处理工作更加规范、科学。主要变化有：在公文拟制方面，要求“重要公文和上行文由机关主要负责人签发”；在公文管理方面，增加“发文立户”的规定，要求新设立的机关应当向本级党委、政府的办公厅（室）提出发文立户申请。

二、新党政机关公文格式的主要新变化

新《党政机关公文格式》对标准结构和装订要求进行了适当调整（如纸张白度由85% ~90%调整为80% ~90%，骑马订或平订，两订外订眼距版面上下边缘由1/4处调整为各70mm处），变化最大的是公文格式要素及其编排的调整。

第一，对公文格式要素的划分进行了调整。新标准将版心内的公文格式各要素划分为版头、主体、版记三部分（原标准是划分为眉首、主体、版记三部分），明确规定，公文首页红色分隔线以上的部分称为版头，公文首页红色分隔线（不含）以下、公文末页首条分隔线（不含）以上的部分称为主体，公文末页首条分隔线以下、末条分隔线以上的部分称为版记，页码位于版心外。

第二，对公文格式要素进行了调整，新增加了发文机关署名格式要素，新增

不加盖印章和加盖签发人签名章公文的相关规定，单一机关行文不署发文机关名称改为在成文日期之上、以成文日期为准居中编排发文机关署名，同时，删除了主题词格式要素，没有了“印制份数”格式要素要求。

第三，对公文格式各要素编排进行了较大调整，如将密级和保密期限、紧急程度的编排位置由右上角改为左上角，与份号自上而下排列；又如删除“主办单位签发人置于第一行，其他签发人从第2行起”规定，要求如有多个签发人按照发文机关的顺序从左到右、自上而下依次均匀编排，一般每行排两个姓名，回行时与上一行第一个签发人姓名对齐。

第四，对成文日期中的数字格式进行了调整，由原来的汉字标全改为阿拉伯数字标，年份应标全称，月、日不编虚位（即1不编01）。

第五，对公文的特定格式进行了新规定，新增联合行文公文首页版式、信函格式首页、命令（令）格式、纪要格式版式等式样。

第六，新增加了页码格式要素，明确规定公文页码作为格式要素不可少。大家注意，原《中国共产党机关公文处理条例》有印刷分数，原《国家行政机关公文处理办法》没有，新的《党政机关公文处理工作条例》的公文要素中也没有印刷分数，而把原《中国共产党机关公文处理条例》和原《国家行政机关公文处理办法》都没有提出的“页码”作为公文的要素之一。

三、《党政机关公文格式》各要素编排规则解读

这里重点对公文格式要素及其编排做一简要梳理和归纳，便于大家理解和掌握。

第一，版头部分。

版头由份号、密级和保密期限、紧急程度、发文机关标志、发文字号、签发人、版头中的分隔线等要素组成，即公文首页红色分隔线以上的部分。

（1）份号。公文负责制份数的顺序号，即将同一文稿印刷若干份时每份公文的顺序编号，涉密公文应当标注份号。标注份号，一般用6位3号阿拉伯数字，顶格编排在版心左上角第一行。

（2）密级和保密期限。涉密公文应当标注“绝密”“机密”“秘密”和保密期限，保密期限是对公文秘密等级时效规定的说明。标注时，一般用3号黑体字，顶格编排在版心左上角第二行，保密期限中的数字用阿拉伯数字标注。

（3）紧急程度。公文送达和办理的时限要求，根据公文紧急程度，分别标注“特急”“加急”，电报应当分别标注“特提”“特急”“加急”“平急”。如需标注紧急程度，一般用3号黑体字，顶格编排在版心左上角或密级的下一行；

如需同时标注份号、密级和保密期限、紧急程度，按照份号、密级和保密期限、紧急程度的顺序自上而下分行排列。

（4）发文机关标志（原称“标识”现称“标志”），由发文机关全称或者规范化简称加“文件”二字组成，也可以使用发文机关全称或者规范化简称（一般党的机关这样使用，不加“文件”二字）。发文机关标志居中排布，上边缘至版心上边缘为35mm，推荐使用小标宋体字，颜色为红色，以醒目、美观、庄重为原则。联合行文时，如需同时标注联署发文机关名称，一般应当将主办机关名称排列在前；如有“文件”二字，应当置于发文机关名称右侧，以联署发文机关名称为准上下居中排布。

（5）发文字号。发文字号是发文机关按照发文顺序编排的顺序号，由发文机关代字、年份、发文顺序号加“号”组成。编排在发文机关标志下空两行位置，居中排布。年份、发文顺序号用阿拉伯数字标注，年份应标全称，用六角括号“〔〕”括入；发文顺序号不加“第”字，不编虚位（即1不编为01），在阿拉伯数字后加“号”字。联合行文时使用主办机关的发文字号，上行文的发文字号居左空一字编排，与最后一个签发人姓名处在同一行。

（6）签发人。上行文应当标注签发人姓名，签发人必须是本机关主要负责人或主持工作的领导。由“签发人”三字加全角冒号和签发人姓名组成，居右空一字，编排在发文机关标志下空两行位置（即与发文字号同处一行）。“签发人”三字用3号仿宋体字，签发人姓名用3号楷体字。如有多个签发人，签发人姓名按照发文机关的排列顺序从左到右、自上而下依次均匀编排，一般每行排两个姓名，回行时与上一行第一个签发人姓名对齐。

（7）版头中的分隔线。发文字号之下4mm处居中印一条与版心等宽的红色分隔线。

第二，主体部分。

主体由标题、主送机关、正文、附件说明、发文机关署名、成文日期和印章、附注、附件等要素构成，即公文首页红色分隔线（不含）以下、公文末页首条分隔线（不含）以上的部分。

（1）标题。是对公文主要内容准确、简要的概括，由发文机关名称、事由和文种组成。一般用2号小标宋体字，编排于红色分隔线下空两行位置，分一行或多行居中排布；回行时，要做到词意完整，排列对称，长短适宜，间距恰当，标题排列应当使用梯形或菱形，不应使用长方形或沙漏形。（原《国家行政机关公文处理办法》规定：“公文标题中除法规、规章名称加书名号外，一般不用标点符号”，而新《党政机关公文处理工作条例》对此没有做专门要求，实际使用中是否加标点可根据需要或视省政府办公厅使用情况而定。）

（2）主送机关。即公文的主要受理机关，应当使用机关全称、规范化简称或同类型机关统称。编排于标题下空一行位置，居左顶格，回行时仍顶格，最后一个机关名称后标全角冒号。如主送机关名称过多导致公文首页不能显示正文时，应当将主送机关名称移至版记。

（3）正文。公文首页必须显示正文。一般用 3 号仿宋体字，编排于主送机关名称下一行，每个自然段左空两字，回行顶格。文中结构层次序数依次可以用“一、”“（一）”“1.”“（1）”标注；一般第一层用黑体字，第二层用楷体字，第三层和第四层用仿宋体字标注。一般每面排 22 行，每行 28 个字。

（4）附件说明。公文附件的顺序号和名称。如有附件，在正文下空一行左空两字编排“附件”二字，后标全角冒号和附件名称。如有多个附件，使用阿拉伯数字标注附件顺序号（如“附件：1. ××××”），附件名称后不加标点符号。附件名称较长需回行时，应当与上一行附件名称的首字对齐。

（5）发文机关署名、成文日期和印章，有四种不同的情况。一是加盖印章的公文（公文中有发文机关署名的应当加盖发文机关印章，并与署名机关相符），成文日期一般右空四字编排，印章用红色，不得出现空白印章。单一机关行文时，一般在成文日期之上、以成文日期为准居中编排发文机关署名，印章端正、居中下压发文机关署名和成文日期，使发文机关署名和成文日期居印章中心偏下位置，印章顶端应当上距正文（附件说明）一行之内。联合行文时，一般将各发文机关署名按照发文机关顺序整齐排列在相应位置，并将印章一一对应、端正、居中下压发文机关署名，最后一个印章端正、居中下压发文机关署名和成文日期，印章之间排列整齐、互不相交或相切，每排印章两端不得超出版心，首排印章顶端应当上距正文（附件说明）一行之内（联合上报的公文可以由主办机关加盖印章，联合下发的公文发文机关都要加盖印章）。二是不加盖印章的公文（电报可以不加盖印章，党的机关有特定发文标志的普发性公文可以不加盖印章）。单一机关行文时，在正文（附件说明）下空一行右空两字编排发文机关署名，在发文机关署名下一行编排成文日期，首字比发文机关署名首字右移二字，如成文日期长于发文机关署名，应当使成文日期右空两字编排，并相应增加发文机关署名右空字数。联合行文时，应当先编排主办机关署名，其余发文机关署名依次向下编排。三是加盖签发人签名章的公文，单一机关制发的公文加盖签发人签名章时，在正文（附件说明）下空两行右空四字加盖签发人签名章，签名章左空两字标注签发人职务，以签名章为准上下居中排布，在签发人签名章下空一行右空四字编排成文日期。联合行文时，应当先编排主办机关签发人职务、签名章，其余机关签发人职务、签名章依次向下编排，与主办机关签发人职务、签名章上下对齐，每行只编排一个机关的签发人职务、签名章，签发人职务应当标注全称，签名章一般用红色。四是特殊情况说明，当公文排版后所剩空白处不能容下印章或签发人签名章、成文日期时，可以采取调整行距、字距的措施解决。

（6）附注。是需要说明的其他事项，如公文的发放范围、政府信息公开方式、联系人和联系电话等。如有附注，居左空两字加圆括号编排在成文日期下一行，“请示”件须在附注处标明联系人和电话。

（7）附件。公文正文的补充、说明或参考资料。附件应当另面编排，并在版记之前，与公文正文一起装订。“附件”二字及附件顺序号用3号黑体字顶格编排在版心左上角第一行，附件标题居中编排在版心第三行，附件顺序号和附件标题应当与附件说明的表述一致。附件格式要求同正文。如附件与正文不能一起装订，应当在附件左上角第一行顶格编排公文的发文字号并在其后标注“附件”二字及附件顺序号。

第三，版记部分。

版记由版记中的分隔线、抄送机关、印发机关和印发日期等要素组成，即公文末页首条分隔线以下、末条分隔线以上的部分。

（1）版记中的分隔线。版记中的分隔线与版心等宽，首条分隔线和末条分隔线用粗线（推荐高度为0.35mm），中间的分隔线用细线（推荐高度为0.25mm）。首条分隔线位于版记中第一个要素之上，末条分隔线与公文最后一面的版心下边缘重合。

（2）抄送机关。除主送机关外需要执行或知晓公文内容的其他机关，应当使用全称、规范化简称或同类型机关统称。如有抄送机关，一般用4号仿宋体字，在印发机关和印发日期之上一行、左右各空一字编排。“抄送”二字后加全角冒号和抄送机关名称，回行时与冒号后的首字对齐，最后一个抄送机关名称后标句号。如需把主送机关移至版记，除将“抄送”二字改为“主送”外，编排方法同抄送机关。既有主送机关又有抄送机关时，应当将主送机关置于抄送机关之上一行，之间不加分隔线。

（3）印发机关和印发日期，即公文的送印机关和送印日期。印发机关和印发日期一般用4号仿宋体字，编排在末条分隔线之上，印发机关左空一字，印发日期右空一字，用阿拉伯数字将年、月、日标全，年份应标全称，月、日不编虚位（即1不编为01），后加“印发”二字（原来我们一直随省政府办公厅用“印”字）。版记中如有其他要素，应当将其与印发机关和印发日期用一条细分隔线隔开。

第四，公文的特定格式。

（1）信函格式。发文机关标志使用发文机关全称或者规范化简称，居中排布，上边缘至上页边为30mm，推荐使用红色小标宋体字。联合行文时，使用主办机关标志。发文机关标志下4mm处印一条红色双线（上粗下细），距下页边20mm处印一条红色双线（上细下粗），线长均为170mm，居中排布。如需标注份号、密级和保密期限、紧急程度，应当顶格居版心左边缘编排在第一条红色双线下，按照份号、密级和保密期限、紧急程度的顺序自上而下分行排列，第一个要素与该线的距离为3号汉字高度的7/8。发文字号顶格居版心右边缘编排在第一条红色双线下，与该线的距离为3号汉字高度的7/8。标题居中编排，与其上最后一个要素相距二行。第二条红色双线上一行如有文字，与该线的距离为3号汉字高度的7/8，首页不显示页码。版记不加印发机关和印发日期、分隔线，位于公文最后一面版心内最下方，首页不显示页码。

（2）纪要格式。纪要标志由“××××纪要”组成，居中排布，上边缘至版心上边缘为35mm，推荐使用红色小标宋体字。标注出席人员名单，一般用3号黑体字，在正文或附件说明下空一行，左空两字编排“出席”二字，后标全角冒号，冒号后用3号仿宋体字标注出席人单位、姓名，回行时与冒号后的首字对齐。标注请假和列席人员名单，除依次另起一行并将“出席”二字改为“请假”或“列席”外，编排方法同出席人员名单。纪要格式可以根据实际制定。

第五，其他情况说明。

（1）页码。一般用4号半角宋体阿拉伯数字，编排在公文版心下边缘之下，数字左右各放一条一字线，一字线上距版心下边缘7mm。单页码居右空一字，双页码居左空一字。公文的版记页前有空白页的，空白页和版记页均不编排页码。公文的附件与正文一起装订时，页码应当连续编排。

（2）公文中的横排表格。A4纸型的表格横排时，页码位置与公文其他页码保持一致，单页码表头在订口一边，双页码表头在切口一边。

（3）公文中计量单位、标点符号和数字的用法，按国家标准执行。

第二章 行政机关法定公文写作

第一节 命令（令）公文写作

一、命令（令）的写作概述

1. 命令（令）的含义

命令（令），是上级领导单位向下级单位发布的一种带有强制执行性质的指挥性公文，属于最为典型的下行文。

根据《党政机关公文处理工作条例》规定，命令（令）“适用于依照有关法律公布行政法规和规章；宣布施行重大强制性措施；嘉奖有关单位及人员”。

2. 命令（令）的特点

（1）具有强制性。命令（令）是指挥性公文，集中地反映了领导机关的指挥意图，一经发布，受令方面必须无条件服从，没有丝毫可以商量的余地，不得随意变更和变通，在执行中不能有丝毫偏差。

（2）具有权威性。命令（令）是行政公文中最具权威性的下行文，使用命令是法律赋予行政机关的权力。命令不仅要求其发布机关级别规格高，而且一般以发令机关的领导人名义署名发布。

（3）具有庄重性。命令（令）的内容涉及重大事项，因此写作格式较单纯，主旨单一，文字简短明了；同时命令的语气坚定、肯定，不容置疑，不能含糊其辞，以便下级机关准确无误地了解执行。

3. 命令（令）的种类

命令（令）的种类如下：

（1）公布令。公布令是依照有关法律公布行政法规和规章的命令。

（2）行政令。行政令是国务院及其各部门、县以上人民政府采取重大强制性行政措施时使用的文种。分颁布性行政令和事项性行政令。

(3) 任免令。任免令是用于任免领导干部和其他工作人员时使用的一种下行文。

(4) 嘉奖令。嘉奖令是宣布奖励事宜时使用的一种公文。主要包括嘉奖先进的原因、嘉奖的决定、发出向嘉奖对象学习的号召三部分。

(5) 惩处令。惩处令是特定权力机关对违法者进行惩处的命令，惩处令主要用于司法机关、党政机关和社会团体，在使用惩处行文时通常以决定的形式拟文。

(6) 通缉令。通缉令是指公安机关动员和组织人民群众共同堵截、查找、追捕在逃疑犯归案而发布的命令。

(7) 撤销令。撤销令是用于撤销下级机关不适当的决定时下达的命令。

二、命令（令）的写作要领

1. 命令（令）的写作格式

命令（令）的结构分标题、发文字号、开头、主体、结尾和落款六部分。

(1) 标题

命令（令）的标题写法，通常有四种形式，即“发文机关 + 事由 + 文种”、“发文机关 + 文种”、“事由 + 文种”，除以上三种形式外，还有一种就是只写文种。

(2) 发文字号

命令（令）的发文字号的写法有两种：一是由“机关代字 + 年份 + 序号”组成；二是以令号（发文机关发布命令的顺序号）代替发文字号。

(3) 开头

开头要写明命令（令）发布的缘由，即发布命令（令）的原因、目的、根据和意义。

(4) 主体

主体即命令（令）事项。要求准确地写出决断性、强制性的规定或措施。

(5) 结尾

命令（令）的结尾，通常写明对命令（令）事项的补充说明或向受命者提出希望和要求。有些命令（令）也可根据内容要求不写执行要求。

(6) 落款

落款包括署名和发文时间两项内容。在正文后右下方署名，写上发令机关的全称或发令人的领导职务和姓名，再在其下方注明时间。

2. 写作命令（令）时应注意的问题

写作命令（令）时，必须注意下列问题：

（1）严格权限制发。命令（令）的使用范围控制较严。一般来说，除根据国家法律规定有权使用命令（令）的机关及首长外，其他机关和其他负责人不能用命令（令）行文；除某些实行准军事化管理的特殊行业如铁路、民用航空等企事业单位外，其他单位和人员不能滥用。

地方各级政府除处理特别重大的紧急事务如抢险救灾时可以破例使用命令（令）来实施指挥外，一般的日常性工作中不得随意使用。而且，无论是根据法律规定的正常使用还是特殊情况下的破例使用，都必须以法律、法规为依据，按照法律规定的程序制作、发布，其内容和形式都必须在法律许可的范围之内。

（2）要求明确，态度鲜明。命令（令）具有极强的强制性和约束力，一旦发布，受令者就须严格遵照执行，所以命令（令）必须要求明确，态度鲜明，主张什么、反对什么，要求做什么、不允许做什么，等等，都必须作不容置疑的表述，不能有丝毫的含糊，以便受令者迅速理解执行。

（3）文字精练，措辞准确。无论是何种命令（令），都要求文句简明，语气坚定，用简洁凝练而又准确鲜明的文字将内容庄重严肃地表述出来即可，不需作阐发说明。

对于语言难度较大的嘉奖令来说，尤其要处理好介绍表彰嘉奖对象事迹、阐明事迹意义和向有关各方发出号召时的用语分寸问题。

3. 命令（令）写作要求

（1）撰写或签发令文必须严肃、认真。命令（令）不得朝令夕改，使下级无所适从。

（2）命令人们完成一项任务，应该使大家明确奋斗目标及重大意义，为完成任务或达到某一目的而努力。

（3）时间、地点、数量等，必须写得十分具体，以便有关人员付诸行动和领导机关监督检查。

（4）命令（令）的语气要严肃，要求达到：表达坚决，肯定有力。

（5）结构严谨，易读易记，便于执行。对先说什么，后说什么必须安排适当。

（6）篇幅短小，文字要简练，便于熟记，以免把较长时间花费在阅读或理解“命令”上。

三、命令（令）的写作范文

◇公布令

××市人民政府令

第××号

《××市酒类流通管理实施办法》已经××××年××月××日市人民政府第××次常务会议讨论通过，现予发布，自××××年××月××日起施行。

市长　×××

××××年××月××日

◇行政令

××省人民政府关于清理道路检查站（卡）的命令

各市、县、自治县人民政府，省政府直属各单位：

为制止在公路上设卡查车、乱扣乱罚的现象，坚决纠正行业不正之风，促进经济、文化交流，保障人民群众和企业的合法权益，省人民政府决定清理在各地道路上设置的检查站（卡），特发布如下命令：

一、除我省与毗邻省（区）接壤的公路交通要道设立必要的检查站外，省内国道上的检查站（卡）从6月16日起一律撤销。

二、公安、交通、工商、税务、林业、畜牧业等部门需要在省道、县道及毗邻省（区）接壤的交通要道上设置检查站（卡），必须经省人民政府批准。各地、各部门自行设置的检查站（卡）均为非法，群众和车辆驾驶人员可拒绝接受其检查。

三、除公安干警追捕刑事案犯、打击车匪路霸、维护交通秩序及处理交通事故外，其他任何人员不得上路检查，不得拦截在公路上正常行驶的车辆，不得对旅客实施人身检查。

四、经批准设立的检查站的执勤人员，在执行检查任务时，应出示省人民政府办公厅统一核发的《公路检查证》，佩戴行业标志。无上述证件、标志的为非法检查。

五、各类检查人员执行检查公务时不得超越本职检查范围，不得搞非法扣罚。被检查者应尊重执勤人员执行检查。省各主管部门对本系统的检查人员实行有效监督管理，发现问题必须及时处理。

六、本命令责成省人民政府法制局、省监察厅及各级法制、监察部门执行，并负责对各类检查站及执法人员进行监督。被检查单位、群众认为检查人员有违反本命令的，可以向监察部门反映、举报。监察部门应及时作出处理。

七、省人民政府过去有关规定与本命令有抵触的，一律以本命令为准。

××××年××月××日

◇嘉奖令

关于对县政府信访局的嘉奖令

×政文〔××××〕××号

××××年，县政府信访局在县委、县政府的正确领导下，紧紧围绕全县稳定大局，认真落实科学发展观，创新理念、完善机制，推进信访工作规范化、制度化建设，热情接待信访群众，妥善处理人民群众反映的信访问题，认真排查化解矛盾纠纷，深入做好信访群众的教育和引导工作，切实理顺群众情绪，促进党和政府与人民群众的密切联系，为××经济发展、社会和谐做出了突出贡献。我县的信访工作领导干部一岗双责经验、重信重访治理经验、县委书记县长大接访长效机制建设经验在全市推广，我县被省委、省政府授予县委书记县长大接访工作先进县、全省信访工作先进县荣誉称号。为此，县政府决定对县政府信访局予以通令嘉奖。

希望县政府信访局戒骄戒躁，发扬成绩，再接再厉，在今后的工作中取得更大的成绩，为构建和谐××、振兴××经济做出新的更大贡献。

××县人民政府

××××年××月××日

◇惩处令

×××高级人民法院执行死刑命令

××××中级人民法院：

根据最高人民法院××××年××月××日依法授权部分死刑案通知的规定，本院已依法核准重大贪污受贿犯×××死刑。现命令你院接到此命令之日起，在7日内，将罪犯×××验明正身，核对犯罪事实无误，讯问有无遗言、信札后，交付执行死刑，并将执行情况报告本院。如发现有《中华人民共和国刑事诉讼法》第××条的应当停止执行或者应当暂停执行的情况即停止执行，并报告本院审定。

×××高级人民法院

院长　×××

××××年××月××日

◇通缉令

公安部通缉令

各省、自治区、直辖市公安厅、局，××生产建设兵团公安局：

××省××市公安局立案侦办××××酒业有限公司非法吸收公众存款案件。经工作查明，××××年××月至××××年××月期间，犯罪嫌疑人×××以高额回报为诱饵非法集资数额巨大。案发后，犯罪嫌疑人×××潜逃。

×××（在逃人员编号：×××××××××××××），男，汉族，××××年××月××日出生，户籍地：××市××路×号××室，现地址：××省××市××县××村，身高1.6米左右，身份证号码：××××××××××××××××××××。

请各地公安机关接此通缉后，立即部署查缉工作，发现犯罪嫌疑人即予扣留，并速告部二局。

对发现线索的举报人、缉捕有功的单位或个人，将给予1万元人民币奖励。

附：×××照片（略）

公安部
××××年××月××日

◇撤销令

××市人民政府撤销××县《公路过往车辆收费暂行规定》的命令

经市人民政府××××年××月××日第××次常务委员会研究决定，撤销××县《公路过往车辆收费暂行规定》。经由××县高级公路过往的车辆的收费标准按市发〔××××〕××号文件执行。

××市人民政府
××××年××月××日

第二节　决定公文写作

一、决定的写作概述

1. 决定的含义

决定是党政机关、社会团体、企事业单位对重大事项或重大行政公务做出安排而制定的一种指挥性公文，属于下行文种。上至党和国家的重大决策和战略部署，下至基层单位的奖惩事宜均可使用。

2. 决定的适用范围

决定是党政机关、社会团体和企事业单位共有的一个公文文种，但就适用范围而言，决定在行政机关的使用比在党的机关要广泛得多。在党的机关，决定“用于对重要事项作出决策和安排”；而在行政机关，根据《党政机关公文处理工作条例》规定，“决定适用于对重要事项或者重大行动作出安排，奖惩有关单位及人员，变更或者撤销下级机关不适当的决定事项”。显然，奖惩以及变更或者撤销的功能是党的机关使用决定这一文种时所未被赋予的。

“决定”的种类不同，其适用范围也不同。

例如，决策性决定是党和国家行政机关为部署所属全局工作，或采取某种重大举措而使用的一种公文。这里的“重大举措”可以理解为不同层次、不同级别的事项和行动，各级行政机关和一些单位都有重大举措。一般来说需要使用决策性决定的有以下几种情况：一是主管机关对其职权范围内的重大举措作出安排时用“决定”，如《中共中央国务院关于切实做好减轻农民负担工作的决定》；二是传达某次会议的决定、提出贯彻某项决议所采取的措施、批准会议研讨的某些事项等，如《全国人民代表大会常务委员会关于处理逃跑或者重新犯罪的劳改犯和劳教人员的决定》。这种由会议决定的事项，不用决议而用决定行文，主要是为了强调文件的指令性。

部署性决定是党和国家行政机关为部署所属全局工作，或采取某种重大举措而使用的一种公文，用它来对重大行动作出安排。如《中共中央、国务院关于加快发展第三产业的决定》。

表彰性决定，是指对有突出贡献的单位、人员作出表彰嘉奖，如 1999 年 5 月 13 日《中共中央国务院关于对我国驻南斯拉夫联盟共和国大使馆工作人员和驻南新闻工作者给予表彰的决定》。

党政机关、社会团体或企事业单位对某些重要事项或重大行动作出安排，都可以用决定这一文种，应当说，决定的用途还是比较广泛的。

3. 决定的特点

（1）具有权威性、法规性。决定一般由上级部门制发，体现上级部门的意志，对下级部门提出明确具体的要求，内容涉及重大事项和重大行动，要求下级部门和有关人员绝对服从和严格贯彻执行。也就是说，决定具有极高的权威性、法规性。

（2）具有政策性。决定对重大事项、重大行动做出安排，需要强调其任务意义，详细阐明有关大政方针，指出执行的政策、措施，因此内容比较丰富，具有较强的政策性。

（3）具有严肃性。决定的内容一般都是重要事项或重大行动，特别是指挥性决定要求下级部门无条件地执行，内容客观，语气坚决、严肃。

（4）具有周知性。有些决定只要求人们知晓某些重大事项，而无具体的执行要求，1999 年 12 月 18 日《中华人民共和国国务院关于授权澳门特别行政区政府接收原澳门政府资产的决定》即是。

（5）具有准确性。决定的缘由是决定的依据、理由，必须规范、准确、清楚，不能编造。

4. 决定的种类

（1）处置性决定。处置性决定是处理、布置并告知具体内容的决定。它属于决定的一种，其内容多为表彰先进、安排人事、设置机构等处理问题的措施。

（2）公布性决定。公布性决定是一种在会议上直接公布某个议案的具体内容时使用的公文。

（3）部署性决定。党政机关、社会团体或企事业单位为部署所属全局工作，或采取某种重大举措而使用的一种公文。

（4）决策性决定。决策性决定也是党和国家行政机关为部署所属全局工作，或采取某种重大举措而使用的一种公文。

（5）事项性决定。宣布某一重大问题的处理结果或对某项工作作出重大安排的决定。

（6）任免性决定。对人事任免作出安排的决定。

（7）表彰性决定。对有突出贡献的先进集体、个人进行表彰奖励的决定。

（8）惩处性决定。对一些影响较大、群众关心的事故和错误进行处理的决定。

二、决定的写作要领

1. 决定的写作格式

决定的写作分为首部和正文两部分。

（1）首部

包括标题和成文时间两部分。

①标题。标题一般有两种构成形式：一种是由发文机关、事由加文种构成；另一种是由事由和文种构成。

②成文时间。指发布决定的时间。在标题正上方注明成文的年、月、日，或者在标题下方用括号注明某年某月某日某会议通过字样。

（2）正文

正文的写作一般由三部分组成。一是开头部分，简要交代决定的缘由、目的、根据；二是主体部分，主要写决定的内容，落实决定的要求和措施，要求具体明白、层次清楚，便于有关单位执行；三是结尾部分，用于提出希望、要求或执行说明。

有的决定需要带附件。有附件的决定，应当于正文之后、发文机关署名之前注明附件的名称或依据，并将附件附在主件之后。

2. 决定的写作要求

撰写决定必须注意以下三点。

（1）要做好调查研究。在起草决定之前，要就决定所涉及的问题，认真查找有关法律条款和政策规定，并广泛听取各方面意见。在此基础上，考虑作出的决定是否切合实际，能否妥善地解决实际问题。

（2）要做到观点鲜明。决定做出之后，要求下级部门正确执行，不得有误。因此，在决定中所提出的看法必须十分明确，这样才便于受文者理解和执行。

（3）要做到语言鲜明。切忌含糊不清或使用有歧义和有可能引起别人误解的语句。

三、决定的写作范文

◇公布性决定

××市人民政府关于公布清理政策性规范性文件结果的决定

×政发〔××××〕××号

各县、区人民政府，各中央、省属单位，市政府各直属单位：

为了深入贯彻《中华人民共和国行政许可法》，经××××年6月21日市政府第四次常务会议决定，对××××年前以市政府和市政府办公室名义发布的政策性、规范性文件废止106件、修改17件，现予公布。

××××年××月××日

◇部署性决定

××市人大通过关于加强食品安全监管的决定

（××××年×月×日××市×届人民代表大会常务委员会第26次会议通过）

××市第二届人民代表大会常务委员会第26次会议听取了市人民政府《关于××市食品安全工作情况的报告》。会议认为，食品安全关系到广大人民群众的身体健康和生命安全，关系到经济发展和社会稳定，做好食品安全工作意义十分重大，市人民政府的报告比较客观地反映了当前××市食品安全的总体形势、取得的成绩和存在的问题。会议要求，各级人民政府要坚持科学发展观，牢固树立以人为本、执政为民的思想，全面履行政府职责，切实把建立健全食品安全保障体系作为当前××市构建和谐社会的重要工作抓紧抓好；要创新工作方式，着力治本，建立健全食品安全监管制度和长效机制；要明确并落实部门责任，强化食品安全管理的综合监督与组织协调，努力提高食品安全综合监管工作水平。根据《国务院关于进一步加强食品安全工作的决定》，结合××市实际，特作如下决定：

一、食品安全监管遵循统一领导、分级负责、综合监督、依法监管、强化基础、信息公开的原则。

二、各级人民政府对本行政区域内食品安全工作负总责。

市、区县（自治县、市）人民政府应统一领导、协调本行政区域内食品安全监管工作。将食品安全工作纳入国民经济和社会发展中长期规划；逐年加大财政投入，保障食品安全工作的正常开展；建立和完善统一协调、权责明确的食品安全监管体系，切实加强食品安全监管机构和队伍建设。

市、区县（自治县、市）人民政府应建立食品安全监管责任制和责任追究制，将食品安全监管纳入政府目标管理绩效考核；理顺监管体制，明确部门职责，建立健全食品安全组织协调机制，加强对食品安全监管工作的协调、监督；加强食品检测技术装备建设，建立食品安全监测制度；建立食品安全信用体系和失信惩戒机制，引导企业诚信守法。

三、食品药品监管部门是市、区县（自治县、市）人民政府的食品安全综合监督部门，市人民政府应明确食品安全综合监督部门的职责，使食品安全综合监督部门能切实履行综合监督、组织协调、依法组织查处重大食品安全事故等职责。农业、质监、工商、卫生、商业等食品安全专项监管部门，依法履行食品安全监管职责。

食品安全综合监管部门和食品安全专项监管部门应当加强配合，共同做好全市食品安全监管工作。

四、乡镇人民政府（街道办事处）应根据市人民政府的规定，统一领导、协调本行政区域内食品安全监管工作，配合食品安全综合监督和专项监管部门，加强对食品安全事故易发环节的监督检查。

食品安全综合监督和专项监管部门应加强对乡镇（街道）食品安全监管工作的督促指导和人员培训。

五、各食品行业协会应充分发挥自我规范、自我管理、自我提高的作用，加强行业自律，督促各食品企业认真遵守国家法律法规，严格执行食品安全标准；积极配合政府及有关部门做好食品安全监管工作，及时向有关食品安全监管部门报送行业信息。

六、食品生产者、销售者和餐饮经营者是食品安全的第一责任人，应强化诚信守法意识，严格遵守食品安全的法律法规、强制性标准与技术规范，切实保证食品安全。

食品生产者、销售者和餐饮经营者对食品安全监管部门的监督检查活动应当予以配合，不得拒绝。

七、建立食品监督抽查制度。食品安全综合监督部门应会同质监、工商、卫生等食品安全专项监管部门，制订年度食品抽查检验计划，避免部门重复抽检。区县（自治县、市）食品抽查检验计划不得与市级食品抽查检验计划重复。

食品安全专项监管部门应当依照食品抽查检验计划开展食品抽查检验工作。在计划之外增加对相关食品抽查检验的，有关食品安全专项监管部门应当向食品安全综合监督部门通报。

八、市人民政府应建立食品安全信息制度。食品安全综合监督和专项监管部门应加强信息沟通，实现互联互通与信息资源共享，建立食品安全信息平台，定期公开发布食品安全监测信息。

九、各级人民政府及食品安全监管部门应加强食品安全知识与法律法规宣传，提高公众食品安全意识与自我保护能力。

新闻媒体应当开展食品安全知识与法律法规宣传教育与普及工作，充分发挥舆论监督作用，曝光、揭露食品安全违法犯罪行为。

鼓励和倡导企业、事业单位、社会团体及公民个人组织开展食品安全知识与法律法规宣传。

十、各级人民政府应当根据上级政府的食品安全事故应急预案，依法制定本行政区域内的食品安全事故应急预案，并报上一级人民政府备案。

发生食品安全事故时，各食品安全监管部门应在同级政府统一领导下，按食品安全事故应急预案立即开展食品安全事故应急救援与处置。

食品生产者、销售者和餐饮经营者应当制定本企业食品安全事故处置方案，定期检查各项安全防范措施的落实情况，及时消除事故隐患。发生食品安全事故时，事故单位负责人应当按照食品安全事故处置方案对事故予以处理，采取有效措施，防止事故扩大，同时按规定及时向当地相关食品安全监管部门报告。

十一、各级人民政府应定期对各食品安全监管部门和下一级人民政府的食品安全工作进行评议、考核，对失职、渎职的部门和责任人依法进行责任追究。

发生重大食品安全事故时，食品安全综合监督部门应当立即会同有关部门进行事故责任调查，向本级人民政府提出事故调查处理意见。

十二、市、区县（自治县、市）人大常委会应定期听取和审议政府食品安全专项工作报告，开展相关法律、法规的执法检查，加强食品安全工作监督和法律监督。

◇任免性决定

关于×××等同志职务任免的决定

××县人民政府：

依照《中华人民共和国地方各级人民代表大会和地方各级人民政府组织法》第四十四条第十款的规定，根据××县人民政府县长×××的提请，××县第十六届人民代表大会常务委员会第15次会议审议决定：

×××同志任××县人民政府办公室主任；

免去×××同志××县人民政府办公室主任职务。

××县人大常委会

××××年××月××日

◇处置性决定

××行政处罚决定

×财采决〔××××〕1号

××建筑工程有限责任公司：

你公司在××市第×人民医院门诊住院大楼手术部装修工程项目（项目编号：××××××—××××）的竞争性谈判采购过程中，经评委评审确定为中标单位，在中标公告期间，市第×人民医院就你公司提供的业绩合同到市第×人民医院进行调查核实，发现你公司提供的业绩合同是虚假的，所附的工程施工合同也是伪造的。市政府集中采购中心对此问题也进行了核实，建议取消你公司的中标资格。我局就你公司在投标过程中提交的《××市第×人民医院××分院手术室装修工程合同》是否为虚假材料组成调查组进行了调查，经核实，你公司提交的《××市第×人民医院××分院手术室装修工程合同》为虚假材料，违反了《中华人民共和国政府采购法》第三条“政府采购应当遵循公开透明原则、公平竞争原则、公正原则和诚实信用原则”的规定。根据《中华人民共和国政府采购法》第七十七条“供应商有下列情形之一的，处以采购金额千分之五以上千分之十以下的罚款，列入不良行为记录名单，在一至三年内禁止参加政府采购活动，有违法所得的，并处没收违法所得，情节严重的，由工商行政管理机关吊销营业执照；构成犯罪的，依法追究刑事责任：（一）提供虚假材料谋取中标、成交的……供应商有前款第（一）至（五）项情形之一的，中标、成交无效”的规定，取消你公司该项目的中标资格，并做出如下处罚：

一、处以采购金额××××万元的千分之五罚款，即××万元。

二、列入不良行为记录名单，在行政处罚决定书下达之日起一年内禁止参加××市政府采购活动。

本处罚决定自送达之日起生效，请你公司从收到本决定书之日起15日内将罚款足额上缴国库（收款单位：××市财政局；预算级次：市级；收缴国库：国家金库××市支库；科目代码：×××××××××；缴款科目：其他一般罚没收入）。

根据《中华人民共和国行政复议法》第九条和《中华人民共和国行政诉讼法》第三十九条的规定，你公司如不服本处罚决定，可以在收到本处罚决定书之日起60日内向××省财政厅和××市人民政府申请行政复议，也可以在收到本处罚决定书之日起三个月内向人民法院提起行政诉讼。复议或诉讼期间本决定照常执行。逾期不申请复议或不向人民法院起诉又不履行本处罚决定的，本局将依法强制执行。

××市财政局

××××年××月××日

◇决策性决定

关于实行十项扶农政策的决定

各党（总）支部，各部、委、办、局，企事业单位，村委会、村民小组，群团组织：

为贯彻以人为本，落实科学发展观，扩大公共财政覆盖农村，让人民群众普惠发展成果，体现“权为民所用、情为民所系、利为民所谋”，建设社会主义新农村，决定从××××年开始在××片区执行十项扶农政策：

一、对中、小学生实行学习成绩奖励

本地农村户口、在本地就学，高中毕业生参加高考被录取为一类本科的，每人一次性奖励5000元；参加高考被录取为二类本科的，每人一次性奖励2000元。初中毕业生参加升高中考试，成绩在校区前三名的，每人一次性奖励500元。小学毕业生参加升初中考试，成绩在校区前三名的，每人一次性奖励300元。

二、对拆除茅草房、竹片房、杈杈房，新建住房实行扶助

本地农村户口的农户，拆除居住主房为茅草房、竹片房、杈杈房新建主房面

积达60平方米以上，除上级给予的扶助政策外，每户一次性扶助5000元。

三、对一户有两名以上残疾成员的家庭实行生活扶助

本地农村户口，一户家庭有两名及以上残疾、智障成员的（持有残疾证），对残疾、智障成员每人每月给予50元的生活扶助。

四、对百岁老人实行生活扶助

本地农村户口，年龄达到或超过100周岁的，每人每月给予100元的生活扶助。

五、对一年内亡故2名以上成员的家庭实行扶助

本地农村户口的家庭，一年内亡故（不含违法犯罪行为导致死亡）2名以上家庭成员的，每户一次性给予3000元的扶助。

六、对多胞胎生育实行扶助

本地农村户口的家庭，一胎生育2名（不含计划外生育）或以上胎儿的，在胎儿年满14周岁以前，每人每月给予50元的生活扶助。

七、对住房完全毁坏的农户实行扶助

本地农村户口的家庭，因灾住房完全毁坏不能居住的，每户一次性给予5000元扶助。

八、对新建水冲式卫生厕所实行奖励

本地农村户口家庭，新建水冲式卫生厕所的，每户一次性给予800元的扶助。

九、对创建文明村实行奖励

村（组）创建文明村，通过国家级验收的，每个村（组）一次性给予5000元的奖励；通过省级验收的，每个村（组）一次性给予3000元的奖励；通过市级验收的，每个村（组）一次性给予2000元的奖励。

十、对创办托牛所实行扶助

在村庄外创办托牛所，对村庄洁净有贡献的，5～10户农户参托的，每年每所给予5000元扶助；11～29户农户参托的，每年每所给予10000元扶助；30户以上参托的，每年每所给予20000元扶助。

以上扶农政策的享受对象，由村民公决、村组公示、社会公认、农村发展局审核后执行。所需资金按“实支列报”方式纳入年度财政预算。

中共××市××区工作委员会
××市××区管理委员会
××××年××月××日

第三节 公告公文写作

一、公告的写作概述

1. 公告的概念

公告是上至最高权力机关、行政机关向国内外宣布重要事项或法定事项，下至机关部门、人民团体、企事业单位向有关方面或人民群众宣布重要事项的公文。

公告的发布者一般是领导机关，具有较强的权威性，有些还有强制性。公告的受文者十分广泛而笼统，行文关系不十分明确，原则上可以称为下行文。

2. 公告的特点

（1）发文机关级别较高

由于公告有向国内外宣布的功能，发文机关多为较高级的国家行政机关或权力机关及其授权机关。如新华社就经常受权发布一些重大事项的公告。

（2）发布内容特别重要

公告多用于事关全局或在国内外能产生重大影响的重要或法定事项。例如，公布宪法，公布全国人大代表人数，公布选举结果等，并非事无大小都使用公告。

（3）发布内容公开

公告面向社会发布，告知对象包括国内和国外，影响极其广泛深远。公告一般在报纸上公布，也可通过电台、电视台广播的形式发布。

（4）发布范围广泛

公告的广泛性表现为如下两个方面：

①公告发布范围最为广泛，有的向全国或某一地区发布，有的向全世界发布，其内容产生广泛的影响。

②公告所告知的对象也很广泛，主要是面向社会公众，发布公告的机关和被告知对象之间一般无直接的隶属关系。

二、公告的写作要领

1. 公告的写作格式

（1）标题

一是只写发文机关的名称加上文种组成，如“全国人民代表大会公告”。二是只写公文文种“公告”二字，而将发文机关的名称置于正文之后。再一种情况是“事由”加“文种”。

（2）正文

公告内容单一，篇幅不长，一般采取一段式写法，由公告的依据和公告事项两部分组成。先写公告事项的依据，再写公告事项的内容，最后以“现予公告”、“特此公告”等惯用语结尾。

（3）签署

在正文之下的横宽二分之一处，写上发布公告机关的全名，若以个人名义发布，在姓名前要写上职务。

（4）日期

在签署下面排齐写上年月日并带上发布公告的地点。

（5）编号

公告在标题下往往要单独编出顺序号如“第一号”、“第二号”等。

2. 公告的写作要求

①文字严谨，语气庄重。因为发布公告是代表国家党政机关和部门。对象又是国内外的人民群众和有关机构，所以行文要缜密严谨，做到庄重严肃。

②公告宣布的必须是重大事件，不能将通告的内容用公告的形式发布。

③公告的文风，一般是客观叙述，少加议论。要简明扼要，言简意赅。公告不必过多地陈述意义和细节，不要说一些俏皮话，更忌讳夸张、比喻等修辞手法。

三、公告的写作范文

◇发布性公告

××市人民代表大会公告

（第×号）

第×届××市人民代表大会第×次会议，于××××年××月××日选出：

××市人民政府市长　×××。

现予公告。

××市第×届人民代表
大会第×次会议主席团
××××年××月××日

◇知照性公告

关于举办首届×××生态旅游文化月的公告

我县将于××××年8月18日至9月16日在×××乡×××生态旅游区举办首届×××生态旅游文化月，并于8月18日举行开幕式，旅游文化月期间还将由××电视台《走进大戏台》进行专场演出，以及我县民俗、民情、民风展示，地方名吃、土特产、名品展销等活动。届时请广大干部群众参加。

××县人民政府
××××年××月××日

◇事项性公告

××××年度全国职称外语等级考试公告

根据人事部办公厅人办发〔××××〕××号、人事部考试中心人考中心函〔××××〕××号文件通知，××××年度全国职称外语等级考试将于××××年4月进行，现将有关事项公告如下：

一、考试共分A、B、C三个级别，开设英语、日语、俄语、德语、法语、西班牙语六个语种和古汉语、医古文。英语的专业类别由综合与人文、理工、财经、卫生调整为综合、理工、卫生三个类别，原财经类的内容合并到综合类中。

英语、日语、俄语、德语、法语、西班牙语各级别、类别的试卷全部由客观题组成，全部在答题卡上作答。

二、考试时间为××××年4月14日上午9：00～11：00。

三、报名时间和办法。

××地区报名时间为××××年10月15日至11月10日（周六、周日照常办理），报名地点为省人才交流服务中心培训部（××市××中路××商业步行街）、××市人才交流服务中心考试部（××市××路60号）。

其他地州市的报名工作由各地政府人事考试管理部门组织，报名起始时间由各地自行确定，截止时间为11月18日，具体事宜各地考生可向当地政府人事局考试管理部门咨询。

考生报名时需带身份证、学历证、职称证（原件）和两张一寸免冠照片。

考生在报名时即可预订教材，同时亦可报名参加培训。

××省人事厅
××××年××月××日

◇强制性公告

关于对部分农机产品实施强制性产品认证的公告

根据《中华人民共和国产品质量法》、《中华人民共和国标准化法》、《中华人民共和国进出口商品检验法》、《中华人民共和国认证认可条例》和《强制性产品认证管理规定》，现决定对部分农机产品实施强制性产品认证（目录见附件）。

自××××年5月1日起，凡列入本强制性产品认证目录内的农机产品，未获得强制性产品认证证书和未加施中国强制性认证标志，不得出厂、销售、进口或在其他经营活动中使用。自××××年12月1日起，委托人可以向指定认证机构提出认证产品的认证委托。

特此公告。

附件：农机产品强制性认证目录及对应HS编码（略）

国家认证认可监督管理委员会
××××年××月××日

第四节　通告公文写作

一、通告的写作概述

1. 通告的概念

通告的发布者通常是国家机关中的业务（职能）部门，也可以是基层单位、群众团体。行文关系既可以是下行文，也可以是平行文。

2. 通告的特点

通告具有广泛性、法规性及说明性。

（1）广泛性。这是就通告的使用而言，一方面，通告的使用频率大大超过公告和布告，另一方面，通告的使用单位相当广泛，各级党政机关、社会团体和企事业单位都可以使用。

通告的内容可涉及国家的法令、政策，也可以用来公布社会生活中的一些具体事务，如更换自行车牌照、施工封锁交通等。

（2）法规性。通告一般是国家行政机关和企事业单位根据自己的职权范围发布，具有一定的法规性和行政约束力。它所通告的事项，有关单位或人员必须严格遵守或者周知。

（3）强制性。有些通告所公布的事项要求普遍遵守，比如法规政策的通告，这些通告就具有法规、法令的强制性、约束性。

二、通告的写作要领

1. 通告的写作格式

（1）标题

通告的标题，样式较多，如：国家行政机关以及比较大的单位一般都冠以发布单位，并体现出内容，格式为"×××关于××××的通告"，如《国家教委关于维护中小学正常教学秩序的通告》、《水利电力部、公安部关于严禁在农村安装电网的通告》等，这样的标题使人一看便知通告的内容。有的标题只有发布单位，而不体现内容，如×××市通告、×××市公安局通告等。标题只写"通告"两字的情况也比较常见。

（2）正文

一般写明通告的缘由、通告事项、执行通告事项的要求等内容。

（3）落款

标题有发布单位的，后面则无落款；标题没有发布单位的，落款是注明发布单位。发布通告的时间，写在标题之后、内容之前，也可写在落款的后面。

2. 通告写作要求

通告的撰稿者，要有政策观念，确保其不与现行政策抵触，不搞违反法律程序的"土政策"。

因为通告可以用来处理带有一定行业的公务，所以写此内容的通告，难免使用一些术语，但要注意尽量选择大多数人熟悉的行业用语，同时也要求撰稿者有一定的行业知识。

通告内容一定要突出，给人以深刻的印象。通告的要求一定要具体，关键之处务必准确无疑，这样才能使受文者得要领。

通告一般可以张贴、见报，也可以以文件形式下达。

总之，写通告要“一文一事”，中心明确，符合党和国家的政策，不得与党纪国法相悖。“缘由”要有理有据，“事项”要能阐明中心。

全文结构要严密，层次要清楚，有逻辑性，文字要明白、确切，语气要肯定、庄重，尽量少用专门术语，以便受文者理解或遵守。

三、通告的写作范文

◇事项性通告

××市人民政府关于规范市中心城区市场税费征管的通告

根据《中华人民共和国税收征收管理法》及相关法律法规的规定，为进一步规范市中心城区市场税费征管秩序，现将有关事项通告如下：

一、规范目的：依法缴纳税费，公平税费负担，建立良好的税费收缴秩序，强化市场管理，保护合法经营，规范税费征收，促进市场健康发展。

二、时间安排：××××年8月5日~9月25日进行全面动员和调查摸底；××××年9月26日~10月30日集中时间开展规范工作。

三、规范范围：市中心城区各类市场。

四、规范内容：市中心城区各类市场税费征管，包括依法办理营业执照、税务登记等相关证照，依法、及时缴纳税费；清理不符合法律法规的优惠政策；规范收费项目和标准。

五、规范方式：由市人民政府统一领导指挥，××区人民政府、××经济开发区管委会、南湖风景区管委会组织，市、区财政、国税、地税、工商、公安、卫生等职能部门具体实施，实行税费分离，联合执法。

(1) 税收管理：依据《××市人民政府办公室转发市国税局市地税局〈关于加强集贸市场税收征管的意见〉的通知》（×政办发〔××××〕××号）精神，由国税、地税部门统一办理税务登记，统一核定税基，实行联合定税，分别入库，每季度将市场经营户的纳税情况予以公示，公示期不少于30天。

(2) 收费管理：各相关职能部门规定的收费在市中心城区市场统一实行“一费制”，严禁乱收费。

六、在规范市中心城区市场税费征管工作中，各相关职能部门工作人员要文明执法。市中心城区各类市场经营户要密切配合，自觉缴纳税费。对违法、违规拒缴税费的，要依法依规严肃查处。

七、各相关职能部门要简化程序，实行“首问负责、一窗办结、限时办结”等便民措施，为市中心城区广大市场经营户提供文明、方便、快捷的服务。

××市人民政府

××××年××月××日

◇周知性通告

关于公开招考财务总监的通告

××县财务总监管理中心，为全额拨款事业单位。现因工作需要，面向全市公开招考财务总监4名，其中男性3名，女性1名。招考计划数和报名人数的比例不足1∶3的，按比例核减招考计划。

一、招考条件、范围、对象

（一）坚持四项基本原则，热爱本职工作，遵纪守法，廉洁奉公，原则性强，具有良好的职业道德和敬业精神，社会信誉和工作业绩良好；具有财会专业知识和现代企业管理知识，熟悉国家财经法律、法规和制度，有较高的政策水平和较强的组织协调能力。

（二）身体健康，年龄为40周岁以下（1966年1月1日后出生），本市户籍人员。

（三）具有大专以上学历和会计或审计中级以上专业技术任职资格，并符合下述条件之一的：

1. 担任过企业总会计师、财务会计机构负责人1年以上；

2. 具有财经类研究生毕业学历，并从事企业管理或财务会计管理工作2年以上；

3. 从事会计或审计工作3年以上。

（四）对于符合上述条件并具有注册会计师、高级会计师资格的可免笔试直接进入面试。

二、招考办法

按照公开、平等、竞争、择优的原则，采取公开报名、统一考试、严格考核、择优录用的方式进行。

（一）报名

1. 报名时间：××××年4月3日。

2. 报名地点：县财政局国资科。

3. 报名材料：本人身份证、户籍证明、职称证书、学历证书、注册会计师全科合格证书的原件及复印件、工作经历证明以及近期免冠一寸照片2张。

4. 经资格审查合格者发给准考证。

（二）考试

1. 笔试：笔试内容为专业知识（考试范围：财务会计、国有资产管理、基本建设、经济法规等相关知识），满分100分。笔试成绩不计入总成绩，仅作为进入面试资格的依据。具体笔试时间、地点见准考证。

2. 面试：参加笔试人员按笔试成绩从高分到低分取男性前6名，女性前2名进入面试；具有注册会计师、高级会计师资格人员直接进入面试。面试成绩满分100分。面试时间、地点另定。

（三）体检、考核、录用

面试后，按面试成绩从高分到低分按1∶1.5比例确定体检对象。体检标准参照《××省国家公务员录用体检标准》，体检合格者组织全面考察后从高分到低分择优录用。

（四）本通告未尽事宜，由××县财政局负责解释（咨询电话：××××××××）。

××县人事劳动和社会保障局

××县财政局

××××年××月××日

◇法规性通告

关于加强奥运会期间受理公民和组织举报危害国家安全可疑情况的通告

《中华人民共和国国家安全法》及其实施细则明确规定：中华人民共和国公民有维护国家安全、荣誉和利益的义务。公民发现危害国家安全的行为，应当直接或者通过所在组织及时向国家安全机关或者公安机关报告。

为了确保北京奥运会安全成功举办，公民和组织如发现干扰破坏北京奥运会、危害国家安全和社会政治稳定等可疑情况，请及时拨打举报电话：××××

××××。

国家安全机关对作出重大贡献的将给予奖励。

××市国家安全局
××××年××月××日

第五节　意见公文写作

一、意见的写作概述

1. 意见的概念

意见，是上级机关或主管部门针对当前即将进行的主要工作和亟待解决的重大问题，提出原则性的要求和具体的处理办法，并直接发至下级机关或转发到有关部门遵照执行的一种公文。

2. 意见的适用范围

根据《党政机关公文处理工作条例》规定：意见“适用于对重要问题提出见解和处理办法”。

“意见”既可用于向上行文，又可用于向下行文；既有报请性，又有指挥性。意见作为上行文，类似于请示，可向上级汇报提出对某个重要问题的见解和处理意见，如上级机关认可，可批复下发贯彻执行，但适用范围没有请示广泛，只限于对重要问题提出见解和处理办法。意见作为下行公文，类似于指示，可对下级机关布置工作，明确处理问题的办法。但指示只提出原则和要求，具有方向性，而意见提出具体的处理办法，具有可操作性。意见的使用主要有三种情况：

①对重要事项提出指导性的见解。

②对一个阶段的工作提出原则性要求。

③对带有全局性的问题提出处理办法和政策性措施。

3. 意见的特点

（1）具有实施性

意见是上级机关对重大问题所持的观点、见解、看法、态度，应贯彻党的路线、方针、政策，有较强的实施性。

（2）具有指导性

意见作为正式公文，要求下级结合实际，遵照贯彻执行，因此，它的最大特点是政策指导性较强。意见既要符合党的路线、方针、政策，又要结合具体实际情况，理论和实际相结合。意见正确、办法具体，才能发挥指导工作的作用。

（3）具有针对性

意见的制发往往针对工作中亟须解决的问题或必须克服的倾向，因此，其提出的问题，必须及时；提出的见解、办法，必须对症下药，并具有可操作性。

（4）具有明确性

不管何种意见都要非常明确，不能含糊其辞。意见表述要严谨周全，不能有歧义，使人产生误解。

（5）具有可操作性

意见中提出的办法，应有法可依、有据可查、界限清楚，并且具有较强的可操作性。要求处置与办理的事项，必须遵照执行，不能模棱两可。

4. 意见的种类

（1）直发性意见

直发性意见，是指可以直接下发的意见。通常是上级机关对下属机关的工作提出要求和规定时使用的意见。

（2）请批性意见

请批性意见，是行文单位把对自己主管的工作提出的指导性意见先呈报给执行单位共同的上级机关，再由上级机关批转给有关单位执行的意见。

（3）建议性意见

建议性意见，是指下级机关对重大问题提出建议，要求上级机关予以批转的一种上行公文。

（4）指导性意见

指导性意见，是用于上级机关或有关主管部门阐述和说明开展某项工作的基本思想、原则、要求，并对工作提出原则性指导意见的一种公文。

（5）规划性意见

规划性意见，是用于上级机关或业务主管部门制定开展某项工作的部署、要求、安排、具体措施，并带有工作计划特点的一种公文。

二、意见的写作要领

1. 意见的写作格式

（1）标题。意见的标题，通常有两种写法：一是“发文机关 + 事由 + 文种”的形式；二是“事由 + 文种”的形式。

（2）主送机关。直接下发的意见，要标注主送机关。如果主送机关已标注在批转通知中，不再标注主送机关。

（3）开头。意见的开头，主要写明发布意见的背景、根据、目的、意义等内容。文字根据具体情况可长可短，最后以“现提出以下意见”、“特制定本实施意见”等语句承上启下，引入正文。

（4）主体。这部分内容是意见的主要内容，要把对重要问题的见解或处理办法一一写明。如果是规划性意见，内容繁多，可列出小标题作为各大层次的标志，小标题下再分条表述；如果是内容较单纯集中的工作意见，主体部分直接列条即可，不必再设小标题。

（5）结尾。篇幅较长的意见通常以提出号召、希望、督查要求为结尾。局部性意见大多没有专设的结尾，而是自然结束正文。

（6）落款。即署名和标注成文日期。直发性意见，一般都在文后署名和标注成文日期；转发性意见，通常不在文后落款，而将发文机关名称置于标题之下。

2. 写作意见应注意的问题

（1）观点要鲜明

因为意见既可以用于正式公文，也可以用于日常工作沟通。所以，在正式公文中，撰写意见要有针对性、可行性，文字表述要明确具体。要能反映有关机关或部门对问题的看法和认识，主张做什么、不主张做什么，要清清楚楚、一目了然。

（2）措施要切实可行

意见一般要写明解决问题、处理工作的要求和措施，各项要求和措施都应写得实实在在、条分缕析、切实可行。

（3）行文要庄重

意见在正式公文中，主要用于对平行机关和下级机关，对上级机关应慎重使用。对上级机关行文，多用“请示”、“报告”等文种。

三、意见的写作范文

◇直发性意见

××省人民政府关于做好增收节支工作的意见

×政发〔××××〕××号

受国际金融危机的影响，我省经济遭受改革开放以来前所未有的困难和挑战。面对国际经济环境出现的不少新情况、新问题，面对国内重大自然灾害和经济运行中的一些突出矛盾，中央及时调整宏观经济政策，相继出台了一系列保持经济平稳较快发展的政策措施。但是，由于宏观经济政策效应具有的一定滞后性，我省经济下行趋势可能会持续一段时间，加上增值税转型和出口退税政策调整等因素影响，全省财政收入增长将明显放缓，而财政支出呈刚性态势，支出规模居高不下，今后一个时期我省财税经济运行将面临较大的压力。为保持经济平稳较快发展和社会和谐稳定，现就进一步做好全省增收节支工作提出如下意见。

一、优化税收征管服务，增强地方财政实力

各地、各部门要按照《××省人民政府关于完善省对市县财政体制的通知》（×政发〔××××〕××号）的要求，深化省对市县财政体制改革。认真贯彻落实《××省人民政府关于进一步加快发展服务业的实施意见》（×政发〔××××〕××号），充分发挥财政的导向和杠杆作用，大力发展服务业，加大工业企业主辅分离力度，推进产业结构调整和经济转型升级，以经济结构优化带动税收收入结构优化，增强地方财政实力。积极推进税收管理创新，进一步优化税收征管服务，发挥税收政策资源的最大效应。加强税收征管，提高科学化、专业化和精细化水平，促进依法治税。强化税收分析预测，坚持定性与定量分析结合，短期和长期分析并重，科学预测税源变化趋势，认真研究经济、征管、政策等因素对税收收入的影响，及时做好组织收入的应对预案，保持税收收入持续稳定增长。完善政府非税收入征收范围和征收渠道，推行社会保险费“五费合征”征缴管理，确保财税收入均衡入库、持续增长和结构优化，增强财政调控能力。

二、大力压缩一般性开支，确保重点支出需要

各地、各部门要厉行节约，勤俭办事，进一步压缩一般性财政支出，把财政资源更多地用于提供公共服务和保障民生，用于抗灾救灾和灾后恢复重建，用于促进经济社会协调可持续发展。进一步加大财政支出结构调整力度，严格控制行政开支，减少会议、接待、差旅和公车使用等日常支出，压缩出国团组，降低行政成本。加强行政事业单位国有资产管理，严格控制公车购置，暂停审批党政机关办公楼项目。强化预算控制，年内原则上不再追加部门和单位的支出预算。各级党政机关今年的公用经费支出一律比预算减少5%，用于支持抗震救灾；承担对口支援任务的地方，要按照省委、省政府的统一部署，积极筹措资金支持灾区恢复重建。

三、密切关注财政经济运行，全面完成××××年预算

各地、各部门要密切关注宏观经济形势发展变化，认真分析年度财政预算执行中出现的新情况、新问题，跟踪房地产税收调控政策、出口退税和加工贸易税收政策调整等实施效果，特别要关注影响财政收支的不确定因素，分析财政收入

增减变化的原因，及早预测全年财政收支情况。完成年度财政预算收入任务有困难的地区，要相应压缩预算支出，确保当年预算收支平衡。预计有超收收入的地区，要认真分析超收原因，不得将超常规、一次性等因素增加的收入用于安排经常性支出。当年预算执行中如有超收，除按法律、法规和财政体制规定增加的有关支出，以及用于支持抗灾救灾和灾后恢复重建等必要的支出外，原则上作为财政结余转入下一年使用。

四、牢固树立勤俭意识，科学合理安排××××年预算

各地、各部门要以科学发展观为指导，及早准备，科学合理地做好××××年财政预算编制工作。××××年预算编制必须遵循“量入为出、量力而行、收支平衡”的原则，适当下调预算收支指标，使财政预算安排与经济运行更加吻合。严格控制行政成本，××××年预算安排实行公用经费“零增长”，专项经费“零增长”，会议费、接待费、公务用车购置及用车费、出国费等“零增长”。同时，除中央和省委、省政府确定的增支项目外，各地、各部门不得新开口子，集中财力保障民生、拉动内需、促进经济增长。

深化“收入一个笼子、预算一个盘子、支出一个口子”的财政管理体制改革，进一步加强预算管理，改革和完善事业单位财政供给方式，推进政府购买服务，建立健全预算定额和支出标准体系，切实提高预算编制的科学性、规范性和完整性。整合财政专项资金，清理结转结余资金，加强财政资金的监督管理和绩效评价，切实提高财政资金使用效益。

各地、各部门要站在全局和战略的高度，坚决贯彻落实中央宏观调控政策和省委、省政府的决策部署，坚持“依法治税、为民理财、务实创新、廉洁高效”的财税工作理念，加强领导，精心组织，统筹协调，着力抓好增收节支各项工作，确保财政预算任务的圆满完成。

××××年××月××日

◇指导性意见

关于××××年全乡干部教育培训工作的安排意见

根据县委文件精神，现就进一步落实大规模培训干部、提高干部素质的任务，对××××年我乡干部培训工作作出如下安排意见。

一、指导思想

××××年全乡干部培训工作的指导思想为：深入学习贯彻党的十七大精

神，以科学发展观为统领，以制度建设为保证，以改革创新为动力，围绕干部素质和能力建设，突出重点，统筹兼顾，着力增强干部教育培训工作的针对性和实效性，大规模培训干部，大幅度提高干部素质，为全乡经济又好又快发展提供思想政治保证和人才智力支持。

二、加强领导，强化管理

（1）大力提升对培训工作的重视程度。各村党支部、乡属各单位要把干部的教育培训作为一项重要工作来抓，积极配合省市县乡有关部门组织的培训活动，动员鼓励和支持干部参加培训，提高个人素质和技能。正确处理培训与工作的关系，为大规模培训干部提供支撑。

（2）切实加强对培训工作的管理力度。严格培训制度，切实做到年初有审报、培训有安排、办班有总结，加强教学、参训、考核等方面的管理，将举办培训的情况、参加培训的情况纳入年终考核，从制度上保证培训工作的顺利开展。

三、创新方式，丰富内容

（1）要不断创新培训的方式方法，切实提高教育培训的实效性。继续探索和完善课堂集中培训、专题辅导讲座、基地现场教学、组织专题研讨、赴外考察学习“五位一体”的干部教育培训模式，鼓励全乡干部报考自学考试，增强业务水平和指导实践的能力。

（2）要不断丰富培训内容，充分调动起干部学习的兴趣和积极性。要转变一往干部在学习培训当中的被动消极心态，通过培训内容的丰富、更新和联系实际，引导广大干部进行自行单独学习，培养干部学习的自觉性。在内容上要把理论学习和实际充分结合，使广大干部对党的理论成果认识更加深刻，把握更加全面，运用更加灵活。

（3）要在培训中突出能力培训。对党政领导干部培训要重点突出提高科学判断形势，驾驭市场经济、应对复杂局面、依法行政和总揽全局的能力。对各站所的技术人员要重点突出新理论、新技能、新方法的培训，努力提高科学素养和创新能力；对村组干部、包村干部要注重提高执行政策、加快发展，服务群众、依法办事和解决自身问题的能力，引导广大干部把理论上的创新与实践操作有效紧密结合起来。

中共××县××乡委员会
××××年××月××日

◇规划性意见

国土资源部关于做好第二次全国土地调查工作的若干意见

国土资发〔××××〕××号

各省、自治区、直辖市国土资源厅（国土环境资源厅、国土资源局、国土资源和房屋管理局、规划和国土资源管理局），新疆生产建设兵团国土资源局：

第二次全国土地调查是国务院部署的重大国情国力调查，是加强土地管理和调控的一项重要基础工作。自××××年7月1日全面部署启动以来，各地认真组织，扎实推进，调查工作总体进展顺利。但还存在工作进展不平衡、少数地区调查工作进展滞后、对上报土地调查数据有顾虑等问题。上述问题不解决，将直接影响下一步工作的进度和质量。为按时、保质完成第二次全国土地调查工作，现提出如下意见：

一、采取综合措施，整体推进工作

各地要按照第二次土地调查总体方案和实施方案的总体要求，认真总结××××年工作，以按照时限、全面完成、保证质量为重点，制订××××年具体工作计划和安排。要针对工作中的薄弱环节，采取综合措施，突出重点，整体推动工作。部建立动态通报制度，根据各地确定的工作时限，定期通报地方外业调查、数据库建设、成果核查等各项工作完成情况。对工作进度缓慢的地区，部将进行重点督导和检查。

对于地方在土地调查中遇到的重大问题，应及时上报，部将组织力量，及时进行实地会商解决。对于经通报和督导后，整改措施不到位、组织不力、工作进度仍然滞后的，部领导约谈省（区、市）国土资源管理部门主要负责人；对约谈后改进仍不明显的，国家土地总督察约谈该省（区、市）第二次土地调查领导小组组长。

二、统筹协调，按要求分步骤完成任务

《国务院关于开展第二次全国土地调查的通知》（国发〔××××〕××号）对第二次全国土地调查目标任务作出了明确规定。各地在全面推进第二次土地调查的基础上，统筹协调，重点抓好农村土地调查、基本农田调查以及城镇各类专项用地面积统计，保证××××年底前汇总全国土地利用数据，按时向国务院上报汇总结果。对城镇内部土地调查，各地要按照统一部署，分步实施，有计划地推进。

三、明确政策，据实上报土地调查数据

各地要严格执行土地利用分类标准，依据土地利用现状进行地类认定。对使用耕地开垦费实施土地整理复垦开发增加、已经在耕种且没有用于占补平衡的耕地，必须依法作为耕地如实调查统计，可以按照耕地指标储备管理的要求，用于今后的耕地占补平衡。第二次土地调查结果显示耕地增加或减少较多的省（区、市），部在确定省级耕地保护目标时，不增加或减少耕地保有量、基本农田保护面积、建设用地总规模等指标数量。国家向各省（区、市）下拨新增建设用地有偿使用费数额，依照经部确认的该省（区、市）第二次土地调查耕地数据计算。

四、主动服务，加强土地调查成果应用

各地要按照“边调查、边应用”原则，主动服务，及时将经审核确认的第二次土地调查成果，应用到国土资源管理各项工作中。各地要将新一轮土地利用总体规划修编和第二次土地调查工作统筹考虑，提高修编工作的科学性。县（市）级土地利用总体规划修编，要以经国家确定的第二次土地调查成果及政策为依据，校核规划修编基数。省（区、市）报批省级土地利用总体规划时，要承诺该省份确保完成第二次土地调查各项任务的时限。

××××年1月1日起，土地管理各项工作必须以第二次土地调查结果及政策为依据。各级建设用地报批、土地整理复垦开发项目立项等工作，必须以国家确认的第二次土地调查成果及政策为基础依据。

五、严肃法纪，坚决纠正和查处在土地调查工作中的弄虚作假行为

各地要按照《土地调查条例》要求，对本行政区域的土地调查成果质量负起责任。要加强对土地调查的日常检查，对耕地等要进行重点检查、核查。对于发现的土地调查成果质量问题，要坚决予以整改和纠正。

各地要严肃土地调查法纪，及时查处非法干预土地调查工作、篡改和瞒报土地调查结果的行为。根据违法情节，提请纪检、监察部门予以严肃处理，直至追究有关人员的法律责任，确保土地调查数据真实、准确。

中华人民共和国国土资源部

××××年××月××日

第六节 通知公文写作

一、通知的写作概述

1. 通知的概念

通知是用于批示下级机关的公文、转发上级机关和不相隶属机关的公文、发布规章、传达要求下级机关办理和有关单位需要周知或共同执行的事项、任免和聘用干部的一种公文。

2. 通知的特点

（1）功能的多样性。通知是党政机关公文中功能最多的文种：它可以用来发布法规规章、传达指示、布置工作、批转转发文件、晓谕事项、任免人员等等。

（2）内容的综合性。大小内容、专题性或综合性内容，都可以发通知，而且篇幅可长可短，通知内容既可以说明一个问题或事项，也可以说明几个问题或事项。

（3）指导性。通知虽然可能用于同级或不相隶属机关的往来，但大多数是下行文，不能用于上行文（需要送往上级机关时可采用抄送的形式），而且，有些不适宜用命令、指示形式安排、布置工作的，多采用通知，因而通知具有一定的指导性。

（4）权威性。大多数通知总是有所要求，有所晓谕，使被通知者了解以至执行，因而也有一定的权威性。

（5）时间性。通知有更明显的时间要求，只能在一定的时间内产生效力。与其他公文相比，通知制发快捷、灵便，它对知办事项的时限要求最具体，也最严格，不能提前或拖后。受文机关对需要办理或执行的事项，必须在规定时间内予以完成。一些需要特别强调的事情，还可用“紧急通知”，以增强紧迫感和重要性。

（6）应用的广泛性。与别的下行文相比，通知应用范围更广，特别是能够用于向平级或不相隶属机关行文。有时由于工作需要，两个以上机关还可以联合向各自的下属单位发“联合通知”；有些事项紧急而重大，需要广而告之，还可经过批准，在报纸、电视、广播、互联网上发布，可以不用文件形式下发。

通知在党政机关公文中是一种使用频率最高、使用范围最广的文种，它的广泛性体现在如下四点：

①通知的使用范围广泛，不受发文机关级别的限制，任何机关、部门都可以使用通知。

②通知的内容涉及面广，可以是国家大事，也可以是具体的工作事项。

③通知的作用也很广泛，既可以布置工作、发布指示、传达有关事项，又可以用来批转下级机关的公文或转发上级机关或不相隶属机关的公文。

④通知使用频率很高，约占各级行政机关下行文总数量的一半以上。

（7）发布形式的灵活性。通知发布形式不受限制，既可以用文件形式印发，也可以载于报纸或以电台、电视台形式广播。

二、通知的写作要领

1. 通知的写作格式

通知的写作格式如下：

（1）标题

通常有三种形式，一是由发文机关名称、事由和文种构成；二是由事由和文种构成；三是由文种“通知”做标题。

（2）正文

由开头、主体和结尾三部分组成。

开头主要交代通知缘由、根据、主体说明通知事项、结尾提出执行要求。在写正文之前，要在标题之下、正文之上顶格写出被通知对象的名称，在名称后加冒号，或将名称以“抄送”形式写于最后一页的最下方。

（3）落款

写出发文机关名称和发文时间。如已在标题中写了机关名称和时间，这里可以省略不写。

2. 通知写作要求

（1）明确行文的目的。首先要明确为什么写这个通知，通知的主要内容是什么，然后确定怎么写。其次要确定写作的范围和对象，针对什么问题，解决什么问题。

（2）提出的措施切实可行。通知主要是向下级机关发布的下行文，因而要体现对下级机关的领导与指导。既要讲任务、要求，又要讲方法、步骤、措施，语言不能空泛，以免下级机关难以理解执行。

（3）结构严谨、层次清晰。通知的结构或采用自然段形式，或采用条文式，都须条文清晰，排列有序，段落与条文之间应杜绝出现内容交叉、重复现象。

三、通知的写作范文

◇发布性通知

关于印发××县职工生育保险实施意见的通知

各乡、镇人民政府，×××管理区，县人民政府各部门：

《××县职工生育保险实施意见》已经县人民政府研究同意，现印发给你们，请结合实际，认真贯彻落实。

××县人民政府

××××年××月××日

◇知照性通知

关于组织推荐第一批成长型好的中小企业的通知

各市科技局，高新技术产业开发区（园）管委会：

为了贯彻落实党的十七大关于提高自主创新能力、建设创新型国家以及“以企业为主体、市场为导向、产学研结合的技术创新体系”。根据自治区人民政府的工作部署，××××年12月我厅分别与××家金融部门（银行）签订了“关于推进我区企业自主创新合作框架协议”，明确了“自治区科技厅会同有关单位，每年不定期地遴选一批需要贷款扶持的企业和项目清单向相关银行提供信息”的要求，为了推进这项工作，现将有关事项通知如下：

一、推荐企业的条件

（1）企业有愿望需要银行支持的；

（2）必须是国家或自治区认定的高新技术企业；

（3）企业研发的产品必须是符合国家产业发展政策；

（4）企业在自主创新、研发投入、管理水平、产品的技术水平及市场潜力等状况良好；

（5）企业具有良好经济效益增幅率，在总产值、新增产值、新增利税等方面，每年增幅率要在两位数以上。

二、推荐要求及时间

所推荐的企业，请按《成长型好的中小企业推荐表》的内容，认真填写。推荐单位要认真审核，签署意见并加盖公章。请于××××年4月15日前将《成长型好的中小企业推荐表》（同时以电子邮件发送）报送我厅高新技术发展与产业化处。

三、其他

（1）我厅收到推荐表后，组织相关专家开展企业遴选，并报送自治区相应的金融部门（银行）；

（2）请你们收到通知后，及时组织企业申报，并做好审查把关工作。

附件：成长型好的中小企业推荐表（略）

××自治区科学技术厅
××××年××月××日

◇事项性通知

关于加强奥运会期间市场价格监测预警的通知

各市价格监测中心（处）：

第29届奥林匹克运动会将于8月8日至24日在我国举办，9月6日至17日，还将举办残奥会。举办奥运会是中华民族的百年期盼，是一件世界瞩目的大事。各地要以高度的政治责任感，切实做好奥运期间的市场价格监测预警工作。根据省局领导的要求，现就有关事项通知如下：

一、密切监测市场价格动态。要按照《××省市场价格监测预警管理办法》（省政府第39号令）的规定，认真履行市场价格监测预警职责，进一步加强与人民群众生活密切相关的主副食品等重要商品和服务价格监测，继续严格执行主副食品周报等应急监测制度，关注钢材、煤炭、成品油等价格及供求变动情况。坚持实地采价，认真审核，健全市场价格实时监测体系，确保价格监测数据的真实性、准确性和及时性。

二、及时报告市场价格异动的苗头性、倾向性问题。要进一步加强市场价格监测分析，重点分析主副食品价格走势和能源原材料价格上涨的连锁反应，科学预测价格变动趋势，及时提出稳定市场价格的政策建议。健全市场价格动态快速反应机制，加大市场价格巡视力度，一旦发现争购、抢购、脱销断档等价格异动征兆，或者价格突发性上涨、非理性上涨等异常现象，要立即报告，并实施跟踪监测，随时报告市场价格警情。

三、加强市场价格监测预警值班。根据《××省价格异动预警和应急监测工作实施细则》的要求，各级价格监测机构应进入预警工作状态，保证足够的监测力量在岗，固定预警值班电话8小时畅通，移动预警值班电话24小时有人接听，以及时、高效应对可能的突发事件。

××市人民政府

××××年××月××日

◇任免性通知

国土资源部关于×××等××人职务任免的通知

国土资任〔××××〕××号

各省、自治区、直辖市国土资源厅（国土环境资源厅、国土资源局、国土资源和房屋管理局、规划和国土资源管理局），副省级城市国土资源行政主管部门，国家海洋局，国家测绘局，解放军土地管理局，新疆生产建设兵团国土资源局，各派驻地方的国家土地督察局，中国地质调查局及部其他直属单位，部机关各司局：

部党组××××年××月××日决定：

×××任国家土地督察××局专员（试用期一年）；

×××任国家土地督察××局巡视员，免去其国土资源部办公厅副主任职务；

×××任国家土地督察××局副局长（试用期一年）；

×××任国家土地督察××局副专员（试用期一年）；

×××任国家土地督察××局副专员（试用期一年）；

……

中华人民共和国国土资源部

××××年××月××日

◇批转性通知

市人民政府批转市科委关于加快
我市软件产业发展的实施意见的通知

各区、县人民政府，各委、局，各直属单位：

市人民政府同意市科委《关于加快我市软件产业发展的实施意见》，现转发给你们，望遵照执行。

××市人民政府
××××年××月××日

◇转发性通知

关于转发《关于××公共事件应急预案体系建设的通知》的通知

各县市（区）民营局：

根据市里统一安排，要求上报民营企业××××年应急预案演练情况，现将有关文件及调查表转发给你们，望认真落实并于××××年××月××日12点前上报市民营局。

××市民营经济发展促进局
××××年××月××日

第七节　通报公文写作

一、通报的写作概念

1. 通报的含义和特点

通报是党政机关和社会团体把工作情况、经验教训、典型事例以及具有典范、指导、教育、警戒意义的事件通知所属下级单位的公文文种。

通报具有以下几个特点：

（1）典型性。

（2）普发性和限制性。

（3）教育性和指导性。

2. 通报的作用

（1）互通情况，沟通信息，使有关单位或组织了解工作进程，安排好自己的工作。

（2）学习先进的典型经验，指导和推进工作。

（3）吸取他人教训，警惕类似问题发生。

3. 通报的种类

（1）事故通报。事故通报常用于报道重大事故，对事故的来龙去脉和前因后果作综合分析，着重于找出原因，讲清危害，使更多的单位或个人引以为戒，防止此类事件的再次发生。

（2）情况通报。情况通报是一种常用的通报形式，其作用在于及时通报工作的重要情况。

（3）表彰通报。表彰通报是用于对先进人物、先进事迹进行表扬，推广其经验，树立学习榜样，激励人们的工作热情和积极性的一种下行公文。

（4）批评通报。批评通报是党政机关为批评某种严重错误或带有普遍性的不良风气与行为而使用的一种公文。比如对某项重大责任事故作出处理、对违纪案件作出处分等，都基本采用这一公文种类。

二、通报的写作要领

1. 通报的写作格式

（1）标题

有规范的完整标题，也有不完整的、由事由加文种的标题，如《关于纠正省政府机关建房分房中不正之风的情况通报》。有时也可以只写“通报”二字。

（2）主送单位

一般通报都有主送单位，少数普发性通报可以不写此项。

（3）正文

一般由四部分组成：

一是引言部分，主要是概括通报的内容、性质、作用和要求。

二是事实部分，表扬性通报写先进事迹；批评性通报写错误事实。写作时应注意的问题是：既要把主要事实写清楚，又要写得概括精练。

三是分析及处理部分。对先进事迹的先进性或错误事实的本质，进行恰如其分的分析，有的还写出先进事迹或犯错误的原因，并且提出处理意见；表扬性通报写出给予精神或物质奖励的决定；批评性通报写出处分决定。

四是号召或要求部分。根据通报的精神要求如何去做，或者号召为实现什么目标而奋斗。

（4）结尾

此处写发文单位和日期。如果发文单位在标题前已加上去，此处可以只写日期。

下发或张贴的通报要加盖公章。

2. 通报写作要求

（1）事例要典型。通报所选择的事件、问题、经验等，一定要具有普遍的教育意义和指导作用，也就是一定要注意典型性，避免一般化。

通报所据应当是真人真事，不能有半点虚假，否则不但影响教育效果，还会有损发文单位的声誉。因此，写通报前，一般要调查、核对事实，做到准确无误。

此外，还应注意事例的典型性。无论表彰或批评，其事例应让人感到确实值得学习或引以为戒。如果某人犯了一点小错误，就将其通报批评，这就会给人以小题大做的印象。

（2）材料要真实。对通报的事实一定要核对清楚，实事求是，措辞、判断要准确、恰当。要注重说理的准确性。通报以叙述为主，用事实说话，但要分析原因，有叙有议，分析情况应观点鲜明，评价要恰如其分。

（3）行文要及时。通报的时间性极强，写作要及时迅速，以指导当前工作，否则，就不能起到很好的教育作用。

（4）详略要得当。通报的事例是写作重点，固然要多用笔墨，但要注意详略得当。若过于简单，变成抽象的概念，人们难于受到教育，产生不了爱憎之情。若过于详细，将“通报”写成近似“通讯”或“报告文学”，又会让人难于把握要领。

（5）要突出教育性，注意掌握政策。通报与决定不同，它不是一种行政命令，它最主要的特点是教育性，在写作中要注意突出这一特点。在写通报中的处理意见时，必须注意政策，掌握好分寸，使处理决定与事实、政策相一致，做到合情合理，否则，既对当事人不利，又难于服众。

三、通报的写作范文

◇情况通报

××××年展会活动情况通报

为了进一步宣传我市名牌产品和优势企业，扩大其知名度和市场占有率，达到开拓市场、提升城市形象的目的，××××年我委将按照“走出去、请进来”的发展战略，结合全市工业经济和企业的实际情况及发展需要，拟重点组织开展以下展会活动：

一、举办××名特产品展销会

为促进××经济更好更快地发展，进一步实施××企业和产品走出去的发展战略，继成功举办“××展”、“××展”、“××展”、“××展”和“××展”后，我委将在××××年继续举办××名特产品展销会。结合企业愿望和前期考察情况，××××年××名特产品展拟在××××举办，会期初步定为6月23~25日，预计规模为×××个展位。展会期间，将组织举办××名特产品展示展销会，汽车、摩托车、轻纺、食品等生产企业与客商对接洽谈会、签约仪式、××造汽车巡游及文艺演出等活动。

二、举办中国××第×届国际服装节

第×届国际服装文化节拟于9月举办。本届服装节将以“打造时尚之都·引领服饰潮流”为主题，拟在展会期间举办“服装嘉年华·时尚总动员”、亚洲服装流行趋势发布、服装设计大赛、“时尚西部”开幕晚会、时装模特大赛、中国××产业发展高端论坛及对接洽谈等活动，力争将“××节”打造成为中国西部地区服装行业的代表节会，以促进××服装企业的成长、增强××服装产业的整体实力、提升××服装业的整体形象。目前，我们正积极开展前期筹备工作。

三、举办××××中国××国际汽车工业展览会暨零部件专业采购会

该展会拟于5月20~24日在××国际会议展览中心举办，本次车展以“促进国际合作，推动产业进步”为主题，整车展出面积将达到近×万平方米的规模。展会期间，将举办××××中国××高峰论坛、××××中国××“汽车改变人们生活”影像艺术节、小排量汽车性能现场测试推荐活动、国际零部件采购商产品转包及贸易对接洽谈会、国际知名零部件采购企业采购信息专题发布

会、知名零部件生产企业产品说明会（推介会）、“汽车与物流”高峰论坛、××××中国西部××洽谈会、××汽车零部件行业全新物流模式说明会等活动，以达到培育××汽车市场、降低零部件采购成本、扩大零部件生产、促成西部物流资源优化配置、推动××汽车产业发展的目的。

四、举办××××中国国际工业转包展览会

该展会将于10月在××展览中心举行，同期还将举办第××届中国国际工业装备展览会，展会规模预计××个展位。××××中国国际工业转包展览会以工业转包订单发布为主旨，主要帮助××企业建立与国际国内先进工业企业长期协作配套关系；中国国际工业装备展览会以“技术与贸易并重”为原则，为工业装备生产企业提供切实的帮助。实现展示中国机械制造企业创新技术、创新产品的窗口作用和我国机械制造行业与海外重要国际机构及国际转包商加强合作与交流的桥梁作用，进一步促进我市工业企业参与国内、国际竞争的能力。

五、举办××××第×届××机械机床工模具新技术新设备展览会

该展会将于4月11～14日在××国际会议展览中心举行。展会以机床、机械基础零部件、工模具、自动化等作为重点主题，主要展出压力铸造设备、加工中心、数控车床、数控铣床、特种加工设备、刀具和测量设备仪等，预计规模约为××个展位。展会期间，将举办多场先进技术交流讲座。目前，该展会的招商工作已接近尾声，重点已转向专业买家的组织和后期展会服务工作。

六、举办第×届××冶金、铸、锻、热暨塑胶工业展览会

该展会已于××××年3月9～11日在××国际会议展览中心举行。展会以“新技术、新设备、新产品”为主题，重点展出铸造、锻压、热处理、工业炉、粉末冶金、塑胶原料、塑胶机械等产品及设备，规模为××余个展位。展会期间，举办了打造中国××模具发展论坛、××热处理技术交流会、××市铸造学会/协会年会及交流大会、××锻造行业协会年会及厂长经理技术交流会、××塑料行业厂长经理经验交流会等活动。

七、根据市领导的指示和市政府的安排，组织举办和参加有关展会活动。

××市经济委员会

××××年××月××日

◇表彰通报

关于表彰××××年度依法纳税大户的通报

×政发〔××××〕××号

各县（市、区）人民政府，市政府直属各单位：

××××年，全市广大企业面对国际金融危机的严重冲击，面对国内宏观环境变化带来的种种压力，坚定信心，积极应对，锐意进取，取得了显著成绩，并涌现出一大批守法经营、主动纳税、对社会作出积极贡献的纳税大户和先进典型。为表彰纳税大户的突出贡献，鼓励诚信纳税，激发创业热情，市人民政府决定，授予××正泰电器股份有限公司等100家企业“××××年度××市纳税百强”称号，授予××××电器股份有限公司等50家企业“××××年度××市制造业纳税50强”称号，授予××集团股份有限公司等10家企业“××××年度××市企业集团纳税十强”称号（名单附后），并予以通报表彰。

希望受表彰的纳税大户珍惜荣誉，再接再厉，积极应对危机，奋力克难攻坚，努力创造更好的效益，取得更大的发展，为我市经济社会又好又快发展作出更大的贡献。

××市地税局

××××年××月××日

◇批评通报

××县人民政府关于对××××年畜禽养殖小区建设落后乡镇进行批评的通报

×政文〔××××〕××号

各乡、镇人民政府，县政府各部门：

××××年，我县紧紧抓住国家和省、市出台一系列优惠政策，扶持畜牧业发展的历史机遇，强力推进畜禽养殖小区建设，县政府《关于进一步加快畜牧业发展的意见》（×政文〔××××〕××号）明确要求，各乡镇每年至少建成一个标准化养殖小区，重点乡镇建成2个以上，以此促进畜牧业发展上规模、上水平。一部分乡镇对此项工作高度重视，真抓实干，全县××××年新建各类畜禽养殖小区25个，实现了畜牧业发展的新突破。

但也有一部分乡镇对畜禽养殖小区建设认识不足，重视不够，措施不力，致使该项工作被动落后，没有完成既定的任务。特别是××、××、××、××、××、××等12个乡镇没有建成一个标准化养殖小区。为此，经县政府研究，特对上述乡镇提出批评。

希望受到批评的乡镇要认真反思，查找问题，汲取教训，在××××年的畜牧工作中，要以实施“双百工程”（建成标准化养殖小区总数达到100个，新建规模养殖场100个）为契机，狠抓标准化养殖小区建设，努力完成目标任务，为我县争创全省生猪调出大县和畜牧大县作出应有的贡献。同时希望其他乡镇和单位，要以受到批评的乡镇为戒，对县政府部署的各项工作任务，都要采取切实有效的措施，认真抓好落实，努力推动各项工作再上新台阶，确保实现县委提出的“三年跨入全市先进行列”的目标。

××县人民政府办公室

××××年××月××日

第八节　报告公文写作

一、报告的写作概述

1. 报告的概念

报告，是下级机关或部门、企事业单位向上级机关或部门汇报工作，反映情况，答复上级机关的询问时使用的一种公文文种。它是党政机关和企事业单位、团体组织都广泛采用的重要上行文。

2. 报告的适用范围

根据《党政机关公文处理工作条例》规定：“报告适用于向上级机关汇报工作，反映情况，答复上级机关的询问。”报告是下级机关呈送上级机关的上行文种，中下级机关特别是基层单位和部门常会用到这一文种。

3. 报告的分类

报告通常分为综合报告、会议报告、工作报告、情况报告、建议报告、答复报告、呈送报告、述职报告等。

（1）综合报告。是为使上级机关全面了解工作状况或有关情况而制发的报告。内容全面，带有工作总结的某些特征，是这类报告的特点。

（2）会议报告。是会议上陈述工作情况、提出问题和意见时使用的一种含有建议会议通过或报送上级机关参考的上行公文。

（3）工作报告。是在向上级机关汇报例行工作或临时性工作情况时使用的上行公文。

（4）情况报告。是在向上级机关汇报工作中发生或发现某些情况和问题时使用的上行公文。

（5）建议报告。是下级机关就工作中的重大问题和事项，专门向上级机关提出建议时使用的一种上行公文。

（6）答复报告。是对上级机关的询问而汇报有关情况的一种上行公文。

（7）呈送报告。是向上级机关报送文件时加在前面的一种上行公文。

（8）述职报告。是领导干部依据自己的职务要求，就一定时期内的任职目标，向选举或任命机构、上级领导机关、主管部门以及本单位的干部群众，汇报自己履行岗位责任情况的书面报告。

二、报告的写作要领

1. 报告的写作格式

报告由标题、主送机关、正文、落款和日期等部分构成。

（1）标题

报告的标题，通常只写事由和文种。也有的标题包括发文机关、事由和公文三部分。有的报告内容紧急，则在标题中的“报告”前冠以“紧急”字样。

（2）主送机关

在标题下正文前顶格书写受文对象，一般是上级机关或业务主管部门。

（3）正文

各种报告的正文写法有所不同，但一般都由报告目的、报告内容和结尾三部分组成。开头说明报告的目的，用“现将有关情况报告如下”之类的惯用语过渡到下文。报告内容包括主要情况、存在问题。结束语的写法，呈报性报告用“特此报告”，“以上报告当否，请指示”等，呈转性报告用“以上报告如无不妥，请批转有关部门执行”等。

（4）落款和日期

在正文后写上发文机关和日期。

2. 报告的写作要求

（1）要总结出有规律的东西。写报告要用正确的立场、观点、方法对事实进行分析，从中总结出一些带有规律性的东西。这些规律性的东西，无论是成功的经验，还是失败的教训，对今后的工作都具有重要的指导意义。

（2）注意个体材料和整体材料的配合使用。报告的容量大，涉及的材料众多，因此，在写作时一定要注意个体材料和整体材料的配合使用。尤其是综合报告，涉及的方面多，内容复杂，更要注意个体材料和整体材料的配合使用。有个体材料没有整体材料，会使报告零碎，缺乏整体印象；反之，有整体材料没有个体材料，则会使报告内容空泛，缺乏力度和深度。

（3）报告所反映的情况要真实、具体。报告的用途是帮助上级机关了解下情，从而作出正确的决策。因此，写报告要做到如实地反映情况。如果报告反映的情况失实，就有可能影响上级机关决策的准确性和科学性。真实性是对公文写作的普遍要求，但鉴于目前有些报告存在着弄虚作假的现象，所以特别需要引起重视。起草报告的人员，要深入调查研究，尽可能亲自调查了解，掌握第一手材料，然后进行分析归纳，去伪存真。材料要具体，要有概括性的材料，也要有典型的具体事例。

（4）写作报告的立意要新。提炼主题，应该在占有大量材料的基础上进行分析研究，归纳出新颖的观点，从而形成主题。主题，即报告的主旨。在提炼主题和观点的过程中，要有敏锐的眼光，发现新的有价值的材料，从新的角度、新的立足点去分析取舍材料，这样才能提炼出立意新的主题，反映出本质的、带规律性的问题。

（5）写作报告的重点要突出。报告的内容要根据主题的要求来安排，分清主次轻重，重点的、主要方面的内容，要安排在前面，详细写；非重点的、次要方面的内容，简略写；可写可不写的内容，就不写。同时，要注意处理好点和面的关系，比如有典型的事例，也要有面上的综合性的情况，做到点面结合、眉目清楚、说服力强。

（6）报告中不得夹带请示事项。上级机关对报告不负答复责任，因此，报告中夹带请示事项会影响事项的处理。如有请示事项，宜另用请示文种行文。

（7）尽量把报告写短些。要想将报告写得简短，就要做到以下几点：

①应突出重点；

②要毫不犹豫地舍弃那些不能说明问题实质的一般材料；

③要善于综合归纳，从宏观着眼，总体上把握，把问题表述清楚；

④语言表达要做到简洁、凝练。

三、报告的写作范文

◇情况报告

××县交通局关于“十件实事”县通镇
公路工程建设的情况报告

一、县养51.2公里建设的情况

1. 建设里程共51.2公里。其中：X178线××段7公里，205国道至××镇府0.8公里；X174线××段10公里、××段8.5公里，××大桥一座；S339线××段3公里；××旅游专用公路8.1公里，××大桥一座；X176线××至××4.5公里；X180线××至××9.3公里。

2. 工程建设投资预算。地养公路计划总投资为8095万元。已招投标工程投资为3976.65万元。其中：××旅游专用公路投资为952.22万元（一标328.53万元，二标331.05万元，三标292.64万元）；X174线××段投资为938.49万元，××段投资为666.02万元，××中学接××公路1公里投资98.5万元；X180线××至××投资为550.42万元；X173线××段投资为451万元（A标275万元，B标176万元）；X176线××段投资为320万元。（S339线××3公里二级路未招标，××大桥及引线未招标，205国道至××镇府0.8公里未招标投标。）

3. 工程进展及完成投资。至7月23日止，地养县通镇公路建设完成工程量：建好路基28公里，占应建设的54.6%；完成路面9公里，占任务的17.5%；完成建设投资1350万元，占已投标工程投资33.9%。

4. 工程投资款拨付情况。7月29日止累计拨付工程进度1186万元。其中：X173线附城段190万元；X174线××段364万元，××段225万元；X176线××段203万元；X180线××至××段70万元；××线119万元。

二、省养71.5公里建设情况

1. ××线：40.1公里，路基工程全面完成，已完成水泥路面6公里。

2. ××线：12.7公里，路基工程全面完成，已完成水泥路面6.7公里。

3. ××线：18.7公里，已全面竣工。

三、当前地养县通镇公路建设存在的困难和问题

1. 工程进度缓慢，实际完成工程建设投资仅占33.9%，达不到预期的目标

和效果。施工工期远远超过工程招投标合同规定的时间要求。如 X173 线××段，A、B 两标施工期限为 6 个月，而两标段施工单位从××××年 10 月中旬进场施工至现在已有 9 个月时间，A 标段 4 公里已铺设水泥路面 3.5 公里（双边），仍有 0.5 公里未铺路面；B 标段 2.9 公里仅完成路基，中桥一座未动工。××公路三标段基本完成路基 3 公里，第一标段仍未进场。按预定在今年 12 月底完成 80% 县通镇公路建设任务差距较大。

2. 征地拆迁难度大，影响工程进度。如××旅游专用公路设三个标段，全长 8.1 公里，途经××镇 4.76 公里、××镇 2.472 公里、××镇 0.85 公里，征地拆迁工作除××镇 0.85 公里已完成外，其余镇未完成。第三标段 3 公里施工单位虽然基本完成路基工程，目前仍然步履维艰，直接影响施工的弃土场地征用，个别钉子户的土地征用仍未解决和征用；第二标段工程队"两进两出"因征地拆迁问题现已停工，成为了直接影响工程进展的障碍；第一标段虽然经招投标签订了合同，目前施工队还是无法进场施工建设。

3. 解决建设资金缺口部分，途径少、目标渺茫、建设业主心中无数。根据调查了解，地养县通镇公路除 X173 线、X180 线、X176 线××段建设资金上级补助部分（每公里 80 万元）基本上能满足建设外，其他各线都存在建设资金的缺口，而且缺口资金较大，如 X174 线、××旅游公路等。各业主对如何解决建设的缺口资金心中无数，缺少筹资的渠道和措施，甚至个别业主把建设工程上级补助款当成是公路建设的一切费用开支的资金来源，工程建设使用上级补助、征地用上级补助、质量监理用上级补助等，很难做到专款专用。筹集建设缺口资金单纯依靠上级解决，业主心中无数。

××××年××月××日

◇工作总结报告

我市采取有效措施切实做好环境优美乡镇创建工作

创建环境优美乡镇是贯彻科学发展观在农村环保工作中的具体体现，也是我市建设生态市的重要基础和构建和谐社会的细胞工程。建设生态市的必要条件之一是 80% 乡镇建成环境优美乡镇，为了落实这一工作任务，全力推进生态市建设，全市生态市建设工作会议以来，全市各级党委、政府，各级环保部门采取有效措施，扎实做好环境优美乡镇创建工作。

一是加强对创建工作的组织领导。为抓好创建工作，市环保局领导亲自研究部署，组织各镇积极开展省级和国家级环境优美乡镇申报工作。各镇成立了领导小组，完善工作机制，建立目标责任制，积极落实创建工作任务。

二是加大对创建工作的宣传和指导。市环保局加强对全市各镇的广泛宣传发动，提高了基层镇党委、政府对创建工作的重视和认识。为推动创建工作，市环保局先后多次向国家环保总局及省环保局汇报我市创建环境优美乡镇情况。同时深入基层，认真组织、指导编制申报材料，开展创建工作。

三是精心组织、认真实施，全力做好创建工作。按照创建工作标准和要求，各镇以《小城镇规划编制导则》为指导，加快镇村环境基础设施建设，开展镇村环境综合整治，精心编制乡镇环境规划、工作报告、技术报告、认真做好申报验收的各项准备工作。截至目前，全市共有××镇、××镇、××镇、××镇申报了省级、国家级环境优美乡镇。

××市人民政府

××××年××月××日

◇调研报告

北欧的纺织品市场调研报告

北欧四国××、××、××和××所需的纺织品大部分依靠进口。因此，如何扩大我国对北欧的纺织品市场是值得我们研究的问题。

一、对纺织品的要求

北欧虽属世界上最富有的地区之列，但对纺织品的要求则是中、低档的居多，人们对穿着也不甚讲究。如春季，天气多云有雨，温度变化大，人们就贴身穿一件衬衣，套上一件羊毛衫，最外面是一件夹克衫；如遇晴天温度升高，就随时脱掉最外面的一件，或披在肩上，或系于腰间；夏天，只穿一件衬衫或针织衫即可。

在款式上，欧洲大陆上流行的款式这里基本上可以接受。订货时，他们喜欢由卖方提供样品，或稍加改动。

颜色以淡雅的为主，虽也有鲜艳的颜色，但也多为单色。花型的特点是单、素、碎，喜欢由卖方提供花型。

在质地方面，喜欢全棉或涤棉混纺，毛衫外套喜欢用化纤的。

讲究颜色。如帽子、内外衣、裤子和袜子要配色；床单、毛毯套、枕套要配色；床上用品多与毛巾、浴巾配色；每个家庭平均每年用40条毛浴巾，成套地购买和更换，这当然不是用坏了才换，而是根据流行色的变化而进行更换。

北欧冬季寒冷多雪，人们喜爱运动。运动装的需求量很大。现在流行的是闪光尼龙绸运动衣，内衬羽绒或腈纶棉等，质软体轻。当地生产一小部分，主要从韩国进口。

每年的订货季节。对夏令品种为四五月订货，年底前发货，次年的三四月份开始销售；冬令品种在八九月份订货，次年三月份以前发货，七八月份开始销售；毛巾、床上用品等，销售不受季节影响，全年均可订货。订货后3个月内提供销售样品，作为四处推销之用，如不能及时提供销售样品，就会失掉推销机会。

二、需要注意的问题

北欧人民对我国怀着友好的感情，我国出口的产品对北欧市场的需求很适合。因此，我国纺织品对北欧市场的出口是有一定潜力的。

要做好对北欧的出口工作，需要注意以下几个问题：

1. 充分利用配额。对于实行进口许可证的××和××，应利用有限的配额，多搞一些档次高的品种，增加出口金额。对于实行进口配额制的××和实行全球配额制的××，要选择对路的品种，充分利用该国的配额数量。

2. 花型和价格要有竞争性。北欧进口的纺织品，绝大部分来自东欧国家、×××和××××等，有的甚至从中国××和××转口，价格较我国优惠，但定量少、花型变化快。

3. 按时交货，尽量缩短运输途中的时间。有的进口商反映我国的货物在海上漂泊达4个月之久，影响销售。为了解决这个问题，有的口岸已经开始使用大陆桥发货。集装箱可以通过铁路运达北欧四国的任何主要城市，运输时间短而且安全，客户对这种运输方式很感兴趣。有的口岸还采用经××装北欧的SCAN-DUTCH船公司的定期班轮，效果也很好，客户很满意。

××纺织品研究所

××××年××月××日

第九节 请示公文写作

一、请示的写作概述

1. 请示的概念

请示是下级机关向上级机关或业务主管机关请示某项工作中的问题，明确某项政策界限，审核批准某事项时使用的请求性的上行公文。

2. 请示的特点

请示与报告有反映情况、提出建议的共同性。但两者比较，请示存在如下特点：

（1）请求性。从行文的目的看，请示写作带有迫切性的，并需要上级机关批示、批准的事项，要求上级机关给予批复；报告只着眼于汇报工作、反映情况，以达到下情上达的目的，一般不要求批复。只有呈转性报告才要求上级机关“批转”有关部门执行。

（2）单一性。请示一般一文一事，即内容要单一，不可将多项内容放在同一个文中请示。

（3）预先性。从行文的时间看，请示必须在事前行文，不允许“先斩后奏”；报告则在事前、工作进程中和事后均可行文。

（4）定向性。请示是一种上行文，只在向上行文时使用，是请而示之。对不是上级领导机关的业务主管机关或其他不相隶属单位，一般不使用请示文种。

3. 请示的范围

急需办某件事，需上级批准后才可办的，要写请示。

工作中发生了比较重大的问题，本机关无权解决，先提出处理意见，请求批示。

对上级颁发的法律、法令、方针、政策、规定和上级指示精神中有不了解、有疑问或不同理解的问题，需要上级机关解释和进一步明确时，要用请示。

上级有文件规定不经请示不允许办的事情而本单位又不能不办，此时要写请示。

上级虽有统一规定，由于本单位情况特殊难以执行，需要灵活掌握或变通处理，此时需要请示。

4. 请示的种类

请求上级领导解决本单位、部门的某些困难和某个问题的请示。这种请示，一般不涉及本单位本地区的平行机关和下级机关。

对上级制定的方针、政策、法律、条例、规章制度或对上级的某个指示有不同理解，希望上级明确解释。

某一部门在实际工作中遇到一些新情况、新问题，经过认真研究，提出了解决的措施和办法，希望上级审核肯定，并批转有关单位照办。

二、请示的写作要领

1. 请示的写作格式

（1）标题。请示标题大致有两种：一是写明请示事项和文种；二是写明请示机关、请示事项和文种，如《林业部关于审定国家级森林和野生动物类型自然保护区的请示》。标题制作尤其注意事由（请示事项）要写得明确简要，文种不能写成“请示报告”。

（2）正文。正文通常包括三个部分：

①请示原由。请示开头首先写明请示的原因或理由。有的请示还需要用稍多一点的篇幅来陈述理由，把原因说清楚，特别是请求具体帮助的请示，有些请求核准、审批的请示，原由可以写得很简单甚至不写。

②请示事项。一项内容有时篇幅不长，但必须注意写得明确、具体。有时请示事项只有一句话，如一份请求拨给会议经费的“请示”：“请拨给会议经费3000 元。”

③结束语，通常用套语结束，如例文的“当否，请批示”。常用的请示结束语有“妥否，请批复”，“以上请示，请予审批”，“以上请示，请予批准”等。结束语要写得谦和得体，不宜用“请即从速批复”、“请尽快拨款，以救燃眉之急”这类的结束语。

2. 请示的写作要求

（1）标题不要写成“请示报告”。

（2）不要在“报告”等非请示公文中夹带请示事项（报告中写“以上报告当否请指示”不在此列）。

（3）必须事先请示，不能“先斩后奏”，像个总结报告。

（4）必须坚持一事一请示，不能将许多事搅在一起，像个综合报告。这是一个基本的原则要求。请示的事情过多或把不相干的问题放在一起请示，不利于上级机关受理。

（5）要向主管部门请示，不要越级请示，也不要多方请示，如系受双重领导的单位或者牵涉到几个单位或领导，要写明主送机关和抄送机关，由主送机关负责解决或答复，而抄送有关机关、领导。

（6）请示在未获批准前，不得对下属单位发送。向上级机关的请示，未获批示（或批准）前，就向其他机关或下级机关抄送或下发，这也是撰写请示的一大忌讳。

（7）如需向两个上级单位同时请示，只能采取一个主送和一个抄送的办法

（请示公文的主送单位只能是一个），不可多头报送，以免造成误会而贻误工作。

（8）请示事项涉及其他部门业务范围时，应当经协商取得一致意见后上报，未能取得一致意见时，应在“请示”中写明。

（9）严禁越级请示。

（10）请示语言既要简明扼要，还要注重行文语气，选用语句要谦敬，把握好分寸。

（11）请示类公文，必须注明联系部门及联系人姓名和电话。该联系人一般为公文起草部门的负责人。

三、请示的写作范文

◇请求性请示

××市农业局关于参照公务员法管理的请示

××市人事局：

根据《××省参照〈中华人民共和国公务员法〉管理的单位审批办法》（×发〔××××〕××号）和《××省事业单位参照公务员法管理和人员登记工作细则》精神，结合我局实际，经研究，确定我局下属事业单位植保植检站、园艺工作站、种子管理站、农村合作经济经营管理站、农村能源环境保护管理站、农业技术推广中心、××省农业广播电视学校××市分校，申请参照公务员法管理。特此请示。

妥否，请批示。

××市农业局人事处

××××年××月××日

◇申述性请示

关于要求建立××市××区外国语实验学校的请示

×教〔××××〕××号　签发人：×××

区编委：

地处××市××区××××小区内的配套学校已竣工，为保证今年秋季如期开学，要求在小区内建立××市××区外国语实验学校。新建的××区外国语实验学校是一所集学前教育和小学教育于一体的公立学校，其中小学教育部30个班，学前教育部6个班，按规定可配教职工96人。

当否，请批复。

××市××区教委

××××年××月××日

◇安排性请示

关于组织部分人员到××市进行培训的请示

市粮食局：

自××××年开展仓储管理年以来，在经历了标准化、规范化等几个阶段以后，我库仓储管理水平明显提高，仓储面貌发生了根本性的变化。但在硬件建设达到一流的同时，存在着软件与硬件建设发展不相配套的问题。为切实提高我库仓储职工的业务技术素质，全面解决软硬件建设不相配套的问题，经库党委研究，我库拟组织选派部分人员到××市粮食管理学院进行培训。现将有关事宜请示如下：

一、培训人员及费用

拟从库全体职工中选拔业务骨干20人参加培训学习。培训费用为1000元/人。

二、时间安排

培训时间初步定于××××年7月6~20日。

三、拟培训内容

（一）国内外储粮新技术的应用；

（二）储粮害虫防治；

（三）储粮四项新技术的应用；

（四）粮食物流方面的业务知识；

（五）储粮生态系统知识。

四、其他相关问题

为切实组织好此次培训，我库准备安排库副主任×××同志带队参加培训，全面负责解决培训过程的问题。

当否，请批复。

××粮食储备库

××××年××月××日

◇解答性请示

关于“总会计师”是行政职务还是技术职称的请示

财政部：

国务院颁发的《会计人员职权条例》规定，会计人员技术职称分为总会计师、会计师、助理会计师、会计员四种，其中“总会计师”既是行政职务，又作为技术职称。在执行中，工厂总会计师按《条例》规定，负责全工厂的财务会计事宜；可是每个工厂，尤其大工厂，授予总会计师职称的人员有四五人，究竟由哪一位负责全厂的财务会计事宜，执行总会计师的职责与权限呢？我们认为应将行政职务与技术职称分开。总会计师为行政职务，不再作为技术职称。比照最近国务院颁发的《工程技术干部技术职称暂行规定》，应将《条例》第五章规定的会计人员职称中的“总会计师”改为“高级会计师”。

以上认识是否妥当，请迅速指示。

××省财政厅

××××年××月××日

◇批转性请示

关于要求批转《服务创业推进创新的若干意见》的请示

×工商综〔××××〕××号

市政府：

为了贯彻落实市委、市政府“创业服务年”和“创新推进年”工作要求，推动“三个××”战略的深入实施，现就发挥工商行政管理职能，服务创业推进创新提出如下意见：

一、放宽注册登记限制，降低创业门槛

1. 放宽准入领域限制。按照“非禁即入”的原则，凡可以进入的行业和领域，一律向各类创业主体平等开放。进一步放宽服务领域市场准入，凡法律、行政法规及国务院决定未明确作为企业登记前置审批项目的，可直接接向工商行政管理机关申办营业执照。

2. 放宽经营范围限制。对一般经营许可的经营项目，可根据创业者申请，按照国民经济行业分类，自主选择经营项目，开展经营活动。

3. 放宽注册资金限制。除法律、行政法规和依法设立的行政许可另有规定的外，一律降低到3万元人民币；允许用货币、实物、工业产权、著作权、非专利技术、土地使用权、股权等财产及其他可用货币估价的资产依法向公司出资；允许公司非货币出资比例最高达注册资本的70%；允许通过股权出资形式，组建企业集团、股份有限公司；除一人有限责任公司外，公司制企业均可实行注册资本分期到位；对设立个人独资企业、合伙企业、农民专业合作社的，无须再提交验资报告。

4. 放宽经营场所限制。企业、个体户将住宅改变为经营性用房的，在符合国家法律法规的前提下，除从事餐饮、歌舞娱乐、互联网上网服务、生产加工和制造、经营危险化学品等涉及国家安全、存在严重安全隐患、影响人体健康安全、污染环境的生产经营项目外，在征得利害关系邻里的同意，并经社区居（村、业主）委会或相关部门确认后，允许予以登记注册。

二、实施创业优惠政策，减轻创业负担（略）

三、优化政务环境，强化创业服务（略）

四、深化品牌建设，提高企业自主创新能力（略）

五、挖掘市场潜力，推动商品市场持续繁荣（略）

六、推动订单农业规范发展，力促农村特色经济发展（略）

七、加强执法监管，维护创业创新市场秩序（略）

以上意见如无不妥，请批转下发。

××市工商行政管理局

××××年××月××日

第十节　批复公文写作

一、批复的写作概述

1. 批复的概念

根据《党政机关公文处理工作条例》规定：“答复下级机关请示事项，用‘批复’。”

批复是答复性的下行文书，它是上级机关答复下级机关请示事项的指导性文件。批复必须以下级机关的请示或报告为存在的条件。没有请示，也就无所谓批复。由此可见，批复与请示，是彼此相互对应的两种公文。请示，是上行文；批复，是下行文。没有下级机关的请示，也就没有上级机关的批复。批复与请示，是正式行政公文中唯一具有相关联的一对文种。这一特点，决定了在批复的撰写中，应该充分体现出批复对于请示的针对性。因此，可以说批复是一种针对请示的批答公文。它是专门解决请示问题的专用公文，其行文受到请示机关和请示内容的制约，行文关系和行文内容都是特定的。

2. 批复的适用范围

根据《党政机关公文处理工作条例》规定，批复“适用于答复下级机关的请示事项”。下级机关用请示向上级机关行文，上级机关即须以批复作出相应的答复。以批复的形式答复的请示事项，一般是比较重要但涉及面不是很广的事项。除了批复之外，答复请示事项还可以考虑选用其他文种。例如，国家工商行政管理总局呈报国务院的《关于在全国逐步推行经济合同示范文本制度的请示》，所写事项意义重大，涉及面广，所以国务院没有以批复的形式单独回复来文机关，而是由办公厅制发通知，将国家工商行政管理总局的请示转发给有关机关、部门和单位，在要求执行的同时，也就表明了对请示事项的态度和意见。

3. 批复的特点

（1）专向性。批复专对着请示行文，而不针对别的文种；批复的内容也针对着请示中的具体事项，与请示事项无关的内容则不涉及。这就是批复的专向性。

（2）针对性。上级机关批答下级机关的请求事项，往往是针对某一具体公文的具体问题作出的，一般不涉及其他问题。它是被动行文，不像指示是上级机关根据需要随时可以主动行文，且受文单位和内容具有广泛性。

（3）指令性。上级机关在批复里对政策所作的解释、提出的指导性意见以及表明的批准或不批准的态度，具有权威性和指令作用，下级机关必须遵照执行。

（4）政策性。批复对请示事项所作的答复，答复不答复，都要以党和国家的政策为依据，要坚持原则，照章办事。

（5）单一性。批复单一性的特点体现在两个方面：一是发文对象的单一性。批复是一对一的下行文，是专门回复下级机关请示的，所以其受文对象就是请示单位。二是发文内容的单一性。请示是“一文一事”，批复则是“一文一答”。

（6）结论性。上级机关在批复中，必须作出明确、结论性的意见，写明“同意”或“不同意”，而不能含糊其辞，似是而非。下级机关收到批复，必须照此执行。

(7) 时效性。上级机关收到下级机关的请示后，要及时答复，否则就会误时误事。有些机关采取的对“收到下级机关请示后一周内不予答复则可视为同意”的规定，就是强调时效性，以提高办事效率。

4. 批复的种类

(1) 决定性批复

决定性批复，是批准下级机关的请示事项，作出行政决定的批复。

(2) 指示性批复

指示性批复不但同意下级机关的请示，而且就请示事项的落实、执行或就事项的重要性、意义提出几点指示性意见，对下级的该项工作有指示作用。

(3) 解答性批复

上级针对下级对政策、法律、规定、措施等的询问请示所做的批复，称为解答性批复。对有关政策、法律、法规的解答性批复，只能由被授权或有权解释的单位制发。本单位无权解释的可逐级往上请示，直到有权作出解释的单位。对下级机关询问性请示的解答，是一件很严肃的事情。因这种解答对下级具有指示性，是下级办事的凭据，所以解答不能想当然，而要有政策、法律或上级有关文件作依据。这种解答性批复要及时。

二、批复的写作要领

1. 批复的写作格式

批复通常由标题、正文、落款三部分构成。

(1) 标题和主送机关

①标题。批复的标题一般为“发文机关 + 主要内容 + 文种”的形式。不同的是，批复往往在标题的主要内容一项中，明确表示对请求事件的意见和态度，而一般公文标题中的主要内容部分一般只点明文件指向的中心事件或问题，多数不明确表示态度和意见。

②主送机关。批复的主送机关只有一个，即发出请示的下级机关。

(2) 正文

这部分内容，由批复依据、批复事项、执行要求三部分组成。

①批复依据。批复依据主要涉及对方的请求和与请求事项有关的方针政策、上级规定。

对方的请求是批复最主要的论据，要完整引用请示的标题并加括号注明其请示的发文字号。

上级有关的文件和规定是答复请示的政策和理论依据。可表述为：根据××关于××的规定，现作如下答复。必要时，可标引文件名、文件编号和条款序号。如果下级请示的事项在上级文件和规定中找不到依据，这样的文字便不需出现了。

②批复事项。针对下级机关请示所发出的指示，作出的批准决定，以及补充的有关内容，都属于批复事项。如果内容复杂，可分条表述，但必须坚持一文一批的原则，不得将若干请示合在一起用列条的方式分别给以答复。

③执行要求。对下级执行批复的要求可写在结尾处，文字要简约。

（3）落款

在正文后右下角写明制发批复的机关名称。如在标题中已写明发文机关，可不写落款。

2. 批复的写作要求

（1）要注意针对性。由于批复具有很强的专向性，因此，批复的内容应紧紧扣住来文中请示的问题，给予指示或表明态度。答复问题要全面，不能只对部分请示事项作答复，而对其他部分不作表态。也就是说，要注意其针对性。

（2）要有鲜明的态度。上级机关的批复，无论是解释政策，还是审批事项，是同意，是不同意，还是部分同意，或是暂时不议，都要旗帜鲜明地表示态度，以便于下级机关有所遵循，据此开展工作。

（3）要有充分的理由。批复，无论是对有关政策做出解释，还是对求批事项表明态度，都要有充分的理由。所谓充分的理由，既可以是现行的方针、政策、法律、法规，也可以是客观条件、现实状况。

（4）要及时行文。领导机关应急下属机关之所急，接到请示之后，就要及时研究，及时批复，做到及时行文。

3. 批复写作应注意的问题

（1）在批复的开头一定要完全引述来文字号和标题，因为批复是对请示作回复，所以不可以只引文号，或只引标题。

（2）要有正式的书面请示才能批复，不得将口头或电话请示作为批复的依据。

（3）批复一般只给来文请示的单位。如有普遍意义，也可以同时抄送所属各单位。

（4）写作批复要有理有据。下级请示事项是多方面的，有些可能是涉及具体政策性的重大问题。批复时一定要进行周密调查了解，掌握有关情况，还要熟悉有关政策法令和办事准则，反复研究后再给予答复。尤其要寻找政策依据，同意的，根据什么；不同意的，又根据什么，有理有据，对工作及批复的执行才有利。切忌简单、草率地回复。即便是不予同意的，也要说明理由，不能生硬否决而不说明理由依据。

（5）行文简洁。批复的篇幅一般不宜过长，要求简洁、概括、集中，文字简短、精当，将领导决定的意见表达清楚即可，不必作具体的分析和详尽的阐述。

（6）坚持一请示一批复的原则。这个要求与请示的“一文一事”相对应。只有做到“一请示一批复”才能增强针对性。同时要注意，只能在职权范围内批准、答复问题，否则即是无效批复。

（7）批复的意见要态度明朗。批复意见必须十分清楚、明白，态度明朗。同意或不同意或部分同意均要明确，措辞要恰当，语气必须肯定，用词必须准确，表述必须清楚。容易产生歧义的词不能用于批复的写作。另外，回复意见也要有针对性，围绕请示问题来谈，对请示问题要一一给予答复，既不能另找话题、说东道西，也不能只答复一部分而遗漏了一些内容。

（8）批复对象要明确。在所有的下行文中，唯批复的主送机关只有一个。在一般情况下，不能多头主送，更不能变单头主送为普发文件。

三、批复的写作范文

◇指示性批复

关于政府行政部门工作查档问题的批复

××市房地产档案馆：

你馆×房档〔××××〕第×号《关于政府行政部门工作查档问题的请示》已收到，现批复如下：

一、房产档案属于专业档案，专业性强且涉及公民财产隐私，目前仍属于未完全开放的档案，查询办法可按建设部、省建设厅《关于印发〈房屋权属登记信息查询暂行办法〉的通知》即建住房〔××××〕××号和×建房〔××××〕××号文的要求执行。

二、不属于建住房〔××××〕××号和×建房〔××××〕××号文规定查询范围的单位或个人（包括政府行政部门），需查询房产档案都应严格遵循国家有关档案管理的规定，对还尚未向社会开放的档案，查询时允许查询与本单位或个人产权有关的房产档案，不允许要求筛查与本单位或个人无关的房产档案。查档时还应按规定缴相关费用。

此复。

××市档案局
××××年××月××日

◇规定性批复

关于××县出租车经营权的有关问题的批复

为规范××县城市客运管理工作，省建设厅、省物价厅、省财政厅（×建城复〔××××〕137号）和省城市公共客运交通管理局（×城客复〔××××〕5号）作出批复，现予公示。

××县城市公共客运交通管理局
××××年××月××日

××省建设厅、省物价局、省财政厅
关于××县出租汽车经营权有关问题的批复

一、同意××县××××年通过招商方式行政审批给予××出租汽车有限公司的70辆出租汽车和××××年行政审批的10辆出租汽车纳入有偿有期限管理。这80辆出租汽车经营权有偿使用期限为10年。经营期限为××××年7月26日至××××年7月25日。

二、这80辆出租汽车经营权有偿使用从××××年1月1日起计收，剩余经营权有偿使用费征收标准为10000元/辆，一次性收取。

三、同意××县××××年公开出让70辆出租汽车经营权指标，经营权有偿使用期限为8年，出让期届满，经营权终止，出让采用以服务质量作为主要竞标条件的邀请招标方式面向原顺达公司出租汽车承包人进行，根据《国务院办公厅关于进一步规范出租汽车行业管理有关问题的通知》（国办发〔××××〕81号）文件精神，为避免单纯追求提高经营权收益的行为，经营权有偿使用费征收标准为签约每车3.2万元/8年。

四、这150辆出租汽车可驻点经营的范围为××县城区、近郊区以及城市行政区域内因城市建设和发展需要实行规划控制的区域。

××××年××月××日

◇政策性批复

市政府关于留学人员工作有关问题处理意见的批复

×政函〔××××〕××号

市人事局：

你局《关于留学人员工作有关问题处理意见的请示》（×人专〔××××〕××号）收悉。经市政府研究，现就有关事项批复如下：

一、关于《××市留学回国人员工作证》发放范围问题。扩大《××市留学回国人员工作证》的发放范围，即由目前持有中国护照的留学人员扩大到合法取得外国国籍并在××市创业或从事科技、教育、管理的高层次留学人员；高层次留学人员的界定，按照《关于在留学人才引进工作中界定海外高层次留学人员的指导意见》（国人部发〔××××〕××号）的规定执行。留学人员凭《××市留学回国人员工作证》申请创业资助，并在购买商品房、子女入学、入住酒店等方面享受与市民相同待遇。

二、关于出入境管理问题。为取得外国国籍并在××市创业或从事科技、教育、管理的高层次留学人员提供出入境便利：对需多次临时出入境人员，可根据实际需要给予2~5年多次入境有效的“F”签证；对需在×常住人员，可办理2~5年有效的外国人居留许可。办理上述手续时，高层次留学人员须提供一类授权单位的公函等有关资料。

三、关于住房问题。放宽来×创业留学人员申购引进人才专项住房的准入条件，即持有中国护照，在国外学习并获得国外硕士以上学位或回国后取得副高级以上技术职称的在×落户的留学人员（含留学人员配偶是外国国籍的），申购引进人才专项住房的，对其收入不作限制、不予审查；同时放宽在×落户的时间限制，即在×工作落户并签订五年以上工作合同的上述留学人员均可申请。合法取得外国国籍并来×创业或从事科研、教育、管理的高层次留学人员凭《××市留学回国人员工作证》购买商品房，向房管部门办理产权证。

四、关于子女就学问题。持有《××市留学回国人员工作证》的留学人员，其子女就学按照市教育局、人事局、侨办、台办联合下发的《关于在×留学回国等人员子女入（转）××市区中小学有关事项的通知》（×教高中〔××××〕××号）规定办理。市教育局每年要向社会公布具有接受外国学生资格的中小学校名单。

五、关于家属落户问题。持有《××市留学回国人员工作证》的留学人员，其家属落户按照国内有关引进人才家属落户的规定办理：

（一）家属户口随迁。博士研究生在办理本人户口进×的同时，可随迁本人父母、配偶及未成年子女户口；硕士研究生在办理本人户口进×的同时，可随迁本人配偶及未成年子女户口；本科学历人员在×已落实工作单位并办理社会保险的，可随迁本人配偶及未成年子女户口。以上学历的留学人员在×已落实工作单位并办理社会保险，来×后身边无子女的，在办理本人户口进×的同时可随迁一名未婚成年子女户口。上述人员凭《××市留学回国人员工作证》及相关学历认证，到公安机关办理相关落户手续。

（二）家属户口投靠。留学回国人员本人已进×落户的，其家属子女的户口按有关科技人员亲属投靠户口规定办理，即持有《××市留学回国人员工作证》的博士研究生、硕士研究生，可以申请其外地配偶、未成年子女户口投靠迁×。上述人员凭《××市留学回国人员工作证》及相关学历认证，到公安机关办理相关落户手续。省属在×单位留学人员，参照此意见执行。

六、关于重点扶持政策问题。对海外高层次留学人才和留学人员创业团队以自有专利、专有技术、科研成果来×进行转化、创办企业的，按“一事一策”原则给予重点扶持。特别突出的项目资助额上不封顶，报市政府专题研究后给予特别资助。资助资金由市、区各承担50%，市承担部分从市留学人员创业资助资金和市重大科技创新专项中列支。××、××区及五县（市）自行组织评审的辖区内项目，资助资金由市财政按区、县（市）财政实际资助额的25%给予配套。

××市人民政府

××××年××月××日

◇转发性批复

×××省人民政府关于建立××师范学院的批复

省教育厅：

你厅《关于在××高等专科学校的基础上建立××师范学院的请示》（×教

发〔××××〕××号）收悉。根据《教育部关于同意在××高等专科学校的基础上建立××师范学院的通知》（×发函〔××××〕××号）精神，现就有关事项批复如下：

一、同意在××高等专科学校的基础上建立××师范学院（以下简称学院），同时撤销原××高等专科学校的建制。

二、学院系本科层次的普通高等学校，应逐步过渡到以实施本科教育为主。

三、学院的主管部门为××石油管理局，实行××市政府与××石油管理局共建，以××石油管理局为主的办学体制。学院的业务主管部门是省教育厅。

四、学院全日制在校生规模暂定为8000人。学院现有专业结构的调整和新专业的增设，按教育部和省教育厅有关规定办理。今年首批设置的本科专业应不超过6个。

五、学院要适时做好迎接教育部对学院办学情况复查工作。

你厅要督促××石油管理局切实加强对学院的领导，全面落实在申报本科学校时承诺投入的4000万元学校建设资金，不断改善办学条件，努力提高教学质量和办学效益，尽快把学院建成合格的本科院校，为我省和××市的经济建设和社会发展做出更大贡献。

×××省人民政府
××××年××月××日

第十一节 议案公文写作

一、议案的写作概述

1. 议案的概念

行政机关议案是列入行政公文中的新文件。它是指国务院和地方各级人民政府，按照法律程序规定，向同级人民代表大会或者人民代表大会常务委员会提请审议属于该人民代表大会及其常务委员会职权范围内有关事项的公务文书。

2. 议案的适用范围

根据《党政机关公文处理工作条例》规定：议案适用于各级人民政府按照法律程序向同级人民代表大会或人民代表大会常务委员会提请审议事项。议案有其独具的特色，因而是公文中的重要成员。权力机关、行政机关、其他国家机关，都可以提出议案。

作为行政机关公文的一个文种，议案的发文机关为各级人民政府等，受文机关是同级人民代表大会或人民代表大会常务委员会，功用为提出审议事项和审议请求。

3. 议案的特点

（1）权威性

凡规定重大行政措施的议案，或发布行政法规的议案，或采取重大强制性行政措施的议案，都具有类似法规的权威性。凡经人代会审议通过的议案，任何人、组织和个人都不能推翻，有异议也只能在下次人代会上提出并通过会议有关法定程序进行修改。

（2）特定性

议案内容的特定性，是指不能超越本级人代会的法定监督权、任免权和重要事项的决定权。

（3）指导性

议案所定的事项或所涉及的要求往往比较明确，措施具体，因而能有效地指导下级机关开展工作。

（4）公开性

每个公文议案的形成、颁发都必须经由人代会或人大常委会的法定程序——确定、审议、质询、表决和通过等，因此说议案具有公开性。

4. 议案的种类

（1）立法性议案。立法性议案主要在两种情况下使用：一是政府机构制定了某项法律或法规之后提请人民代表大会审议通过时；二是建议、请求某行政机构制定某项法规时。

（2）决策性议案。关于财政预算决算、城乡发展规划、重大工程上马以及政治、经济、文化、教育、科技、卫生等领域中的重大事项的决策，需要提请人民代表大会审议批准时使用的议案，就属于重大事项的决策性议案。

（3）机构设立议案。机构设立议案是各级人民政府针对重要机构的增设、撤销或合并，须用议案向同级人民代表大会或人民代表大会常务委员会提请审议时使用的一种例行公文。

（4）建议性议案。以行政部门的身份向权力部门提出建议，也可以使用议案。这种议案有些像建议报告，供人民代表大会审议、采纳。

（5）任免性议案。行政机关向权力机关提请任命、免去或撤销行政机关工作人员职务，请求人民代表大会审议批准的议案，就是任免性议案。

（6）批准条约议案。批准条约议案，是国务院提请全国人民代表大会常务委员会批准草签的国际条约，或提请批准加入某国际公约（条约）而使用的议案。

二、议案的写作要领

1. 议案的写作格式

议案的结构分标题、发文字号、主送机关、正文、签署、成交时间六个部分。

（1）标题。议案标题的写法有两种：

①由“发文机关＋案由＋文种”组成，如《国务院关于提请审议批准〈中华人民共和国和乌克兰关于民事和刑事司法协助的条约〉的议案》等；

②由“案由＋文种”组成，如《关于提请审议修改后的国务院机构改革方案的议案》，用这种省去发文机关名称的不完全式标题比较简洁。

议案标题一般不能采用发文机关加文种或者只有文种的写法。

（2）发文字号。在标题右下方按函字号书写，如“国函〔××××〕××号”等。

（3）主送机关。在标题之下，正文之前左起顶格书写主送机关全称或规范化简称，加冒号。如“四川省人民代表大会常务委员会”。

（4）正文。这部分内容是议案的主体。如果是提请审议已制定的法律法规的，解决问题的方案就在法律法规之中，这部分只需写明提请审议的法律法规的名称即可，但要把法律或法规的文本作为附件。如果是任免性议案，要将被任免人的姓名和拟担任的职务写明。如果是提请审议重大决策事项的，要把决策的内容一一列出，供大会审议。如果是建议采取行政手段解决某方面问题的，要把实施这一行政手段的方案详细列出，以便于审议。不能只指出问题，而没有解决问题的方案。

（5）结语。结语是议案的结尾部分，是指正文部分结束时所用的祈使性词语，主要用于提出审议请求。一般都采用模式化写法，言简意赅。如“现提请审议”、“请审议决定”、“请审议”、“请审议批准”等。

（6）落款。落款包括签署和时间两项内容。议案通常由政府行政首长签署并盖公章。国务院提交给全国人大的议案，要由总理签署；各省、市、自治区提交给同级人民代表大会的议案，要由省长、市长或自治区主席签署。日期格式与一般行政公文相同。

议案的主送机关，只能是同级人民代表大会及其常务委员会，不能有其他并列机关。要采用全称或规范化简称，不得随意简化。

2. 议案的写作要求

（1）一定要深入调研，在广泛调研的基础上形成符合实际需要的切实可行的科学规范的议案。

(2) 认真研读党和国家的路线、方针、政策，决不违反法规。

(3) 正文应简洁明快，一般只交代所提事宜，而不发表议论，其余的则由附加材料详细说明。

(4) 语气恳切妥帖，庄严凝练。

(5) 符合文种所要求的行文规范。

三、议案的写作范文

◇事项性议案

关于加强我市人民调解工作的议案

(议案转建议第××××××××号)

××××年以来，我市各级人民调解组织积极开展各项矛盾纠纷排查和专项治理活动，共调处各类民间纠纷×××××多宗，制止群体事件×××多件，为解决社会矛盾纠纷、维护社会稳定和保障我市经济发展做出了应有的贡献。随着改革开放的不断深入和社会主义市场经济的快速发展，社会经济成分、利益关系和分配方式等日益多样化，社会矛盾纠纷呈多发性、多样性、复杂性等特点，有些矛盾纠纷甚至激化为刑事案件和群体性事件，影响了社会稳定。为此，我们建议：

一、各级党委、政府要把人民调解工作纳入重要议事日程，要按照国务院颁布的《人民调解委员会组织条例》和司法部颁布的《人民调解工作若干规定》，切实加强对人民调解工作的领导和支持，全力维护基层社会稳定。

二、各级人民法院和司法行政机关要齐抓共管，加强对人民调解工作的指导，将法院委派人民调解指导员形成制度，提高人民调解组织的社会公信力和调解纠纷的质量。

三、坚持“调防结合、以防为主”的工作方针，构建矛盾纠纷防范控制体系，坚持“抓早、抓小、抓苗头”，严防民间纠纷激化，将纠纷解决在萌芽状态。

四、进一步加强人民调解规范化建设。社区人民调解委员会要有相对固定的工作场所、有衔牌印章、有统计台账、调解文书制作要规范；人民调解要做到组织落实、制度落实、工作落实、报酬落实；社区人民调解委员会规范化建设应当列入社区建设统一规划，房地产开发商、物业管理部门应当为社区人民调解庭的建设预置办公用房。

五、进一步加强政府职能部门参与调解社会矛盾纠纷的责任，将人民调解列入社会治安综合治理工作考核目标，实行“一票否决权”制，积极探索建立人民调解解决社会矛盾纠纷的更为有效的运行机制。

六、将各级人民法院和司法行政机关及街道、社区人民调解工作经费按照司法部、财政部《关于司法业务费开支范围的规定》（司发计字〔××××〕第384号)、《人民调解委员会组织条例》（国务院37号令)、《人民调解工作若干规定》（司法部第75号令）列入财政预算，尽可能解决人民调解员工作补助，努力为人民调解工作创造良好的工作条件和环境。

××市司法局、民政局

××××年××月××日

◇任免性议案

×县人民政府关于提请×××等四位同志职务任免的议案

×政文〔××××〕××号

县人大常委会：

根据《中华人民共和国地方各级人民代表大会和地方各级人民政府组织法》之规定和中共×县县委×文〔××××〕××号、××号、××号文件，现提请：

×××同志任县民族宗教局局长；

×××同志任县司法局局长；

×××同志任县教育体育局局长；

免去×××同志县教育体育局局长职务。

以上事宜，请审议。

附件：

1. ×××同志工作简历及主要表现
2. ×××同志工作简历及主要表现
3. ×××同志工作简历及主要表现
4. ×××同志工作简历

县长　×××

××××年××月××日

◇建议性议案

关于加快建设城市公共交通枢纽场站的议案

城市公交是城市重要的公益性基础设施，随着我市经济的繁荣和城镇化进程的加快，与人民群众生活息息相关的公交发展却跟不上城市建设的步伐，满足不了市民的基本出行需求。

一、主要表现：一是乘车拥挤。人民群众出行对公交的依赖越来越大。据了解，每天平均乘坐公交车出行的人次达25万人左右，雨雪天气、节假日最高达34万人次，有时公交车非常拥挤。二是乘车不便。新区（公务员小区）、开发区（××花园、××花园、××花园及未来的××花园）、××工业园区、大学园区和西部区域及周边村镇人民群众要求开通多方向公交车的呼声越来越高。三是速度不快。公交车运行速度平均10公里/小时，低于规定的20公里/小时。

二、主要原因：一是我市至今没有一座功能齐全的公交枢纽场站（火车站仅为临时枢纽），远远落后于我省其他城市（如××、××、××），在新区、开发区整体规划建设中，没有科学地设置公共交通枢纽场站，使公交发展出现“瓶颈”。二是线网布局不合理。由于缺乏枢纽场站作为基点，公交公司无法科学编制各区域间的公交线路，致使我市公交线路呈火车站向外辐射状，无法形成网络，如新区至开发区，××工业园区、××区、西部及大学园区、开发区等多方向线路均难以开发。三是没有枢纽场站，公交车的各项后勤保障无法进行，基本的工作条件不具备。

三、建议：一是加大对公交枢纽场站建设的力度，尽快在新区政府办公大楼（机专新校区西侧）附近、开发区××附近、西干道环宇立交桥（原税校）附近、××路西段西环路口附近、××路××果品批发市场附近、××路××花园附近、××路××生态园附近、××工业园（北环与环宇路口）附近等地科学地筛选出枢纽站的位置，合理确定用地规模，抓紧建设，尽快投入使用。二是公交公司要在枢纽场站建设的基础上，调整完善线网布局，形成科学、合理、规范的线网结构，最大限度地满足市民的出行需求，降低公交运营成本，有效地利用交通资源。三是按照国务院有关规定，切实实施优先发展公交战略，保证公益设施建议资金，使公交枢纽场站早日提高社会效益和经济效益。

××市××交通局

××××年××月××日

第十二节　函公文写作

一、函的写作概述

1. 函的概念

根据《党政机关公文处理工作条例》规定："函适用于不相隶属机关之间商洽工作，询问和答复问题，请求批准和答复审批事项。"函的答复功能仅仅适用于不相隶属的机关之间。

在公文的应用中，函的用途比较广泛。不相隶属机关之间商谈公务、接洽工作，询问事情、征求意见，答复问题、请求帮助及告知情况、催办事务等，都可以使用函。向归口管理部门请求对某一事项予以批准，也可以使用函。函既可以在平行机关及不相隶属机关之间使用，也可以在上下级机关之间使用。

2. 函的写作格式

（1）标题

通常要求写明发文机关、内容与文种，如"××××关于联系临时借房问题的函"。如属于回复问题的函，则多在"函"字前加"复"字。如"关于建设单位为动迁户建房问题的复函"。

（2）发文字号

函要有正规的发文字号，写法与一般公文相同，由机关代字、年号、顺序号组成。大机关的函，可以在发文字号中显示"函"字。

（3）主送机关

函的行文对象一般情况下是明确、单一的，所以多数函的主送机关只有一个。但有时内容涉及部门较多，也有排列多个主送机关的情况。

（4）正文

正文需要写明下述三部分内容。

①制发函的根据与理由。如"根据国务院国发〔××××〕××号文件关于凡新建（包括统建和自建）、扩建宿舍，都应把必需的生活服务设施包括进去，商业服务网点应占新建扩建面积的7%左右的规定，请你局……"。

②商洽或询问（答复）以及请求批准的具体事项。要求中心明确、内容具体，方便对方办理或答复。

③结尾。通常适宜使用致意性的词语，如"致以敬礼"、"谨致谢忱"，或以

“特此函告”、“特此申请”、“为盼”、“为荷”等专用语结束上文。

3. 函的写作要求

①以简要的文字，将需要商洽、询问（答复）、申请、知照的事项（问题）明确具体地交代清楚。

②用语谦和，讲究分寸。

函应用于平行机关之间相互协商、配合与互通信息。因此，用语要讲究礼节，不使用告诫、命令性的词语，语气应委婉得体。涉外公函或不相隶属机关之间的公函，必要时还要使用尊称与致意性词语。但公函与私人信件之间有严格区别，机关之间的函诚恳致意是必要的，但不要形成客套；尊重对方是应当的，但不可过分。用语应当适度，掌握分寸。

③函主要用于说明有关事项与提出要求。

④函是正式公文的文种，必须行文郑重。

必须具备正式公文的规范格式，使用印有发文机关名称的信纸，拟定标题，编制发文字号，结构要完整。

二、函的写作要领

1. 告知函

告知函是指主要用于把某些具体事项告知有关单位，仅让对方知道或协助办理，而无须回复的主动函。

2. 请求函

请求批准的函，主要用于向平行或不相隶属的主管机关请求批准有关经费、物资、人员编制、机构设置、调配干部、税收、营业执照、招生、专业增减等事项，属于平行文。

撰写这种公函，要求理由充分，请求批准的事项明确清楚；一文一事，即一份公函集中请求批准一件事情；用语简明得体，力求征得对方的支持。在结尾还应进一步明确行文目的。表明“请予批准”、“请予回复”或“请予协调解决”的具体要求。

3. 答复函

答复问题的函，要求针对来函内容给予确切答复，首先应表明是否同意的意见，然后说明理由或提出具体的处理办法，切忌发表无针对性的空说议论。答复函要求用语准确、对策明确可行。结尾处，可以写“特此复函”或“此复”。

4. 审批函

审批函是指主管部门对来文请批的事项审批后所作出答复的函。

三、函的写作范文

◇告知函

关于执行新收费标准告知函

各特种设备安装、使用单位：

由省物价局、省财政厅制定的“关于印发《××省特种设备检验检测收费管理办法（试行）》及收费标准的通知”（×价费〔××××〕××号）自××××年8月1日起执行。原省物价局、省财政厅×价费〔××××〕××号文件《关于印发劳动系统行政事业性收费项目及标准的通知》中电梯、起重机械等特种设备安全监察、检验收费标准同时废止。

我所自即日起对相关特种设备检验收费按照新的收费标准执行。

特此告知

××市特种设备监督检验所
××××年××月××日

◇请求函

××省人民政府办公厅关于申请拨款维修省府机关办公室的函

省财政厅：

省府机关办公室多是20世纪五六十年代修建的，不少门窗破烂，漏水严重，急需维修。为保证省府机关正常办公，请拨给房屋修缮费10万元。

××省人民政府办公厅
××××年××月××日

◇答复函

关于同意成立××市劳动力市场工会分市场的复函

××市总工会：

你会《关于申请成立××市劳动力市场工会分市场的函》（×工函〔××××〕81号）已收悉。经研究，现就有关问题答复如下：

一、同意你会成立××市劳动力市场工会分市场。请根据《××市劳动力市场管理条例》有关规定，办理申领《公益性劳动力中介服务许可证》的相关手续，为社会提供公共就业服务。

二、××市劳动力市场工会分市场须按照《××市劳动力市场建设指引》设计布局。

三、成立××市劳动力市场工会分市场所需经费请自行解决。

××市劳动和社会保障局

××××年××月××日

◇审批函

关于批准录用×××等××名同志为国家公务员的函

省安全厅：

你厅《关于拟录用××届大中专毕业生的函》（国家政〔××××〕××号）收悉。

根据中共××省委组织部、××省人事厅《关于部分省级机关从××××年应届高校、中专毕业生中考试录用国家公务员和机关工作人员的通知》的规定，经考试、考核合格，批准录用××名同志为国家公务员。

特此复函

附：录用人员名单（略）

××省人事厅

××××年××月××日

第十三节　会议纪要公文写作

一、会议纪要的写作概述

1. 会议纪要的概念

会议纪要，是各级机关用来记载和传达会议情况与议定事项所使用的一种公文文种。

2. 会议纪要的特点

（1）具有纪实性

会议纪要是根据会议的宗旨、议程、决议等整理而成的公文，它是对会议基本情况的纪实。会议纪要的撰写者不能更改会议议定的事项，更不能随意改动会议上达成的共识和形成的决定。

（2）具有概括性

会议纪要要在“要”字上下功夫，不是把会议的所有内容都原原本本地记录下来，它要有所综合、有所概括、有所选择、有所强调。会议纪要需要在会议后期甚至会议结束之后，对整个会议的各种材料和观点，经过分析、研究、综合整理，将主要精神、主要议决事项、主要观点，按一定逻辑顺序撰写出来，而不像会议记录那样随会议的进行自然而然地产生。

（3）具有指导性

即会议纪要对工作有一定的指导作用，它要传达情况、会议精神，要求与会单位相关部门以此为依据开展工作。

3. 会议纪要的分类

会议纪要大致有两种类型：

（1）办公会议纪要。又称日常行政工作会议纪要。主要用来反映党政机关、人民团体、企事业单位的领导机关开会研究问题、部署工作的情况，其作用是为机关单位工作的开展提供实在的指导和具体的依据。

（2）专项会议纪要。各种各样的交流会、座谈会、研讨会的会议纪要，多属于这一类。这类会议纪要常常通过对涉及有关工作的重要方针、政策和理论原则问题的交流、讨论情况的纪实，给人们以深刻的启发，给工作以宏观的指导。但是它如果未经领导机关批转就不具有像办公会议纪要那样的行政约束力。

二、会议纪要的写作要领

1. 会议纪要的写作格式

会议纪要一般由标题、开头、正文、结尾四部分组成。

(1) 标题

会议纪要的标题有以下四种写法:

①由会议名称、纪要内容、文种三部分组成。如"××学会第×届理事会第×次会议决议事项纪要"。

②也可由发文单位名称、会议名称、文种组成。如"×市日用杂品公司进一步做好黑砂锅市场供应工作会议纪要"。

③省略纪要内容,由会议名称和文种组式。如"××学会第×届年会纪要"。

④"正题+副题"的形式。正题阐述会议的主旨、意义,副题交代会议名称、文种。如:

维护财政制度　加强经济管理

——在×部召开的《××法》座谈会上的发言纪要

会议纪要的标题必须写得明确、具体,决不能单以"会议纪要"为题。

(2) 开头

简要介绍会议的基本情况,叙述召开会议的根据、目的,会议的起止时间、地点,参加会议的人员,会议的基本议程、主要活动和会议的结果。

(3) 正文

会议纪要的正文主要有如下三种写法。

①条项式写法

条项式写法,就是把讨论的问题和决定的事项,分条分项写出。会议讨论了几个问题,纪要就以几个问题各自成一点写出。工作会议纪要大多都用这种写法。这种写法,条条项项井然有序,便于理解、记忆、执行。

②综合式写法

综合式写法,就是把会议内容,按性质综合为若干部分,然后逐一写出。工作经验交流会纪要、学术问题研讨会纪要,一般都用这种写法。这种写法有一定的难度,但有利于概括丰富的内容,有利于从原则高度上把问题说深讲透。

③摘录式写法

摘录式写法,就是摘要记录会上发言内容,按发言顺序或按内容性质归类写出。这种写法,通过摘录发言人的话,反映发言人的观点,使人觉得客观、真实。先写发言者的姓名，然后再记其发言。记发言者的第一次发言时，在姓名后可注明单位、职务。要注意不要全文、原话尽录，要摘其要点。

（4）结尾

一些会议纪要不单独写结尾，主体部分的最后一个问题写完即结束全文。有些会议纪要要单独写一段结尾，或是写会议主持人或其他领导人的总结讲话；或是对会议作出一些基本估价，发出号召，提出希望。

2. 会议纪要的写作要求

会议纪要中所叙述的问题，必须遵循会议的实际情况准确反映，绝不能随意发挥，要把重点放在经过会议讨论并通过了的决议上。凡是会议没有研究讨论的问题一律不能写入会议纪要。总之，会议纪要阐述要清楚，交代要具体，观点要鲜明，是非要分明，实事求是，突出要点，语言要简练、准确，条理要清晰，概括要完整，只有这样才能写好会议纪要。

三、会议纪要的写作范文

◇工作会议纪要

××××年度安全工作会议纪要

××××年度安全工作专题会议于1月9日下午在食堂三层学院会议室召开。会议纪要如下：

一、会议由×××副院长主持。

二、参会人员有：×××副院长，院党政办、教务处、学工处、团委、继教中心、图书馆、后勤处、财务处、保卫处、外语系、国贸系、工商系、物流系和网络中心的有关人员。基建办、人事处、招生就业办、人文系和军体部没有派代表参加。

三、会议传达了省五部委印发的《福建省高等学校校园及周边秩序管理若干规定》。

四、保卫处在会上做了××××年度安全工作总结。

五、保卫处向与会人员通报了期末安全检查的情况并就寒假安全工作进行了部署。

六、会议通知各部门根据各自的具体情况重新设置安全员。

七、会议宣布了××××年度创建“平安校园”工作领导小组的成员名单。

八、会议就《校园安全工作考核评分标准（试行）》进行了讨论。

九、在会上各部门负责人与法人代表签订了××××年度校园安全工作责任书。

××对外经济贸易职业技术学院

××××年××月××日

◇座谈会议纪要

××县脱贫致富座谈会议纪要

（××××年××月××日）

××月××日，县委、县政府召开脱贫致富座谈会，参加会议的有××个乡的乡长，××个收入较低大队的党支部书记，以及有关的局、公司、厂的负责同志。

县委书记××同志作了题为《振奋精神，发挥优势，努力工作，尽快脱贫致富》的报告。××、×××、×××、××、×××五个村队介绍了脱贫致富的经验，与会者参观了××、××两个大队，观看了反映我县乡镇企业发展的录像，进行了热烈的讨论和大会发言。会上，帮助村队致富的有关单位负责同志都同挂钩大队的党支部书记见了面，进行了初步研究。县长××同志作了会议总结，县委副书记×××同志讲了话。

这次会议目的，是为了更好地落实中央一号文件精神，交流经验，分析、制定措施，克服困难，充分发挥内部潜力，利用本地资源优势，艰苦奋斗，发展生产，千方百计搞活经济，同时动员各方力量给以必要的扶持，达到尽快脱贫致富的目的。

会议指出，××××年××月××日，县召开扶贫致富会以来，通过广大干部和群众的积极努力，我县经济有了较大发展。但是，有些队的人均收入水平仍然是偏低的，需要继续努力。

与会同志一致认为，为了尽快地实现脱贫致富，首先要树立脱贫志气。既要看到不利条件，又要看到自己的潜力和优势，规划出远景。要自力更生，艰苦奋斗，发挥优势，挖掘潜力，改变生产条件，搞活经济，打开致富的大门。

其次要落实具体措施：

一、……

二、……

三、……

四、……

各部门要通力协作，共同扶贫致富。

民政部门……

水利部门……

◇专题会议纪要

食品药品安全工作会议纪要

××××年9月15日上午9点，市政府在行政办公大楼会议室召开全乡食品药品安全工作会议，会议由市委书记、人大主席××同志主持，市人民政府市长××同志出席会议并做重要讲话，市政府有关领导出席了会议。

会上，市人民政府副市长××同志传达了市、县会议精神。

市长××同志做了重要讲话，×市长充分肯定了近期全市食品药品安全工作所取得的成绩。他强调指出，食品药品安全是政府关心、百姓关注、社会关切的热点问题，是老百姓最直接、最现实、最根本的利益所在。各级各有关部门一定要牢记使命，居安思危，站在政治和全局的高度，深刻认识新形势下做好食品药品安全工作的重要政治意义和经济意义，深刻认识当前食品药品安全监管工作的新任务、新要求，增强忧患意识，居安思危，加大措施，确保我市食品药品安全工作再上新台阶。

关于××××年后期全市食品药品安全工作，×市长指出，各级各有关部门要紧紧围绕确保食品药品安全这一根本目标，全面提高食品安全监管水平，深入推进药品安全科学监管，突出抓好农村食品药品安全监管，进一步提高食品药品监管保障水平，全力做好创建“县级食品安全示范乡”工作，构建食品药品监管长效机制，坚决防止重大食品药品安全事件发生。他要求，各区食品药品安全委员会要在市委、政府的正确领导下，严格落实责任，强化措施，加强配合，形成合力，确保食品药品安全工作的各项目标任务落到实处，为保障全市人民群众饮食用药安全有效，促进全市社会经济又好又快发展作出新的更大的贡献。

××市人民政府

××××年××月××日

◇交流会议纪要

××物理学会第四届××市物理学会联合学术交流会会议纪要

西部十二省（区）市物理学会联合学术交流会，是××物理学会的系列学术交流会议，每两年召开一次，前三届分别在××、××、××成功举办。××××年7月15日至20日，“第四届西部十二省（区）市物理学会联合学术交流会”在××××××市举行。本届会议由西部十二省（区）市物理学会主办，××物理学会承办，××大学物理学院、××师范大学数理信息学院协办。

来自西部十二省区市和××、××、××、××等地区，约60个单位的100余位代表参加了交流会。大会还特别邀请到中国工程物理研究院的×××院士出席并做特邀报告。出席开幕式的有关领导有：中科院××理化技术研究所副所长×××、××物理学会理事长×××研究员、××物理学会副理事长××大学物理科学与技术学院院长××教授、××师范大学数理信息学院×××院长、××物理学会秘书长××、西部各省区市物理学会理事长、秘书长等。

本次会议共收到学术论文67篇，经过会议专家评审，录用47篇。并分别在××大学学报（自然科学版）正刊和增刊上发表所有科研类论文。大会共交流20篇口头报告，涉及非线性光学材料、纳米材料、团簇物理、重离子束辐射技术在生物中的应用等多个前沿学科。此外大会还就教学类论文进行了评选，评出教学类优秀论文11篇。

会议期间，召开了各西部省（区）市物理学会秘书长工作交流会，会议确定了第五届“西部十二省（区）市物理学会联合学术交流会”将于××××年由××省物理学会承办。

本次研讨会着眼于近年来物理学科的最新发展，交流物理学各分支学科的最新科研成果及物理教学、教改经验；展示了西部物理学研究的成果与进展，促进了西部科研单位和大（中）专院校及中学之间的物理学科的合作与交流，以期进一步提高西部地区物理教育和科研水平。

××物理学会

××××年××月××日

◇指示性会议纪要

关于协调解决××大街××号首层房屋使用权问题的会议纪要

××××年××月××日上午，市政府办公厅×××主任主持召开会议，协调解决××大街××号首层房屋使用权问题。参加会议的有省政府办公厅交际处、××宾馆、市商委、市国土房管局、二商局、市外轮供应公司等有关部门的负责同志。

会议认为，××大街××号首层房屋使用权的问题，是在过去计划经济和行政决定下形成的历史遗留问题。早几年曾多次协调，虽有进展，但未有结果。最近，按照省、市领导同志“向前看”、“了却这笔历史旧账”的批示精神，在办公厅的协调下，双方本着尊重历史、面对现实、互谅互让的原则，合情合理地提出解决这宗矛盾的方案。

经过协商、讨论，双方达成了一致的认识。会议决定如下事项：

一、市外轮供应公司应将××大街××号房屋的使用权交给××宾馆。

二、考虑到市外轮供应公司在××号经营了30多年，已投入了不少资金，退出后，办公地方暂时难以解决，决定给予其商品损耗费、固定资产投资和搬迁费等一次性补偿费用共××万元。其中省政府办公厅和××宾馆负责××万元；考虑到省政府领导曾多次过问此事和省、市关系，另××万元由××市政府支持补助。

三、省政府办公厅和××宾馆的补偿款于××××年××月××日前划拨给市××供应公司。市政府的补助款于3月5日左右划拨，市××供应公司应于2月15日开始搬迁，2月20日前搬迁完毕并移交钥匙。

四、市××供应公司原搭建的楼阁按房管部门规定不能拆迁。空调器和电话等2月20日前搬迁不了的，由××宾馆协助做好善后工作。

会议强调，双方在房屋使用权移交中要各自做好本单位干部群众的工作，团结协作，增进友谊，保证移交工作顺利进行。

××市人民政府办公厅

××××年××月××日

◇决议性会议纪要

××大学校长办公会议纪要

××××年10月16日上午，××校长主持召开第××次校长办公会。

出席会议的有：

××校长，××副校长、×××副校长、×××副校长，校办×××，监审处×××，财务处×××。

列席会议的有：

人事处×××，“211”办××，教务处×××，实验室管理处×××，理学院×××。

会议议题和主要内容如下：

一、关于启动“211工程”二期建设有关项目的经费问题。会议研究决定，由财务处安排×××万元资金借给有关部门和单位，其中，借给实验室管理处××万元，用于支付基础电子线路实验室、基础化学实验室建设所形成的超预算外开支；借给图书馆××万元，用于支付图书馆自动化集成系统建设和共享资源检索设备购置的经费；借给现代教育技术中心（网管中心）××万元，用于支付北校区光纤建设费；借给教务处××万元，用于9个重点专业和第七、八、九批课程的建设投入；借给研究生部××万元，用于××××年新增学位点的建设和申报准备工作。前两项投入（实验室、图书馆）不足部分计×万元从“211工程”一期建设结余资金中支付。以上项目资金均以借款方式由财务处对各执行单位办理借支手续，待“211工程”二期建设资金到位后，从各相关单位的相关项目经费中扣还。

二、会议研究了关于××省地理研究所并入我校的有关事宜，讨论了《关于请求将××省地理研究所划转并入××大学的报告》（简称《报告》）的内容，责成理学院在认真听取学校领导和省科技厅的意见后进一步修改完善《报告》，待校领导最后修改定稿后，由校办尽快制成文件上报省教育厅并呈省政府。

三、听取了信息中心关于承办教育部“教育技术西部行”（××、××站）活动各项筹备工作的汇报，会议对有关事宜决定如下：

(1) 成立“教育技术西部行”活动组委会。组委会由副校长×××任主任，×××、×××任副主任，×××、×××、×××任委员；组委会下设办公室，具体负责筹备和开展“教育技术西部行”（××、××站）活动的各项工作。

（2）活动举办期间（11 月 10～15 日）所需要的报告厅、机房等场地、设施，请有关单位无偿提供使用。

（3）同意在我校成立“××省现代教育技术培训中心”，由×××副校长牵头拟文上报省教育厅批准。

四、关于原培训部的资产问题，会议责成监审处牵头，先对原培训部资产进行审计和清理，待审计清理结果出来后再行研究其归属。

五、鉴于××学院的特殊情况，会议同意××学院适当调整学生上课时间：上午上课时间往后推延 15 分钟，下午上课时间提前 10 分钟，课间休息时间及每节课时长和校本部一致。

此外，会议还就学校加强财务管理、严格经费审批制度的有关问题、《×××数学杂志》经费和办公用房问题、近期人事调配的有关问题等进行了研究。

××××年××月××日

第三章 行政机关规章性公文写作

第一节 制度公文写作

一、制度的写作概述

1. 制度的概念和作用

制度是党政机关常用的规范性文体之一，它要求有关人员遵守和执行机关对某项工作和某方面的活动规定的要求。它应用广泛，各方面的工作都可以有它的制度，如办公制度、财务制度、文书工作制度等。

制度的作用主要表现在：制度是工作措施中的重要环节，是完成任务的重要手段；制度是鞭策激励人们遵守纪律，努力学习和工作的行为准则。

2. 制度的特点

（1）规定性。即制度按照所涉及事物的性质、范围，限定人们可以做什么，不可以做什么；可以怎样做，不可以怎样做，用以规范人们的行为。

（2）程序性。即要求人们做某种事情时，必须按照一定的规则程序、方法进行。

二、制度的写作要领

1. 制度的写作格式

制度一般由标题和正文构成。

（1）标题及题下标示。制度的标题为“发文机关 + 发文事项 + 文种类别（制度）”的形式，但也有的将标题中的发文机关（或称适用范围）省去，写为“事由 + 文种”的形式。适用范围、发布机关、发布日期用标题下括号标示法标明。

(2) 正文。制度的正文，一般分如下三部分来写：

第一部分要写明制发制度的缘由，用“特制定本制度”这一过渡句，引起下文；

第二部分分条写明各项具体条文；

第三部分写实施范围、生效日期、修订权、解释权等内容。是否分章写，要根据内容多少而定。

上述第一部分、第三部分要简明扼要；第二部分要具体切实。

制度的文字要明白易懂，具体准确，防止重复和无用的语句出现。

(3) 制发单位和日期。如有必要，可在标题下方正中加括号注明制发单位名称和日期，其位置也可以在正文之下，相当于公文落款的地方。

2. 制度的写作要求

制度的写作，要注意以下两点：

(1) 行文要规范；

(2) 语言要通俗、易懂。

三、制度的写作范文

◇信访工作制度

××市信访工作制度

一、交办、转办制度

上级机关或领导同志批示查处的信访问题，信访人员应按归口办理的原则，将材料交送有关单位查处，并要求按期报告处理结果，此类工作属于交办范围。

本单位接到的信访材料，如与其他单位有关，除本单位直接查处外，还应将有关材料转递有关单位查处。

属于揭发、控告性质的有关材料，只能转送给被揭发、被控告单位或个人的上一级组织查处，并注明密级，加盖戳记，绝不能转送给被揭发、被控告的单位和个人。

不论是交办或转办的材料，均须办理收发登记手续，明确责任，杜绝丢失。

二、催办制度

催办在信访问题查处的过程中，具有重要作用。建立催办制度，有利于信访问题的按期处理。

信访材料在交办或转办有关部门之后，中转单位要经常催促承办单位或部门，了解该问题的查处进度、新发现的情况和问题等。每次催办的时间、次数、被催办单位、承办人姓名、案情的查处情况和进度等，均须具体写入催办单。

催办形式，可视具体情况确定。一般多采用电话或函件催办。对于久拖不办的重要信访问题和欠报积案较多的部门或单位，可派专人催办，了解问题的症结所在，帮助排除困难，尽快结案。对于已经采用多种形式催办而仍无效果者，中转信访部门报经领导同意后，可采取“会议催办”的形式，或称“欠账汇报会”，会前要正式通知欠账单位，让其携带有关的信访材料到会。会议由领导同志亲自主持，认真听取该案查处中的困难和问题，研究解决的办法，提出明确、具体的要求。

三、回告制度

对于上级机关或领导同志交办的信访问题，承办单位一般要在三个月以内处理结案，并上报结果。承办单位若到期难以结案，需延长时间，应提前向上级说明原因。

四、结案制度

承办单位应将信访问题的结案材料写成报告，上报交办单位。结案报告必须做到事实清楚，证据确凿，定性准确，处理意见符合政策，手续完备。原交办单位收到结案报告后，要逐项认真审查，并正式行文批复能否结案。对不能结案的问题，批复时要提出进一步查处的意见。

五、复信制度

信访问题处理后，受理单位应给信访者复函，将处理结果告诉对方。对于建议性的信访材料，应说明情况，并表示感谢。

××市人民政府群众来访接待室

××××年××月××日

◇档案管理制度

××局档案管理制度

1. 局档案工作机构

成立局档案工作鉴定小组，由办公室（处）行政处、计财处有关人员组成。

局的档案工作机构为现行局的综合档案室，档案室对局机关档案实行综合管理。其日常工作由办公室领导，业务上受国家、省、市档案局监督和指导。

2. 综合档案室的职责

(1) 按照上级关于档案工作的规定，组织具体实施工作。

(2) 拟定局档案工作计划和工作制度。

(3) 负责组织每年文书立卷、归档工作。

(4) 统一管理局各种门类和载体的档案，做好收集、整理、鉴定、保管、统计、利用和编研工作。

(5) 按规定向市档案馆移交应进馆的档案，接收局直属撤销单位的档案。

(6) 负责收集与局业务有关的资料。

(7) 办理领导交办的其他有关档案业务工作。

(8) 协同有关处室对基层单位的档案工作进行业务指导和督促检查。

3. 档案综合管理范围

凡属局各处、室和党、政、工、团组织形成的文书档案、基建档案（包括房改工作档案）、设备档案、声像档案、已故人员档案（人事部门存三年后再移交）均由档案室管理。人事档案由人事处管理。业务档案由各业务处按处归档要求收集、整理、装订成册、编好目录，将档案交综合档案室管理。会计档案由计财处、办公室财务组、基金会按归档要求收集、整理、装订成册交综合档案室管理。

4. 材料归档

(1) 本局在工作活动中直接形成的具有保存价值的各种文件材料（包括文字、图表、照片、录音、录像带和各种专业性文件）必须及时立卷归档，以保存局的历史面貌。

(2) 归档的基本要求

①归档的文件材料必须准确地反映局工作活动的真实历史面貌；

②归档的文件材料必须进行立卷管理，要符合立卷的原则和要求。

(3) 归档时间

①党、政、工、团的文书立卷和各业务处室的业务档案，应于翌年第二季度归档完毕。

②基建文件材料归档应与该基建工程建设同步进行，工程竣工验收后三个月内向档案室移交。

③设备文件材料应于设备开箱时验收登记，待设备安装调试或投入使用后三个月向档案室归档。

④会计档案由财务部门整理立卷后，按××××年7月1日实施的《会计法》规定，在财务部门保管一年后移交综合档案室。

⑤已故干部职工档案，按市委组织部、市档案局〔××××〕6号文规定，

干部职工死亡后，其档案在人事部门保存三年后向档案室移交。

⑥声像档案自形成一个月内向档案室归档，凡归档的照片（连图片）、录音带必须有文字说明（包括时间、地点、人物（职务）、内容、拍摄（录制）者姓名），录像带还应有解说词。

（4）归档份数，党政文件一般归档两份，一份连底稿作档案保存，一份作文件汇编。其他门类的文件，一般归档一份，比较重要的可适当增加归档份数。

5. 档案的管理

（1）局的全部档案为一个全宗，全宗内档案，按门类进行分类，根据同级和上级档案行政部门的要求，编制分类方案，例如分类和编号的方法要便于保管和使用。

（2）建立和健全档案工作各项制度，把档案工作列入机关工作和活动计划、基建工作计划，列入有关部门和人员的职责范围和岗位责任制。

6. 档案的保护

加强档案的保护工作，改善档案保管条件，并定期对档案保管的状况进行检查，发现问题向领导汇报，及时采取措施，保护档案的安全。

（1）根据国家和同级档案行政管理机关的规定，拟定档案保管期限表，为文书立卷和档案鉴定提供依据。

（2）档案的鉴定工作，由局办公室牵头组织有关业务处室组成鉴定小组，负责提出鉴定意见。

（3）销毁失去保存价值的档案，必须登记造册，经局分管领导批准，指定两人监销，并在销毁清册上签字。

（4）档案的移交按国家有关规定，将永久、长期保存的档案，向市档案馆移交并办好移交统计表。

7. 档案的统计

建立档案统计工作制度，档案收进、移交都应登记入册，并按上级要求，报送档案工作情况统计表。

8. 档案的利用

积极配合机关工作中心任务，及时做好档案提供利用，并根据使用的需要，编制检索工具和参考资料。

××市档案馆

××××年××月××日

第二节　规则公文写作

一、规则的写作概述

1. 规则的概念

规则是各级行政机关、人民团体和企事业单位使用的一种规范性公文。它是各种组织为保证某项活动或工作能够顺利开展，或达到某种目标，对人们的行为方式、方法规定出的必须共同遵循的准则。

规则的适用范围很广，涉及面可宽可窄。

2. 规则的特点

（1）局部性

规则所规定的范围比其他规章性公文要窄，适用于对局部范围的人员、活动和场所作具体的要求和规定。

（2）时效性

规则一般为内部行文，在一定范围甚至一定时间内起作用。

（3）单一性

因为规则具有局部性，所以它的内容比起其他任何规章性公文要简单，规定的对象比较集中、单一，只是局部范围内的特定对象，无须超越这个范围，无须涉及其他。

（4）具体性

规则所规定的内容是具体的，而且以事务性的工作居多，细致入微，具有规范化、程序化、定型化的特性。

二、规则的写作要领

1. 规则的写作格式

规则的结构由标题和日期、正文、签署三部分组成。

（1）标题和日期。

①标题。标题通常包括发文机关、事由和文种类别（规则）三要素。但很多规则的标题中省略发文机关。

②日期。将制发的时间和依据加括号标注于标题之下正中位置。如果是随正式

公文发布的规则，可以不单独注明日期，以发布规则的那篇公文的发文时间为准。

（2）正文。规则的正文首先写发文缘由；然后写具体内容，包括具体方法、措施、处罚手段等；最后写生效日期、解释权等方面的说明。

通常，规则的正文写法有如下三种：

①通篇分条式。内容比较简单的规则，一般都用通篇分条式写法。

②分章列条式。内容复杂的规则，分为总则、分则、附则三大部分，总则为第一章，分则有若干章，附则为最后一章。各章分若干条。

③引言加条款式。同通篇分条式写法比较相似，只是前面有一段没有列入条款的引言，一般用来交代根据、目的、意义。

（3）签署。签署发文机关、日期。但有时采用括号内注明时间、单位及形式，国家高级机关发布的规则多采用这种写法。

2. 规则的写作要求

（1）制定规则前要充分调查了解所属范围内的群众需求和意见。

规则是为维护劳动纪律、公共利益、保证学习、工作、生活等活动正常而有序地进行所制定的行为准则，一旦制定，就对该范围内的群众有较大的约束力，不考虑群众正当要求、合理意见，不问客观实际，想当然主观拟定，即使定出“霸王律”，也会事与愿违。因此，写作前的调查研究，是不可缺少的程序。

（2）规则条文内容须直指特定对象，具体而详细。

规则是从事某项活动或工作的有关人员必须遵守的规定，其内容必须有很强的针对性，紧紧围绕特定对象，针对某一类人或针对某一项活动提出具体详尽的规范化要求。

（3）态度要明朗、措辞要准确、语气要肯定。

规则是人们行动的准则，有较大的约束力。它要求用准确的词句，明确地表达出倡导、允许、禁止、限制的内容，写明违犯规则的处理办法，其语气要坚决。

三、规则的写作范文

◇一般条款式规则

阅览规则

一、凡入室阅览者，一律凭本人身份证领取座位号对号入座，离室时，须交回座位号，如有遗失赔款5角。

二、本室期刊、报纸分开架和闭架借阅两种方式。开架报刊，读者可自由取阅，每次只准取一册，阅后必须按排架号放回原处，不得乱扔乱放。

三、开架报纸每月换一次，凡下架散报不再借阅。

四、报纸合订本及内部资料，一律凭单位介绍信借阅，介绍信须写明查阅目的、要查找的报纸及内容。

五、本室闭架期刊和合订本期刊一律凭单位介绍信和本人工作证对口借阅。

××市图书馆

××××年××月××日

◇分章列条式规则

××市人民币特种股票登记暂行规则

第一章 总 则

为保障投资者合法权益，根据《××市人民币特种股票管理暂行办法》及其《实施细则》的有关规定，特制定本规则。

第1条 ……

第二章 登记形式

第3条 ……

第八章 附 则

第25条 B种股票可以抵押，抵押登记由代理登记银行办理。

第26条 本规则经中国人民银行××经济特区分行批准后生效，修改时亦同。

第27条 本规则由××证券登记有限公司负责解释。

第28条 本规则用中文发布，如因译文使条文的解释发生歧义，以中文本为准。

××证券登记有限公司

××××年××月××日

◇通篇分条式规则

备品供应与保管规则

第一条　为使公司备品供应及保管工作富有成效，特制定本规则。

第二条　本规则所指备品，包括价值在×千元以上，耐用年限在一年以上的固定资产；以及价值在×百元以上，耐用年限一年以上的事务用品。

第三条

1. 低值固定资产

(1) 事务用备品；

(2) 作业用备品；

(3) 事务用计量器具；

(4) 作业用计量器具。

2. 易耗品

(1) 事务用备品；

(2) 作业用备品；

(3) 事务用计量器具；

(4) 作业用计量器具。

第四条　备品的管理由三个科室负责。在总公司，由总务部主管备品；在工厂，由总务科主管事务用备品，辅助科主管作业用备品。具体管理原则作如下所定：

(1) 主管科应该就备品管理上的必要事项作出指示，并提供备品管理的方法、实施方案以及相应的资料；

(2) 主管科应该保证备品供应，对备品进行有效保管、供应、出借、整修与报废处理，等等。

第五条　备品保管科的责任者为科长；科长有权任命专职人员，负责科内备品的出纳保管事务。在任命专职保管人员时，必须通知主管科。

第六条　保管科负责以下工作：

(1) 申报采购预算；

(2) 制定备品供应新方式；

(3) 掌握现存备品的名称、数量、磨损或完好程度；

(4) 申请备品的更新改造，以及改变备品的用途；

(5) 备品供应或借出通知；

(6) 申报备品的修理、破损与丢失情况;

(7) 申报备品闲置与废弃情况;

(8) 报告库存盘点结果。

第七条　主管科必须确立备品台账，并记录以下内容:

(1) 备品名称、型号、尺寸与规格;

(2) 购入价格和购入时间，以及用途（分类）;

(3) 保管（使用）科名称;

(4) 分类编号，并登记编号;

(5) 如果是计量器具，则予以注明，并表示其功能与作用;

(6) 如果是固定资产，则注明是否进入固定资产管理账户;

(7) 其他注意事项。

保管科按照上述台账内容，制作相应的“备品保管传票”。

第八条　对购进的备品，主管科要进行登记，并填写“备品保管传票”，然后把保管传票转交保管科。

第九条　保管科对备品进行分类，贴上标签，写上分类编号与登记编号。

第十条　在向其他科室供应或转移备品时，“备品保管传票”必须交回主管科；主管科在台账及保管传票上填写使用科室名称、日期以及必要的事项后，把保管传票移交给使用科室。

第十一条　备品可以“出借”方式使用。借用者必须出具借用证，借用证由主管科负责填写，记录下列内容:

(1) 借用者住址与姓名;

(2) 备品名称、数量，以及分类编号与登记编号;

(3) 借出日期、借出期限与出借条件。

第十二条　保管科回收闲置的物品时，须请示主管科，并在回收后将保管传票交主管科存档。

第十三条　如备品已无法使用，可向主管科申请报废处理，并在保管传票上注明理由与意见，上报主管科。

主管科经过调查，决定报废后，在台账上做好记录，销毁报废备品的保管传票。如果属于固定资产账目中的备品，其报废处理，必须按有关规定程序办理。

第十四条　修理后的备品，必须由主管科在台账上做好记录，写明修理日期、修理项目内容等。如果一次修理费预算超过×百元，必须按有关规定程序办理，由上级主管裁决。

第十五条　保管科必须按期核对所保管备品的账物，出现异常情况，应立即向主管科报告。

第十六条　凡属于故意或者因重大过失造成物品损坏或丢失者，必须追究个人责任，并作出部分或全部赔偿。

××科技开发有限责任公司

××××年××月××日

第三节　守则公文写作

一、守则的写作概述

1. 守则的概念

守则是国家机关、社会团体、企事业单位为维护公共利益和工作秩序，向所属成员发布的行为准则和道德规范。守则是根据本单位具体情况制定的，有的还是工作中的具体操作规范，有特定的使用范围和较强的针对性。

守则的制定有三个依据：一是党和国家的方针、政策；二是有关法律、法规；三是全社会共同遵守的道德规范。因此，遵守守则，实际上也就是遵纪守法，就是讲文明、讲道德。

2. 守则的特点

（1）概括性。守则篇幅短小，写作时要用简明概括的语言行文，不能写得太繁杂。

（2）针对性。要根据党的路线、方针、政策，结合本地区、本系统、本单位的实际情况，有针对性地拟定具体条文。

（3）准确性。在文字表述上，提倡什么，反对什么，应该准确、明白，不能模棱两可，含糊不清。

（4）可行性。所规定的条文，所提出的要求，应该实事求是，切实可行，通过努力可以做到，防止要求过高，变成一纸空文。

（5）通俗性。语言应明白、流畅、通俗易懂，防止长句和专业术语的大量运用。

二、守则的写作要领

1. 守则的写作格式

守则一般由标题、正文和签署三部分构成。

（1）标题。守则的标题由发文机关、事由和文种类别（守则）组成，有时可省去发文机关和事由，只写“××人员守则”或“守则”。

（2）正文。守则的篇幅一般比较短小，多采用通篇分条式写法。如果内容复杂，为了更有条理性，也可采用章条式写法，由总则、分则、附则三部分组成，下面再分章，章下再分条。

在正文的写作中，条与条之间的划分是否符合逻辑规律，能不能做到条理清楚，层次分明，是写作守则成败的关键。另外还要注意语言表达的简练、质朴、准确。

（3）签署发文机关和日期。如标题中已标明发文机关，或标题下标明了发布日期，这部分内容可以省略。

2. 守则的写作要求

（1）条款应明确、具体、通俗。要充分考虑条文内容的可行性和语言的通俗性，即要根据党的路线、方针、政策，结合本地区、本系统、本单位的实际情况，有针对性地拟定具体条文，实事求是，切实可行。

（2）因守则是单位成员自我教育的一种形式，所以要通过群众酝酿讨论。

（3）条文不可多不可长，以便于记忆和检查。

三、守则的写作范文

◇行业性守则

××市第一人民医院机关工作人员守则

一、坚持正确的政治方向，自觉与党中央保持高度一致。

二、努力学习马列主义、毛泽东思想、邓小平理论、“三个代表”重要思想、科学发展观。结合医院实际，学习政策和有关业务知识，努力提高政策理论水平和工作能力。

三、遵守宪法、法律、法规和机关的各项规章制度。

四、作风正派、办事公道、一切言行都要符合国家和人民的利益及医院的利益。

五、爱岗敬业、勤奋工作、服从命令。

六、公正廉洁、克己奉公、严于律己、宽以待人。

七、尊重领导、团结同志、礼貌待人、文明办公。

八、树立整体观念和大局意识，工作相互支持、密切配合，维护机关工作的协调性。

九、深入调查研究、认真听取职工的意见和要求，努力帮助他们排忧解难。

十、保守国家秘密和工作秘密。

××××年××月××日

◇原则性守则

干部守则

一、学习理论掌握政策，基本路线时刻牢记。
二、振奋精神开拓进取，两个文明共同抓好。
三、扶正祛邪树立形象，三讲四自牢固根基。
四、调查研究深入实际，群众路线铭记在心。
五、民主集中两相结合，班子之间团结协作。
六、贯彻政策重在落实，不折不挠勇往直前。
七、处理问题有章可循，勤政为民全心全意。
八、待人接客有礼有节，答复问题有据有理。
九、上班值班遵守时间，工作环境保持整洁。
十、虚心谨慎接受监督，知错即改严于律己。

中共××市××区委员会
××××年××月××日

◇完整性守则

机关工作人员守则

一、加强学习，坚定信念。认真学习马列主义、毛泽东思想、邓小平理论和

“三个代表”重要思想，坚持党的基本理论、基本纲领和基本路线，树立坚定的共产主义理想信念，坚定不移地贯彻执行党和国家的路线、方针、政策，在思想上、政治上和行动上与党中央保持高度一致。

二、依法行政，秉公办事。自觉遵守国家法律、法规和规章，按照职责权限和法定程序认真履行职责，严格依法行政，秉公办理公务，做学法、守法、用法和维护法律、法规尊严的模范。

三、恪尽职守，勤奋敬业。爱岗敬业，忠于职守，勤奋工作，甘于奉献，坚持高标准、严要求，以对党和人民的事业高度负责的精神，认真扎实做好本职工作。大力改进工作作风，讲究工作方法，改善服务态度，加快工作节奏，不断提高行政效率和工作质量，充分发挥参谋助手作用。

四、牢记宗旨，执政为民。时刻牢记全心全意为人民服务的根本宗旨，进一步强化为基层和群众服务的意识，密切联系群众，深入调查研究，体察社情民意，倾听群众呼声，关心群众疾苦，维护群众利益，自觉接受群众批评监督。

五、求真务实，开拓创新。坚持解放思想，实事求是，倡导说实话，报实情，办实事，求实效，一切从实际出发，按客观规律办事，力戒形式主义、官僚主义，反对弄虚作假、虚报浮夸。勤于思考，勇于创新，与时俱进，锐意进取，大胆开拓，创造性地开展工作，努力争创一流工作业绩。

六、顾全大局，团结协作。严守党的政治纪律和组织纪律，认真执行上级的决定和指示，确保政令畅通。服从大局，密切协作，相互支持，齐心协力做好各项工作。敢于坚持真理，勇于改正错误，开展积极的批评与自我批评，努力营造心齐风正、团结奋进的良好氛围。

七、艰苦奋斗，廉洁自律。自觉贯彻执行中央关于党风廉政建设各项规定，清正廉洁，不谋私利，奉公守法，不搞特殊，艰苦奋斗，不求名利，节俭朴素，不图享受。

八、增强党性，崇尚公德。自觉加强党性锻炼和思想道德修养，模范遵守职业道德和社会公德，光明磊落，忠诚守信，言行一致，谦虚谨慎，与人为善，乐于奉献，遵章守纪，行为规范，仪表整洁，举止端庄，文明礼貌，服务热情。保守国家秘密和工作秘密，严守外事工作纪律，自觉维护国家的安全、荣誉和利益。

××市人民政府办公厅

××××年××月××日

第四节 细则公文写作

一、细则的写作概述

1. 细则的概念

细则，是为已颁布的法令、条例、规定作出具体说明和阐释的文体，一般是为贯彻执行有关条例和制度而制定。

2. 细则的特点

细则具有附属性和周密性的特点。

（1）附属性。细则是对法令、条例和规定等行政法规的某些原则性条文作具体的说明、解释和补充，因此，它总是处于附属地位，不能成为独立的文件，是其他法令的一部分。

（2）周密性。细则要对法令、条例和规定等文件的某项（或部分）条文作出说明、解释、补充，使之具体而便于操作，所以周密详尽是它的根本特点。

二、细则的写作要领

1. 细则的写作格式

（1）标题。细则的标题通常被写为“事由 + 文种类别（细则）”的形式，发文机关和发布日期在标题标出，如果属会议批准或通过的，要用括号在标题下另加注说明“××××年××月××日×会议批准（通过或修订）”。

（2）正文。一般由总则、分则和附则三部分构成。多用列章分条的形式表述。总则要写明细则依据什么法律、法规和法律、法规的哪一章、哪一条而制定的，同时说明制定的目的。分则主要是针对细则所依附的法律、法规中不具体、不完备、不够明确之处和易生歧义之处进行解释、补充和具体化，尽可能做到详尽明确、周密细致、界限清楚，并保持条文的完整。附则要写清生效日期、解释权、修改权。细则一般同依附的法律、法规同时生效，但也可以适当滞后。

一般情况下，细则的正文有两种写法，一种是条款式写法，一种是章条式写法。

①条款式写法。条款式写法不分章，直接列条，适用于内容较简单、篇幅较短的细则。根据、目的、基本原则、指导思想等内容，写入前几条；解释、补充

和规定，写在中间，条款最多；执行要求写在最后。

②章条式写法。章条式写法适合于内容较多的细则。全文分为总则、分则、附则三大部分。

总则是开头部分，主要用来说明制定细则的根据、目的、指导思想、基本原则、实施机关等。总则一般排为第一章，分若干条。

分则是细则的主体部分，分若干章，每章再分若干条。分则用来对原法律、法规进行解释、补充，作出细致周密、切实可行的规定。

附则是细则的结尾部分，主要用来提出执行要求。

2. 细则的写作要求

（1）制定细则不仅要有依据，还必须结合本地实际，把国家的法律、法规与本地的实际情况结合起来，才能真正起到制定细则的作用。

（2）制定细则要尽量减少与国家法律法规的重复条款。为了使细则与法律、法规相衔接，便于执行，适当地重复一些条款是难免的，但不能照抄或基本照搬。

（3）可有可无的内容要适当进行取舍，特别是那些纯事务性的细节和业务部门内部的工作关系，可以不在细则中规定。

三、细则的写作范文

◇管理性细则

对外国驻华机构及其人员的外汇管理实施细则

（××××年××月××日国家外汇管理局公布）

一、为贯彻执行《中华人民共和国外汇管理暂行条例》第二十条、第二十一条的规定，特制订本细则。

二、各国驻华外交代表机构、领事机构、驻华的国际组织机构和民间机构（以下统称驻华机构），外交官、领事官以及各驻华机构所属常驻人员，由外国或者港澳等地区汇入或者携入的自由外汇和人民币外汇票证，可以自行保存，可以卖给或存入中国银行，也可以汇出境外，如果携带出境，应当按照《对外汇、贵金属和外汇票证等进出口国境的管理实施细则》办理。

三、凡与我国订有支付协定的国家，其驻华机构或人员汇入的记账外汇，只限提取人民币。

四、各国驻华外交代表机构、办事机构，收取中国公民以人民币交付的签证费、认证费，如果要求兑成外汇，须向所在地国家外汇管理总局或者分局提出书面申请，按照批准的意见办理。

五、驻华机构及其人员由外国或者港澳等地区携入的或者在中国境内购买的各种物品、设备、用具等，如果出售，所得人民币款项，中国银行不予供汇。

六、本细则由国家外汇管理总局公布实施。

◇说明性细则

《劳动合同法》实施细则

一、《劳动合同法》第二条中的“等组织”不仅是指中华人民共和国境内的企业、个体经济组织、民办非企业单位，还包括会计师事务所、律师事务所、基金会等其他依法登记注册成立的单位。

二、在工商行政部门登记取得营业执照的分公司，经用人单位授权或同意，可以依法与劳动者订立劳动合同。当分公司不能履行对劳动者的义务时，由用人单位承担责任。

三、国家机关、社会团体招用除公务员和参照公务员管理人员以外的劳动者，即与其建立了劳动关系，应当依法订立劳动合同。

四、劳动合同法所指的劳动者，应当年满16周岁，且尚未享受基本养老保险待遇或退休金。

五、公务员和参照公务员管理的人员、农村劳动者（乡镇企业职工和进城务工、经商的农民除外）、现役军人、家庭直接雇用的保姆以及已享受基本养老保险待遇或领取退休金的人员等不适用劳动合同法。

六、用人单位招用与外单位保持全日制劳动关系的劳动者，应当依法订立劳动合同。

七、用人单位招用自主择业转业退伍军人，应当依法订立劳动合同。

八、用人单位招用外国人，应当办理外国人就业证，并依法订立劳动合同。

九、用人单位招用港、澳、台地区的人员，应当办理港、澳、台人员就业证，并依法订立劳动合同。

十、外国企业驻华办事机构、外国使领馆、国际组织驻华机构招用劳动者，按照现行有关法律、法规规定办理。

中华人民共和国劳动和社会保障部

××××年××月××日

第五节　办法公文写作

一、办法的写作概述

1. 办法的概念

办法，是行政机关为贯彻某一法令或者做好某方面工作而制定的法规性文书。

2. 办法的适用范围

事情无论大小，都要有法可依。办法的应用范围广泛，使用率高，特别是在我们国家法制建设一步步前进，人们的法制观念一步步强化的时候，自觉守法已逐步成为人们行动的准则。办法可以用于指导实施国家的某一法律、条例，可以对某项工作作出具体规定。

二、办法的写作要领

1. 办法的写作格式

办法的写作结构包括标题、正文两部分。

（1）标题及题下标示。办法的标题应为“发文机关＋事由＋文种类别（办法）”的形式，也有省略发文机关，写为“事由＋文种类别（办法）”形式的。办法如属“试行”、“暂行”的，要在标题中标明。属会议通过或需标明发布日期的，可在标题下加括号注明。也有的在题下标示中同时标明发文机关，但这时不能再在标题或落款中有发文机关重复出现。

（2）正文。正文有直接分条式写法和总则、分则、附则式写法。

①直接分条式写法。内容简单的办法，直接分条即可。前若干条写目的、依据、宗旨等，中间较多的条款写方法、步骤、措施等，最后一两条写补充规定和实施要求。

②总则、分则、附则式写法。内容复杂的办法，采用总则、分则、附则式写法。

总则写明制定办法的目的、依据、意义、适用范围、实施部门等。

分则列出具体的方法、步骤、措施、要求等，可分若干章展开。

附则用来写特殊规定，补充规定和生效时间。

2. 办法的写作要求

①办法的制定依据是上级机关的法令、条例等，写作时应保证内容具体、明

确，实践性鲜明，确保切实可行。

②应侧重在行政约束力和具体指导上。条款要详细、具体，用语要恰当、严密。

③办法的法规性与约束力较之于条例、规定相对弱些；在实际执行中，还可视情况补充、修改，因此“办法”一般要给以“暂行”的限制。

④内容庞杂的办法可分章叙写，章断条连。一般的办法分条叙写即可。

三、办法的写作范文

◇管理办法

药品召回管理办法

第一章　总　则

第一条　为加强药品安全监管，保障公众用药安全，根据《中华人民共和国药品管理法》、《中华人民共和国药品管理法实施条例》、《国务院关于加强食品等产品安全监督管理的特别规定》，制定本办法。

第二条　在中华人民共和国境内销售的药品的召回及其监督管理，适用本办法。

第三条　本办法所称药品召回，是指药品生产企业（包括进口药品的境外制药厂商，下同）按照规定的程序收回已上市销售的存在安全隐患的药品。

第四条　本办法所称安全隐患，是指由于研发、生产等原因可能使药品具有的危及人体健康和生命安全的不合理危险。

第五条　药品生产企业应当按照本办法的规定建立和完善药品召回制度，收集药品安全的相关信息，对可能具有安全隐患的药品进行调查、评估，召回存在安全隐患的药品。

药品经营企业、使用单位应当协助药品生产企业履行召回义务，按照召回计划的要求及时传达、反馈药品召回信息，控制和收回存在安全隐患的药品。

第六条　药品经营企业、使用单位发现其经营、使用的药品存在安全隐患的，应当立即停止销售或者使用该药品，通知药品生产企业或者供货商，并向药品监督管理部门报告。

第七条　药品生产企业、经营企业和使用单位应当建立和保存完整的购销记录，保证销售药品的可溯源性。

第八条　召回药品的生产企业所在地省、自治区、直辖市药品监督管理部门负责药品召回的监督管理工作，其他省、自治区、直辖市药品监督管理部门应当配合、协助做好药品召回的有关工作。

国家食品药品监督管理局监督全国药品召回的管理工作。

第九条　国家食品药品监督管理局和省、自治区、直辖市药品监督管理部门应当建立药品召回信息公开制度，采用有效途径向社会公布存在安全隐患的药品信息和药品召回的情况。

（下略）

国家食品药品监督管理局

××××年××月××日

◇实施办法

机关事业单位工作人员带薪年休假实施办法

第一条　为了规范机关、事业单位实施带薪年休假（以下简称年休假）制度，根据《职工带薪年休假条例》（以下简称《条例》）及国家有关规定，制定本办法。

第二条　《条例》第二条中所称“连续工作”的时间和第三条、第四条中所称“累计工作”的时间，机关、事业单位工作人员（以下简称工作人员）均按工作年限计算。工作人员工作年限满1年、满10年、满20年后，从下月起享受相应的年休假天数。

第三条　国家规定的探亲假、婚丧假、产假的假期，不计入年休假的假期。

第四条　工作人员已享受当年的年休假，年内又出现《条例》第四条第（二）、（三）、（四）、（五）项规定的情形之一的，不享受下一年的年休假。

第五条　依法应享受寒暑假的工作人员，因工作需要未休寒暑假的，所在单位应当安排其休年休假；因工作需要休寒暑假天数少于年休假天数的，所在单位应当安排补足其年休假天数。

第六条　工作人员因承担野外地质勘察、野外测绘、远洋科学考察、极地科学考察以及其他特殊工作任务，所在单位不能在本年度安排其休年休假的，可以跨1个年度安排。

第七条　机关、事业单位因工作需要不安排工作人员休年休假，应当征求工作人员本人的意见。

机关、事业单位应当根据工作人员应休未休的年休假天数，对其支付年休假工资报酬。年休假工资报酬的支付标准是：每应休未休1天，按照本人应休年休假当年日工资收入的300%支付，其中包含工作人员正常工作期间的工资收入。

工作人员年休假工资报酬中，除正常工作期间工资收入外，其余部分应当由所在单位在下一年第一季度一次性支付，所需经费按现行经费渠道解决。实行工资统发的单位，应当纳入工资统发。

第八条　工作人员应休年休假当年日工资收入的计算办法是：本人全年工资收入除以全年计薪天数（261天）。

机关工作人员的全年工资收入，为本人全年应发的基本工资、国家规定的津贴补贴、年终一次性奖金之和；事业单位工作人员的全年工资收入，为本人全年应发的基本工资、国家规定的津贴补贴、绩效工资之和。其中，国家规定的津贴补贴不含根据住房、用车等制度改革向工作人员直接发放的货币补贴。

第九条　机关、事业单位已安排年休假，工作人员未休且有下列情形之一的，只享受正常工作期间的工资收入：

（一）因个人原因不休年休假的；

（二）请事假累计已超过本人应休年休假天数，但不足20天的。

第十条　机关、事业单位根据工作的具体情况，并考虑工作人员本人意愿，统筹安排，保证工作人员享受年休假。机关、事业单位应当加强年休假管理，严格考勤制度。

县级以上地方人民政府人事行政部门应当依据职权，主动对机关、事业单位执行年休假的情况进行监督检查。

第十一条　机关、事业单位不安排工作人员休年休假又不按本办法规定支付年休假工资报酬的，由县级以上地方人民政府人事行政部门责令限期改正。对逾期不改正的，除责令该单位支付年休假工资报酬外，单位还应当按照年休假工资报酬的数额向工作人员加付赔偿金。

对拒不支付年休假工资报酬、赔偿金的，属于机关和参照公务员法管理的事业单位的，应当按照干部管理权限，对直接负责的主管人员以及其他直接责任人员依法给予处分，并责令支付；属于其他事业单位的，应当按照干部管理权限，对直接负责的主管人员以及其他直接责任人员依法给予处分，并由同级人事行政部门或工作人员本人申请人民法院强制执行。

第十二条　工作人员与所在单位因年休假发生的争议，依照国家有关公务员申诉控告和人事争议处理的规定处理。

第十三条　驻外使领馆工作人员、驻港澳地区内派人员以及机关、事业单位驻外非外交人员的年休假，按照《条例》和本办法的规定执行。

按照国家规定经批准执行机关、事业单位工资收入分配制度的其他单位工作人员的年休假，参照《条例》和本办法的规定执行。

第十四条　本办法自发布之日起施行。

中华人民共和国劳动和社会保障部

××××年××月××日

◇处理办法

××公司财物失窃处理办法

第一条　本公司发生财物失窃事件后，有关人员须在第一时间到达现场，查看该房门是否有明显损坏或被硬物撬开的迹象。

第二条　开门进入房间后，须查看房内之物是否凌乱，行李或提箱、橱柜是否被撬开。

第三条　检查商品柜台玻璃、挡板等有无明显被移动的痕迹。

第四条　不可移动现场摆设、触摸任何物件，须用摄像机拍摄现场。

第五条　及时封锁现场，不准任何人进入。

第六条　观察有无形迹可疑人员出入，记录被窃物品价值、盗窃时间等。

第七条　执法人员到现场后，应主动协助其工作，为执法人员提供资料影印副本，以做好内部调查。

第八条　对所涉及的各部门人员进行调查并录取口供，同时对重点部位和个人进行严密调查。

××科技有限责任公司

××××年××月××日

第六节　公约公文写作

一、公约的写作概述

1. 公约的概念

公约是社会组织或团体为了维护公共利益，通过讨论、协商所制定出的，约定大家共同遵守的规则。

2. 公约的分类

公约有两种，一种是广义的公约，是国家间关于经济、技术或法律等方面专门问题的多边条约；另一种公约是指人民群众为了维护劳动纪律或公共秩序，或为了公共利益，更好地贯彻党的方针政策或有关指示，保证学习、生产、工作任务的胜利完成，经集体讨论，把约定要做的事情或不应当做的事情，应该宣传的事情或必须反对的事情，明确地写成条文，以便共同遵守的狭义公约，或称单边公约。

公约是参与制定的单位和个人共同信守的行为规范，它对于维护社会秩序、促进安定团结、加强社会主义精神文明建设有着不可低估的作用。

3. 公约的特点

公约是在大家共同的思想认识和一致要求的基础上制订的，它一经订立，便发生作用。公约虽然不像法律、法令等文件那样带有强制性，但是对有关单位和群众都具有一定的约束力，要求大家一致遵守，使大家明确该这样做，不该那样做。公约是群众进行自我教育的很好的一种形式，它对工作、生活和学习能起一定的督促和指导作用。

二、公约的写作要领

1. 公约的写作格式

公约格式由以下三个部分组成。

（1）标题。标明公约的名称，说明公约的性质，也可以加上地区或单位名称，如《北京市各界人民拥军优属公约》等。

（2）正文。公约的正文由引言、主体和结尾组成。

①引言。引言主要用来说明制定公约的目的、意义，常套用“为了……特制定本公约”的固定格式。

②主体。条款式写法，是将具体内容一一列出。这部分最重要，一定要做到系统完整，层次清楚，言简意赅，朴实畅通。

③结尾。用来写执行要求、生效日期等。如无必要，可免除这一部分。

（3）署名与日期。在右下方写上订立公约的单位名称与日期。如标题上已写单位名称的，只需写清日期。

2. 公约的写作要求

公约有以下写作要求：

（1）公约内容既要符合党的方针、政策、法令，又要切合本单位的生产、工作或学习的实际需要。

（2）事前做好宣传工作，使大家明确订立公约的意义。订公约时，要充分发动群众认真讨论，出主意，提建议，根据群众意见写成草稿，然后再交群众讨论定稿，内容力求切实可行。要避免由个别人或少数人包办代替。

（3）公约的条文，要写得具体明白，语气肯定，文字要简洁，便于记忆，便于执行、督促和检查。

（4）公约定好后，要抄写清楚，贴在大家容易看到的地方，以便相互督促，共同遵守，真正落实。

（5）在执行公约的过程中，随着形势或情况的发展与变化，应及时修改补充。

三、公约的写作范文

◇服务公约

商店服务公约

坚守岗位，精神集中。
回答询问，诚恳耐心。
保质保量，买卖公平。
唱收唱付，货款两清。
食品用具，保证卫生。
物价政策，严格执行。
欢迎监督，接受批评。

××医药商店
××××年××月××日

◇干部公约

农村干部公约

一、一心一意为村民服务，不贪图吃喝。

二、吃苦耐劳，大公无私，办事公正。

三、讲究民主，不乱打乱罚。

四、班子团结，互相学习，不护己，不徇情。

……

××县××乡太阳宫村委会

××××年××月××日

◇行业公约

文艺工作者公约

（中国文联第四届全委会第二次会议通过）

一、热爱祖国，坚持四项基本原则，全心全意为人民服务，为社会主义服务，正确地贯彻“百花齐放、百家争鸣”的方针，为建设社会主义精神文明做贡献。

二、认真学习马列主义、毛泽东思想，深入新时期人民群众的斗争生活，不断提高思想觉悟和社会责任感，和广大的人民群众相结合。

三、加强艺术修养，磨炼艺术技巧，批判地学习中外文化遗产，用人类创造的知识成果丰富自己的头脑，不断提高自身的专业水平。

四、解放思想，实事求是，勇于探索，勇于创新，精心地从事艺术创作；努力用具有高度思想艺术和鲜明民族特色的精神食粮满足人民日益增长的文化需要。

五、正确对待文艺批评，虚心听取群众意见，要敢于坚持真理，也要勇于修正错误。

六、注意职业道德，端正思想作风。提倡谦虚谨慎，反对骄傲自满。自觉抵制资产阶级思想、封建残余思想和各种不正之风的侵蚀，做一个有理想、讲道德、守纪律、勤恳朴实、高尚的工作者。

七、加强文艺队伍的团结。积极开展批评和自我批评。开阔胸襟，顾全大局。反对极端个人主义，反对自由主义，反对派性，反对门户之见。提倡文人相亲，反对文人相轻。老中青三代人都要互相尊重、互相爱护、互相学习、互相帮助。

八、扶植新生力量，鼓励后来者居上，做壮大和发展社会主义文艺队伍的促进派。

××××年××月××日

第四章　行政机关事务性公文写作

第一节　工作计划写作

一、工作计划的写作概述

1. 工作计划的含义

计划是安排、打算、部署、谋划、筹划进行任何一件工作，完成任何一项任务事先通盘考虑、周密安排的一种说明文体。写计划要对该项工作完成的具体任务、质量、数量的要求，完成的时间，进行的步骤，采取的措施以及内部、外部的保证条件等都要缜密考虑、研究成熟之后形成书面材料。

2. 工作计划的作用

(1) 工作计划是做好工作的基础，完成任务的保证

在进行一种工作，实施一项工程之前要作出具体的计划。工程越大、越复杂，工作计划也就要越周密详细。计划中必须列出需要完成的所有任务，提出指标、质量要求，制订出工作步骤和措施，明确制订出人、财、物的组织，任务的分解……使全体员工看得见、摸得着、办得到，人人都明白自己该做什么，在一个阶段内做完什么工作，各司其职，各尽其责，使人力、物力、财力得到最大限度利用。

(2) 具有指导作用和激励作用

工作计划中的目标、任务、要求和措施是对全体成员集中意志、统一行动的根本要求。在总的目标下，还有任务分解，将各部分任务落实到科、组、人。在总的措施下还有细则，明确每个科、组、人在一个阶段要完成什么任务。这些目标任务一经制定后就带有约束力，就要求每个领导、全体职工全力以赴地在各自的岗位上工作，任何人都不得随意更改。一个科学的计划是全体员工在工作中配合、协调的指南，是顺利完成任务的基础。

一个完整的计划，必定有调动人们积极性的因素，或有激发员工工作热情的措施，如扎实有效的政治思想工作，科学合理的奖惩制度，合理合法的分配制度等等。涉及个人的切身利益、思想情绪等方面的措施，办法制定得好，执行得硬，就能使广大职工信服，就能最大限度调动广大职工的积极性、创造性，开创新局面，取得好成效。

（3）具有调节控制的作用

计划不但要考虑计划范畴以内方方面面的问题，而且还要考虑计划范畴以外相关联的问题。计划的制订者及计划的执行者必须根据错综复杂的实际情况，诸如市场的变化、工作的进程等进行必要的调控。

3. 工作计划的特点

（1）全面性

制定工作计划要全面、具体、周密地把各项工作都安排进去，防止片面性和局限性，做到统筹兼顾、瞻前顾后。

（2）预见性

一切计划都是事先制定的，它的目的是为完成、实现具体的任务。因此，它不但要对完成任务的多少、好坏、快慢作出预测，而且对可能出现的问题（内外部的条件）作出判断。只有在正确总结过去的经验的基础上才能制定出切实可行的计划。所谓“预见”，也只有在总结过去、综观当前的同时才能作出。

（3）时限性

时限性是工作计划的一个鲜明特色。做任何工作都必须有一个时限。计划中所规定的各项具体任务、目标都指定在一定的时限内完成和达到，两者密不可分、浑然一体。

二、工作计划的写作要领

1. 工作计划的写作格式

工作计划这一文体结构通常由标题、正文、落款三部分构成：

（1）标题

工作计划的标题应包括制文单位、时间限断语、事由和文种类别（计划）四部分，一般四者要齐全。时间限断语是计划适用的时限范围。事由要标明是“工作计划”，还是“生产计划”或其他计划。但有时因制订者认为计划的执行范围仅在本单位，已很明显，在标题中将其省略；比较规范的计划仍要标明制文单位。

（2）正文

工作计划的正文，一般先扼要说明制订该计划的缘由、根据，对完成任务的主客观条件作些分析，说明完成该计划的必要与可能性。其次是工作计划的具体内容，即在多长时间完成哪些任务，并设计完成任务的步骤和方法等。最后是结尾语，提出重点或强调有关事项，做出简短号召。

（3）签署制文单位、日期

高级机关制定的计划，也有在正文后不另署制文单位和制文日期的，此时制文单位名称应于标题中标明，制文日期往往在标题下括号内注明。工作计划的正文通常采用分条列述式，结尾语视情况决定其长短与去留。事先认真调查研究，具体内容切实可行是计划写作的主要之点。

2. 工作计划制订时应遵循的原则

（1）政策性原则

无论作什么计划，都要有明确的指导思想，就是要坚持党和国家的路线、方针、政策。任何工作计划都必须符合这个大政方针，才有利于国家、民族和人民。

（2）群众性原则

任何计划的制订与实施，没有人民群众的广泛参与都是不可能的，因而相信群众、发动群众、团结群众、依靠群众，充分调动和发挥群众积极性与创造精神是制订计划的重要原则。

（3）可操作性原则

订计划的目的不是为了应付上级检查，而是为了提高效率，顺利完成任务。因此计划中的任务要明确，措施要得力可行、具有可操作性。任务要明确，就是本阶段究竟要完成一些什么样的具体任务，数量多少，质量要求达到什么标准，经济效益如何等等，要实事求是地提出任务、目标。要完成任务，达到计划规定的目标，需配备些什么措施，由哪些具体的部门协同配合，怎么样密切配合，这就叫可操作性。

3. 写好工作计划的方法

写好计划可能是公文写作中比较难的事。因为这不仅仅是个文字表达上的事，还是个涉及具体工作业务的组织和安排问题，需要有长远眼光和领导魄力，这种写作是一个人综合能力的表现。但是在写作上也有一些章法。首先，写作者必须分清这个计划的内容属于哪一类，适合用哪一个具体的计划种类来表达，从而确定具体文种，即是规划、设想、计划、要点、方案、安排中的哪一种。然后，再根据具体内容和文种写作要求进行写作。如果是时间较长、范围较广的计划，就要用“规划”。因为规划不必也不能写得太细，只要能起到明确方向、鼓舞人心、激发热情的作用也就可以了。当然这并不是说规划就可以写得不切实际，但规划的切合实际问题的确只是个大致的切合。如果是初步的、不太成熟的计划，就要用“设想”。因为设想是为计划作准备的，也不必写得很细，只要能把大致的“思路”或想法写出来也就够了。但这也不是说设想就可以写得没条理，而只是说它更注重“想”，即要有突破和创新。如果计划内容是某一项工作，一般则用“方案”或“安排”，工作项目较复杂者用“方案”，较简单者用“安排”。因为方案和安排都必须写得很细（或很全面，或很具体），否则工作就没法开展。当然，若考虑到要给下级执行中留有余地，这个方案可变成“实施意见”，这个安排也可变成“安排意见”。如果计划内容既不是单项工作，又不是很宏大的，这就该用真正的“计划”了。因为狭义的计划是广义计划中最适中的一种。当然，若只想把这个计划摘要加以公布，则可用“要点”来写。

4. 工作计划写作注意事项

不论哪种计划，写作中都必须注意把握以下五条原则：

第一，对上负责的原则。要坚决贯彻执行党和国家的有关路线、方针、政策和上级的指示精神，反对本位主义。

第二，切实可行的原则。要从实际情况出发定目标、定任务、定标准，既不要因循守旧，也不要盲目冒进。即使是做规划和设想，也应当保证可行，能基本做到，其目标要明确，其措施要可行，其要求也是可以达到的。

第三，集思广益的原则。要深入调查研究，广泛听取群众意见，博采众长，反对主观主义。

第四，突出重点的原则。要分清轻重缓急，突出重点，以点带面，不能眉毛胡子一把抓。

第五，防患于未然的原则。要预先想到实行中可能发生的偏差、可能出现的故障，有必要的防范措施或补充办法。

三、工作计划的写作范文

◇年度工作计划

××艺术学院办公室××××年度工作计划

1. 调动全员积极性，主动配合协助领导开展一系列教学评估准备工作。

2. 配合师资队伍建设，做好人才引进的联系和调进人员的安置工作。

3. 深入了解教学所需场地、设备，加强联系，解决当前急需解决的教学问题，做好下学年扩招的计划。

4. 进一步做好新琴房的建设与管理。

5. 配合院领导强化执行学校有关规定，切实解决教师中存在的教学文件拖交、难交，教师擅自、随意调课现象等老大难问题。

6. 整理一套院务管理条例，将已有的制度细化和补充完善。

7. 进一步完善学院网页功能，向反映艺术实践特色的目标发展。

8. 加强图书信息联络，挖掘、开发图书资源功能。

9. 协助筹建几个相关管理委员会（学术委员会、教学指导委员会、艺术实践委员会），以规范对口管理。

10. 配合分工会根据学校新的津贴分配条例，重新修订我院分配方案。

11. 办好艺术教育中心财产移交清点手续。

12. 协助办好院庆活动。

13. 协助开发校外联合办学、办班、经营等联宜事项。

◇半年工作计划

××县人民政府××××年下半年工作计划

下半年，我们将继续按照“三个坚持两促进，五大攻坚六突破”总体要求，进一步明确任务，对照问题抓整改，求真务实促落实，圆满完成年初确定的各项工作任务。重点抓好以下八个方面的工作：

（一）突出基础设施建设，促进农村经济快速发展

一是狠下功夫，认真抓好“三夏”生产。开展以果实套袋、喷药施肥、扭枝拉枝为主的果园管理，全面落实无公害、标准化技术措施。做好以小麦条锈病、果树病虫害防治为主的田间管理，密切注视病害发生发展动态，及时搞好防治。严格落实麦收期间防火责任制，消除火灾隐患。继续加大护林防火和封山禁牧各项政策措施的落实力度，确保林木安全。对历年滑山滑坡、山洪、泥石流灾害险区和水库、塘坝进行全面检查，排除隐患，消除障碍，真正做到有备无患，安全度汛。

二是集中力量，全力推进农村基础设施建设。积极组织开展夏季梯田建设，确保完成全年5万亩梯田建设任务。集中人力，集中时间，对全县所有县乡、乡村道路进行全方位整修养护，保证道路的持久畅通。继续抓好××—××、××—××、××—××—××、××—××—××—××—××等4条通乡公路改扩建，积极争取××××年××公路和××公路油铺等一批大项目，提高公路通达能力。按期完成××河堤治理、二期人饮解困、××和××提灌、安全供水

和雨水集蓄利用等重点工程建设。

三是严格标准，狠抓示范园区完善提高。围绕做大做强果、畜、薯、菜四大支柱产业，进一步完善补齐各类示范园区建设项目，加快产业后续开发，紧贴“八带四块”产业发展总体规划，按照因地制宜、突出重点、相对集中、整体推进的要求，及早谋划靠实明年产业结构调整规划，广泛宣传，预留地块，争取主动。

四是精心组织，抓好劳务输出和动物防疫工作。继续坚持把发展劳务经济作为增加农民收入的重大举措，积极引导农村剩余劳动力有序输出，确保全年劳务输出达到8万人（次）以上，创收3亿元。加强领导，靠实责任，认真开展清毒灭源、疫情普查、免疫注射、强化督查等各项工作，建立防疫工作的长效机制，落实各项防疫措施，严防疫情传入、扩散和蔓延，确保全县畜牧业安全。

（二）突出项目建设，促进城镇经济快速发展

一是加快项目建设进度。对列入县上考核的46个新开和续建项目，要强化项目业主责任，加强调度，跟踪督查，及时协调解决项目建设中存在的困难和问题，确保项目建设赶上进度要求。同时，瞄准国家产业政策和投资导向，想方设法，广泛捕捉信息，加强与上级部门的衔接沟通，论证储备一批技术新、带动强的工业和龙头项目，充实项目库。对今年已上报的待批复的3个前期项目，全力衔接争取，确保批复立项。

二是继续深化企业改革。坚持以民营化为取向，全力抓好5户企业改制工作。千方百计筹措改革成本，妥善安置职工，确保年内全面完成企业改制任务。

三是切实抓好企业管理。加强调度，协调服务，全面落实各项扶持政策，支持优势企业挖潜改造，降本增效，做大做强，带动全县工业经济运行质量和效益全面提升。

（三）突出基础配套，加快城镇化建设步伐

继续搞好县城东拓工程建设，完善1号小区基础设施，组织搞好2号小区住宅开发。加快城区排水及道路建设项目建设进度，确保8月份全面建成运营。抓好界石铺等小城镇重点项目建设，完成年度计划。加强规划管理，完善城川、仁大、李店、治平、威戎、甘沟等乡镇小城镇及小康屋规划修编。

（四）突出环境优化，加快民营经济发展

全面落实优惠政策，下决心清理“三乱”问题，切实优化投资和发展环境，积极协调解决民营经济发展中的各种问题，为民营经济快速健康发展打造良好的“平台”。依托资源优势，引导民营经济积极参与农村支柱产业开发、农村合作经济发展、兴办龙头项目，扩大领域，提升层次，提高效益，确保年内新发展个体工商户528户、私营企业18户，完成招商引资6000万元，非公有制经济增加值达到3.7亿元。

（五）突出财源建设，确保完成全年财政收支任务

加强财源项目建设，提高创利税能力，进一步夯实财政增收的基础。坚持依法治税，加大对重点行业、重点税种的征管力度，严厉打击各种偷、逃、骗税行为，努力做到应收尽收，均衡进度，确保完成全年财政收入任务。深入推进农村税费改革，巩固税改成果。强化预算约束，优化支出结构，确保完成4365万元的财政收入任务，保证职工工资、社会保障、扶贫救灾等重点支出需要。

（六）突出各项措施落实，提高计生管理服务水平

按照年度计生目标责任，查漏补缺，狠抓落实，确保人口与计划生育各项责任目标全面达标。全面落实奖励扶持、优先优惠政策，深入开展人口出生清理清查和打假求实，建立长效机制，落实责任制，促进计生工作的规范化管理，切实规范基层基础管理，全面完成计划生育工作任务。积极筹措资金，全面建成9乡镇规范化计生服务所，顺利通过省、市验收。

（七）突出文明创建，推进各项社会事业协调发展

加大排危建校力度，确保年内完成中小学危房改造1.4万平方米，建成10所标准化小学，一中、二中教学楼和甘沟中学扩建等重点工程投入使用。完成县传染病区项目配套建设。以结核病防治为重点，继续抓好日常计划免疫、预防、监测、救治、突发公共卫生事件的应急处置等工作，严防疫病流行。加强医疗机构管理，提高医疗服务质量。抓好各类科技示范园区建设，增加科技含量，提高科技对经济发展的贡献比例。全面完成13个广播电视村村通工程。

（八）突出社会治安综合治理，全力维护社会稳定

坚持经常性排查、集中排查和重点排查相结合，建立健全社会稳定预警、矛盾排查调处、应急处置和责任追究的长效机制，纵深推进严打整治斗争。以创建“二级无毒县”为契机，全面落实社会治安防控体系建设措施。认真落实安全生产责任制，消除各类安全隐患，杜绝重大责任事故发生。高度重视群众来信来访，认真解决群众反映的问题。继续加强社会保障体系建设，努力扩大再就业，妥善安排城乡困难群众、弱势群体和重灾户的基本生活，不断提高社会保障水平，维护社会稳定。

◇季度工作计划

××省发展和改革委员会××××年第四季度工作计划

1. 继续组织做好省政府常务会议审定珠江三角洲率先基本实现现代化七个专题规划的有关准备工作。根据省政府常务会议精神，组织各专题牵头单位再次

修改专题规划，上报省政府印发各有关市、省直有关单位执行。

2. 根据委领导的安排，参与实施东西两翼“十五”计划的专题调研，起草东西两翼如何落实“十五”计划纲要的调研报告。

3. 根据国家计委和我委领导的部署，认真做好“十五”计划实施的跟踪分析和中期评估准备工作，包括确定工作方案，根据实际适时调整主要指标的预计目标，研究评估内容和方法等。

4. 根据委领导的安排，修改完善提升珠江三角洲国际竞争力课题的研究报告。

5. 参与编制全省××××年经济和社会发展计划工作。

6. 委领导交办的其他事项。

◇月工作计划

省电力工会办公室××××年12月份工作计划

1. 对全省17个市供电公司工会进行工会系统同业目标管理体系评价考核。

2. 筹备并召开××省电力工会三届二次常委会议。

3. 筹备省公司五届二次职代会。

4. 继续修订、完善省电力工会××××年工作总结和××××年工作计划。

5. 评选并上报华东电网系统××××～××××年度职工之家标杆单位、先进职工之家、先进职工小家、优秀工会工作者和优秀工会积极分子。

6. 组织并上报国网公司一届一次职代会代表及提案等有关材料。

7. 起草《关于推行职工（会员）代表竞选制的指导意见》。

8. 完成对基层单位“企业党建和精神文明建设”民主管理部分的考核工作。

9. 会同省公司人资部、调通中心，组织我省选手赴××参加华东电网公司组织的自动化专业技术技能竞赛决赛。

10. 组织我省推荐的3名选手进京参加国家电网公司“十佳服务之星”竞赛决赛。

11. 会同省公司人资部、生产部，组织全省电网系统220kV变电运行竞赛。

12. 贯彻落实《××省电力公司系统职工爱心帮扶基金实施细则》，并通过基层单位上交的“一日捐”建立“××省电力公司系统爱心帮扶基金”。

13. 布置××××年度省公司系统劳动模范和模范班组的评选。

14. 布置××××年度元旦、春节慰问和送温暖工作。

15. 做好《安全漫画图册》草稿收集及有关编辑、印刷等事宜的联系工作。

16. 参加国家电网公司工会宣传文体部部长工作会议，积极做好××××年“两节”文艺慰问演出节目的组织、排练工作。

17. 组队参加华东工委举办的“创争”成果发布会。

18. 做好××××年文体活动的财务决算和总结工作。

◇周工作计划

××区政府一周主要工作计划

一、经济工作

1. 重点做好税收管理，理顺大税源、大税种管理和收缴体制。继续深入开展应税未税工作，加强对重点税源的征收力度，确保应收尽收。

2. 做好企业改制工作，按照程序稳步推进改制进程。

3. 加大招商引资力度，争取引进科技含量高、效益好的企业和项目。

4. 加强金岱工业园区建设，以工业园区为平台，招商引资，推动园区建设。

二、城建城管工作

1. 做好四城联创迎检工作。

2. 做好××广场拆迁工作，在稳定的前提下加快拆迁进度。

3. 加快帆布厂安置小区建设进度，确保在规定时间内完成建设任务。

4. 做好商城遗址改造的前期规划工作。

5. 协调做好××科技大学征地工作。

6. 制定老城区五年规划，尽快形成初步规划方案。

三、社会事业工作

1. 在保证质量的前提下，加快××中、××中学等新建中小学建设进度。

2. 继续搞好圃田乡示范卫生院建设。

3. 继续推进农村科技信息化工作。

4. 加快旅游业发展，充分挖掘我区旅游资源，借鉴其他先进区经验，制定我区旅游业发展方案。

5. 做好就业再就业工作，继续完成全年就业计划达到农村劳动力转移目标。

6. 加快农村道路建设。

四、安全生产和信访稳定工作

1. 开展全区安全大检查活动，重点做好批发市场、燃煤锅炉等专项整治工作。

2. 继续抓好信访稳定工作，进一步完善信访制度，确保社会大局稳定。

◇专项活动工作计划

××供电所××××年度
“安全生产活动月”活动工作计划

根据×电江安〔××××〕9号文件关于印发《××供电局安全生产活动月计划》的通知精神，按照建设“一强三优”现代公司的发展目标和“三抓一创”的工作思路，围绕“严格执行安全生产规章制度，加强作业现场的安全监督管理，杜绝习惯性违章”三个重点开展“安全生产活动月”活动。为了搞好本年度的“安全生产活动月”工作，杜绝习惯性违章行为，消除线路设备安全事故隐患，全面提高全所电网设备的健康运行水平。进一步落实“安全第一、预防为主”的方针，根据全所工作的具体情况，特对本年度“安全生产活动月”工作作出以下具体安排。

一、组织工作

为了搞好××××年度的“安全生产活动月”工作，做到有组织、有计划、有安排、有检查、有落实、有考核。经全所研究决定成立××××年度“安全生产活动月”工作小组。

组长：×××

成员：×××、×××、×××、×××、×××、×××、×××

二、宣传工作

1. 3月23日召开“安全生产活动月”宣传动员会。

2. 组织全所职工学习讨论×总、×总在“安全生产活动月”动员大会上的讲话精神，进一步统一思想、提高认识。认真按照供电所“安全生产活动月”计划的各项工作安排深入开展活动。

3. 组织“安全生产活动月”活动宣传车，利用赶集时间在各场镇进行宣传。

4. 在安全生产活动月期间出一期宣传专栏，书写一定数量的宣传标语，营造良好的活动氛围。

三、本年度“安全生产活动月”工作的主要内容

1. 3月份所长与专责、班长，班长与班员层层签订“安全生产责任书”，明确各级安全生产责任目标。

2. 组织全所职业电工进行年度安全知识考试。考试内容包括《安规》、《岗位安全工作行为准则》、《供电企业典型违章10条》、《国网公司安全生产工作规程规定》等。

3. 检查“两票、一单”、标准化作业程序、危险点分析与控制措施的落实

情况。

4. 检查安全工具、施工工具的使用情况。

5. 检查10kV线路支路刀闸、跌落保险、低压刀闸运行情况和熔丝、熔片配备情况。

6. 结合“春安”工作，检查各配电变压器、油位、油色、导管、声音、高低压桩头、接地电阻情况。

7. 检查各配变台区低压线路运行情况。发现问题，一般安全事故缺陷马上进行处理，对不能及时处理的安全隐患和设备缺陷，上报供电所由供电所组织进行处理。

8. 检查春季抗旱抽水、水泵使用情况。

9. 检查各种安全标示牌配备、使用情况。

四、其他工作

1. 针对全所辖区碎石厂较多、布点较密的情况，运维班要加强巡视检查和监控，做好防止外力破坏工作；

2. 施工期间严格按照标准化作业程序进行，全面开展危险点分析与控制措施工作，杜绝习惯性违章现象；

3. 严格坚持“工作票、派工单”制度，杜绝无票作业现象；

4. 做好供电所的防火、防盗工作；

5. 按照电力公司“八项”承诺服务标准，完成各项工作。

五、达到的效果和目的

通过本年度“安全生产活动月”活动的开展，全面推进安全生产的常态管理，促进各项安全措施的落实，进一步提高全所职工对搞好安全生产工作重要性的认识，杜绝习惯性违章行为，夯实安全生产基础，确保我所××××年度安全工作目标全面实现。

◇招商引资工作计划

区建设局招商引资工作计划

为了全面贯彻落实党的十六大精神，促进我区经济发展，加快实现全面建设小康社会的步伐，××××年，我局应认真围绕区委、区政府继续以招商引资为“总抓手”，以大开放、大招商、促大发展为中心工作重点，切实抓好招商引资工作，全面实现××××年招商引资工作目标。

一、指导思想

以十六大精神为指针，紧紧围绕加快全区经济发展，进一步解放思想，与时俱进，真抓实干，促进发展，使我局的招商引资工作再上新台阶。

二、目标任务

全年全局招商引资任务目标值为××××万元，确保实际进资××××万元。其中工业项目进资必须达到70%以上。为确保全年任务的完成，将招商引资任务分解落实到局领导班子、局属各单位。

三、主要措施

1. 成立区建设局招商引资工作领导小组，组长由×××担任，副组长由×××担任，下设办公室，办公室主任由×××担任。

2. 区建设局党政主要领导是全局招商引资工作的第一责任人，对全局招商引资工作负总责；局分管领导是分管部门第一责任人，凡分管单位部门的招商引资软环境出了问题，分管领导要承担领导责任；局属各单位、各部门“一把手”是本单位招商引资的第一责任人，各单位部门的主要领导要从思想上高度重视招商引资工作，亲自部署，狠抓落实，经常检查，责无旁贷地承担起招商引资工作第一责任人领导责任，确保招商引资工作有专人抓、专人管，确保全局招商引资任务顺利完成。

3. 抽调有一定工作能力和外交能力的同志组成招商引资小分队，分别在上海、广东、福建、浙江等地进行定点和蹲点招商。充分发挥优势，瞄准重点地区广泛联系客商，紧紧围绕工业、加工业、农业产业化等项目进行招商。确保一个招资1000万元以上的工业项目进入工业园区。

四、优化环境

1. 跟踪服务。凡引进的项目要实行挂牌跟踪服务，由局抽调1~2名人员实行全方位、全天候、全过程跟踪服务，凡客商需要办理的有关手续，都由跟踪服务人员认真负责办理。

2. 加大整治力度。努力营造高效率的办事环境和公平公正的执法环境。对影响客商招资环境，侵害客商企业利益的要一查到底，严肃追究责任。

3. 简化办事程序，提高办事效益。规划、建管一律进入政府集中办事大厅实行“一条龙”服务，做到当天的事当天办，能办的事及时办。提供无偿咨询服务，使客商进得来、留得住。

五、奖惩兑现

有关招商引资考评和奖惩办法，原则上按临发〔××××〕××号、××号、××号文件执行。对局属各单位倒数一、二名的，除给予黄牌警告外，单位年终考评时不予评先进单位，单位一把手予以降职使用。

局班子领导交纳招商引资保证金×××元。局属各单位党政一把手交纳招商引资保证金×××元。完成任务保证金退回，未完成的保证金转为罚金。

六、考评时间

考评时间为××××年12月1日～××××年11月30日。

第二节　工作报告写作

一、工作报告的写作概述

1. 工作报告的概念

工作报告，是下级机关向上级机关汇报工作，反映情况，答复上级机关的询问时使用的一种文书。它是党政机关和企事业单位都广泛采用的重要上行文。

2. 工作报告的适用范围

工作报告的用途十分广泛，具体地说，可以用来向上级机关汇报工作；也可以用来向上级机关反映情况。此外，还可以用来答复上级机关的询问。

二、工作报告的写作要领

1. 工作报告的格式

工作报告由标题、主送机关、正文、落款和日期等部分构成。

（1）标题

报告的标题有两种写法：一是“事由+文种”的形式；二是“发文机关+事由+文种”的形式，如“××分行关于××××××的报告”。有的报告内容紧急，则在标题中的“报告”前冠以“紧急”字样。

（2）主送机关

行政机关的报告，主送机关尽量要少，一般只送一个上级机关即可。但行政机关受双重领导的情况比较多见，只报送其中一个上级机关显然不妥，因此，有时主送机关可以不止一个。

（3）正文

报告的正文分引据、主体、结语三部分。

①引据

概括说明全文主旨，可用起句立意法。即一开始就简明扼要地将一定时间内工作的有关情况如依据、目的、总的行动及对整个工作的估计、评价等作一概述，以点明全文主旨。通常用“现将有关情况报告如下”承上启下，领起下文。

②主体

即报告事项部分，也是正文的核心，要叙述报告的具体内容。如果内容多、篇幅长，可采用分题式、分条式或两者相结合的方法进行叙述。对于工作报告，应将各方面工作的主要情况并列分段地一一加以表述，即阐明各方面工作的进展情况、主要做法、取得的效果等。再写明存在的主要问题和下一步工作意见，然后概括出基本经验。要以数字和事实说话，内容既翔实又概括。对于问题报告，侧重写明问题状况及其来龙去脉，分析问题产生的原因，说明其后果，并提出解决问题的方法和措施。对于答复报告，则应强调针对性，紧紧围绕上级的询问和要求，写清问题，表明态度，提出意见。

③结语

报告的结语应根据报告的不同内容采用与之相应的不同结语。常用的有“特此报告”、“专此报告”、“请审核”、“请审示”、“以上报告，如有不妥，请指正”等。

（4）落款

即写上发文单位印章和成文日期。

2. 工作报告的写作要求

（1）要总结出有规律的东西

写报告要用正确的立场、观点、方法对事实进行分析，从中总结出一些带有规律性的东西。这些规律性的东西，无论是成功的经验，还是失败的教训，对今后的工作都具有重要的指导意义。

（2）注意个体材料和整体材料的配合使用

报告的容量大，涉及的材料众多，因此，在写作时一定要注意个体材料和整体材料的配合使用。尤其是综合报告，涉及的方面多，内容复杂，更要注意个体材料和整体材料的配合使用。有个体材料没有整体材料，会使报告零碎，缺乏整体印象；反之，有整体材料没有个体材料，则会使报告内容空泛，缺乏力度和深度。

（3）报告所反映的情况要真实、具体

报告的用途是帮助上级机关了解下情，从而作出正确的决策。因此，写报告要做到如实地反映情况。如果报告反映的情况失实，就有可能影响上级机关决策的准确性和科学性。真实性是对公文写作的普遍要求，但鉴于目前有些报告存在着弄虚作假的现象，所以特别需要引起重视。起草报告的人员，要深入调查研究，尽可能亲自调查了解，掌握第一手材料，然后进行分析归纳，去伪存真。材料要具体，要有概括性的材料，也要有典型的具体事例。

（4）写作报告的立意要新

提炼主题，应该在占有大量材料的基础上进行分析研究，归纳出新颖的观点，从而形成主题。主题，即报告的主旨。在提炼主题和观点的过程中，要有敏锐的眼光，发现新的有价值的材料，从新的角度、新的立足点去分析取舍材料，这样才能提炼出立意新的主题，反映出本质的、带规律性的问题。

（5）写作报告的重点要突出

报告的内容要根据主题的要求来安排，分清主次轻重，重点的、主要方面的内容，要安排在前面，详细写；非重点的、次要方面的内容，简略写；可写可不写的内容，就不写。同时，要注意处理好点和面的关系，比如，有典型的事例，也要有面上的综合性的情况，做到点面结合、眉目清楚、说服力强。

（6）报告中不得夹带请示事项

上级机关对报告不负答复责任，因此，报告中夹带请示事项会影响事项的处理。如有请示事项，宜另用请示文种行文。

三、工作报告的写作范文

◇扶贫攻坚工作情况报告

关于扶贫攻坚工作情况报告

今年市委、市政府把扶贫帮困作为全市抓好“三大要务”、干好“十件大事”重要内容之一，作为“一号工程”来抓，提出用3年时间解决农村10.5万人均纯收入在1000元以下低收入贫困人口的解困脱贫问题。××××年建设扶贫新村55个，解决1万户，3.5万人低收入贫困人口脱贫，实现贫困农民人均纯收入增加200元的奋斗目标。为此市政府坚持以人为本，认真落实科学发展观，按照“市上帮扶、以县为主、镇村负责、落实到户”的工作思路，狠抓扶贫攻坚各项工作的落实。

一、扶贫攻坚的基本形势与估价

在市委、市政府的正确领导下，各区市县、市级各部门认真贯彻落实市委《关于推进××发展新跨越若干问题的决定》和市委五次全会精神，按照抓好“三大要务”、干好“十件大事”的要求，理清思路，强化措施，狠抓落实，掀起了扶贫攻坚的热潮。目前扶贫攻坚“一号工程”建设已取得了明显成效。

——实施建设55个扶贫新村。争取扶贫投入2750万元，每村50万元。目前已启动实施55个村，占目标任务的100%。

——有8057户、28280人低收入贫困人口解困脱贫，生产生活条件有了初步改善，完成目标任务的80.6%和80.8%。

——贫困农民人均纯收入实现增收121元，完成考核目标任务的80%，完成奋斗目标的60%。

——每个贫困村和贫困户都落实了县级领导和县级部门以及干部、党员联系帮扶。全市帮扶项目资金达1082万元，建卡贫困户到户帮扶资金户均达300多元。

——全市完成贫困农户建卡13730户，完成目标任务的137%，对建卡贫困户情况全部实行了微机管理。

——贫困农民脱贫意识增强。通过宣传发动，通过联系帮扶，激发了贫困群众要发展、要脱贫、要改善自己的生产生活条件的迫切愿望，主动参与扶贫攻坚的积极性空前高涨，为扶贫开发、构建和谐新村打下了良好的基础。

二、扶贫攻坚开展的主要工作

1. 锁定对象，明确任务。（略）

2. 制订实施方案，落实扶贫措施。（略）

3. 建档立卡、制定帮扶规划。（略）

4. 强化帮扶、贫困群众得实惠。（略）

5. 争取资金，加大扶贫投入力度。（略）

6. 以实施好“四项”扶贫工程为切入点，打好扶贫攻坚战。（略）

三、存在的主要困难和问题及下阶段扶贫攻坚工作的打算

扶贫攻坚工作虽然取得了明显成效，但也还存在一些不可忽视的问题。一是贫困地区区位劣势仍然突出。交通不畅、信息不灵，贫困人口文化素质低，贫困户的综合发展能力不强，贫困程度深，脱贫难度大，脱贫致富的任务仍然很艰巨。二是重视程度有差距，发展不平衡。县与县之间、乡与乡之间、部门与部门之间、干部与干部之间，在落实“一号工程”力度上差距较大，有的地方做得非常好，领导要重视得多，工作要干得实在得多，有的做得一般化，安排布置下去就完了，抓具体落实不够。三是今年解困脱贫的3.5万贫困人口中，省上项目资金能覆盖的大约有1.5万人左右，还有近2万贫困人口要市、县财政扶持，需要各级领导、部门和社会各界的帮扶才能脱贫。四是扶贫工作机构尚需加强。按照中央、省上的要求，市、县扶贫机构应单设，人员编制、工作经费要有保证，要适应扶贫工作需要。目前，本市扶贫开发工作机构绝大部分未单设，关系不顺，人员较少，工作经费没保证，工作条件较差。应加强扶贫领导小组办事机构建设，理顺关系，完善机构，充实人员，给予必要的工作经费，以适应扶贫攻坚工作的需要。

针对存在的困难和问题。今后一段时期，全市农村扶贫攻坚的基本思路是：按照市委、市政府提出的抓好“三大要务”、干好“十件大事”的要求，突出“一心为人民、全力谋发展”的主题，以低收入贫困农户为主要对象，以扶贫新

村建设为主体，以产业扶贫、劳务扶贫为重点，实行市上帮扶，以县为主，镇村负责，落实到户的联动机制，着力帮助贫困农民增加收入，不断提高贫困农民的致富能力。重点抓好以下工作：一是认真学习、深入贯彻落实中央一号文件和全省扶贫开发工作会议精神，进一步提高认识，加强领导，落实责任，努力做好扶贫开发工作。二是始终瞄准贫困群体，以“一体两翼”为工作重点，四级联动打好攻坚战，全面解决1万户、3.5万低收入贫困人口解困脱贫，改善0.97万低收入贫困人口生产生活条件。三是采取有力措施，进一步抓好新村扶贫、产业扶贫、劳务扶贫、移民扶贫项目的实施建设，实施好扶贫开发规划，促进扶贫攻坚。四是加大科技培训力度，强化智力扶贫，不断提高农村贫困人口的素质。五是加大联系帮扶工作力度，广泛动员社会各界参与扶贫开发。六是严格目标考核。今年底将组织有关部门对扶贫攻坚任务完成情况严格考核、明确奖惩，实行一票否决，确保今年扶贫攻坚目标任务的全面完成。

××市扶贫开发办公室
××××年××月××日

◇落实农业政策情况调研报告

全国人大常委会农业政策调研组
关于落实各项农业政策情况的调研报告

委员长、各位副委员长、秘书长、各位委员：

根据全国人大常委会关于围绕“三农”问题开展执法检查和工作调研的部署，今年5月，全国人大常委会农业政策调研组，对农业政策进行了专题调研。调研组由全国人大常委会乌云其木格副委员长任组长，全国人大农业与农村委员会和全国人大财政经济委员会组成人员参加，对湖北、四川、江苏三省落实农业政策情况进行了调研。期间，调研组听取了三省人民政府及有关部门的情况汇报，到荆州、宜昌、荆门、襄樊、内江、宜宾、乐山、淮安、扬州、高淳等10个市县与当地政府及有关部门、专家学者和村委会干部、农业企业负责人、农民群众进行了座谈，并深入到农户、信用社、粮食企业、农资市场、开发区进行了实地考察。现将农业政策调研的有关情况报告如下：

一、三省贯彻落实农业政策取得的成效和存在的问题

党中央、国务院高度重视“三农”问题和粮食安全问题，今年出台了一系列有力的支农政策，受到广大干部和农民群众的衷心拥护和热烈欢迎。实践表明，这些政策的出台，是非常正确、非常及时的，对解决“三农”问题，提高

粮食综合生产能力，增加农民收入，调动农民的生产积极性，具有重大意义，标志着国家与农民的关系，由过去农民向国家提供积累，转变为国家对农民的支持和保护。湖北、四川、江苏三省是我国粮食主产区，农村人口1.58亿，占全国农村人口的18%；耕地面积1918万公顷，占全国耕地面积的14.7%；××××年粮食产量分别为385亿斤、636亿斤、494亿斤，合计占全国粮食总产量的17.5%。总的看，三省根据中央的部署，进一步提高对“三农”问题和确保粮食安全重要性的认识，积极制定配套措施和实施方案，抓紧落实各项农业政策，政策效应已经显现。

（一）开展广泛深入的宣传，把政策交给农民

近年来，由于种粮效益比较低，农民种粮积极性不高，湖北、四川、江苏三省粮食播种面积和总产量都有较大幅度的减少，粮食综合生产能力下降。农业政策出台后，三省高度重视政策的宣传，通过向农民发出支持发展粮食生产的公开信，发放问答手册、培训干部、举办专题讲座等方式，把各项政策交给农民。为了加强政策落实的组织保障，湖北省组织了2万名党政干部和农技人员到基层进行宣讲。四川省组织了11个督察工作组，对政策落实情况进行检查监督。江苏省有关部门建立粮食生产联系点制度，及时解决粮食生产中遇到的问题。

为落实中央一系列农业政策，湖北省确定，今年粮食播种面积扩大5%，其中水稻播种面积比去年扩大353万亩，粮食总产达到420亿斤以上，比去年增产40亿斤，增长10%。四川省提出，今年粮食播种面积增加到9300万亩，比去年增加230万亩，粮食总产达到647亿斤，比去年增加11亿斤。江苏省提出，水稻播种面积稳定在3000万亩以上，粮食总产不低于550亿斤，今年水稻播种面积将超过2950万亩，比上年扩大189万亩。由于政策驱动和市场价格拉动，三省农民种粮积极性正在恢复，粮食播种面积下降的局面基本得到遏制。

（二）落实直接补贴等政策，农民得到实惠（略）

（三）贯彻减免农业税政策，推进农村税费改革（略）

（四）加强监督管理，农资价格上涨势头得到控制（略）

（五）开展试点工作，推进农技推广体系改革（略）

（六）加强耕地保护，妥善安置失地失业农民

按照国家统一部署，湖北、四川、江苏三省全面实行土地用途管制制度，严格用地计划审核，从严控制农用地转用总量，做好被征地农民的安置工作，大力开展土地复垦整理。目前，湖北、四川、江苏三省开发区的数量分别压缩了47%、71%和69%；面积分别压缩了62%、52%和45%。湖北省还开展了基本农田保护大检查，严格控制各类建设项目占用耕地。四川省对因征地转为城镇居民的农民，实行城镇居民最低生活保障制度和失业保障制度，从土地收益中划出一定比例资金，用于这部分农民的社会保障。

在调研中，湖北、四川、江苏三省在落实农业政策中也反映出一些问题。一是粮食主产区各级财政普遍困难，产区为销区存粮，增加了产区的经济负担。二是发放“三项补贴”的具体办法不一，有的地方按计税面积直补，不种粮的也享受了政策优惠。有的发放良种补贴随意性较大，有些没有使用良种的也拿到了补贴。三是财政支农资金总量少，投入结构不合理，投资渠道过多，资金使用效率低。据四川省反映，中央和省两级对农业和农村建设项目投资渠道达20多个，有的同一类项目投资渠道就有3～5个。

另外，部分基层干部和农民对政策能否保持连续性，还有一些担心……

◇集体经济发展情况调查报告

××镇村级集体经济发展现状调查报告

近年来，××镇各村、社区充分利用城区优势，千方百计引导农民增加收入，大力发展集体经济，各项经济指标逐年攀升，基层组织为群众办实事、办好事的能力不断增强，农村基层组织的战斗力、凝聚力和号召力显著提高，社会化服务体系进一步发展，农村社会稳定，各项基础设施显著改善，农民生活水平有了明显提高。但总体来看，××镇村级集体经济实力普遍偏弱，发展步伐滞后，村级招商引资困步不前，产业结构落后，调整优化乏力，历史债务负担沉重。如何抓住机遇，加快村级经济发展步伐，不断培育集体经济发展后劲，全面推进本镇经济快速、健康、协调发展，是摆在新一届镇党委、政府面前的重要课题。

一、本镇村级集体经济概况

1. 村级集体经济收入情况。本镇共有21个村、社区，农业人口近4万人。××××年全镇村级收入843.5万元，村平40.17万元，其中集体经济收入280万元，仅占33.2%，；实现集体经济收入上5万元的村8个，仅占38%，不足万元的村6个，占28.6%，其中无集体经济收入的有××、××2个社区，占9%。

2. 村级集体企业情况。就村级集体企业而言，全镇现共有18家村级集体企业，其中仅××纱布厂和××造纸厂两家年产值过千万元，实现村级集体经济收入126万元，占全镇村级集体经济收入总额的45.7%。年产值过百万元的有××茶厂、××纸箱厂、××磨料磨具厂、××纱布厂等4家企业。由村集体直接经营管理的有××纱布厂、××茶叶加工厂2家，其他16家企业均发包或租赁给个人经营。

3. 产业分布情况。××××年村级集体工企业收入176.2万元，占全镇村级集体经济收入总额的62.9%，退耕还林及其他农林产业收入76.9万元，占

27.5%，其他产业收入26.9万元，占9.6%。

二、存在的问题

1. 产业层次低，规模小而单一，抵御市场风险能力薄弱。(略)

2. 融资难度大，发展后劲不足，可持续发展能力薄弱。(略)

3. 干部思想保守，观念滞后，创新发展能力薄弱。(略)

4. 发展不平衡，差距明显，不利于整体发展。(略)

5. 村级债务包袱沉重，不利于全力发展。(略)

6. 村级招商引资困步不前，不利于突破性发展。

近几年，本县××、××等省、县级工业园区开发建设步伐不断加快，招商引资成效显著。但由于村一级招商引资在土地开发、基础设施、政策措施、投资服务体系等软硬环境上无法与省、县级工业园相比。因此虽经努力引来一些客商前来考察、咨询，但最终能够成功落户的没有几家，不利于集体经济取得突破性发展。如下阔去年花很大精力引入的一个肉牛养殖项目，实地考察后一去不返；一位老板有意在石泉投资钟表厂项目，却找不到一块条件适宜的地盘，最后落户麦市工业园。

三、对村级集体经济发展的几点思考

1. 坚持以人为本，加快干部意识转变，建设强有力的村级班子。(略)

2. 因地制宜，选准集体经济发展的好路子。(略)

3. 加大招商引资力度，营造集体经济快速发展的良好环境。(略)

4. 强化管理，千方百计盘活资产，化解村级债务。

村级集体资产管理水平弱，是制约集体经济发展的重要因素。从某种意义上讲，管好并盘活存量资产，使其保值增值，比新增资产投入更为重要。积极引入现代企业管理制度，在完善清产核资、资产评估、产权登记的同时，推行所有权和经营权两分离，并对集体资产的占有、经营及日常管理作出明确规定，定期公开账目。建立健全集体经济积累机制，实行集体经济收入分配比例和分配总量控制，防止分光吃光，积蓄集体经济发展后劲。加大村级债务清偿力度，通过增收还债、清欠还债、节支还债、归责还债、降息减债、核销减债等手段减轻村级债务压力，集中精力发展村级集体经济。

◇社会治安综合治理工作自查报告

××市交通局××××年社会治安综合治理工作自查报告

一年来，在“三个代表”重要思想的指导下，在保持共产党员先进性教育活动的推动下，我局认真贯彻落实省、市、区社会治安综合治理会议精神，为创建“平安临汾”不断加大交通系统社会治安综合治理工作力度，强化内部管理，坚持“预防为主、标本兼治、齐抓共管”的方针，切实履行职能作用，使全局的综治工作得到了稳步发展，为有效监督各部门综治工作开展，我局综治工作组对直属单位部门一年来综治工作情况进行了全面督查。

这次督查本着严格负责、客观公正的原则，主要依据与各单位年初签订的《目标管理岗位责任书》来进行，检查采取听取汇报，实地查看等工作方式，对各部门的综治工作成绩给予了肯定，存在的问题及时予以指出，并针对性地提出了工作整改意见，客观真实地掌握了全面情况，有效促进了全局综治工作，现将自查情况汇报如下：

一、强化管理，狠抓综治责任制的落实

一年来，局直各部门根据《综治目标责任书》提出的目标任务和考核要求，始终将落实社会综治责任工作同部署、同检查、同评比、同奖惩，研究建立了长效工作机制，规范、完善了各项规章制度。一是每月组织召开一次综治工作例会，听取基层各单位在社会治安综合治理工作的汇报，研究综治工作中出现的新问题、新动向、部署下一阶段工作。二是层层建立了目标管理责任制，将活动的内容、任务进行了具体量化、细化，层层分解到基层。三是加强督促检查，建立了行之有效的监督检查制度。局直各单位都成立了督查组，公开了综治工作监督电话，将综治工作的各项内容列入督查的范围，采取综合检查与专项检查相结合，定期检查与经常检查相结合，明察与暗访相结合的方法，针对检查出现的问题，随时给予指正，及时整改，把“矛排”工作做到基层。四是把综治工作纳入了基层各单位目标考核内容，实行一票否决，考核结果直接与单位评优、个人奖惩挂钩，有力地促进了综治工作的顺利开展。

二、综治宣传教育工作

安全工作联系着全局改革、发展、稳定的大局，关系着全局干部职工的切身利益，一年来我们通过出板报、挂标语、发宣传册等多种形式，积极开展了治安安全、综合治理宣传教育活动，局直各单位更是将宣传工作开展得如火如荼，城北汽车站为开展营建“平安××”活动，不断推进“四五”普法教育，对职工进行法制和道德教育，全面提高职工的法律意识和素质，增强普法教育的实效性，并对全站人员进行了普法学习和考试。

三、安全消防工作

根据年初签订的《目标责任书》要求，重新完善、修订了各项安全、保卫制度和措施，对保卫人员的法治意识、紧急情况、相对措施等多项业务技能进行培训考核，对局主要部门“三铁一器”进行检查维护，确保其正常使用。城北汽车站统筹安排消防、安全铁护联防，健全了安全消防组织，新增配 MFTZL35 推车式干粉灭火器两部及手提式灭火器四部，设立兼职安全检查监督员和消防员，并对其工作人员及司乘人员进行了消防和安全教育，特别是对灭火器的使用进行实地演练，做到人员到位、资金到位、措施到位。同时经常对生产用火、电器设备、机器设备及电路等火灾隐患进行认真检查，发现隐患，及时整改，提高了全体工作人员的消防意识。

四、积极开展小区内的社会治安综合治理工作

1. 后勤服务中心狠抓小区日常安全（略）

2. 勘察设计院为了给小区居民提供一个安全舒适的居住环境（略）

五、矛盾纠纷排查调处与稳定工作

进一步健全矛盾纠纷排查调处工作机制，局直各单位分别就本单位的稳定工作和矛盾纠纷排查调处工作进行了自查，坚持定期召开集中排查调处纠纷协调会，对可能存在的不稳定因素进行了摸排和及时整改，提出解决问题的措施，落实责任领导和责任人，将一切可转化的矛盾消灭在萌芽阶段。各单位还积极展开安全创建活动的检查，评估实施体系，结合自身优点，加强了群防群治队伍、治保会、调解会、治安信息队伍的建设，有效地维护了全局安全稳定工作。

六、需要解决的问题

尽管我们在社会综合治理方面做了一些工作，但离上级的要求仍有一定的距离，主要表现在：

1. 上下联系少，沟通不够，部门之间的协调存在不足。

2. 局直各部门在综治工作力度、重视程度虽然都有了新的认识提高，但各部门综治工作底数了解不够，管理措施落实力度和安全防范发挥都有待提高。

◇普法工作情况自查报告

物价局“四五”普法工作情况的自查报告

根据×人大办发〔××××〕6号文件《关于开展“四五”普法决议执行情况检查的通知》精神，我局于6月中下旬对开展“四五”普法工作情况进行了认真的自查，现将自查情况报告如下：

一、加强领导，提高认识，统一思想

第四个五年法制宣传教育于××××年正式启动，按照我县“四五”普法规划明确提出的“两个转变，两个提高”及四项任务，我们深入开展法制宣传教育，贯彻落实依法治国建设社会主义法治国家的基本方略，提高干部法律责任意识，提高干部依法决策、依法行政、依法管理的能力，为依法治国方略的实施奠定坚实的法律基础。在思想上统一了认识，在管理上严格要求，统一规划。早在两年前，我局就成立了以局长为组长的“四五”普法领导小组，无论领导怎

样变换，其责任、目标、任务不变，并设立了普法办公室（设局办公室）。其次，配备了一名普法辅导员，负责法制宣传教育工作。从而建立健全了法制宣传教育工作的领导机构和办事机构，确保“四五”普法工作的顺利进行。

二、认真制定规划，确保“四五”普法各阶段目标任务的实施

××××年，按照×发〔××××〕20号、房价法〔××××〕102号文件精神，结合我局工作实际，我们制定了《××县物价局法制宣传教育第四个五年规划》。从××××年到××××年，整体工作分为三个阶段，即：××××年宣传发动阶段、××××年至××××年实施阶段、××××年考核验收阶段。已经开展的工作情况是：

1. 宣传发动阶段。（略）

2. 组织实施阶段。（略）

3. 具体措施。（略）

三、提高法律水平，坚持依法行政，规范价格执法行为

随着市场经济不断向纵深发展，民主法制建设不断向前推进，直接制约行政行为的法律法规越来越多，我们必须加强法律法规学习，加强依法行政研究，严格依法办事，依程序办事，把“四五”普法的成果直接运用于实际工作。

1. 完善价格行政执法监督机制，强化对价格行政执法活动的程序制约和行为监督。我们一是继续执行《行政执法责任制度》、《行政执法违法责任追究制度》、《执法责任目标考核办法》、《物价局行政执法公开承诺》，做到层层明确责任，明确要求，督促抓落实；二是建立和完善案件审理制度，成立案件审理委员会，重大案件集体讨论、集体审理。在案件审理工作中，严格按照“事实清楚，证据确凿，定性准确，处理恰当，手续完备，程序合法”的二十四字方针办事，既要重实体，又要重程序。××××年以来，查处价格违法案件多起，没有发生过一起行政复议和行政诉讼案件。

2. 加强法制建设，推进依法治价。在实行政府定价和政府指导价的商品和服务项目的价格调定过程中，全面推行价格听证制度。××××年6月，我们针对自来水价格调整召开价格听证会；今年5月，我局又主持召开了《房县有线电视收视维护费价格调整听证会》，体现了依法治价的严肃性，规范了定价行为。

3. 对行政许可事项和行政许可实施机关现行有效的规范性文件进行了清理。共清理××××年至今的文件262份，其中：有法律、法规、规章依据的规范性文件65份，本机关设定实施的65份，许可事项继续适用的文件36份，许可事项废止的文件29份，实施机关保留实施的文件36份，实施机关停止实施的文件29份。

我局开展第四个五年法制宣传教育工作，在县、市业务部门的指导下，取得

了一定的成绩，但与上级的要求还相差很远，一是对遏制乱收费的力度还不够，处理不到位，执法不够严；二是每周四学习日坚持还不够，多数是学学原文，没有讲解；三是“四五”普法教材尚没有学完，与真正达到两个转变两个提高还有差距。

◇土地管理实施情况自查报告

政务公开工作情况报告

××镇土地管理所

一、《中华人民共和国土地管理法》自××××年元月实施以来，为了能够更有效地加强对土地的管理，开发、使用和保护，我们认真仔细地研读本法，并组织多次土地管理普法讲座。做好集中学习的记录，张贴和书写宣传标语，目的是使本镇的土地执法人员依法行使好自己的职权，同时更是为了让广大群众在知法、懂法进而守法的同时更好地监督这部关乎千家万户的法律的有效实施。宣传土地管理法律、法规情况收到了很好效果，自××××年至今，我镇在土地的各个方面都以《中华人民共和国土地管理法》为准绳有序进行。

二、《中华人民共和国土地管理法》实施以来，××镇政府及××镇土地管理所认真按照该法的要求履行自己的职责，制定土地利用总体规划，严格执行耕地保护制度，按规定审批建设用地，有续经营。

三、根据我镇土地利用总体规划，我镇依法严格执行，切实保护耕地。严格控制非农业建设用地，在保护和改善生态建设的前提下，保持耕地总量动态平衡。在××××—××××年我镇积极改善我镇土地利用中存在的问题，××××年共打大井13眼，改善旱地5100亩，打小井83眼，实现造林任务15000亩。××××年共打大井39眼，改善旱地3705亩，打小井92眼，实现造林任务13000亩，××××年我镇预计围封草牧场26000亩。对于其他土地的利用均符合我镇土地利用规划的进度，完成5年度计划的要求。

四、我镇在土地用途管制方面，严格执行我镇的土地利用总体规划，保护基本农田，几年来，建设用地占耕地的状况没有发生，基本农田总体上呈递增趋势，在总量的控制上符合××××年规划的目标。

五、自《中华人民共和国土地管理法》实施以来，我镇没有被征用的集体土地。

六、我镇没有被有偿使用的国有土地。

七、我镇不存在开发区。

八、几年来我镇没有土地违法行为的发生。

第三节　工作总结写作

一、工作总结的写作概述

1. 工作总结的含义

工作总结是各级党政机关、人民团体、企事业单位或这些单位的工作人员对一定阶段内的工作进行系统的回顾，分析研究，以便寻找出具体的经验或教训，发现某些工作规律或缺点错误产生的原因，调整努力与前进的方向，以利于今后工作的发展与进步。

2. 总结的作用

（1）推动工作前进

任何一项工作，不管是个人或单位去进行都需要多次反复操作、辛勤劳动才能完成。每一次具体实践，都有成绩与失误、经验与教训，及时总结就会及时取得经验教训，提高认识和工作技能。不断实践，不断总结，那么人们对客观事物的认识也就越来越深刻，知识越来越广，智慧越来越高，所进行的事业通过总结才会不断发展、前进。

（2）寻找工作规律

任何一种事物、一项工作，都存在内在联系、外部制约，都有它自身的发展、运动规律。遵循这些客观规律办事就能顺利达到预期的目的，违背这些规律就会受到惩罚，招致失败。而要寻找、发现客观规律就需要总结。

（3）培养、提高工作能力

一个人的工作能力是指他承担某项工作、执行某项任务的能力。具体表现在两方面：一是他的专业知识水平，二是他解决、处理实际工作的能力。在实践中二者常常糅合在一起，相得益彰。运用所学知识处理实际工作的能力主要通过实践培养和提高，绝不是天生的。因此，总结是提高能力的重要手段。

（4）团结群众和争取领导的支持

一件工作、一项任务完成之后必须进行总结，在总结中全面、深入地回顾、检查，找出成绩与缺点、经验与教训，实事求是地作出正确评价，使大家认识统一。这样的总结群众心服口服。同时，通过总结把成绩、经验、问题和今后的努力方向等向领导部门汇报，能引起领导的重视，争取领导的支持、指导。

3. 工作总结的基本内容

（1）总结必须有情况的概述和叙述，有的比较简单，有的比较详细。这部分内容主要是对工作的主客观条件、有利和不利条件以及工作的环境和基础等进行分析。

（2）成绩和缺点。这是总结的中心。总结的目的就是要肯定成绩，找出缺点。成绩有哪些，有多大，表现在哪些方面，是怎样取得的；缺点有多少，表现在哪些方面，是什么性质的，怎样产生的，都应讲清楚。

（3）经验和教训。做过一件事，总会有经验和教训。为便于今后的工作，须对以往工作的经验和教训进行分析、研究、概括、集中，并上升到理论的高度来认识。

（4）今后的打算。根据今后的工作任务和要求，吸取前一时期工作的经验和教训，明确努力方向，提出改进措施等。

二、工作总结的写作要领

1. 工作总结的作格式

工作总结由标题、正文和落款三部分构成：

（1）标题

标题一般包括单位或制发机关名称、时间和文种类别（工作总结）“三要素”，但有时仅写时间和“工作总结”，而省写单位名称。还有一种写法是使用“双标题”，用一句主题词、句作正标题，用副标题标明单位名称、时间概念和文种类别。

（2）正文

正文一般依次撰写下列四方面的内容：首先概述某一阶段内的整个工作情况，包括工作背景、基础、成绩、效果等；其次写经验体会，包括具体的做法，事例、数据等；再次是存在的问题与不足，分析产生问题的原因；第四，今后的设想和努力方向。有时第三、四方面内容合在一起写。第二部分应写得最为详尽。正文写作时，根据内容的复杂程度，可以分小标题分列陈述。各方面内容，可以用先总后分的结构来写，也可并列展开；或按基本情况、主要成绩经验、问题及意见三大块来组织。

（3）落款

写明作者、日期。如果在标题中或题下已标明的，可省略。

2. 工作总结的写作要求

工作总结是全面总结，写作时，要求全面占有材料，一分为二地看待工作。但又必须注意抓住重点，防止记“流水账”，面面俱到。

写工作总结，要把这几个方面的特点反映出来。

（1）过程性；

（2）条理性；

（3）经验性；

（4）理论性；

（5）规律性。

3. 工作总结写作应注意的问题

（1）写作工作总结前要充分占有材料。最好通过不同的形式，听取各方面的意见，了解有关情况，或者把工作总结的想法、意图提出来，同各方面的干部、群众商量。一定要避免领导出观点、到群众中找事实的写法。

（2）工作总结一定要实事求是，成绩不夸大，缺点不缩小，更不能弄虚作假。这是分析、得出教训的基础。

（3）工作总结的条理要清楚。总结是写给人看的，条理不清，人们就看不下去，即使看了也不知其所以然，这样就达不到工作总结的目的。

（4）工作总结要剪裁得体，详略适宜。材料有本质的，有现象的；有重要的，有次要的，写作时要去芜存精。工作总结中的问题有主次、详略之分，该详的要详，该略的要略。

（5）工作总结的具体写作，可先议论，然后由专人写出初稿，再行讨论、修改。最好由主要负责人执笔，或亲自主持讨论、起草、修改。

三、工作总结的写作范文

◇年度工作总结

××市人才交流服务中心××××年工作总结

今年，人才中心在局党组正确领导下，围绕“提高素质，规范管理，保持稳定，促进发展”的总体思路，促进人事人才工作全面服务经济建设，抓改革、抓管理、抓服务、抓自身建设，较圆满地完成了全年工作目标和党组交办的各项任务。

一、全年目标完成情况

1. 新增代理人员2950人，积极开展人事派遣业务，与地税局已达成了意向，并草拟了《人事派遣协议书》、《员工劳务合同》，代理工作目标基本完成。

2. 加强人才市场规范管理，宣传贯彻执行《××省人才市场管理条例》，对中介机构进行了执法检查，工作目标基本完成。

3. 做好了大中专院校的定向委培工作，完成定向指标达60名。

4. 较好地完成××××级学历教育函授班教学工作，毕业证正在办理中。

5. ××公司遗留问题基本得到妥善解决。

6. 特警学校××××级学生已顺利毕业，遗留问题大部分得到解决，保持了稳定。

7. 对委管人员的计划生育管理，计划生育率达100%，中心系统工作人员计划生育率达100%，圆满完成了工作目标。

8. 中心领导班子建设和勤政廉政建设，做到了无违纪案件发生。

9. 积极参与民主行风评议活动，促进了行业作风的根本转变。

二、全面开展各项人才工作，拓展业务，加强管理，优化服务，注重实效

（一）加强管理、规范服务，人事代理工作有新的突破（略）

（二）加强人才中介机构的监督管理工作，积极创建公开、公平、公正的人才环境

我们认真落实新出台的《××省人才市场管理条例》，组织相关从业人员认真学习《条例》，严把人才中介机构审批程序关，依法办事。年初，受市烟草专卖局委托，面向社会公开招聘2名计算机专业人员，招聘工作圆满完成，得到了市烟草专卖局的好评，有力地维护了人才市场的公平、公正。10月份，对全市3家人才市场组织了一次全面检查，对于违规操作、虚假信息、乱收费乱承诺行为，进行了检查，通过执法检查，没有发现违反《条例》的事件发生，市场运作正常。年底，又新批中介机构3家。

（三）加强人才智力开发工作，取得了明显成效

为适应新时期国家招生政策，我们主动出击，经多方联系为60多名新生找到了继续深造学习的机会。其次，拓展业务范围，积极联络各地人才机构，开展成人网络教育。现今联系学校工作已基本完成，宣传、报名工作已经启动，同时做好了专升本衔接协调工作，为明年更好地开展工作打下了坚实的基础。

（四）不断加强自身建设，人事干部队伍的整体素质进一步得到提高

一是加强政治理论与业务建设。（略）

二是加强作风建设。（略）

三是加强制度建设。（略）

三、千方百计，妥善解决历史遗留问题，为维护稳定这个大局努力工作

今年，人才中心在资金严重不足的情况下，多方筹措，节约开支，努力挖潜，使大部分遗留问题基本得到了较妥善的解决。

原函授班遗留问题全部得到了妥善解决。完成了人事培训中心本科封闭班××××年成人高考录取工作，协调办理学员学籍注册工作。在资金严重缺乏的情况下，克服重重困难，经多方努力，现已处理完原人事培训中心计算机会计专科班办证工作，办证8人；处理完××工业大学本科班办证工作，办证13人。

××××年，人才中心的工作虽然取得了一些成绩，但也存在一些问题。一是干部理论学习和业务能力不强；二是思想观念转变不到位，不能适应新形势发展的要求；三是工作领域不够广泛；四是落实内部管理制度亟待加强。这些方面，在以后的工作中，我们将继续努力，加以改进。

◇半年工作总结

××县发展改革局××××年上半年工作总结

上半年，我局紧紧围绕《县政府工作报告》提出的各项要求，全面落实县第十次党代会以来的各项工作部署。做好国民经济运行监测和经济分析工作；继续围绕“抓资金、上项目、出成效”的工作重点，狠抓工作落实；从谋全局、谋长远、增后劲的高度认真抓好“十一五”规划纲要的编制工作；在保持共产党员先进性教育活动中，积极开展“争先创优”活动；做好扶贫、计划生育等各项中心工作；出色完成“6·23”抗击西江特大洪水保卫旺村堤任务。现将上半年主要工作总结如下：

一、上半年主要工作

1. 制定了我县××××年主要国民经济指标（略）

旨在征求相关部门意见的基础上，编制了××××年度主要国民经济计划指标，增强了计划的科学性和可操作性，4 月 18 日，经县十三届人大三次会议审议批准后实施。同时，积极参与市考核我县“主要经济指标和招商引资工作目标”的编制协调工作。

2. 认真做好“××”规划编制工作（略）

3. 把握经济发展态势，当好参谋（略）

4. 做好项目申报工作，大力推进“工业强县”战略（略）

5. 积极争取资金，加强招商引资，做好重点建设项目服务工作（略）

6. 推进行政许可制度改革，搞好机关效能建设（略）

7. 认真开展保持共产党员先进性教育活动（略）

8. 围绕中心，服务大局（略）

二、下半年工作重点

1. 加强季度经济形势动态分析和月度宏观经济监测。（略）

2. 提高服务质量和服务意识，发挥职能优势。（略）

3. 继续跟踪落实我县重点项目的报批工作。（略）

4. 加大跑项目争资金工作力度，确保我县固定资产投资稳定快速增长。（略）

5. 抓好县级项目库建设。(略)

6. 全面完成“十一五”规划编制工作。

7. 做好增长点预测。

三、建议

1. 落实招商引资工作责任制，细化招商引资考核指标，将招商引资作为主要指标年度考核。同时，部门之间要密切配合，相互协调。

2. 政府要加大对重点企业的服务工作，千方百计保证企业用电生产。加大招工工作力度，缓解我县企业用工难的矛盾。

3. 要利用我县经济规模进一步扩大和财政收入持续增长的影响力，积极与金融部门沟通，争取更多的银行资金投入我县重点项目建设。

◇季度工作总结

××区综合执法大队××××年第三季度工作总结

三季度，××区综合执法大队在区委、区政府的领导下，认真贯彻市委第八次党代会和区委七届十四次全会精神，以迎接第46届世界住房与规划联合大会，迎接市政府、市综治办督导检查为重点，全面加强对城市环境秩序的综合治理，较好地完成了工作任务。

一、三季度工作情况

(一) 完成的主要工作及成效

一是加大治理力度，巩固和提高了城市环境秩序质量整治清理。针对季节特点，组织开展马路餐桌、马路烧烤专项治理，从7月份起，每天连续不断地组织清理，每周组织一次夜间集中清理。同时，加强对道路和重点繁华地区的治理，对占路摆卖、占道加工修理加大了治理力度，打击各类违章行为回潮，三季度，共清理乱摆乱卖13100处，清理马路餐桌、露天烧烤476处，清理马路加工、修理106处，清理违章信息牌3360块、乱堆乱放378处、乱贴乱画6580处。为第46届世界住房与规划联合大会在我市召开提供了良好的城市环境秩序。

二是全力以赴做好迎检工作并取得了好的成绩。进入8月份以来，市政府、市综治办组成督查组，连续1个多月，不分白天、夜间，对全区23条主干道路环境秩序进行检查、考核。为了做好此项工作，大队全体人员每天从早7点到晚23点坚守岗位，奋战在城市环境秩序治理第一线，对重点地区的重点点位严防死守，加大执法力度，增加岗勤人数和巡查频率，解决了多年难以解决的××路餐桌、××烧烤、××商场周边餐桌等5个难点问题，市综治办检查累计排名，我区名列前茅，多次受到市、区有关领导和市综治办的充分肯定和高度评价。

三是认真做好街景立面整治和中心城区拆违的前期准备工作，取得了阶段性成果。

四是全力配合有关部门，开展封堵私开门脸和退路进厅工作。（略）

五是在市、区重点工程保障中充分发挥了作用。（略）

六是在解决人民群众的来信来访工作中受到市领导的高度评价。（略）

七是全面履行综合执法行政处罚的职责，坚持依法办案，文明执法，三季度共办结一般行政案件 112 件，简易处罚案件 51857 件，批评教育相对人 9 万余人次。

八是加强了队伍组织建设和思想政治工作。（略）

九是加强了基础设施建设，完成了大队办公楼的施工、验收和办公室搬迁工作，规范了办公秩序，提高了工作效率。

（二）三季度工作的基本特点

一是领导重视，组织得力。（略）

二是各级干部以身作则，落实责任，坚守岗位。（略）

三是高标准，严要求，成效明显。（略）

（三）存在的问题

虽然我们在三季度治理城市环境秩序工作中取得了一定的成绩，但也存在着一些困难和问题，主要表现在：由于连续加班加点，人员不能正常休息，个别队员产生了厌战和畏难情绪，缺乏工作积极性和主动性；各地区中队在管理中发展不平衡，对个别重点、难点路段和点位的违章行为控制不力，个别中队巡查不到位、频率低，有的路段看不见执法人员；人员的教育培训有待加强，整体素质还需要进一步提高。

二、四季度工作安排

四季度，是综合治理城市环境秩序的关键阶段，党的十六大的召开、区人大换届选举对保障城市环境秩序提出了更高的要求。全年未完成的目标要在本季度全面完成，同时要见成效；市、区各项检查、考核、验收工作全面展开，时间紧、任务重。基于以上情况，四季度的主要工作任务是：

1. 继续加强对主干道路重点繁华地区的日常管理。（略）

2. 加大对支线道路及居民区的治理力度。（略）

3. 继续搞好城郊结合部的治理工作。（略）

4. 针对季节特点，加大专项治理力度。（略）

5. 认真完成区委、区政府重点工程和重大工作的保障任务。对重点施工、重要活动提供全力保障，同时配合有关部门完成全年退路进厅拆违和保障任务。

6. 加强中层班子建设。认真做好年底科级干部竞聘上岗和全员“双向选择”工作，同时做好后备干部的培养、考察工作。

7. 加强教育和培训工作。认真组织党的十六大精神的学习贯彻，开展形式多样的思想政治教育，提高人员的思想觉悟，抓好业务知识的培训，提高大队整体执法水平。

◇月工作总结

××市规划局××××年5月份工作总结

（一）规划编制

1. 完成××小区、××奥林匹克花园小区、××雅苑、××嘉园等详规审查和港洽会有关项目的初审工作。

2. 组织召开了××客车基地小区、××小区、××路等8个项目管线综合协调会议。部署落实全市重点工程项目，目前已全部上交背街小巷提质改造工程设计图纸。开始着手交通影响评价分析工作。

3. 审查了××视线走廊方案，组织编制了第一批控规正式成果和第二批控规初步方案，完成了××修建性详规的发标工作。在××县、经开区召开测绘管理工作会议，协调统一坐标系及基础测绘管理工作。

4. 审查了××区南片、××河口地段、××湖东片控规初步成果。进行了××县化学品物流园区选址、××市人防指挥应急求救中心方案等9个项目方案评审。调整了××公司、航道管理局等26个单位的用地规划指标。

（二）规划审批（略）

（三）批后管理（略）

（四）行政后勤工作

完成了我局保持共产党员先进性教育活动第二阶段总结以及转段工作，召开整改提高阶段动员会议，部署第三阶段工作。印发了××××年度各部门的目标管理考核细则。办理了异动人员上编、消编、调资、调动、退休和有关人员的公伤等手续。做好了市局、分局、执法队、研究室养老保险工作年审的前期准备工作。组织召开机关党委委员会议，研究部署××××年度党建有关工作。按照市文明办要求，落实××××年创建全国文明城市有关材料上报工作。组织四县（市）规划局迎接了省建设厅检查组对我市重点实施项目“一书两证”专项检查。向市纪委党风廉政室上报了局领导班子民主生活会情况报告和征求意见的有关材料。完成了局系统“小金库”情况的清理和上报工作。接待了市纪委来我局关于规划许可制度的调研。向市财政局申报并落实了××××年度第二批专项资金，对各分局信息化建设购置设备进行了验收，办理了各处室购买办公设备的控购。结清了各次会议的账务。上报了××××年度财务预算和财政供养人员年度报表。着手全市党政机关、市属事业单位秘书队伍理论研讨和学术交流活动的准备工作。完成了《××年鉴》、《××建设年鉴》文字材料起草、上报工作。本月办理建议、提案25件，转办来信22件，接待上访2批7人次，答复来信15件次，安排各种会议93人次。完成市政府签报卷14个，发文81个，收到政府签署件18件，其他收文105件。接待了××市、××市、××市规划局等单位共16人来长沙的学习考察。

（五）分局工作（略）

◇阶段工作总结

××区××××年前三季度安全生产工作总结

今年以来，我区安全生产工作在区委、区政府的正确领导下，从实践“三个代表”、贯彻落实科学发展观、构建和谐社会的高度出发，认真贯彻国家、省、市安全生产的方针政策，以煤矿、民用爆炸物品、建筑、危险化学品、特种设备、道路交通等安全工作为重点，扎扎实实开展了各项工作，通过全区上下共同努力，全区安全生产形势基本保持稳定。

一、前三季度安全目标责任制指标完成情况

1. 全区工矿商贸企业共发生死亡事故2起，死亡2人，均为建筑事故。另外，××街办非法煤矿瓦斯爆炸事件1起，死亡7人，晋祠花塔煤矿火工品爆炸事件1起，死亡3人。

2. 交通安全方面：全区共发生交通事故94起，死亡24人，没有发生一次死亡5人以上事故，死亡人数同比下降44.2%。

3. 消防安全方面：共发生火灾事故17起，没有发生经济损失在50万元以上的火灾事故。

4. 全区所有学校、农机、农电没有发生死亡事故。

二、所做的主要工作

1. 进一步落实安全生产责任制，强化安全生产目标管理。（略）

2. 加强领导，认真开展安全生产大检查。（略）

3. 狠抓安全许可证的申领。（略）

4. 结合安全生产月活动扎实开展安全生产专项整治。（略）

三、存在的问题

一是乡镇安监机构虽然已成立，配备了人员，但人员编制尚未明确，工作经费严重短缺，宣传教育培训工作相对滞后，业务素质相对低下，安监站职能作用还未得到充分发挥。

二是虽然做了大量工作，但是我区今年的安全生产事故较去年同期明显上升，安全生产形势非常严峻。特别是进入7月份以来，我区安全生产事故连续发生，说明企业安全生产的各个环节上还存在诸多薄弱环节，特别是私营工商企业负责人和经营者，对安全生产重要性认识不足，重视不够，法制观念淡薄，安全生产责任制落实不到位，企业经营者片面追求经济效益，安全生产投入少，安全管理混乱，对存在的问题和隐患不认真整改，对有关职能部门提出的整改措施不能很好的落实，违法生产经营现象尚未彻底消除。

三是有关部门的安全监管力度还不够，重视程度不够，职责不明确，查处安全生产违法行为的措施还不硬，安全监管和行政执法还需进一步加强。

四、第四季度工作重点

今年前三季度，我区安全生产事故虽然未超过市政府下达的总体控制指标，但有些行业的事故已突破控制指标，特别是建筑事故造成2人死亡，已超过了控制指标（控制指标为0）。为了确保全年安全生产目标任务的完成，必须采取切实有效的措施，严加防范。

1. 加强领导，落实责任，抓实第四季度工作。(略)

2. 突出重点，继续强化安全生产专项整治。(略)

3. 危险化学品安全工作，有关部门要监督、指导所辖危险化学品企业健全完善事故应急救援预案，建立重大危险源、安全高危企业的安全监控制度等安全管理的各项规章制度，加大对重大危险源和高危企业的监管和排查力度，通过安全许可、安全专项整治等活动的开展，有效地促进安全生产。工商行政管理部门要进一步加大对危险化学品生产经营单位的监管，对生产经营范围与实际不符的危险化学品生产经营企业，一律不予年检，对未按规定进行安全“三同时”建设的新建、改建、扩建企业，坚决不予核发营业执照，严肃查处各种违法生产经营行为。

4. 探索非公有企业安全监管的办法。要针对我区非公有制企业普遍存在着生产力发展水平低、缺乏技术创新和技术改造能力、安全设施不完善、安全保障能力低下、从业人员素质低、企业分布广、数量多、规模小、监管力量薄弱等现状，积极探索对非公有制企业的安全监管手段和监管办法。各镇（街办）以及各有关单位要深入基层、总结经验，要在掌握第一手材料的基础上，结合各自的实际，借鉴外地的经验，有针对性地探索出适合我区情况的安全监管办法。

5. 提早准备，切实做好国庆期间的安全工作。国庆黄金周即将到来，各镇(街办)、各部门一定要加强领导，要根据国庆节期间城乡居民出游规模大、景点游客多、交通流量大的特点，突出重点，提早安排部署，做好节日期间的各项安全工作。

◇季度农业工作总结

××市××××年1~3季度农业工作总结

今年以来，我市认真贯彻落实中央关于大力调整农业结构、增加农民收入的战略决策，区党委“1234610”工作思路及市委市政府的工作部署，狠抓农业结构调整，农业生产取得了较大成绩，农业结构得到优化，粮食、水果全面增产，农民收入增加。现将今年1~3季度工作总结如下：

一、主要措施及相关生产指标完成情况

1. 狠抓农业结构调整，农业生产结构得到进一步优化，农民收入增加。主要表现在：一是种植结构得到优化，经济作物在种植业中的比例有较大幅度提高。今年1~8月份全市粮食播种面积404.3万亩，比去年减少16.3万亩，减幅为3.9%，比实施农业结构调整前的1998年减少54.5万亩，减少11.9%，平均每年减少13.6万亩；经济作物面积（包括水果、蔬菜等其他经济作物）达到344.6万亩，比去年增加20.2万亩，比结构调整前增加84.1万亩，平均每年增加21.0万亩，增长5.5%，粮经比例由结构调整前6.4∶3.6，提高到今年的5.4∶4.6，经济作物比例提高了10个百分点，平均每年提高2.5个百分点。粮食作物面积偏大、经济作物面积偏小的矛盾得到较大改善，粮食作物改种经济作物后亩增收500~1000元，提高了种植效益。如第4季度秋冬菜完成计划任务的话，年初提出的今年粮经比例达到5∶5的目标就可以基本实现。二是品种结构得到优化，优质品种面积大幅度增加。今年优质谷面积达到251万亩，比去年增加8.5万亩，增长3.4%，比结构调整前增加221.6万亩，增加6倍多，平均每年增加55.4万亩，每亩优质谷比一般稻谷增收50~100元。通过优化品种结构，提高了种粮效益。今年，通过扩大优质谷这一项农民增收800万元以上，其他作物优质品种推广率和种植效益也有所提高。三是产业结构得到优化，新兴高效产业起步较好。近年来，我市农业结构调整主要以抓种植结构、品种结构为主，调整范围比较单一，今年则种植结构、品种结构、产业结构三方面齐头并进，新增或扩大了南亚热带水果、蔬菜、蚕桑、花卉等新兴和特色产业。今年1~8月份，全市糖蔗、水果、蔬菜、花卉、蚕桑面积分别达到52.9万亩、111.4万亩、85万亩、0.7万亩、5.1万亩，比去年分别增加9.1万亩、7.2万亩、3.5万亩、0.2万亩、1.7万亩，初步改变了我市农业产业结构单一、特色作物规模小、优势产业不明显的局面。实施三个结构优化调整，增加了农民收入。据市农经站匡算，今年1~8月份农民人均收入2612.2元，同比增收55.2元，增长2.2%；农民人均纯收入

934 元，同比增收 51 元，增长 5.7%。我局测算，种植业农民人均增收 43.2 元，增收的主要有粮食、蔬菜、跨年甘蔗增产增收和西瓜价格提高增收 4 个方面。

2. 落实各项工作措施，夺取早造粮食增产丰收。（略）

3. 抓好龙眼开发和中低产果园改造，总产创历史最高水平。（略）

4. 加快现代农业实验区建设步伐，中心园区建设起步较好。（略）

5. 开展技术培训和技术指导，收到了较好效果。（略）

6. 积极参与流通服务和推进农业产业化经营，千方百计增加农民收入。（略）

7. 秋菜开发起步较好。（略）

二、存在的问题

1. 农业结构调整力度不够，发展不平衡，科技含量较低。表现在调整的规模小、效益差，还没有从根本上改变传统农业落后局面。调整的作物仍以传统品种为主，新品种和反季节、无公害栽培等新技术、新成果推广面积较少，科技贡献率较低。

2. 流通工作滞后，农业产业化程度低，农产品价格普遍下跌，农民增收难度仍然很大。表现在参与农产品流通的经纪人少、龙头企业少、加工数量少，综合效益差。今年主要农产品如龙眼、荔枝，由于流通工作特别是销售加工跟不上，价格比去年下跌 60% ~70%，蚕茧价格也下跌 40% ~60%，去年和今年上半年属于增收亮点的水果、蚕茧，由于市场供求变化，价格下跌，增产并不增收。

3. 秋菜开发力度不够，种植面积较少。目前各县市区秋菜开发大部分只停留在一般会议布置上，样板少，进度慢。

三、第 4 季度工作计划

1. 认真抓好秋冬菜开发，增加农民收入。重点抓好无公害蔬菜和名优新特品种及蘑菇开发，计划种植秋菜 30 万亩、冬菜 35 万亩、蘑菇 50 万平方米，农民人均秋冬菜纯收入增收 20 元以上。下一步着重抓好秋菜管理和冬菜开发规划，样板片建设、品种安排、种苗供应、技术培训、技术指导，确保种植和增收计划的完成。

2. 抓好“菜篮子”工程建设。计划以港北区根竹乡现代农业实验区为中心示范点，建立无公害蔬菜生产基地，今年底优质安全高效无公害菜篮子生产基地达到 4 万亩，使消费者吃上放心菜。

3. 抓好晚造粮食和经济作物田间管理，确保增产增收。重点抓好优质谷及特色经济作物的田间管理，落实各项技术措施，提高单产和总产。

4. 抓好流通工作和产业化经营，解决农产品销售加工问题，提高综合效益。

重点抓好蔬菜等特色产品的销售加工，培育龙头企业，通过加工，提高附加值，解决农民的后顾之忧。产业化方面重点是抓好无公害优质谷产业化经营，利用我市庆丰、港城5万亩无公害稻谷已通过自治区认证的有利条件，搞好品牌注册和市场开发，提高种粮效益。

5. 抓好秋冬水果管护和今冬明春龙眼开发。目前重点是抓好水果施肥攻梢，枝条修剪，培养良好结果母株，为明年增产打下良好基础。抓好今冬明春16万亩龙眼开发规划、挖坑工作，秋收后掀起挖坑热潮，力争明年春节前完成挖坑任务。

6. 加快现代农业实验区建设，发挥示范效应。在继续搞好中心园区高效作物的优质配套、发展高新产业的同时，加快覃塘管理区覃塘镇地段实验区的建设，发展亚热带水果为主的现代农业，完善实验区的建设模式，使实验区尽快起到实验、辐射和推广的作用，以加快我市现代农业发展步伐。

◇专项工作总结

××市××××年“十一”黄金周旅游工作总结

××××年“十一”黄金周已经胜利落下帷幕。在市委、市政府的高度重视和正确领导下，在省级有关部门的指导下，各区市县及市级相关部门、接待单位精心组织、密切配合，全市“十一”黄金周旅游工作取得了良好的成绩，实现了“健康、安全、秩序、质量”四统一目标。

一、基本情况

10月1日~7日，全市共接待游客35.18万人次，同比增长3.82%，实现旅游总收入1.41亿元，同比增长11.98%。其中×××故里共接待游客3.4万人次，门票收入149.21万元，××石林共接待游客2.42万人次，同比增长85.57%，门票收入172.48万元，同比增长160.86%；××大峡谷共接待游客0.66万人次，门票收入22.53万元；××巴人古堡共接待游客1.05万人次，门票收入2.47万元。

二、主要特点

（一）旅游安全形势良好（略）

（二）旅游市场健康有序（略）

（三）客源结构出现新变化（略）

（四）旅游活动丰富多彩（略）

（五）旅游综合接待能力和服务质量不断提高（略）

三、主要工作

（一）强化领导，精心组织（略）

（二）完善机制，协同作战（略）

（三）强化质量，搞好服务（略）

四、下一步工作建议

（一）在充分利用现有旅游资源的同时，充分挖掘潜在资源，加强资源组合，开发、推出特色产品，加大宣传力度，扩大××旅游知名度，增强××旅游产品吸引力。进一步完善基础设施建设，规范旅游市场，加强各区市县之间及与周边地区的合作交流，努力营造宽松的旅游产业发展外部环境。

（二）加强旅游服务质量管理，强化职业道德和技能培训，狠抓旅游服务行风建设和整治工作，提高旅游接待服务质量。

（三）加强旅游商品开发力度。制定特殊优惠政策，科学规划和构建旅游场所，引进有实力的企业，加快旅游纪念品、工艺品和土特产品等地方特色旅游商品的开发步伐，提高旅游商品收入在旅游业收入中的比重，促进我市旅游业的快速、持续发展。

（四）加强旅游系统信息化建设，利用现代化手段加强信息交流、监管和促销。随着网络技术的发展，越来越多的人，尤其是中高层游客将从互联网上了解一个地方的旅游产品和综合环境。因此，加强旅游信息建设，建立和完善我市旅游网络系统，对拓展旅游市场、加强行业管理、促进××旅游业的进一步发展有积极意义。

◇周工作总结

××矿团委“学雷锋送温暖服务周”工作总结

为了弘扬雷锋精神，促进全矿精神文明建设的发展和良好道德风尚的形成，××矿团委发挥自身的组织优势，在全矿广大团员青年中深入开展了以“实施青年志愿者‘阳光计划’，让开采阳光的人享受阳光”为主题的学雷锋送温暖服务周活动。活动期间，广大团员青年踊跃参与志愿服务，热情为他人排忧解难，进一步弘扬了社会主义新风尚，展示了我矿团员青年的良好精神风貌。现将活动情况总结如下：

一、组织开展了学雷锋文明服务一条街活动。3 月 5 日这天，全矿 32 个团支部的 200 余名团员青年高举团旗，走上街头，深入社区，集中开展了青年志愿者学雷锋便民服务活动，用实际行动践行雷锋精神。活动现场，广大青年志愿者在一幅幅写有“学雷锋、树新风，倡树文明××人”、“猎猎团旗下，浓浓雷锋情”的横幅标语下，不怕脏、不怕累，热情周到地为广大职工家属服务。当天，共为广大职工家属提供了家电维修、卫生保健、焊补锅盆、自行车维修、补胶鞋、摄影咨询、磨刀、理发等30余个服务项目，共为广大职工家属提供600余人次的志愿服务，受到了广大职工家属的一致好评。同时，矿团委还充分利用活动期间青年人比较集中这一显著特点，与有关部门印制了1000余份晚婚晚育倡议书，发放到广大青年手中，号召广大团员青年抓住青春大好时光，抓紧学习，不断充实自己，为干好本职工作打下坚实的基础。

二、组织100余名少先队员开展了以“从小做起，还社区一片绿色”为主题的净化文化垃圾活动。广大少先队员用脸盆、水桶、刷子、抹布对宿舍区内的文化垃圾进行了集中清理，使职工社区又恢复了整洁的面容。

三、广大青年志愿者深入区队、井口开展了以“实施青年志愿者阳光计划，让开采阳光的人享受阳光”为主题的多种形式的安全送温暖活动。为一线职工送去了鸡蛋汤、红糖姜水，为广大一线职工提供了缝补工作服、测血压、医疗咨询等服务，向广大职工发放了伤风止痛膏、感冒胶囊、创可贴等急用药品，安全小卫士还下区队、到井口为一线职工表演了安全文艺小节目，受到了广大职工的欢迎和好评。

第四节　典型经验材料写作

一、典型经验材料的写作概述

典型经验材料是把先进集体或先进人物的事迹，或把犯错误党员干部、发生问题单位的情况综合整理而写成的书面材料。

二、典型经验材料的写作要领

1．典型经验材料写作格式

（1）标题

一是要写明先进个人姓名和先进集体的名称，使人一眼便看出是哪个人或哪个集体、哪个单位的先进事迹。二是要概括标明先进事迹的主要内容或材料的用途。

（2）正文

正文的开头，要写明先进个人的简要情况，包括：姓名、性别、年龄、工作单位、职务、是否党、团员等。

写作内容，是从总体上把典型经验按照一定的逻辑关系分成几个部分。内容的表述，应当既要有思想，又应有具体做法或实例，既要有面上的综合，又应有点上的说明，最好还要有一些必要的数字。

(3) 署名。

应经有关领导同志审定，以相应一级组织正式署名上报。

2. 典型经验材料写作要求

(1) 不违心，不造假

事实必须真实、可靠。先进典型经验材料的先进事迹是否真实，直接关系到先进典型的生命。

(2) 不拔高，不夸大

在尊重客观事实的基础上，对调查得来的材料进行去粗取精、去伪存真、由此及彼、由表及里的加工。观点和提法要恰当。讲先进典型的事迹、经验一定要注意切不可讲那些脱离实际的过头语。

(3) 不虚言，不拉长

文字要朴实、简明。语言文字的表达上，一定要善于选择那些实在、贴切的词语。

(4) 不偏听，不轻信

对典型经验材料的人来说，要做到好话、坏话都要听；赞成的、反对的意见都要听；领导、群众的看法也都要听。

(5) 要有完整的结构形式

完整的典型经验结构包括标题、正文、结尾三大部分。

为了使内容充实、更完整，还可以加上一些内容，但要想到各部分间、各层次间分量上的均衡，不能有的篇幅很大，有的篇幅很小。

(6) 要深入调查，大量地掌握第一手情况

①搞调查时要先拟好经验的主题，围绕主题，挖掘和寻找出材料。

②典型经验材料，开展调查，应以有目的、有主题为好。这样，有利于开展调查，可以提高调查效率。

(7) 要深入思考，定好主题

①主题要集中鲜明，不能太大、太宽泛。

②主题要符合要求，要站在时代的高度来提炼主题，提炼出的主题对当前要有指导作用。

主题要以实际工作为基础，必须是从实实在在的工作中提炼出来的，不能为了主题，脱离事实，搞假、大、空的东西。

（8）精心设计，布局谋篇

①把大题目和各个部分的题目定出来，大题目要鲜明地表达主题。

②全文紧紧围绕主题展开，不能使之游离。保证整篇材料有一个主题，从不同的侧面表现主题。

三、典型经验材料的写作范文

◇政务公开典型经验材料

××区计生委推广计划生育政务公开典型经验材料

近几年来，我们坚持以"三个代表"重要思想为指导，以创建"廉洁、勤政、务实、高效"的文明机关为目标，从扩大公开范围、完善公开机制、提高监督成效三个方面，不断加强计划生育政务公开规范化建设，初步形成了"阳光政务、便民服务、群众参与、共同监督"的计划生育管理服务新机制，让群众享有充分的知情权、参与权和监督权，提高了群众的满意程度。

一、建立三个规范，全面推广计划生育政务公开

群众是计划生育的主人，只有给他们方便、让他们知情、为他们服务，才能真正体现群众的主人翁地位，人口和计划生育工作才能真正走上自主、自愿、自觉的轨道。因此在具体工作中，我们本着"全公开、真公开、常公开"的原则，对计划生育政务公开工作实行"三个规范"：

一是规范公开内容，让群众知情。区、镇两级计生部门把有关人口和计划生育法律法规政策，以及群众关心的计划生育收费和免费标准及依据，行政处罚项目和标准，免费享受计划生育技术服务对象和项目，社会抚养费征收标准和程序，独生子女家庭奖励政策、生育证的发放以及违法生育的处理处罚等情况等，全部予以公开，并通过举办培训班等形式，不断扩大群众的知情权，使群众明白自己应享受的权利和应尽的义务。

二是规范公开载体，注重公开效果。坚持实际、实用、实效和方便群众知情、办事、监督的原则，对不同的公开内容采取不同的公开形式。区、镇两级计生部门统一建立了便民服务大厅，悬挂计划生育政务公开栏（板），设置意见簿、投诉箱。区计生委在服务大厅安装了触摸式电脑，并在全区开通了9部咨询电话，公开法律法规、相关科普知识和办事程序、服务承诺，以方便育龄群众对政务公开内容的查询。在村级，全处一次性投入28万元，为166个行政村（居）统一制作了铝合金政务公开栏，设立群众监督岗和投诉电话，并累计投资

52万余元在全处各村（居）建成了图文并茂的婚育文化一条街，及时向社会公开办事程序、办理结果及有关法律法规依据，增强了计生工作的透明度。

三是规范公开时间，确保公开及时。针对政务公开的不同内容，我们确定了长期公开、定期公开、逐步公开、随时公开四种公开方式，即：计划生育政策法规、计生部门工作职责、工作纪律、办事程序、服务承诺、收费依据标准、投诉咨询联系电话等长期公开；人口出生情况、生育证件的审批程序、发放和办理结果、社会抚养费征收情况、独生子女父母奖励费落实情况等定期公开；时间跨度长、涉及内容多的工作分阶段逐步公开；重大事项和群众反映的热点问题随时公开。

二、深化“三个公开”，拓展公开领域，提高服务水平

多年的实践使我们认识到，推动人口和计划生育工作健康深入发展，必须坚持贴近基层、贴近群众、贴近部门职能的原则，不断拓展公开渠道与服务领域，让群众享有充分的政策知情权、执法监督权、工作质量评判权，广泛接受社会各界监督。为此，我们着重抓了“三个公开”：

一是“三点公开”，即难点、热点、焦点公开。（略）

二是“三费公开”，即财务经费、行政收费、奖励救助费的公开。（略）

三是“三考公开”，即“三化考聘”、民主考评、职称考聘及时公开。（略）

三、健全三项机制，确保政务公开落到实处

一是建立政务公开领导机制，加强领导。坚持把落实政务公开列入“一把手”工程，纳入党风廉政建设和依法行政之中。专门成立了由主要负责人任组长，分管负责人为副组长，科室负责人为成员的政务公开领导小组，对政务公开工作实施全方位的业务指导和督促检查，形成了主要领导亲自抓、分管同志靠上抓、职能科室分工负责的工作局面。

二是建立政务公开考核机制，规范运作。将政务公开工作纳入各级计生组织年度业务目标和工作计划，做到与业务工作同部署、同检查、同考核。从整章建制、强化职责、转变职能、改进作风入手，认真扎实地抓好各项政务公开制度和配套制度建设，对因责任心不强、政策运用不当、办事程序不规范、工作出现差错的，严肃追究相关责任人员责任；凡计划生育政务公开落实不到位、内容不规范、更换不及时以及影响行政秩序与效率被投诉的，在年度考核中降低一个授奖等次，严格追究行政过错责任，并在全处通报批评。××××年有一个村因计划生育政务公开不及时，被全处通报批评，并在年度计划生育专项考核中被一票否决。

三是建立政务公开监督机制，取信于民。坚持内部监督和外部监督相结合的原则，将政务公开置于社会各界和广大干部群众的有效监督之下。对内，健全各项规章制度，进一步规范完善了干部职工廉洁自律、工作纪律、财务收支、职称

晋升等一系列规章制度，完善内部监督约束机制，规范依法行政行为；对外，通过召开座谈会议，发放调查问卷，设立意见箱，实行服务承诺制，落实“请您投一票”措施，聘请行业作风建设监督员等多种形式，健全举报投诉监督网络，广泛接受社会各界监督，从而在全区营造了浓厚的政务公开工作氛围和良好的舆论宣传环境，有力地推动了全区计划生育政务公开工作的全面落实。

全面推行政务公开，促进了全区计划生育依法管理、优质服务水平的提高，实现了行业作风的进一步转变，提高了群众对计划生育的满意程度。区计生委先后被省计生委授予“全省计划生育行风建设先进单位”，被市委、政府表彰为“计划生育先进集体”、“市级文明单位”、“全市人民满意的基层涉农部门”等荣誉称号。我们在政务公开方面做了一些工作，但离领导的要求和群众的需求还相距甚远。我们要以这次会议为契机，以落实“两个心系”为抓手，虚心学习先进经验，创新工作思路和方法，不断满足广大群众对计划生育日益增长的需求，为××实现跨越发展创造良好的人口环境。

◇人才管理典型经验材料

加强乡土人才管理　服务农村经济发展

××县人事局

近几年来，××县人事局立足本县实际，坚持以科学发展观为统领，按照“两个调整”的要求，大力推进人事工作职能转变，努力改变服务方式，不断拓展服务领域，积极扩大服务对象，切实把服务“三农”摆到了工作的重要议事日程。我们从全县农村经济发展需要出发，高度重视乡土人才的开发和利用，通过制定政策规定，加大管理力度等措施，初步建立了一支强大的乡土人才队伍，构建了乡土人才资源、信息、技术共享的网络体系，对农业和农村经济的快速发展起到了较大的促进作用。截至目前，××县乡土人才入库登记人数已达6622人，具有专业技术职务的乡土人才648人，被推荐评选为市级优秀科技人才的34人。主要做法是：

一、成立服务机构，构建乡土人才网络体系

××县是一个农业大县，拥有70多万农村人口，在农村中分布着大量的“田秀才”、“土专家”，由于没有专门为农村人才服务和管理的机构，这些人才的技能得不到应有的发挥，影响了农村整体经济的发展和农业新技术的推广。为了使农村人才最大限度地发挥技能并尽快接受新知识，建立必要的管理服务机构是人事部门服务农村经济的主要任务。

基于这种认识，经人事局提议并报县政府批准，于××××年在县、乡、村三级成立了乡土人才服务机构，并配备了专兼职工作人员。县级乡土人才开发办公室设在人才交流中心，负责指导协调乡村两级机构对乡土人才的管理服务工作。乡镇人才服务站受县级人才开发办公室的领导，负责本辖区乡土人才和未就业的大中专毕业生的管理和服务，并指导协调村级机构的管理服务工作。村级人才服务点受乡镇人才服务站的领导，负责本村乡土人才的调查推选，沟通人才需求信息，组织开展样板示范和技术交流活动。三级机构的建立，将全县各类乡土人才及时纳入管理范围，构建了较完备的乡土人才管理网络体系，为技术交流、信息沟通提供了组织保障。

二、组织调查摸底，建立乡土人才资源信息库

为了掌握全县乡土人才总量及分布情况，县乡土人才开发办公室组织人员深入到乡镇人才服务站、村庄服务点指导调查摸底工作。县级乡土人才开发办公室对乡镇人才服务站上报的材料进行系统整理，分类建档，输入计算机，建立了全县乡土人才资源信息库。经过县、乡、村三级服务机构的共同努力，目前全县17个乡镇、740个自然村的6622名乡土人才的个人资料已全部入库管理，为乡土人才的技能共享搭建了平台。

三、开展评定职称，最大限度地调动乡土人才学科学、用科学的积极性

为了加强乡土人才队伍建设，培养更多的农村实用型人才，最大限度地调动农民群众学科学、用科学的积极性，促进现有乡土人才提高技能与水平，我县于××××年成立了农民技术职务评审委员会，专门对乡土人才的技能水平进行评定。评委会由农业、林业、工业、科委等部门的专家组成。评审工作由人事局组织，严格按照程序、标准进行，不走过场，不搞形式。截至目前，全县共进行了四次评审活动，为648名乡土人才评定了农民专业技术职务资格，其中农民技师116名，助理农民技师345名，农民技术员187名。农民技术职务评审工作的开展，使一大批乡村优秀科技人才脱颖而出，他们已成为现代农业生产的“领头雁”，同时对促进乡土人才技术交流和技术输出等发挥了重要作用。

四、强化知识培训，提高乡土人才的技能水平

几年来，针对农业生产管理中存在的问题，我们聘请了外国专家和县内外知名专家，采取理论讲授与现场操作相结合的方式，举办了10余次乡土人才培训班。培训内容涉及果树栽培管理、病虫害防治、蔬菜种植、畜牧养殖等科目，有900余名乡土人才参加了培训，既帮助他们解决了生产中的实际问题，又提高了他们的理论水平，效果十分显著。我们还组织农业、林业、畜牧部门的科技人员编辑了科技小册子，发放到乡土人才手中，以此加强对乡土人才的继续教育工作，使他们在更新知识的同时，广泛学习和推广新技术。目前，很多乡土人才不但成了“科技带头人”，而且成了“致富能手”。同时，还能带动一方群众致富。如前社庄是远近闻名的黄瓜村，田马元是远近闻名的苹果、樱桃村，这些村里技

术能手不断到周边村庄传授经验，进行技术指导，带动了周边村庄的发展，促进了农村经济的繁荣，同时也培养了一大批新的乡村技术能手。

◇招商引资典型经验材料

××镇政府招商引资典型经验材料

近年来，特别是今年以来，我们××镇把招商引资工作当做推进大项目建设、发展镇域经济的重要支撑点，采取高效务实措施，紧紧抓住哈市北移，建设松北新区的千载难逢的良机，重新规划设计了“依托哈市、面向××市、服务××市、发展××，打造省城卫星特色乡镇”的整体战略部署。具体采取灵活机动的大兵团、宽线条、全方位广泛招商，从而抢占了市场先机，赢得了项目建设的主动权，使镇域经济发展出现了重大转机，开创了全新的工作局面。自年初以来，通过大打招商引资攻坚战，共引进企业5个，新上项目6个，引进意向型资金8000万元，实际到位资金3500万元，年底前可开工生产4个企业，投产后，每年预计实现产值5000万元，利税300万元，促进国民生产总值提升6个百分点。我们的主要做法是：

一、多措并举，优化环境，打造招商引资推动项目建设的金色招牌

环境建设历来是招商引资的重头戏，也是各方面互相比拼的重点。我们结合自身特点，从实际出发，全力以赴创建优良环境。

1. 擦亮窗口形象。为营造良好的项目建设氛围，我们自上而下开展了擦亮窗口形象工程建设。通过在全镇范围内开展了“爱××、促招商、上项目”活动，使干部转变了作风，使群众提高了觉悟，切身感受到招商引资的重要性，自觉向“人人都是环境、人人都是形象”上靠拢，积极投身到更新环境、提高素质、树立形象建设中来，增强了对外招商引项的凝聚力。

2. 主动对接招引机制。为了更好地适应招商引资上项工作需要，我们想客商之所想，谋客商之所需，改变了过去传统的招商引资方式，政府专门设立了大项目建设办公室，党委书记亲自挂帅，配备精兵强将，实行一口接待，全程服务。只要客商提出的要求合理，工作程序必要，全部由办公室具体负责办理，减少了梗阻环节，提高了项目建设的效率。

3. 加强基础设施建设。为改善镇内投资环境，年初以来，我们在财力极度紧张的情况下，镇、村、民筹资70万元，新修了10公里沙石路，铺筑了10公里红砖路。协调电力部门，改造了20万千伏输变电线路。在水务局的帮助下，新打机井22眼。同时，我们在镇域内沿哈肇路两侧200米范围内，进行规划、编排建设用地，为项目建设进行了充足的土地储备。

二、发扬优势，灵活出击，创新招商引资大上项目的有效招数

当前，结合我镇实际，我们着重打造了自己的项目建设的特色招数。

1. 区位招商。充分发挥我镇距离××市外郊仅4公里的近郊优势，紧紧盯住松北新区开发的有利契机，面向××市客商突出宣传××市所不具备的廉价劳动力资源、土地资源、原料资源、优惠政策等相对优势，大打客商攻心战，先后引进一些大客商来××投资兴业。××制品有限公司是一家以生产新型墙体材料为主的大型企业，正是因为看中了我镇优越的区位优势和××市所不具备的条件，在市土地局的协助下，率先进入我镇投资建设。该公司总占地面积3.5万平方米，总投资2000万元，今年一期工程投资1200万元，建筑厂房2700平方米，办公室1000平方米，年可生产××砖15万立方米，年产值3000万元，利税300万元，所有产品全部打入××市及周边建筑市场。目前该企业已进入调试生产阶段。

2. 扶持扩商。通过积极宣传市里的招商引资优惠政策，增强民营业主上项、扩项的信心和积极性。以兴利木业的发展为例，我们积极帮助协调农行、土地、林业等部门，为该公司争取资金、用地、原料等事宜，使之在去年投资500万元基础上又新投资500万元建设二期工程，总占地面积达到3万平方米，新建厂房2600平方米，两条生产线同时开工生产，年产细木工板15万张，年产值1000万元。目前该企业土建工程已结束，正在设备安装与调试。

3. 以商招商。我们在招商的同时把客商作为一个重要的传承点，做活做细间接招引工作。主要是通过已在××安家落户的客商联系其他客商来我镇实地观摩、座谈、联谊，使这些人先“热身”后投资。近期即可签约的韩国独资电动空气开关有限公司就是通过通达公司老板郭总引进的项目，该项目总投资500万美元，年产值可达到5000万元，产品全部出口欧美市场。

4. 筑巢招商。今年，我们以奶牛小区为依托，新建牛舍5500平方米，并配备了榨奶站、青贮窖、饲料加工厂、防疫服务室，面向××市招租、招卖，引进资金500万元，其中投入100万元以上大户3户，新增成母奶牛400头，年底实现500头，明年底可达1000头，做到了项目建设和畜牧经济的有效结合，实现了资产效益最大化。同时，为盘活闲置资源资产，开拓招商引项渠道，我们把镇内一些停产、倒闭和废弃资源重新包装成“凤巢”，吸引鸾凤来栖。利用闲置多年的草站场院成功嫁接了总投资510万元的土文细木工板厂项目；利用东安村原豆奶厂“迎娶”了总投资200万元的铅笔板厂。目前这两家企业均已开工试生产。

5. 以情招商。我们把感情作为一种无形资产，在招商引资进程中发挥了独特的引项效益。××市××集团是一家实力非常雄厚的建筑安装企业，为引进这个公司，我们曾十几次主动上门洽谈，即使在过年过节也不放弃。我们的原则是

谈不成项目还可以交上朋友，就是凭着这种锲而不舍的精神，感动了公司的决策层，最终决定在我镇投资600万元建设总占地面积5000平方米的华恒实业有限公司，现700平方米的钢架厂房主体工程已经完工，年底即可投产。哈市联丰农药有限公司，投资1000万元，目前到位资金200万元，已签署了合作协议，办理了征地手续。占地面积5万平方米，年产值5000万元，并与浙江绿利来公司合作扩大生产规模，××××年计划当年建成投产达效。

以上是我镇在招商引资大项目建设上的一点工作，与市委、市政府的要求，特别是与先进乡镇比还有很大差距，我们将继续努力、扎实工作，确保在三至五年内使××镇各项工作得以长足发展，重振工业大镇雄风。

◇党政办副主任典型事迹材料

××镇党政办副主任典型事迹材料

走进××镇政府党政办，迎面经常端坐着一个中年男子，或伏案苦读，或奋笔疾书，他就是××镇党政办副主任×××同志。×××，1964年9月出生，1985年9月参加工作，1992年4月加入中国共产党。“诚诚恳恳做事，实实在在做人”，这是×××同志对自己的一贯要求。参加第二批党员先进性教育活动后，通过认真学习、深入剖析，该同志对自己的工作有了新的认识，提出了更高的要求。

“锤炼党性，勤学苦干常勉；爱岗敬业，务实务虚诚恳；牢记宗旨，抓内促外并举；服务大局，承上启下履职”。这是他提炼出的党员先进性具体要求，也是对自己工作的严格要求。

孜孜不倦抓学习。要做好文秘工作，既要有较强的理论功底，又要能吃透上情，深刻理解党的方针政策和上级工作部署的精神实质。为做好本职工作，×××同志平时总是手不释卷。或研读理论著作，或细阅上级文件，或翻读报刊文章。无论上班时间还是晚上值班，别人看电视他难得看，别人谈天说地、打牌消遣，他从不参与。他说：“不学习头脑中就会没有货，空空如也，材料就写不好。”在先进性教育活动中，作为镇先教办的一名骨干，既要为领导当好参谋，又要指导面上的工作，还要撰写大量的文字材料，这不仅仅是完成学习计划而已，为了工作能够得心应手，他严格要求自己学得更深更透。

兢兢业业做工作。爬格子辛苦，有时真有嚼烂笔头的味道。镇办公室大部分文字工作是×××同志完成的，行文、总结、调研文章、典型经验材料以及每年几十篇报道文章，为写好这些材料，晚上加班至深夜是经常的，人们经常见他傍晚抱一拢材料回家，第二天上班又抱回来。写材料认认真真、字斟句酌；对稿仔仔细细，不放过一个标点符号。镇政府原来用的是手摇式油印机，用起来费劲吃力，而且两根传动皮带一紧一松，使蜡纸经常起皱，每印几张要停下来催平一次，总弄得两手脏兮兮的，别人不愿干，他不计脏累，为按时印发文件和确保文件质量费了不少心血。来客接待、机关管理、环境卫生、水电花木管理等机关内部事务既繁杂又繁重。他总是见事做事、见事管事、见事理事，天天忙得像陀螺似的。镇发电用柴油机要请人修理，地面满是油污，为便于工作，要用锯末蹭干，他一遍一遍地蹭了扫，扫了蹭。在党员先进性教育活动中，记录、发文、工作检查落实、收集典型经验材料、编印简报、报道、总结，承担了大量事务性和文字工作。对工作高度负责，踏踏实实，尽职尽责做好每一件事，这就是他的作风。

诚诚恳恳搞服务。办公室工作重在服务。服务中心工作、服务大局、服务各行各业、服务人民群众。由于×××同志在办公室待的时间长，上下工作协调，落实领导交办的工作，上情下达，下情上达等服务性工作大多是由他完成的。搞好来客接待是一项重要的服务工作，既要做到节俭，又要让来客满意是不容易的。×××同志具有很强的原则性，消费标准都能坚持按制度办，既不越规，又不误事。桌前桌后忙服务，而他本人常是客人走后才草草填饱肚子。办公室也是一个服务群众的窗口。群众来盖个章，只要情况属实，符合条件他能立时办理；群众来问个事，他能耐心地给个答复；群众反映问题，他总是和和气气地接待；群众找有关部门办事，他给指引，办事人不在，他会帮着联系。农家出身的×××，对农民具有深厚的感情。××××年10月的一天，“一九五”一位业务员凭与某领导一面之缘而慕名前来联系业务，×××问明情况后马上与该领导联系，这笔业务很快谈成。村委会、部门单位办事，同事工作生活相求，他都会尽力帮助。他总是这样，把大家的满意作为自己工作的最大追求。

甘于奉献爱岗敬业，办公室工作不显山露水，办公室工作人员常处于幕后，要耐得住寂寞，守得住清贫，不心浮气躁，有甘于奉献的精神，这些在×××身上得到了很好的体现。首先，他“坐功”好。一年365天，90%以上天数坚守在自己的岗位上，守着一部电话机，默默无闻看书写材料，不张扬，不轻浮。“×××是办公室的最佳人选。”大家都这么认为。其次，他吃得苦重实干。有的人贪图享受，他却是一个勤快人，手勤、腿勤、口勤、脑勤，整天闲不住，诚诚恳恳做事，实实在在做人。再次，他从不计较个人得失。多少个节假日加班，多少个夜晚少眠，他不计较；孩子学习成绩不好，自己也照顾太少，他只能从心里说：对不起，孩子，只怪爸爸太忙！有人问：你已经四十多了，升迁无望，图个啥呢？不如要求去蹲个点，落个清闲自在。他回答：我只求干好每件事，做一个无怨无悔的人！

◇社会治安综合治理工作典型经验材料

全县社会治安综合治理工作会议典型经验材料

近年来，在县委、县政府的正确领导下，我们牢固树立抓稳定、促发展的思想，以平安建设为载体，以构建和谐社会环境为目标，立足基层，夯实基础，全面落实社会治安综合治理各项措施，扎实推进社会稳定工作，为全镇加快新农村建设营造了良好的发展环境。7 月 28 日，市委常委、政法委书记步乃章来我镇调研时，对我镇社会稳定工作给予了充分肯定。

一、突出责任，加强领导抓落实

为切实加强对基层社会治安综合治理工作的领导，镇党委、政府进一步调整充实了政法工作领导小组，由分管政法工作的副书记牵头，专门负责信访、矛盾纠纷及社会治安综合治理工作，有效地解决了过去分工不清、职责不明，甚至群众上访推诿扯皮的问题。凡是来信来访、矛盾纠纷，政法工作领导小组都要盯上靠上，一抓到底、坚决把好第一道防线。建立周一例会制度，镇党委、政府主要领导坚持每周听取一次政法工作情况汇报，及时调度社会治安综合治理工作，分析和研究工作中存在的问题及处理措施。对情况比较复杂、群众比较关心、社会稳定影响较大的重要案件，党委、政府主要领导靠前指挥亲自抓。在今年 4 月份发生的我镇南村与张赵村土地纠纷调处工作中，镇党委、政府主要领导分别多次去争执地段进行现场调查，到两村部分群众家中走访了解，与县法制局、土管局等有关部门分析研究解决措施，及时制定了正确的决策和周密的处理意见，使纠纷得到了妥善解决，避免了群体性事件的发生。截至 7 月底，全镇调处纠纷 48 起，其中有镇人民调解委员会出调解协议书的 7 起。

二、突出基层，健全网络抓基础

始终坚持“健全三级网络，布设三道防线，疏理社会矛盾，强化基层基础”的指导思想，从创新机制入手，积极探索镇、办事处、村三级一体的综合治理工作模式。做到纵到底，横到边，发现问题及时调解处理在萌芽状态，确保“小事不出村，大事不出镇”。更加重视村级组织在社会稳定中的基础作用。针对下泊头村原村班子战斗力不强，给稳定工作造成较大被动的实际，及时进行调整充实。新班子针对群众关心的热点问题，扎实推进农村民主议政日活动，做到大事小情交由村民讨论解决，使该村由过去因果园承包、土地承包纠纷不断，变成了心齐气顺、人心思上的稳定村、文明村。

针对以往个别村干部不经集体研究、民主决策，越权发包土地，引发土地纠纷较多的问题，镇党委、政府认真总结经验教训，对村委会公章进行统一管理。

从源头上制止了村级擅自发包土地引发的矛盾纠纷现象。

为在全镇农村形成齐抓共管的社会治安综合治理工作格局，为群众创造安定的生产生活环境，22个行政村全部建起了“一室五队”。为鼓励和帮助各村建设高标准的社会治安综合治理办公室，镇党委、政府出台了具体的扶持政策，规定：凡新建或扩建社会治安综合治理办公室的，奖励现金1万元。今年，付屋子、孙家、胡道口、岔尖二等村先后新建或扩建了办公室，全镇22个村全部建起了社会治安综合治理办公室，为各村开展治安综合治理工作提供了良好的硬件环境。各办事处、各村配备了专兼职信息报告员，确保24小时信息联络畅通，每逢两会、国庆节等重大节日实行矛盾纠纷日报告制度，平时周报制度。有情况报情况，无情况报平安。在全镇构建了周密的矛盾纠纷排查网络，着力把矛盾纠纷化解在基层、化解在萌芽状态。

三、突出创新，依法办事抓执行

针对今年土地纠纷频繁发生的实际，镇党委、政府迅速组织有关部门，对全镇包括土地方面在内的矛盾纠纷和潜在隐患，进行了拉网式排查，共排查矛盾纠纷11宗。截至目前，已全部得到了妥善解决。在具体工作中，本着早发现、早报告、早介入、早解决的四早原则，我们坚持实行“一案一组，责任到人”制度，明确办案人员、明确结案时间、明确结案目标，无论案件大小，有案必抓，抓必果，果必妥，不拖泥带水，不留隐患。积极引导办案人员坚持依法调处与思想教育相结合，创新思路，创新方法，狠抓执行。

在调处南村与张赵村土地纠纷工作中，针对××村村民冯××介入承包关系，给调处造成了较大影响的实际，我们积极邀请县卫生局副局长×××同志，出面做冯××的思想说服工作，最终使冯××解除了与××村未经村民代表表决同意的土地承包合同，争议地块由镇政府托管，两村土地纠纷案件得到了及时办结，避免了案情的进一步扩大。

各位领导，总结我镇近年来的社会治安综合治理工作，取得了一些成绩，但我们也清醒地认识到工作中存在的问题和不足，与县委、县政府的要求相比，还有很大差距，特别是随着形势的不断发展，影响社会稳定的新情况、新问题，还会随时出现。我们坚信在县委、县政府的正确领导下，只要始终增强高度的政治敏锐感，只要牢牢地抓好村级第一道防线，严格责任，通力协作，狠抓落实，就一定能够把全镇的社会治安综合治理工作推向一个新水平。

第五节　先进事迹材料写作

一、先进事迹材料的写作概述

先进事迹材料，一般有两种情况：

一是先进个人，如先进工作者、三八红旗手；二是先进集体或先进单位，如先进车间或科室，抗洪抢险先进集体等。先进个人和先进集体，他们的先进事迹、内容各不相同，因此对先进事迹材料的写作，不可能固定一个模式。

二、先进事迹材料的写作要领

1. 先进事迹材料写作基本格式

（1）标题

一要写明先进个人的姓名或先进集体的名称，二要概括先进事迹的性质或材料的用途。

（2）正文

正文的开头，要写明先进个人的简要情况，包括：姓名、性别、年龄、工作单位、职务、是否党团员等。

然后，要写先进人物或先进集体的主要事迹。

（3）落款

包括署名、成文或时间两种，也可将署名放在标题之下。

2. 先进事迹材料写作要求

（1）整理材料

材料的搜集、选用和剪裁是重要的前提。认真细致地观察，广泛地搜集，才能把握那些最准确、最生动、最能体现写作意图的东西。要对材料进行认真的提炼，确定中心思想和主题，用以统率材料；然后要根据写作意图和主题的需要，去冗杂，选取能反映事件本质、体现人物特点的材料。

（2）确定主题

主题是文章的灵魂，确定主题是写作文章的关键。主题是从生活中挖掘的，也就是找出生活中本质的、闪光的内涵。

（3）文章结构

要注意文章结构完整、线索清楚、详略得当。结构问题即怎样组织安排材料、布局谋篇。一般应按事物发展的自然顺序来安排结构。但为了突出、强调，也可以运用插叙、倒叙、补叙等。注意结构的完整，线索的清晰及各部分之间的照应、过渡等，尤其要注意线索。

（4）语言表达

语言的通达形象与否，在很大程度上决定了一篇文章的成败。

①要把语言表达得准确、通顺、流畅，行有余力，再来讲究形象、生动和鲜明。

②动笔前精心构思，写作时字斟句酌地反复推敲。

（5）观点和提法要分寸恰当

在叙述先进典型的先进事迹和经验时，要注意摆正先进典型和其他群众、集体的关系。先进典型的事迹、经验，一定要注意切不可讲那些脱离群众和脱离整体观念的过头话。

（6）文字要朴实、简明

整理先进典型经验材料，主要是通过实实在在的事实说话。这就要求在语言方字的表达上，一定要善于选择那些实在、贴切的词语。不要过多选用做修饰成分或言过其实的形容词。

三、先进事迹材料的写作范文

◇机关科室先进事迹材料

国税局票证管理中心创建“巾帼文明岗”的事迹材料

区国税局票证管理中心××××年10月组建，现编制××人，其中女同志×人，女同志占全中心人员的××%，主要担负辖区6000多户纳税人的发票的计划、领用、发售和管理。××××年度，他们围绕“青春献税收，文明建功业”这一主题，把“双无一创”作为主要工作目标，以创建“巾帼文明岗”为活动内容，坚持以人为本，强化干部队伍素质建设，积极探索发票管理效益和制约机制，热情为纳税人服务，实现了“双无零投诉”，即无丢失损坏发票、无发售发票差错、无纳税人投诉。在市局组织的发票内部检查考核中，获得99分，名列第一名；在省局组织的专用发票管理检查中，获得满分。他们的主要做法是：

一、强化素质，打牢文明创建的基础

围绕税收中心任务，以文明创建为重点，在提高人的素质上下功夫。一是坚持正面引导，树立热爱岗位，忠于职守的观念。经常开展爱国主义、社会主义、集体主义和社会公德、职业道德、家庭美德的教育，树立正确的人生观、世界观和价值观。增强对本职工作的责任感和使命感，把自己的理想、人生的价值体现在对国家、对社会的贡献之中，把本职工作和远大理想紧紧地联系在一起，从一点一滴的工作做起，从身边的小事做起，发售好每一份发票，在平凡的工作岗位上做出不平凡的业绩。岗长×××将积累20年的经验用于实践，把创新纳税服务作为工作的出发点，淡化角色差异，创建宽松和谐的办税环境，站在纳税人的角度想问题，倾听纳税人的意见，及时了解纳税人想什么、需要什么，从纳税人不满意的地方改进工作做起，建立与纳税人之间的信息绿色通道，能一次办完的事，不让纳税人跑两次，使纳税人在最短的时间内，在最文明的环境中，得到最优质的服务。二是开展岗位练兵活动。在实际工作中，为了提高工作效率，方便纳税人，他们开展了多种形式的岗位练兵，×名女同志全部能上机操作，并一人多岗，快捷、准确地发售发票。金税发售发票岗×××对工作有一股满腔的热情，在实践中，锤炼出了一套诚信服务的硬本领。她针对窗口特点，自我加压，设身处地为纳税人着想，甘当热心人，乐做分外事，专用发票发售窗口稍有人排队，她立即协助审核验旧，发售发票，不管哪个窗口的纳税人遇到疑问，她都主动上前询问解答，并想方设法帮助纳税人寻求最佳的解决途径，直至纳税人满意为止，真正成为了票证中心“一门精、二门通、三门熟”的多面手。综合岗×××在发票资料管理中，成功地摸索出了一套经验和方法，其《分户明细账刻录方法》在全市国税系统交流和推广。三是争先创优，弘扬积极向上的精神。在市、区局组织的各项活动中，不甘落后，积极进取，争创第一。今年在市局组织的发票内部管理检查中勇夺第一。在区局组织的春节联欢会上表演的舞蹈获一等奖。在歌咏比赛中获三等奖，票证中心被区局评为文明科室，在全区纳税人评选“优质办税服务窗口”活动中，他们参评的6个窗口有三个窗口榜上有名，×××所在的窗口被再次评为最佳办税服务窗口，其先进事迹在全市国税系统巡回演讲。

二、严格制度，把握文明创建的关键

票证管理中心作为国税局的服务窗口，直接面向纳税人，工作质量的优劣，服务态度的好坏，关系到整个税务机关的形象，关系到文明创建的成败。他们从落实制度入手，明确考核标准，严格规范管理。一是制定和完善了各项制度。主要制订了政治业务学习制度、廉政制度、考勤制度，发票管理制度，发票安全制度，发票管理考核标准，发票管理流程，把制度落实到每个岗位，每个人员和每个工作环节，把本职工作与文明创建有机地结合，相互促进。二是牢固树立制度的刚性意识，在狠抓落实上下功夫，保证文明创建活动落到实处，取得成效。在实际工作中，不管遇到什么情况，都始终坚持按制度办事。通过巧打时间差，落实政治业务学习制度，利用午休时间来集中辅导学习，假日时间自学做笔记。保证学习计划落到实处，今年，他们参加了市、区局组织的《征管法》、《行政许可法》《下岗再就业优惠政策》、《会计知识》等考试，参考人员成绩全部合格。在全市国税系统《会计知识》考试中获区局团体第一名。在发票的审核发售过程中，坚持专、普票分离，发售岗与实物岗分离的规定，严格按审批的数量发售，坚持验旧购新制度，对手续资料不全，决不违反规定发售发票。在落实发票安全制度上，他们硬件软件一起抓，每天设防110报警系统，建立进出库人员登记，当天未售完的专用发票及时入库，金税卡由专人管理、专柜存放，法定长假检查库房、售票大厅安全情况，节前节后组织盘存并及时向市局报告安全情况。严格的制度和规范的管理，加强了全体人员的责任心，保证了各项工作目标的落实。

三、无私奉献，抓住文明创建的落脚点

票证管理中心文明创建的一个主要内容就是为纳税人提供方便、快捷、高效优质的服务，纳税人是否满意是检验文明创建成效的一个重要标准。为此，他们坚持把纳税人的满意作为追求的目标，把满足纳税人的需求作为工作的出发点，想纳税人之所想，急纳税人之所急，办纳税人之所盼，加大为纳税人服务的力度。一是针对容易引起纳税人不满的环节，制定改进措施。重点抓了服务态度、业务能力、办事效率三个方面。在服务中做到“三百、三一”即百问不厌、百问不倒、百答不错，一张和蔼可亲的笑脸，一句悦耳文明的用语，一句暖心的理解问候。主动协调部门之间的矛盾，及时提供合理化建议。今年他们反映的《CTAIS升级后遇到的问题及建议》及《呼吁扩大普通发票一次购买量》的建议，受到市局领导的高度重视，在全市国税系统得到改进。二是牢牢把握“宁肯自吃苦，不让纳税人事难办”的工作准则。在政策和规定允许的范围内，尽力为纳税人提供优质的服务，并不断摸索和规范税收服务的技巧和艺术。××参加工作以来一直从事增值税专用发票的审核发售，工作量大责任重，有的纳税人因手续不全或其他原因，不能购票，就把怨气发泄到她身上，有的出言不逊，有的故意刁难，有的甚至把纸团往她身上扔，她强忍泪水，绝不与纳税人争吵，而是耐心地解释，协助寻找解决问题的捷径，用火热的心，用真诚的情，打造出一方春意盎然的天地。三年多时间，已为一千六百多户一般纳税人发售专用发票近百万份，实现了“双无”，在纳税人评选优秀服务窗口的活动中，连续两年获得最佳办税服务窗口。三是拓展服务平台。从单纯的管理向管理与服务并举转变，倡导在服务中严格执法，在执法中优质服务，将诚信服务不断引向深入。从一般服务向特色服务转变，推出和完善了“首问服务，延伸服务、预约服务、引导服务、送票上门”等多项措施，对购票量大的企业实行预约服务，保证购票企业到售票大厅后，立即办妥购票事宜。从单一服务向全方位服务转变。实行了不间断工作制，中午留有两人值班。开设了绿色通道，指定专人为××户“绿色卡”持有人提供快捷优质的服务，按他们实际需求，帮助他们办妥一切购票事宜。利用电子滚动大屏，触摸屏，设置税务咨询，发票常识，购票流程，发票价格等模块，提升了服务水平。票证管理中心×名女同志于无私奉献中实现价值，为国聚财中成就自我，默默地用自己的光和热，播种理想和希望。

◇机关干部廉内助先进事迹材料

机关干部廉内助××同志的先进事迹材料

一、生活中的“贤内助”，工作上的“廉内助”

随着一个个贪官被揭露出来，人们屡屡看到这样一个现象：多数贪官背后都有一个贪内助，她们不能正确对待丈夫手中的权力，有的丈夫官位有多高，她的架子就有多大，摆不正自己的位置，甚至干涉公务；有的借助丈夫的权力影响，徇私情办私事，接受贿赂；有的袒护丈夫的不轨行为，不主持正义又帮倒忙。古语说得好：“妻贤夫祸少，妻廉夫得益。”夫人风正，风气好，就会在领导干部那里形成好效果，为丈夫筑起一道坚固的家庭防线。荣获××市十大廉政公仆称号的××局长在很大程度上也是得益于此，正是他爱人××在背后默默地支持、奉献、认真地守好家门，把好后院，把那些正面不拉拢、腐蚀干部，又来进攻后院的人拒之门外，使得丈夫能安心工作，正确使用手中的权力，始终把廉政二字记在心中。

提起××，她的亲戚朋友、单位的同事和左邻右舍无不交口称赞。她对亲戚朋友真诚、热心，只要是有困难，要求帮助的，在力所能及的情况下，她都是尽心帮助解决，而且从来都只付出，不要求回报。她十分注意处理与邻居的关系，尽量同他们和睦相处，遇事不斤斤计较、宽容大度，维护自己和丈夫在邻居中的形象。在单位她能搞好团结，不争名夺利，任劳任怨，哪苦哪累她去哪，不管干什么，都踏实认真。在到她现在的单位××居委会之前，她在××处工作。××处的工作比较轻松，一天下来就是对进出人员进行登记，另外清扫一下卫生。但是这样的工作她也是兢兢业业，坚守岗位，把××工作区清扫得干干净净，受到上级领导和住宿人员一致好评，其他的同事都非常愿意和她一班。去年处要成立××居委会，从各单位抽调人员，众所周知居委会的工作十分繁重，整天和老百姓打交道，什么烦心事都能遇到。她所在单位也要抽调人员，可谁都不愿去，领导很为难，在这种情况下，××主动请缨要求到居委会工作。有的同事劝她说：“你怎么这么傻，凭你的工作成绩，再让你丈夫托一下关系，动谁也动不了你啊。”但她却说，我比你们年轻，苦点、累点我都能承受，大家都不去，这工作谁来干？就这样她到了××居委会工作。

她丈夫任××局一把手以后，工作变得十分繁忙，每天要处理很多繁杂的事务，经常很晚才到家。在非典疫情期间两天一个夜班，一个月在家也睡不了几天。她工作上的事也很多。她工作的居委会辖区内1000多户居民，而且都住楼，一会这边有事，一会那边有事，一天下来也不知道要跑多少层楼，尤其是××××年非典疫情暴发以后她的工作更繁忙了，每天向居民宣传有关非典的知识，逐户发放非典药品，对外来人员逐个登记，测量体温，及时上报，确保不让非典疫情传入辖区内。在非典期间，她还经常值守夜班，有时夜间两三点钟单位有事，她二话不说，起身就走，白天还要正常上班。这么忙，她还把所有家务事全包下来，在她精心安排下，家里被治理的井井有条，小日子过得有滋有味。

二、丈夫当局领导以后手中有了一定的权力，可是她并没有陶醉在欣喜之中

通过这几年国家反腐败的力度在断加大，不少贪官落马的下场，让她认识到把权力用到正面之处，可以为党为国家做出很大的贡献，利用职权搞权钱交易就可能成为人人唾弃的腐败分子，而且很多的违法分子在正面腐蚀拉拢难以奏效时就采取“夫人路线”送东西，请吃饭，认亲戚等手段，达到个人目的。如果我们领导干部的“内助”不警惕，不廉洁，不悟自己的位置，就会给党和国家带来损失，同时也害了自己的丈夫，毁了一家人幸福。自己必须建立起后方防线，使违法分子的预谋不能得逞。在平时她一直保持朴素、低调的生活作风，做事从来不过分张扬，不追求享乐和金钱。遇到丈夫的同事就搭语说话礼貌客气，不趾高气扬不摆架子。××局的汽车较多，用车应是件容易的事情，可是她不管是阴天下雨，还是冬天下雪，都坚持骑自行车，如果去××单位自己宁可挤公共汽车也不让单位汽车接送。一些人为讨好她丈夫，便以各种理由带礼物前来拜访，但这些朋友全都吃了“闭门羹”。她还经常提醒丈夫“不求人一般高，人家请你吃饭，给你送礼，不图别的就图你手中的那点权力”，所以亲朋好友从不敢通过她“亲近”局长。其中就有一次，一个××经销商通过她的朋友找到她，说要请吃饭，请求帮助销售点××。她婉言谢绝了，并让她的朋友转告那××经销商，只要你的价格低、质量好，用市场经济手段打开销路，又何愁卖不出去呢。几年来她多次拒绝找她的各种不正当的请求帮助，有的想承揽工程，有的想调动工作的。

由于她对“妻贤夫祸少，妻廉夫得益”这句古语认识深刻，自己身体力行，坚持守好家门，把好后院，就为丈夫筑起了一道坚固的廉政防线。起到了非常好的效果。相信他们夫妇二人会携手互助、互相勉励，为党和国家的建设事业和廉政建设做出自己最大的贡献。

◇机关精神文明建设先进事迹材料

××省水利厅精神文明建设先进事迹材料

近年来，××省水利厅坚持以邓小平理论和“三个代表”重要思想为指导，加强思想政治工作和精神文明建设，促进了各项水利工作任务的完成，为全省经济社会发展提供了可靠的水资源支撑与防洪安全保障。厅机关××××年被水利部评为首批“全国水利系统文明单位”并保持至今；××××年荣获全省理论学习教育工作先进单位称号；××××年被省委省政府表彰为全省抗洪抢险先进集体；在连续5年被评为省直文明机关的基础上，××××年被省文明委授予省级文明机关称号，同年被××省委省政府授予“作风建设年先进单位”荣誉称号。××××年，在省政府纠风办组织的“民主评议行风”活动中，群众满意度在30个被评议的部门、行业中名列第五，在涉农行业中名列第一。

一、坚持用科学的理论武装头脑、指导工作，思想政治工作不断深化

厅直机关各级党组织坚持把理论武装工作放在首位，加强爱国主义教育、唯物论和无神论教育、理想信念教育和科学精神教育。厅党组理论学习中心组带头学习，厅党组各成员在中国水利报、大众日报等报刊上共发表了学习体会及理论研讨文章30余篇，起到很好的示范带动作用。为做好面上的学习，全面把握“三个代表”重要思想的科学体系，牢固树立和认真落实科学的发展观，三年来共举办各类理论学习培训班近30期，培训处以上干部400多人次，购买辅导书籍、学习材料2万多本，理论学习录像带63盘，VCD20盘，培训党员干部达4000余人次，形成了建设“学习型机关”的浓厚氛围，研究解决新问题的能力明显提高。在年初开始的保持共产党员先进性教育活动中我厅行动快、形式新、领导带头、措施实，坚持边学边改、边整边改，实效突出，党员群众两次测评满意率分别达到98%和99%以上，多次受到省直机关先进性教育领导小组通报表彰。

二、认真贯彻《条例》精神，加强党风廉政建设，基层党组织执政意识、纪律意识不断加强

加强对各级党组织和广大党员的教育、管理，成功召开了厅直机关第五次党员代表大会。不断提高民主生活会质量，使每个党员始终处于党组织的关心、帮助和管理监督之中。认真做好党员的纳新和评优工作，新发展党员70名，26个基层党组织，60名优秀共产党员、24名优秀党务工作者受到表彰。厅机关党委连续三次被省直工委评为先进基层党组织。坚持标本兼治、综合治理，惩防并举、注重预防的方针，完善制度，加大源头预防和治理腐败工作力度；落实党风

廉政建设责任制，形成反腐倡廉的整体合力；行业作风建设扎实，权利运作规范，构建起教育、制度、监督并重的惩治和预防腐败体系，基层党组织创造力、凝聚力、战斗力强。

三、以创建文明单位为抓手，精神文明创建工作不断深入

始终坚持“两手抓，两手都要硬”的方针，按照“巩固、提高、延伸、辐射”的工作思路，推动水利三个文明建设的协调发展。一是文明单位考核评选制度健全，增强工作的可操作性。全省水利行业精神文明建设呈现出全方位多层次、蓬勃发展的良好态势。××××年全省水利系统已建成国家级文明单位4个，省部级文明单位24个，全省水利系统文明单位146个。二是精神文明创建活动丰富多彩。××××年成功举行了全省水利系统文明单位文艺汇演，集中展现了水利系统三个文明建设的成果；连续第三次荣获省直机关运动会精神文明代表队称号。三是不断加强精神文明创建工作经验的学习交流。成功举办中国水利职工思想政治工作研究会地域四组年会，编辑了《××省水利思想政治工作研究成果选》，并评出一等奖10篇，二等奖12篇，三等奖19篇，充分展示我省水利系统优秀思想政治工作研究成果。四是重视职工福利，发展环境进一步优化。玫瑰园小区20000多平方米的职工住宅楼建设完毕，200余户职工乔迁新居。厅机关大楼、档案楼装修完成后，办公环境整洁卫生，机关文化生活丰富。

四、认真履行职责，充分发挥群团组织桥梁纽带作用

群团组织充分发挥自身优势，认真履行职责，深入开展爱国卫生运动、全民健身活动、科普宣传教育活动。厅机关对“职工之家”器材定期进行维护保养，加强了厅机关“职工之家”建设。××××年组织参加了省直机关职工太极拳表演赛，职工乒乓球比赛，充分展示全省水利职工奋发向上的昂扬斗志和勇于进取的精神风貌。每年元旦、春节期间开展“送温暖”活动。三年共捐款77万余元对66名特困职工及困难职工遗属进行补助。为一名患白血病的职工子女捐款近8万元；每年5月中旬开展慈心一日捐活动，××××年捐款15.49414万元，××××年捐款15.65201万元。深化“青年文明号”、“青年志愿者”活动和“巾帼建功”“巾帼扶贫”活动，计划生育率连年保持100%。厅团委被团省委命名为“××省五四红旗团委”，机关妇委被评为“全省先进妇委会”。

五、各项水利业务工作取得新进展

一是××××年以省委、省政府名义出台了《关于加快水利发展与改革的决定》，提出了今后一个时期我省水利发展的总体思路、工作重点和保障措施，为××水利发展指明了方向。二是防汛抢险取得了重大胜利。连续抵御××××、××××年两次较大的洪涝灾害，实现了全省无一座水库垮坝、无一河道决口、无一人因洪涝灾害死亡。三是水利工程建设步伐整体加快。南水北调、东调南下、胶东调水三大工程取得突破性进展。四是农村水利和水资源管理工作扎实

有效，按计划全省××××年全部解决历史性缺水人口吃水问题。五是以小流域治理为重点的水土保持工作取得显著成效，治理水土流失面积908平方公里，实施18个国债项目、44项黄河水土保持生态工程项目和省重点示范小流域建设项目。六是水利投融资机制改革进一步深化，社会化办水利迈出新步伐。七是水利政策法规建设有了新的突破。《××省节约用水管理办法》以省政府160号令正式发布。关于水利规费征管体制与运行机制的探讨、民营水利等关系水利改革与发展的调研课题取得一批重大成果。

◇抗旱救灾先进事迹材料

××市××区××镇人民政府抗旱救灾先进事迹材料

××市××区××镇位于××市西部巴岳山下，全镇人口1.2万，镇机关工作人员50人。从6月27日开始，百年一遇的旱灾来势汹汹，高温天气在通桥的土地上肆虐，河堰池塘干涸，水源枯竭，土地龟裂，农作物绝收。全镇4600亩水稻、900亩蔬菜、750亩红苕、400亩鱼池、2200亩经果林全部受灾，玉米等其他作物也受到一定程度影响。2780人、1320头大牲畜出现饮水困难。直接经济损失达318.5万元。

面对严重的旱情，通桥镇人民政府在上级党委政府的正确领导下，坚持邓小平理论和“三个代表”重要思想，贯彻落实科学发展观，认真贯彻市委、市政府抗旱救灾的统一部署。经过一年的农村保持共产党员先进性教育活动，已经铸就了一批能战斗、吃苦在前、享受在后、勇于奉献的党员干部队伍，真正体现了每位共产党员的党性在关键时刻炯炯生辉、闪闪发光。全镇党员干部发挥先锋模范作用，采取一切可以采取的措施，深入开展抗旱工作。全镇共投入抗旱资金10万余元，投入大型提灌电动机3台205千瓦，小型柴油机、电动机200余台，出动送水车辆128台次。共抗旱保苗2200亩，其中提灌站抽水灌溉农田1300多亩，共挽回经济损失100多万元。为解决人畜饮水问题，镇里从8月4日就开始组织送水，到9月4日止共送水32天，解决了11个社1500余人的饮水困难；组织打水井39口，解决了1280余人的饮水问题。在抗旱期间，共组织机关干部参加了永川金龙、大足西山林场、蒋家湾、大足玉龙、白家沟的5次森林火灾扑救，并发动了新民村村民参加大足西山林场和白家沟的森林火灾扑救。

一、高度重视，组织有力

切实加强了对抗旱工作的组织领导，把抗旱保丰收工作作为今年农业农村工作重中之重的任务来抓。全镇上下充分认识到今年旱情的严重性和紧迫性。把抗旱保丰收工作摆上了重要的议事日程，切实加强领导，及时组织动员广大干部群众投入到抗旱工作上来。同时，组建了由31名镇机关干部组成的抗灾抢险应急分队，并统一为队员们配备了服装、水壶等必备品。7月21日上午，全镇及时召开抗旱紧急动员会，镇领导分片下到各村抗旱救灾第一线，指挥抗旱工作。镇政府各部门人员40多人组成6个工作队，分别下到各村指导群众开展抗旱工作，全镇出动抗旱干部群众达6376人。在抗旱保丰收斗争中，党政主要领导亲自抓，分管领导具体抓，层层落实责任，加强抗旱救灾工作的领导，认真督促落实抗旱的各项措施，及时解决抗旱工作出现的困难和问题，确保了抗旱工作的顺利开展。

二、提早准备，及时检修

加强了灌溉设施的检查和修建工作，利用一切可以利用的手段为抗旱服务。在严重的灾害面前，通桥镇进一步加强了机电泵灌站及灌溉设施的检修工作，充分发挥电灌站和水库在抗旱中骨干作用，克服了惜工惜钱思想和侥幸心理，增加必要投入，对机电、水渠进行检修。在镇领导、驻村干部和村干部的组织下，干部群众顶着烈日酷暑完成渠道清淤6000米，修复垮塌水渠30米，加固水管50米，修电机6次。目前，全镇共投入大型电动机3台，205千瓦时，小型电动机200台，1206千瓦时，小型柴油机25台，1350公升油，抽水22万立方米，灌溉面积2200亩，临时解决了500人、300头牲畜饮水困难，有效地缓解了农田的灌溉用水和人畜饮水困难。

在××村，××村驻村组的×××同志，率先跳下了××水库，潜入肮脏、恶臭的污水中，清除了水泵底部的淤泥，为早日通水争取了时间。

在××村，7月30日该村提灌站及管道再次发生故障，因区、镇技术人员一时无法解决，镇村领导心急如焚，决定土办法即灌水、清淤帮助电机启动，8月2日早晨6点多，在又脏又臭的污水中，镇企业办安全协管员×××多次潜入水泵底部清淤，肮脏、恶臭的污水刺激着他的鼻口，但是一股崇高的信念促使他胜利完成了任务，经过5个小时的奋力抢修，实现了再次通水。

三、科学调度，统筹用水

针对全镇水源较少，分布不均的现状，镇政府组织镇村干部加强水源管理，科学调度、实行计划用水、节约用水，按照“先生活、后生产、先节水、后调水、先地表、后地下”的原则进行水源调度，合理解决抗旱用水。把有限的水源发挥到最大的效益上，一些村民利用自己的小型柴油机、电动机自发抽水淋苗，做到能多灌一亩算一亩，能挽救一片算一片，把旱灾损失降低到最低限度。

为协调用水和保证渠道畅通，镇村干部放弃星期六、星期日的休息时间，深入抗旱第一线，坚持天天在水渠沿途巡查，及时解决渗漏和堵塞。期间，镇领导×××、×××、×××等同志多次到各村，冒着酷暑，顶着烈日，深入田间地头，察看灾情，及时研究部署抗旱的对策措施，指导关心各村抗旱工作；并深入农户，详细询问旱情对他们生产生活带来的损失；鼓励农民积极行动起来，认真做好抗旱各项工作，千方百计解决用水问题，最大限度减轻灾害造成的损失。同时，还指导群众科学用水、节约用水。在××、××、××村，水渠被杂草、污泥堵塞，出水量小，镇党委书记×××同志见状，不顾炎热，不等不靠，跳下水沟，亲自梳理管道达60米。由于供水管道年久失修，加之昼夜连续供水，7月25日下午，××村供水管道爆裂了6.5米长，且地基下沉了5米深，抽水被迫中断。镇领导接到报告后，立即赶赴现场，不等不靠、现场办公，指挥抢险排险，在施工现场，无论是领导、普通党员还是老百姓，无暇顾及汗流浃背、浑身瘙痒，只是一心想着抢时间、赶进度、早通水，确保了把旱灾损失降到最低限度。与此同时，各村两委会领导坚持24小时昼夜值班，组织协调供水工作，村里的其他干部和党员也轮流昼夜值班，确保供水灌溉。期间，无一起供水纠纷发生。

同时，该镇积极组织力量，请来专业打井队，打井找水。全镇共打水井39口，解决了1280余人的饮水和300亩果树的灌溉问题。

◇抗洪抢险救灾先进集体事迹材料

××区抗洪抢险救灾先进事迹材料

7月14日以来，受台风“碧利斯”和“格美”的影响，我区遭受了近年来最严重的洪涝灾害。面对洪灾，我区认真贯彻落实党中央、国务院的指示精神和省委、省政府以及市委、市政府的工作部署，果断决策，严密组织，奋勇抢险，夺取了抗洪抢险的重大胜利。

一是提前介入，及早准备。近年来，我区切实加大基础水利设施投入，巩固和完善了一大批防洪水利基础设施。今年年初，我区进一步修改完善了区级防洪预案。5月份，专门组织了一次大规模的防洪演习，使全区干部群众做好了抗洪的准备。同时，增储了一大批沙石、纤维袋等物资。汛情到来前，密切关注气象、水文情况，及时做好了水情预报和信息传递工作。汛情到来时，连续召开了两次紧急部署会议，相继启动了四级、三级、二级防洪紧急预案，组织开展抗洪抢险。面对灾情，区四套班子领导坚持镇守在责任堤段，不分昼夜地研究灾情、部署抢险，切实加强了对抗洪抢险工作的领导。

二是措施得力，工作有序。抗洪期间，根据气象和水情的变化，我区及时制定了行动方案，组织部门和人员进行全日值班，日夜加强巡查，及时排查了清东围大燕河支堤开发区段等重大安全隐患，并切实加强指挥调度，把最强的人力、最好的物资迅速调配到最关键、最险要的地段。区委、区政府领导亲自担任区三防指挥部各分组组长，亲自带领各组成员，按照分工部署，有序指挥，做好了抗洪抢险各方面的工作。三防办公室及时传达指令，协调有力。组织组及时对应急队员上堤抢险进行指挥调度，宣传组第一时间宣传抗洪抢险的动态，通过电视、广播、报纸、简报等渠道对全区抗洪抢险救灾情况进行宣传报道，在3天内快速编印、发送《七月抗洪简报》共44期，极大地鼓舞了士气。物资组储备充足的防汛物料，合理调配，在险情出现时，均能保证急需的抢险物料迅速到位，等等。

三是严阵以待，英勇抢险。防洪应急预案启动后，全区各级迅速进入防汛紧急状态，从领导到每一名抢险队员都以高度的责任感，严密巡查，严阵以待。洪水期间，保卫、物资、卫生、工程技术、抢险突击、后勤等13个防洪防汛工作小组全部就位，防汛抢险物资及时落实，全区干部群众驻在防洪堤段第一线。在清东围支堤旧龙塘桥下游出现重大险情时，迅速反应，及时上报并组织物资投入抢险，确保了堤围的安全度汛。

四是上下一心，通力协作。在这次抗洪救灾过程中，区委、区政府带领全区各级各部门，充分发挥团结协作精神，各司其职、各负其责，积极行动、协调联动，聚集起战胜洪灾的磅礴力量。在大燕河开发区段的塌方抢险等大大小小的十几场的抢险战斗中，全区上下团结协作，为取得抗洪抢险的胜利奠定了坚定基础。同时，在清新县出现重大险情时，我区能够按照市的要求，派出精干力量，积极进行支援，确保了全市重点地区防洪安全。

五是做好防疫，维护稳定。从7月16日开始，区委、区政府就开始组织灾区的卫生防疫工作，确保灾区饮用水和环境的安全卫生。7月20日洪水一退，就迅速成立了卫生防疫专责小组成立后，将消毒器械和消毒药品发放到受灾的各自然村，技术人员也已对每口水井投放了漂白粉，并详细指导村民每天进行消毒。各街镇的医疗机构切实加强了防病救治工作，密切关注灾区的卫生防疫状况，严防灾区出现疫病。同时，各街镇和有关部门也全程关注灾区的治安情况，及时稳定好受灾群众的情绪，确保了灾区社会大局的稳定。

六是安置群众，救灾复产。为确保救灾复产工作快速启动，区财政专门划拨了100万元作为救灾复产启动资金，并即时到位。各街镇也根据各自实际，迅速配套了救灾复产的专项资金，重点确保灾区群众的基本生活和堤围及水利设施修复等方面的投入。同时，迅速召开了救灾复产募捐动员大会，筹集了超过100万元的救灾复产资金。同时，认真组织有关部门，帮助灾民重建家园，妥善解决灾民的饮水、用电、医疗等问题，并确保在元旦、争取在10月底让房屋倒塌户搬进新居。

◇劳动模范先进事迹材料

公交驾驶员×××同志先进事迹

春的使者 爱的奉献——记公交3路驾驶员×××先进事迹

×××，女，1969年生人，汉族，共产党员。该同志在所从事的公交驾驶员工作中，以饱满的热情，文明的服务，真情待客，备受赞誉，以“对待乘客热心，帮助乘客诚心，照顾乘客细心，服务乘客真心”为服务准则，在平凡的岗位上孜孜不倦地追求着，被人们称为“春的使者”。××××年至今，×××连续被评为局级劳动模范、生产标兵，她所在的车组被命名为市级“青年文明号”。

一、平凡的岗位，不懈的追求

“乘客满意，就是我的追求。”这是×××常说的一句话。自从事公交驾驶员开始，×××一板一眼地报站、宣传、服务乘客，但一件小事却深深地教育了×××。那天，天气很热，车厢内像个闷葫芦，×××在疏导乘客时，惹得一位妇女很不高兴，“天这么热，你这司机还找事，我就不往后走。”当时×××脸憋得通红，眼泪刷就下来了。通过这次与乘客的摩擦，×××深深地懂得了，作为驾驶员，不只是要跑车、售票、打扫卫生，更重要的是提高服务质量，使乘客满意。从此以后，×××特别注重研究乘客心理，自己总结出“对老年人要热情关心，对外地乘客要热心帮助，对小学生要关心爱护，对残疾人要细心照顾”的“四心”工作方法。同时，利用休息时间到先进车组学习，提高服务水平；到沿线厂矿企业走访了解，增加知识，解答乘客询问；到市名胜古迹参观，提高文化素养，向乘客宣传介绍石家庄。为给乘客营造一个舒适的乘车环境，×××自己购买了石英钟、爱心伞、窗帘、坐垫，车厢内布置了美丽的绢花，使车厢更加整洁、温馨。乘客说：“上了××的车，有宾至如归的感觉，而温馨服务更是一种享受。”

二、“春的使者”，爱的奉献

多年的服务工作，使×××深深体会到一个哲理：搞好服务工作，乘客就是一面镜子，你对他笑，他就对你笑。坚持微笑服务，融洽车厢气氛，是×××一大服务特色。一次，一位带孩子的中年夫妇上了她的车，因嫌×××让他们的孩子打票，便在车厢内找麻烦，男同志叼起了烟卷，女同志“呸呸”地乱吐痰，×××不急不躁，微笑着拿起话筒，“乘客们，大家好！为了您和他人的健康，让我们携手共同创造一个优美舒适的乘车环境，行车中我们热情为您服务，欢迎大家对我的工作提出宝贵意见，谢谢！”说完，女乘客脸红了，悄悄拉拉丈夫的衣袖，并阻止了他抽烟。

三、热情温馨，服务乘客

×××注重利用自己特有的工作岗位，真诚待客，感染乘客，并不断地将服务工作向纵深发展。在一个下雨天，有一位小同学到站要下车，可他却没有带雨伞，×××发现了，怕孩子淋感冒就主动把自己的雨伞借给了他，并告诉他："在你方便的时候再还给我。"小朋友高兴地接过伞说了声"谢谢阿姨"便跑下车。第二天，孩子的父亲带着孩子来还伞了，这位家长激动地说："你为乘客想得这么周到，服务真是做到家了。"这句话深深地触动了×××。她想：那天碰巧我带着一把伞，如果我没带伞，那我的服务还算到家吗？于是，她便自费买了3把伞，放在车内以备乘客急需。

四、爱岗敬业，无私奉献

10米车厢内，×××同志展示着自己的人生价值，默默地奉献着公交人的热情，她无愧于自己的岗位，无愧于众多乘客，却有愧于自己心爱的儿子。去年元旦，客流倍增，需加班加趟，等×××回到家时，才发现儿子发着高烧，当×××把孩子送到医院，输上液时，又到加班时间，一边是病重的孩子，一边是心爱的岗位，当×××毅然决定赶回单位加班时，孩子的哭声喊声，震撼着×××的心，也感动了护士。当×××跑完车赶到医院时，孩子已蜷曲在椅子上睡着了，×××的眼泪不禁流淌下来。

×××同志无私的奉献，热情的服务，得到乘客的理解，受到社会的赞誉，被人们称誉为"春的使者"，有的乘客专为×××送来了"胖大海"，有的乘客下车时特意留下水果。更为感人的是一个冬天的傍晚，下班后的×××自行车坏了，天下着雨雪，寒冷异常，已经收摊下班的修车师傅，见×××的自行车坏了，立即重新摆摊，热情地为×××免费维修，并为×××讲述了他的老伴在公交车上呕吐，受到×××热情照顾的经过……

作为一名普通的驾驶员，×××的工作是平凡的，既没有激动的豪言壮语，也没有惊天动地的壮举，她始终坚持一步一个脚印，干一行爱一行，像一枝朴实无华的小草默默地奉献着自己，点缀着社会。

第一节　喜报、捷报、大事记写作概述

一、喜报、捷报的写作

1．喜报、捷报的含义

喜报是报告喜讯的专用书信。它有两种类型：一是某个单位在工作中取得了

显著成绩或重大创造发明，向上级单位或重要会议报喜的；一种是个人或集体在学习、工作中取得优异成绩，获得某种光荣称号，上级机关向有关方面或家属报喜用的。

捷报是一种下级向上级或个人向组织报告所取得的成绩、成就或战绩时使用的上行式特殊书信。“捷”包括胜利与快速两层意思。捷报，意为把胜利的消息尽快传播出去，因此又叫“快报”。

2．喜报、捷报写作格式

喜报、捷报主要由信件名称、受信者称谓、正文、结语、署名和日期五部分构成。

（1）信件名称

在第一行正中用较大字体写“喜报”、“捷报”字样。

（2）受信者称谓

另起一行，顶格书写受信者单位名称或个人职务、姓名。在个人姓名后加上“同志”、“先生”等恰当称呼。在称谓后加冒号。

（3）正文

另起一行，空两格书写喜报、捷报内容，包括成就（成绩）的情况、主要内容及取得成绩或胜利完成任务的原因、今后的设想打算等。

（4）结语

另起一行，空两格写“特此报捷”、“特此报喜”，后面不用标点符号。

（5）署名和日期

在信件的右下方写上发信人的单位名称、集体总称或个人职务、姓名。在署名下写出发信的准确日期。

二、大事记的写作

1．大事记的含义

大事记是各级党政机关、人民团体、企事业单位用来记载一定历史时期内发生的重要事件的历史资料性的特殊文体。

大事记是按时间顺序，简要、系统地记录本机关和本单位主要活动的文字资料，它有利于日后总结经验教训，了解本单位的发展历史。

2．大事记的写作格式

（1）标题

大事记的标题应标明年（季、月）度、内容、文种类别。也可以只标明年（季、月）度和文种，或者标明机关单位、年（月、季）度和文种。

(2) 正文

正文一般分条记叙，每条独立一段，先标明具体年、月、日，然后记下当日发生的大事。

(3) 大事记的写作要求

大事记与其他文件的写作不同，它一般不是一次起草而成，而是一个积累的过程。各单位的大事记可以作为某系统或上级单位编辑整理大事记参考之用。

大事记一般主要记本机关的组织变动情况、重要会议、上级机关的领导活动、本机关组织的主要活动等，要求提纲挈领、文字简洁、真实准确。

三、喜报、捷报、大事记的写作范文

◇反映工作成绩的喜报

喜　报

商业局党委：

我厂于5月3日提前完成了第二季度局里下达的生产任务，特向局党委报喜！

我厂今年一季度之所以如此快地完成了生产任务，是由于局党委的正确领导，全厂职工同心协力、开拓拼搏、苦干实干的结果。

现在，我们正精心安排，再接再厉，为争取保质保量提前完成第三季度生产任务而奋斗！

此致

敬礼！

××厂全体同志

××××年××月××日

◇反映生产成绩的捷报

捷　报

××市市政建设指挥部：

为迎接新中国成立五十八周年和党的十七大胜利召开，我部各级人员积极努力，克服困难，胜利完成了××路改造工程。××路将于本月28日正式通车，比预定期限提早整整一个月。

特此报捷

××路工程指挥所

××××年××月××日

◇专题大事记

××××年中国大事记

1月10日：雪灾

××××年1月10日起中国浙江、江苏、安徽、江西、河南、湖北、湖南、广东、广西、重庆、四川、贵州、云南、陕西、甘肃、青海、宁夏、新疆和新疆生产建设兵团等19个省级行政区均受到低温、雨雪、冰冻灾害影响。其中湖南、湖北、贵州、广西、江西、安徽等6省、区受灾最为严重。截止到1月31日18时，因灾造成的直接经济损失已经达到了537.9亿元。

5月12日：汶川地震

××××年5月12日14时28分，四川汶川县发生8.0级地震。大地震涉及四川18个市（州）和甘肃、陕西、重庆部分地区，受灾面积超过10万平方公里，直接受灾人口达1000多万。截至××××年6月9日12时，四川汶川地震已造成69142人遇难，374065人受伤，失踪17551人，累计受灾人数4624.9048万人。此外，受灾地区交通、电力、通讯、供水、供气等基础设施均受损毁，损失严重。另，截至7月31日12时，全国共接收国内外社会各界捐赠款物总计592.49亿元。

8月8日：北京奥运

××××年8月8日至24日，29届奥林匹克运动会在中国首都北京举行。此次奥运设置了三大理念：绿色奥运、科技奥运、人文奥运。举行了28个大项，38个分项的比赛，产生302枚金牌。共有2万多名运动员、教练员和官员参加北京奥运会。除大部分比赛在北京举行外，帆船比赛在青岛举行，马术比赛在香港举行，部分足球预赛在天津、上海、沈阳和秦皇岛举行。

××××年7月8日，在新加坡举行的国际奥林匹克委员会第117次全会上，决定由香港协办××××年奥运马术项目，是奥运历史上第二次由不同地区的奥委会承办。

9月16日：毒奶粉事件

××××年9月初，全国各地医院都发现许多数月大的婴儿患上泌尿结石病症，这些婴儿的共同点是长期食用同一品牌奶粉，后被证实是三鹿牌婴幼儿奶粉。毒奶粉事件就此爆发。此后，陆续发现圣元、蒙牛、伊利、光明等品牌的牛奶三聚氰胺超标。卫生部的统计数据显示，从××××年9月12日至17日8时，各地报告临床诊断患儿一共有6244例，另有3例婴儿死亡病例。10月7日，国家质量监督检验检疫总局、国家标准化管理委员会批准发布了《原料乳与乳制品中三聚氰胺检测方法》（GB/T22388—××××）国家标准，规定了三聚氰胺的检测方法的检测定量限。

9月16日：央行六年来首次下调贷款利率

从××××年9月16日起，下调一年期人民币贷款基准利率0.27个百分点，其他期限档次贷款基准利率按照短期多调、长期少调的原则作相应调整；存款基准利率保持不变。从××××年9月25日起，除工商银行、农业银行、中国银行、建设银行、交通银行、邮政储蓄银行暂不下调外，其他存款类金融机构人民币存款准备金率下调1个百分点，汶川地震重灾区地方法人金融机构存款准备金率下调2个百分点。

9月25日：神七飞天

××××年9月25日21点10分04秒988毫秒，神舟七号发射升空。飞船于××××年9月28日17点37分成功着陆于中国内蒙古四子王旗主着陆场。神舟七号飞船共计飞行2天20小时28分钟。中国航天员迈向太空的“第一步”，将引领一个时代，开辟一个新世纪。

12月8日：××××中央经济工作会议

××××年12月8~10日，中央经济工作会议在北京举行。会议提出了明年经济工作的重点任务：一、加强和改善宏观调控，实施积极的财政政策和适度宽松的货币政策。二、巩固和发展农业农村经济好形势，保障农产品有效供给、促进农民持续增收。三、加快发展方式转变，推进经济结构战略性调整。四、深化改革开放，完善有利于科学发展的体制机制。五、着力解决涉及群众利益的难点热点问题，切实维护社会稳定。

12月18日：燃油税改革定案

××××年12月18日，国务院宣布，自××××年1月1日起实施成品油税费改革，取消原在成品油价外征收的公路养路费、航道养护费、公路运输管理费、公路客货运附加费、水路运输管理费、水运客货运附加费等六项收费，逐步有序取消政府还贷二级公路收费；国务院同时决定，将价内征收的汽油消费税单位税额每升提高0.8元，即由每升0.2元提高到1元；柴油消费税单位税额每升提高0.7元，即由每升0.1元提高到0.8元；其他成品油消费税单位税额相应提高。

◇单位大事记

××××年单位大事记

4 月 11 日至 13 日　全省茧丝绸产业经验交流会在我县成功召开。92 个县、16 个地州市、厅局领导及相关人员 400 余人参会，会议的成功召开，对消除“8·18”对我县的负面影响，提升××蚕桑产地大县的影响力和美誉度起到了极大的促进作用，会议经济效应十分明显。

4 月 19 日　据×经合发〔××××〕25 号文件，××县被列为××省 10 个重点招商引资推进县之一，是××州唯一获此荣誉的一个县。

6 月 7 日　县委常委、副县长××、县商务局局长×××随××州经贸代表团赴××省××市参加第四届“×洽会”，开展招商引资推介洽谈活动。

7 月 7 日　国家商务部市场运行调节司副司长、国家茧丝绸办副主任×××代表商务部到××县调研“东桑西移”工程和茧丝绸产业。

8 月 15 日　据×商规〔××××〕43 号文件，××县被列为××省 10 个“双十出口基地”县之一，进出口实绩首次位居全州第一。

11 月 22 日　×××县长赴香港参加“××－香港推介团”招商活动，县人民政府与香港中国国际联合速递有限公司签订了投资 2 亿元建设××县物流中心项目协议，香港××发展有限公司和我县××公司合作投资 3 亿元在××××××两地新建电解锌生产线项目。

12 月 18 日　××县委、政府×发〔××××〕35 号文件《关于进一步完善招商引资工作的决定》文件出台，指出要进一步优化投资环境，扩大对外开放，积极鼓励和吸引县内外投资者到××投资创业，促进全县经济又快又好发展。

第五章　行政工作会议讲话稿写作

第一节　会议开幕词、闭幕词、主持词写作

一、会议开幕词、闭幕词、主持词的写作概述

（一）会议开幕词概述

1. 会议开幕词的概念

会议开幕词是指党政机关、企事业单位和群众团体的领导人在各种隆重大会举行时所作的带有揭示性、方向性和指导性的致辞。它是会议的第一个发言，有为会议确定议题、奠定基调的作用。开幕词要紧扣会议的主旨，介绍参加会议的人员，说明会议召开的背景、目的、任务、意义及对会议提出希望和要求。

2. 会议开幕词的特点

会议开幕词具有以下特点：

（1）宣告性

宣告性是指在开幕词中郑重宣告会议正式开幕，给会议造成一种庄重气氛。如果这是具有重要历史意义的会议，那么其历史意义就是从这一宣告开始产生的，因而这种开幕词必将随着会议的一系列重要文件一起载入史册。

（2）提示性

提示性是指在开幕词中明确交代会议的议程，扼要说明会议的开法、原则，交代会议的主要精神，起到点题作用。这样的提法使与会人员明确会议主题，做到心中有数，便于积极主动地参与讨论。

（3）指导性

指导性是指在开幕词中阐明会议宗旨，提出会议任务，说明会议目的及指导思想和重要意义，要求把整个会议的基本精神概括出来，这对开好会议将起到重要的指导作用。

3. 会议开幕词的写作格式

会议开幕词一般由标题、称谓、正文、结语四部分组成。

（1）标题

大会开幕词标题的写作有以下三种：

①会议全称加上开幕词，如“×××××第××次全国代表大会开幕词”。

②领导人姓名加会议全称再加上开幕词，如“×××同志在××××会议上的开幕词”。

③采用正、副标题结合的形式，如：

贴近人民生活，标举时代精神

——××××协会第××次代表大会开幕词

（2）称谓

一般写作“各位代表”、“先生们、女士们”，如有特邀嘉宾，可写作“尊敬的××先生，各位代表，朋友们”等。

（3）正文

①向大会介绍参会的领导同志和各方面的来宾；通报到会代表人数和团体名称。

②回顾过去的工作、成绩、经验及不足。

③提出本次会议的议题和议程。

④阐明会议的意义并作出预示性的评价。

⑤提出对与会代表的希望和要求。

（4）结语

大会开幕词的结语部分，一般以“祝愿大会获得圆满成功”作结，也可以提出带有鼓动性的口号。

（二）会议闭幕词的概述

1. 会议闭幕词的概念

闭幕词是指党政机关、群众团体、企事业单位举行各种隆重会议闭幕时，由有关领导向会议所作的总结性讲话。

2. 会议闭幕词的特点

闭幕词具有以下特点：

（1）评估性

评估性是指在闭幕词中，要求对整个会议作出总的评价，恰当肯定会议的重大成果，正确评估会议的深远影响，从而激励与会人员的斗志，增强其贯彻会议精神的信心与决心。

（2）总结性

总结性是指在闭幕词中，要对会议的主要内容和基本精神进行简要总结。通常要概括会议的进程，如完成了哪些议题，做了哪几件事情，每项议题、每件事情又有什么重要意义和作用，与会者提出了哪些正确意见和合理化建议，今后的任务是什么，会后怎样贯彻会议精神等，使与会人员对会议有更加全面、深刻地了解和掌握，以便会后更加全面、正确、充满信心地贯彻会议的主要内容和基本精神。

3. 会议闭幕词的写作要求

（1）内容要概括，体现出总结性

内容要概括、准确，要前后照应，即与开幕词照应，与会议主题照应，与会议研究解决的主要矛盾照应，具有总结性。

（2）条理要清楚，具有逻辑性

主调要突出，线条要集中，节奏要紧凑，具有逻辑性。

（3）语言要有力，体现出号召性

语言要热烈、有力，充分肯定会议的成果和为会议成功作出贡献的部分人员，因此，遣词造句既要庄重得体，又要激情昂扬，充分体现讲话者的理论水平和领导风范。

（4）整个讲话要具有简明性

文字要简洁明了，语言要精练，手法要简洁，重点要集中，篇幅要精短，具有简明性。

（三）会议主持词稿写作概述

1. 会议主持词的概念

会议主持词，是指在出席各类会议时，主持人所发表的讲话。

2. 会议主持词的写作格式

（1）标题

可用主持词、议程或仪式程序等作为标题。

（2）正文

首先介绍参加活动的出席人员情况，介绍的顺序，在一般情况下，先介绍上级后介绍下级，先介绍来宾，后介绍当地参加活动的主要领导人。在一些特殊情况下，参加活动的人员虽然职务不太高，但他（她）是当年事件的主要参与者，也应先予介绍。

参加活动的人员介绍完之后，主持者以东道主的身份对上级机关的关怀、对来宾的支持表示敬意。

最后全面介绍整个活动的主要程序。

3. 会议主持词的写作要求

①主持词是在整个活动过程中穿插进行的，起一个穿针引线的作用。

②会议程序是预先研究好了的。如果遇有特殊情况时随时调整，主持词要作

相应的变动。

③主持词在实施过程中，文字表述要和当时的现场活动紧密结合。必要的时候，在不违背原意的情况下，可以增加或减少某些内容。

二、会议开幕词、闭幕词、主持词的写作范文

会议开幕词、闭幕词、主持词的写作范文如下：

◇洽谈会开幕词

在中外经贸合作洽谈会开幕式上的讲话

×××

（××××年××月××日）

尊敬的×××大使、各位来宾、女士们、先生们：

首先，我谨代表××××自治区人民政府向前来参会的各位嘉宾、各位朋友表示热烈的欢迎。今天，我们在这里召开洽谈会，目的是为了增进彼此间的了解，在互惠互利的基础上，进一步推进我们之间的经济技术合作。

××具有良好的资源、政策和区位优势。水力、矿产、亚热带动植物、海洋等资源蕴藏量居全国前列；××不仅是中国西部地区唯一拥有海港的省区，而且还是连接中国—东盟的桥梁。××××年，××完成国内生产总值2733亿元，比上年增长10.2%，高于全国平均增长速度，对外贸易创历史新高，经济发展势头迅猛，已形成了以有色金属及非金属矿产开采加工、机械及汽车制造、建筑材料、制糖、农业、旅游业为支柱的特色产业。今年11月，第一届中国—东盟博览会将在××××举办，这为进一步加快××的对外开放和经济发展带来了历史性机遇。

×××科技发达，在电信、高科技以及农业科技产业等都极具国际竞争力。×××和××在资源和技术优势上互补性很强，具有良好的合作前景。我们非常欢迎×××朋友惠顾××观光旅游，投资兴业。愿我们以本次洽谈会为契机，精诚合作，共创辉煌！

祝洽谈会取得圆满成功！谢谢各位！

◇交易会开幕词

在××××中国××小麦展示暨交易会开幕式上的讲话

×××

（××××年××月××日）

各位领导、各位代表，朋友们：

今天，××××中国××小麦展示暨交易会隆重开幕了。我谨代表国家粮食局向这次大会的召开表示热烈的祝贺！

在粮食流通市场化的新形势下，举办全国性的小麦展示和交易会，为产销区、为全国粮食购销企业、为农业和粮食部门牵线搭桥，让大家以市场为纽带走到一起，并建立长期稳定的产销协作关系，这是充分发挥政府部门的组织引导作用，为深化粮食流通体制改革服务的具体体现。本届交易会的举办，必将进一步强化粮食流通市场化和规范化理念，促进生产、流通的相互衔接。

进场交易、上网交易是未来粮食流通发展的主流趋势。实践证明，充分发挥粮食批发市场的作用，引导粮食企业进场交易、上网交易，是深化粮改、规范粮食市场流通秩序的有效途径，也符合我国粮食发展战略的需要。希望广大粮食企业以这次交易会为契机，充分运用期、现货市场提供的有利条件和服务功能，降低交易成本，不断提高企业的市场意识和市场竞争能力。

中国××小麦展示暨交易会是全国性的大型农业成果展示和小麦交易盛会，前两届交易会所取得的成功和效应，为我们培育和发展这一品牌奠定了很好的基础。我们要不断总结经验，丰富内容，强化服务，开拓创新，努力把这一会议办出水平、办出特色、办出品牌来。

××地处中原，是我国主要的粮食产区，粮食产量和商品量占全国第一位，具有明显的区位优势和资源优势。多年来，××省充分发挥自身优势，在深化粮食流通体制改革，探索粮食产销衔接，促进粮食生产和流通等方面做出了突出的贡献，提供了宝贵的经验。××省人民政府高度重视中国××小麦交易会，为大会的成功召开奠定了坚实的基础。最后，我代表参会的代表向××省政府领导表示衷心的感谢！

谢谢！

◇研讨会闭幕词

在"市场准入与公平竞争"××××年××
国际研讨会闭幕式上的讲话

×××

（××××年××月××日）

各位来宾、女士们、先生们：

下午好！

紧张的一天研讨让大家辛苦了，但能聆听这么多的精彩演讲，还是感到分享智慧、收获知识、扩大视野的充实和喜悦。

回顾此次研讨会，充分体现了"海纳百川、追求卓越"的精神，可以看出以下三个显著特点：

一是层次高。这次研讨会我们邀请到了××市的分管市长、国务院立法部门、市场准入管理部门、政策研究部门的三位部长，×国公平交易委员会秘书长、×国联邦中央登记署主任、××××证券与投资委员会执行部副总裁等高级官员出席，还邀请到了知名专家学者，还有众多世界一流企业高管，可谓高朋满座，宾客如云，不能不说是一次高层次、高规格国际研讨盛会。

二是内容全。今天的研讨会上，16位演讲嘉宾围绕市场准入与制度构建、政府规制、经济发展、行业监管4个议题展开了热烈的讨论。整个研讨会主旨鲜明，逻辑严密，议题与议题之间环环相扣，紧密相连。内容跨度之大好像一天走了好多国家，一日跨了好几个时代。

三是组织得好。本次参加研讨会的人员近600人，代表的地域和行业分布也十分广泛，能在这么短的时间内，对以上问题进行充分的阐述和交流，并形成了一定的成果，归功于本次研讨会的出色组织。会务安排得井井有条，会议运作得流畅顺利，充分展现了本次组委会高超的统筹能力和组织能力。面对如此高效的组织，你就不难理解上海市场准入制度的高效了。

此次研讨会虽然短暂，但对我们的影响是深刻和久远的。研讨会恰逢其时，在中国实施新公司法、制定反垄断法和商事登记法的重要时刻召开。演讲者或以过来人的身份告诉后来者他们走过的历程，或丝丝入扣剖析一项法律制度的操作，或高屋建瓴指出制度建设的方向，这些真知灼见都将促使我们的市场准入制度更成熟、更完善。通过研讨会，我们既感到制度后来者的后发优势，那就是可以吸取前人的经验，取长补短，众采博览，站在巨人的肩上，也感到后来者的任重而道远。

今天，我们怀着建设公平、规范、便捷、高效市场准入制度的共同目标走到一起，拜会老朋友，结识新朋友，明天我们就要回到各自的工作岗位。研讨会虽然短暂，但我们的友谊是地久天长的！

各位来宾，女士们、先生们，在研讨会结束的时候，让我们以热烈的掌声，再一次感谢嘉宾的精彩演讲！再一次感谢各位的耐心参与！再一次感谢××市工商局的精心组织与安排！再一次感谢有关协办单位、支持单位及所有会务人员！

◇论坛会闭幕词

在中国陶瓷发展战略高峰论坛闭幕式上的讲话

×××

（××××年××月××日）

尊敬的各位领导、各位专家、各位嘉宾、女士们、先生们：

××建陶协会××××年年会暨中国陶瓷发展战略高峰论坛经过两天深入而热烈的研讨，圆满完成了各项议程，取得了丰硕的成果，现在即将闭幕，在此，我代表×庄区委、区政府向本次年会和论坛的成功举办表示热烈的祝贺！向各位领导、专家和企业家们的精彩报告表示衷心的感谢！

本次年会和论坛在×庄举办，犹如一缕春风给我们带来了清新的气息，犹如一场春雨滋润了×庄大地。两天来，与会的各位领导、专家和企业家们就如何加快陶瓷行业的发展畅所欲言，互相交流，建言献策，共商大计，特别是针对×庄陶瓷行业的发展提出了许多中肯的意见和宝贵的建议，这些真知灼见，旁征博引，高屋建瓴，对加快×庄陶瓷行业的发展，提升陶瓷产业的质量和档次，打造实力强劲的"×庄陶瓷"品牌，促进×庄陶瓷走出国门，走向世界，具有重要而现实的指导意义。各位专家的讲座内涵丰富、极具前瞻、深入浅出，为我们送来了崭新的经营理念，对于深化我区陶瓷行业的结构调整，扩大规模，开拓市场必将起到积极的推动作用。

通过这次论坛，我本人深受启发，我们的企业家更是受益匪浅。通过座谈和听取专家的报告，我们看到了×庄陶瓷与先进陶瓷产区的差距，也认识到了目前陶瓷产业发展的巨大压力和挑战。这次论坛，给×庄区的企业家们提供了一次极为难得的解放思想、转变观念、开阔眼界的机会，为×庄陶瓷产业的发展带来了新的机遇。区委、区政府希望全区陶瓷企业要以这次高峰论坛为契机，深刻领会和理解各位专家的报告，切实把各位专家的新思想、新理念运用到实际生产中去，推广先进的管理经验和先进的生产技术，改进生产加工工艺，加快机制创新、科技进步和市场开拓，努力地把我区的陶瓷产业做大、做强、做优。

区委、区政府将全力支持陶瓷企业加快技术改造和产业产品结构调整，推动全区陶瓷产业走上一条技术含量高、资源消耗少、环境污染轻、带动能力强的新型工业化路子。我们相信，有本次论坛东风的推动，有这么多的领导、专家、企业家的关心、支持，有全区企业家们的同舟共济、奋发作为，×庄陶瓷的明天一定会更加辉煌。

本次论坛的时间虽然短暂，但我们的友谊地久天长。×庄是一块充满生机和希望、充满热情和活力的年轻的土地。在本次论坛即将闭幕之际，勤劳、智慧的罗庄人感谢各位领导、各位专家、各位嘉宾对我们的指导、关心和帮助，也热切地盼望着你们常来×庄走一走，看一看，更期待着你们来这里投资兴业、共创辉煌。

最后，祝各位领导、各位专家、各位嘉宾、女士们、先生们身体健康，万事如意！

谢谢大家！

◇工作会议主持词

在全市乡镇企业工作会议上开始时的主持词

×××

（××××年××月××日）

同志们：

今天我们在这里召开全市乡镇企业工作会议，主要是贯彻落实全市经济工作会议和全省农村工作会议精神，总结乡镇企业过去一年的工作经验，查找存在的问题，安排部署今年的工作任务。

今天会议的议题有四项：一是请×局长传达全市经济工作会议和全省农村工作会议精神，总结去年全市乡镇企业工作经验和安排部署今年工作任务；二是×局长与各县（市、区）局局长签订安全生产目标管理责任状；三是各县（市、区）局局长交流去年工作经验和今年工作计划思路；四是市局各科科长布置具体工作。

下面进行会议的第一项，首先请×局长传达全市经济工作会议和全省农村工作会议主要精神，总结去年全市乡镇企业工作，部署今年工作任务。大家欢迎。

下面进行会议的第二项内容，由市局×局长与九县（市、区）局长签订安全生产目标管理责任状。

刚才×局长作了一个很好的报告，希望大家很好地领会报告精神。去年，是“十一五”规划的起步之年，也是不平凡的一年，我市遭受了百年未遇的“×

×”超强台风的袭击，损失惨重。但是全市40多万乡镇企业系统的干部、职工，在当地党委、政府的正确领导下，奋起抗灾，将损失降到最低限度，各县（市、区）局在去年十分困难的情况下，能迎难而上，根据各地的实际情况做了大量卓有成效的工作，保持了良好的发展态势。

下面进行会议的第三项内容，请各县（市、区）局局长对去年的工作经验进行交流发言。

刚才九县（市、区）局的局长对去年的工作经验进行了总结交流，并对今年的工作计划提出了很好的思路，希望大家很好地抓落实，确保全年任务的完成。

下面进行会议的最后一项，请市局各科科长布置具体工作。

同志们：为期一天的会议将要结束了，这次会议虽然时间很短，但是内容丰富，任务很重。会议既传达了全市经济工作会议和全省农村工作会议精神，又总结交流了市、县两级工作经验，签订了安全生产目标管理责任状，以及对今年的工作进行了部署安排，达到了会议预期的目的。希望大家回去后抓紧贯彻落实。

在这新春佳节即将到来之际，谨向在座的各位同志，并通过你们向全市××多万乡镇企业干部、职工拜个早年！祝愿大家在新的一年里事事如意、合家幸福！

散会。

二、工作会议讲话稿的写作范文

工作会议讲话稿的写作范文如下：

◇森林防火工作会议讲话

在全省森林防火工作电视电话会议上的讲话

×××

（××××年××月××日）

同志们：

刚才，×××同志传达了全国森林防火工作座谈会精神，并就抓好全省森林防火工作作了具体部署和安排，我完全赞同。下面，我再强调几点意见。

一、要充分认识做好森林防火工作的重要性和紧迫性

森林火灾是一种与自然条件、人为活动有着直接关系的自然灾害，具有很强的突发性和不确定性。受厄尔尼诺、拉尼娜等现象影响，全球气候异常，气象条件不利于森林防火；林区枯枝落叶和林下植被增多，引发火灾的几率增大；林区

经济发展加大了火源管理难度；农村大量青壮年劳力外出务工给扑救火灾带来了人力调度上的困难。目前，我省已全面进入森林防火期，受干旱天气影响，全省森林火灾受害率达0.33‰，为近年来少见，森林防火的任务十分艰巨。做好森林防火工作，直接关系到人民群众生命财产安全和林区社会稳定，直接关系到生态××建设和林业发展战略目标的实现。各地、各部门要充分认识做好森林防火工作的重要性和紧迫性，把森林防火作为加强执政能力建设、落实科学发展观和构建和谐社会的一件大事来抓，切实摆上重要议事日程，绝不能有任何麻痹思想和侥幸心理，真正做到思想认识到位，工作措施到位。

二、要进一步完善森林火灾应急预案

当前，我省已进入森林防火期。防火工作的艰巨性、时效性、专业性和危险性，要求我们必须把强化火灾处置能力、完善应急体系作为工作的重中之重，切实抓紧、抓好。各级森林防火指挥部要按照国务院的统一要求，参照《国家处置重、特大森林火灾应急预案》和省政府的有关规定，逐级修订完善扑火预案。目前，省级森林防火应急预案已经出台，希望各市、县及时制定出本级森林防火应急预案。要充分利用信息技术等现代化手段，按照统一标准、信息共享的原则，建立科学有效的指挥决策系统，为火灾预防和扑救提供有力支撑。森林消防部门要加强与城镇公安消防部门的联系，建立信息反馈和灭火救援联动机制。要按照“专群结合，以专为主”的原则，全面加强地方森林消防队伍建设，不断提高消防队伍的正规化、专业化水平和协同灭火作战能力。要加强森林防火物资储备库建设，提高储备、保障能力，逐步形成分布较广、配置合理、辐射范围较大的森林防火物资储备格局。

三、要切实加强监测和预警预报

各地要结合区情、林情，充分运用卫星监测、瞭望台哨、地面巡逻等综合手段，加强火情监测和火险预警预报，努力实现全方位监测。对国家林业局卫星林火监测中心通报的热点信息，必须认真核查，及时报告。要加大火情监测设施和通信设施建设力度，加强值班调度，保障通信畅通，确保火灾信息的快速传递，真正做到一有火情，能及时发现并有效处置，实现森林火灾“打早、打小、打了”。对迟报、瞒报火情的，要严肃处理；因失职贻误扑火时机、酿成重大损失的，要依法追究有关人员责任。

四、要严格火源管理

违法用火是引发森林火灾的主要原因。要保证不发生大的森林火灾，就必须坚决把火源管理好。各地要严格执行火源管理制度和野外生产用火批准制度，积极引导和科学规范农事用火。林区要严格封山清山、清理外来人员，严禁一切野外用火，坚决管住管严火源，杜绝火种进山。要针对当前林下可燃物载量高、火灾隐患大的实际情况，在辖区范围内全面开展火灾隐患大排查活动。要加强林间、林缘防火隔离带建设，变堵为疏，变被动为主动，切实做到预防第一，常备不懈。要根据当地的实际情况适时发布森林防火戒严令，划定戒严区、戒严地段，采取必要的防范措施，严防火灾发生。

五、要全面落实森林防火责任制

各级政府和有关部门要以对国家和人民生命财产高度负责的精神，认真贯彻“预防为主、积极消灭”的工作方针，全面落实森林防火责任制，确保《森林防火目标责任书》签订的各项目标任务按期完成，确保实现全年受害率控制在0.5‰的目标。要按照山有人管、林有人护、责有人担的要求，层层落实责任和措施，确保不发生大的森林火灾和人员伤亡事故。各地在防火期间，分管领导要深入一线，深入基层，开展森林火灾隐患大排查，重点检查森林防火责任制落实情况，及时解决森林防火工作中存在的突出问题，不断提高森林防火综合水平。森林防火指挥部各成员单位要各司其职，各负其责，密切配合，通力合作，为森林防火防灾提供有力保障。

六、要坚持依法治火

要认真贯彻《森林法》、《森林防火条例》和《××省森林防火办法》，进一步加大执法力度，抓好火灾案件的查处，真正做到有法必依、执法必严、违法必究，查处一案，教育一方。对森林火灾造成重大损失的大案要案，要严肃追究责任，依纪依法处理。要采取多种形式，大力开展面向基层、面向群众、面向重点区域的森林防火、安全避险知识宣传教育，切实提高群众的防火意识和参与防火的自觉性、积极性，把预防森林火灾变为全社会的自觉行动。要进一步健全并严格执行森林防火工作制度，堵塞漏洞，把森林防火工作纳入法制化、制度化轨道。

同志们，全省森林防火已进入一个重要时期。各地要按照省委、省政府的统一部署，紧急行动起来，采取有力措施，严防森林火灾发生，确保人民群众生命财产安全，为构建“和谐××”、“平安××”，促进××奋力崛起做出新的更大贡献。

◇专项行动联席会议讲话

在“清查放射源让百姓放心”专项行动联席会议上的讲话

×××

（××××年××月××日）

同志们：

根据国家环境保护总局、公安部、卫生部联合下发的《关于开展“清查放射源让百姓放心”专项行动的通知》（环发〔××××〕56号）要求，我省决定在全省范围开展一次“清查放射源，让百姓放心”专项行动。为了加强领导，这次专项行动由省环境保护局牵头，与省公安厅、省卫生厅建立联席会议制度。今天召开联席会议成员单位第一次会议，主要内容就是对这次专项行动进行统一部署，统一协调，使各部门在行动中认识一致，步调一致。下面，我代表省政府讲几点意见和要求：

一、统一思想，提高认识

随着核技术事业的迅速发展，放射源得到了越来越广泛的应用，在我国的经济建设和社会生活中发挥着重要作用。但若管理不善，放射性污染将会严重威胁人民群众的生命健康和社会稳定。党中央和国务院领导非常重视放射源的安全监管工作，曾多次作出重要批示。对此，省委、省政府也高度重视，我省在精简机构的大环境下，于去年年底成立了××省辐射环境监督站，配备了专职人员，省财政拨专款用于放射性废物库改造，强化了辐射安全的监管能力。这次联席会由省政府主持召开，也是我省重视辐射安全监管工作的体现。

此次专项行动的目的是要彻底查清我省放射源现状，强制收贮废放射源，消除放射性污染危害，保护人民群众生命财产安全，维护社会稳定。各有关部门一定要从讲政治、保稳定、促发展的高度，充分认识本次专项行动的重要性和紧迫性，加强领导，落实责任。此次专项行动的主要任务可以概括为“调职能，查底数，除隐患，收废源”，对生产、进出口、销售、使用、运输、储存、处置放射源等各个环节进行清查整治。要安全收贮废弃放射源，建立有效的监管制度，对在专项行动中查实的违法单位和个人，要依法处罚，用法律的手段达到教育和整改的目的，严格执法，不留死角，以促进核技术的安全利用，保护人民群众身体健康，维护社会稳定。

二、统一协调，分工合作

按照国家对放射源监管职能的调整，今后由省环保局对我省的放射源进行统一监管，各相关部门要依照中央编办发〔××××〕17号文的要求，明确分工，各负其责，紧密配合，统一行动。

环保部门负责组织开展对生产、进出口、销售、使用、运输、储存、处置放射源单位（以下简称涉源单位）的申报登记；负责核查和办理放射源安全许可证件；负责组织对涉源单位放射源安全状况的现场检查；负责废弃放射源的强制收贮；负责汇总放射源数量、种类、分布等情况；协助公安部门追缴丢失、被盗的放射源。

公安部门负责检查涉源单位的安全保卫情况；负责对检查中发现的放射源丢失和被盗事件进行立案侦查和追缴；协助环保、卫生部门的行政执法工作。

卫生部门负责对涉源单位贯彻实施《职业病防治法》的情况进行监督检查

和医用辐射机构的检查，在7月中旬前将放射源卫生许可有关资料移交环保部门。

环保部门要会同公安等部门建立健全放射源安全检查制度、预警和应急处理机制以及事故分级报告制度，有计划地开展经常性的安全检查工作，查找隐患，堵塞漏洞，对放射源实行长效管理，确保今后我省在放射源管理上做到万无一失。

各有关部门要密切配合，加强协调，形成合力。

三、统一部署，有序实施

按照国家的部署，此次专项行动分为启动、实施和总结三个阶段，省“清查放射源，让百姓放心”专项行动联席会议及执行办公室要围绕三个阶段将工作任务进行分解，提出每个阶段具体的工作内容和工作目标，进行统一部署，保证专项行动的有序开展。要在10月30日前基本完成我省的专项行动。省专项行动联席会议执行办公室要组织检查组，对各市清查工作进行督促检查。

同志们，这次“清查放射源，让百姓放心”专项行动责任重大，时间紧，任务重，各部门要高度重视，认真部署，确保专项行动顺利完成，切实让老百姓放心。

◇纠风工作动员大会讲话

在纠风工作动员大会上的讲话

×××

（××××年××月××日）

同志们：

今天，我们在这里召开市政府系统纠风工作会议，主要任务是认真贯彻落实国务院、自治区、自治州廉政工作会议和中央、区、州纪委会议精神，对全市政府系统的纠风工作作具体安排部署，切实加强政府自身建设，创优投资与发展环境，加快经济发展。下面，我讲几点意见：

一、统一思想，提高认识，进一步增强做好纠风工作的责任感和紧迫感

纠风工作是政府通过社会监督，依法规范行政行为，切实加强政府自身建设的一项重要工作。去年以来，市人民政府按照国务院、区、州党委、政府的要求，坚持标本兼治、纠建并举的方针，在思想教育、自查自纠、整改树形、建章立制等方面做了大量的工作，规范了行风评议的工作程序，在狠抓医药购销、减轻企业和农牧民负担、创建行业建设先进单位和纠风示范窗口等专项治理工作方面取得了明显成效，尤其是在转变政府职能、规范行政行为方面实施了许多新的

办法和举措，实行了重大问题集体决策制、政府部门工作评议制等制度，增强了政府工作的透明度，体现了政府公开、公平、公正的办事原则，树立了良好的政府形象。但是，我们必须清醒地认识到，距离建设一个高效、廉洁、务实政府的要求，我们的工作还存在着一些不容忽视的问题。一是个别部门对纠风工作的认识不足，认为行风评议可有可无，没有从本质上认识监督与被监督的关系和作用，而是被动地接受监督，在纠正行业风气上仅做一些表面文章，工作应付了事，使纠风工作未能真正发挥应有的作用。二是个别评议人员对全局工作重点把握不够，对部门工作的了解不够深入，行风评议还停留在比较浅的层面上，评价失之于客观公正，未能发挥真正的监督作用。三是“老好人”思想比较严重，大都喜欢栽花不愿栽刺，个别部门领导不能坚持原则，没有“是非”观念，立场不够坚定，奉行“好人”主义，凡事息事宁人，缺乏应有的政治觉悟和责任感。四是工作落实难的问题依然十分突出，个别部门只注重喊空口号、摆花架子，抓落实的意识太弱、太差，工作作风心浮气躁、华而不实，缺乏求真务实、真抓实干的精神。五是个别机关工作人员廉洁自律不够，以权谋私、吃拿卡要的问题在一定范围仍然存在。年初以来，国务院、自治区、自治州人民政府相继召开了廉政工作会议，反复强调要求真务实，勤政廉政，把最大限度地维护人民群众的根本利益放在首要位置抓紧抓好。全市上下要高度统一思想，提高认识，真正把纠风工作作为树立政府良好形象的重要工作，增强责任感和紧迫感，以纠风的工作实效取信于人民群众、服务于经济建设。

二、突出重点，狠抓落实，以纠风工作的实效树立政府良好形象

抓好今年的纠风工作，要按照国家、区、州的要求，把解决损害群众利益的突出问题作为重点，结合全市实际情况，有针对性地开展工作，重点要结合招商引资、城市建设、增加农民收入等方面，大力发展城市经济，按照“工业立市、工业强市”的目标，促进国民经济快速发展，在国民经济中要重点突出城市经济，在农村经济中要突出畜牧业这个主线，不断加大工作力度，狠抓工作落实。

一要围绕招商引资抓纠风。招商引资是我们加快城市经济发展的重中之重，××市是典型的投资拉动型经济，没有投资就没有产出，就谈不上发展。招商引资是获取投入的最有效途径，招商引资的加快推进必须依靠良好的投资与发展环境。去年我们在政府部门推行了双目标考核制和服务承诺制，今年我们把招商引资也单独提出来，实行百分制考核，并同干部任用结合起来，抓好落实，要把各部门对社会的服务承诺作为行风评议的重点，严肃处理诺而不践的现象。各部门要通过服务来体现良好的工作作风，着眼于大局，规范行为，着力营造公开、公正的发展环境。要把招商引资作为检验我们服务水平的有效手段，把投资者当做政府的义务行风评议员，在全社会形成尊重投资者、保护投资者、支持投资者的良好氛围。要以良好的投资环境进行招商，以诚信的态度对待客商，服务于投资

者。要对那些置大局于不顾，破坏环境，影响全市招商引资、经济发展的部门和工作人员坚决予以严肃处理。

二要围绕城市建设抓纠风。去年以来，我市大力实施城市群发展战略，扩张新区、优化旧区，城市建设得到了长足发展。与此同时城市征地、拆迁、管理等问题也逐步显现，使城市的发展面临很大的困难。今年中央要求要把保护人民群众的根本利益作为首要任务，在新的形势下，我们要不断创新思路，以求真务实的精神，积极稳妥地做好城市大发展中的征地、拆迁和管理工作。要以是否保护好人民群众的根本利益为标准，重点抓好规范征地程序、及时兑现征地拆迁补偿款、杜绝拖欠民工工资等工作。要坚持公开、公正、公平的原则，逐步推行城市管理综合执法，提高管理水平，创优城市投资发展环境。

三要围绕农民增收抓纠风。解决农业问题重点在于农业机械化、产业化，解决农村问题重点在于城镇化和工业化，解决农民问题的重点是知识化、专业化和提高农民的素质，农业农村工作的核心在于农民增收。中央1号文件把增加农民收入作为今年工作的重中之重，我市于上周迅速召开了农业农村工作会议，对增加农民收入工作做了具体部署。涉农部门和全市各有关部门要真正拿出实招，认真抓好落实，要重点围绕产业化、结构调整、劳动力转移、小城镇建设等工作，把农业工作人员、科技人员是否深入一线，最大限度地帮助农民致富作为行风评价的标准，以多种手段和措施促使农民增收。要结合农村税费改革，进一步做好减轻农民负担工作，规范农业税费征管，加强筹资筹劳管理，坚决制止在规定之外进行任何形式的摊派和收费。

四要围绕贯彻实施《行政许可法》抓纠风。《行政许可法》是一部规范政府行为的重要法律，是对现行行政审批制度的重大改革和创新，对进一步深化行政管理体制改革，促进政府转变职能，提高依法行政水平，从源头上预防和治理腐败现象都将产生积极的推动作用。前不久召开的六届人民政府第三次全体（扩大）会议上，对这部法律的意义、内容和目的已进行了详细说明。当前，要抓紧做好实施前的各项准备工作，切实组织好学习、宣传、培训工作，做好行政许可事项和行政许可实施主体的清理规范，加强与行政许可法相配套的制度建设，建立健全对行政机关行政许可的监督检查制度，使“有权必有责、有权受监督、侵权须赔偿”的依法行政体系落到实处。

三、加强领导，明确责任，切实抓好政府廉政建设

全市要以纠风工作为切入点，全面抓好政府廉政建设。

一要加强领导、明确责任。各乡镇、各部门行政一把手要强化“第一责任人”意识，按照“谁分管、谁负责”的原则抓好对纠风工作的组织协调和指导。各乡镇、各部门的主要领导要切实对本乡镇、本部门的廉政和纠风工作负起全面领导责任，坚持“一把手”负总责和“一岗双责”，确保责任落实到人。要将领

导干部执行责任制情况作为业绩评定、奖励惩处、选拔任用的重要依据，严格进行责任追究。对那些领导不力，甚至不抓不管，导致不正之风长期得不到解决，屡屡出现重大腐败问题的单位，要坚决依据有关规定追究主要领导的责任。

二要加强教育、勤俭节约。只有思想上立党为公，才能在行动上做到执政为民。全市要始终把加强干部的思想教育摆在十分重要的位置，深入开展“三个代表”重要思想和党的十六大、十六届三中全会精神学习，牢记“立党为公、执政为民”的本质要求，牢固树立群众观点和公仆意识，增强弘扬求真务实作风的自觉性，坚决克服作风漂浮、心态浮躁的不良风气。要牢固树立艰苦奋斗的作风，勤俭节约办一些事业，加大财政增收节支，千方百计增加财政收入，缩减开支比例，要通过纪检监察、审计和社会方方面面的监督管理，把有限的财力、物力用在人民群众最迫切需要解决的问题上，用在推进改革发展稳定工作最关键的问题上。

三要真抓实干、创新机制。要以求真务实的工作作风，坚持科学的发展观，树立正确的权力观和政绩观，把最大限度地维护广大人民群众的根本利益作为首要任务，坚决杜绝部门利益至上的观念，摆正位置，尽好职责。要大力破除“老好人”的思想，以对政府、对人民高度负责的精神，说实话、干实事、出实招、求实效，正确地使用权力，以工作实效取信于民，全心全意为人民群众谋利益。创新机制是我们工作的不竭动力，去年我们实行了重大问题集体决策制，实现了政府管理机制的重大创新，经过一年的实践证明，正是建立了这样一个制度，才使政府工作规范有序进行，为经济社会发展营造了一个公开、公正的环境和平台。从国家大的形势来看，无论是土地市场清理整顿，还是纠正行业不正之风，这个制度都及时地避免了我们每一个干部犯错误，真正起到了保护干部、促进发展的目的，可以实事求是地说，我们这个制度的施行是与中央求真务实的精神实质相一致的，××市已经做得很超前，今后要更加坚持不懈地强化这个制度。今年，我们将坚持谁分管、谁负责的原则，严格按照政府程序办事，真正体现效率与规范的统一。

没有约束的权力最终会导致腐败，行风评议是重要的社会监督手段，是政府加强廉政建设的重要措施，这项工作量大面广，全社会都要积极支持配合。特别需要强调的是，今天聘请的行风评议员都是市人民政府经过严格把关聘请的，都是政治素质、业务素质、道德素质很高的人员，他们中有的是退休的老同志，有的是在岗兼职人员，都是以强烈的责任感，真心实意帮助我们更好地开展工作的。各乡镇、各部门都要给予充分理解和支持，对他们要从政治上关心、工作上支持、生活上照顾，使他们安心搞好纠风工作。需要说明的是，行风评议员不仅仅是对重点评议单位进行监督，市人民政府还赋予他们对全市各乡镇、各部门的监督权，希望评议员们大胆开展工作，敢于建言献策，和市人民政府共同把这项工作不断推向深入。行风评议员自身还要不断增强综合素质，自觉融入全市经济社会发展，以对政府高度负责的精神反映社会的呼声，客观真实地反映各部门存在的问题，努力开创纠风工作的新局面。

同志们，做好纠风工作，任务繁重，意义重大。我们要认真按照这次会议要求，求真务实，扎实工作，开拓进取，争创一流，努力取得纠风工作的新成效，为加快推进全市经济社会发展作出应有的努力。

谢谢大家！

◇安全生产会议讲话

在全市安全生产电视电话会议上的讲话

×××

（××××年××月××日）

同志们：

刚才，省政府召开了全省安全生产电视电话会议，会议通报了当前全省安全生产形势，对安全生产工作，特别是安全生产大检查工作进行了部署，希望各地、各部门抓紧贯彻落实。下面，我就贯彻落实全省安全生产电视电话会议精神讲三点意见：

一、居安思危，防微杜渐，进一步加强对安全生产工作的领导

近日发生在吉林省吉林市中百商厦和浙江省海宁市黄湾镇五丰村的两起特大火灾事故，造成严重的人员伤亡，再次向我们敲响了警钟。2月16日，国务院召开常务会议，指出当前事故多发的主要原因是一些地方以及企业、单位的领导安全意识薄弱，安全责任不落实，防范措施不到位，事故应急预案不完善；要求各级领导一定要高度重视安全工作，把确保人民群众生命财产安全的各项防范工作，作为实践“三个代表”重要思想的实际行动，放在经济和社会发展的重要位置，列入各级领导工作的重要议程，常抓不懈，防患于未然。

今年以来，我市各级认真贯彻落实十六届三中全会和中央经济工作会议精神，切实加强了安全生产工作，以务实的作风，及早部署，狠抓落实，深入检查，强化监管，全市安全生产形势基本平稳，事故起数、死亡人数总体呈下降态势，元旦、春节和市“两会”期间未发生重特大事故。但是，在肯定成绩的同时，必须清醒地认识到当前我市安全生产仍然存在诸多薄弱环节，居安思危，防微杜渐，才能实现安全生产的长治久安。全面分析我市安全生产工作，存在问题依然十分突出。一是事故总量仍然偏高，二是易诱发重特大事故的隐患仍然存在，全市安全生产形势不容乐观。昨天，市经济技术开发区××××化学品有限

公司多聚甲醛生产线烘干、包装工段发生火灾爆炸事故，虽经消防官兵奋力扑救，未酿成恶性后果，但在化工生产区域内发生此类事故，险象环生，令人后怕。各级领导务必保持清醒头脑，时刻绷紧安全生产这根弦。要从全面实践“三个代表”重要思想的高度，认真贯彻落实中央领导同志关于安全生产工作的重要指示和国务院近来两次常务会议精神，认真吸取吉林省吉林市中百商厦和浙江省海宁市黄湾镇五丰村的两起特大火灾事故教训，在抓好发展的同时要着力抓好安全生产，两手抓、两手都要硬。要牢固树立“安全第一”、“安全生产责任重于泰山”的思想，按照《国务院关于进一步加强安全生产工作的决定》的要求，切实加强领导，扎扎实实抓好安全生产各项措施落实，确保人民群众生命财产安全，确保经济社会各项事业的持续、稳定、快速发展。

二、落实责任，严格督察，把安全生产的各项措施落到实处

各地、各部门和各单位要进一步健全安全生产责任体系，强化各级领导的安全生产责任制，一级抓一级，一级对一级负责，进一步强化安全生产责任意识。1月13日全市安全生产工作会议上，各县（市）、区政府向市政府递交了安全生产责任保证书，全市各个层面的安全生产责任保证书也正在层层签订。实践证明，签订安全生产责任书是推动和促进安全生产工作的有效措施。但要使其收到实效，关键在于抓落实，坚决克服“严不起来，落实不下去”的不良倾向。绝不能说在嘴上，写在纸上，使安全生产责任保证书的签订流于形式。要按照全市安全生产工作会议对全年安全生产工作的部署和要求，对照安全生产责任保证书，扎扎实实抓好本地区、本部门、本单位相关安全生产措施落实，完善安全生产监管体系，加强安全生产宣传教育，加大安全生产投入力度，努力改善安全生产基础条件，尽快实现本地区、本部门、本单位安全生产状况的根本好转。

各级负有安全生产监督管理职能的部门要认真履行职责，依法强化监管。要加强监督检查，在抓好面上督察的同时，着力加强对安全生产重点单位的经常性督查，督促企业遵守安全生产法律法规，建立健全安全生产约束机制，严肃查处安全生产方面的违法违规行为。要严格执行安全审查许可、验收的有关规定，凡不符合国家规定的安全要求的生产经营单位一律不予批准；凡生产性建设工程项目未执行安全生产“三同时”的有关规定的，一律不得竣工投产；凡新竣工建筑物未通过消防验收的，一律不准投入使用。要严格执行事故责任追究制，对发生的重大安全事故，要按照“四不放过”的原则，尽快查明原因，分清责任。对领导不力、监管不力、措施不力而发生重大安全生产事故的，要严肃依法追究有关领导的责任，绝不手软。要加强对各类大型活动的安全生产监督管理，督促相关单位认真吸取北京密云县“2·5”特大事故教训，严格按照有关各类大型活动安全方案上报备案的规定，对活动的安全工作方案和事故应急预案严格审查，并加强督察，确保各项措施到位，严防群死群伤恶性事故发生。对举办大型

活动要严格控制，谁主管、谁负责，谁批准、谁负责，举办大型活动企业主要负责人也是安全生产责任第一人。

三、周密部署，突出重点，迅速开展安全生产大检查

各级要按照国务院和省、市政府的部署，迅速在全市组织开展安全生产大检查。

1. 周密部署，层层发动，深入细致，疏而不漏，在全市范围内组织开展拉网式安全生产大检查

各地区、各部门、各单位立即制定在本月下旬组织的安全检查方案，明确检查内容和检查要求。各级领导要亲自组织，亲自参加，深入基层，深入安全生产第一线，及时发现问题，督促、指导和帮助基层单位解决安全生产工作中的困难和问题。这次安全大检查，要覆盖到每一个企事业单位、机关学校，每个单位每个人都要进行“安全活动日”专项安全教育，每个单位都要检查到生产管理的每一个环节，发现问题及时整改。市、县（区）安监部门要组织不通知抽查、督察，发现问题及时教育并实行处罚。市安委会将在3月初听取各县（市）区、各成员单位自查整改的汇报。

2. 突出重点，不留死角，全力防范重大恶性事故的发生

一是要针对春季防火特点，公安、消防、经贸、文化、教育、卫生等部门要开展消防安全大检查，检查的重点是安全工作制度和责任是否落实，措施是否到位，应急预案是否建立，要查到基层单位的每一个环节；对消防设施不健全、不具备消防安全条件和存在重大火灾隐患的经营单位要立即责令整改，整改后仍达不到消防安全条件的要依法关闭。要着力加强对商场、市场、宾馆、饭店、医院、学校、幼儿园、养老院、外来务工人员临时居住房等人员密集场所的检查，督促整改火灾隐患，坚决不留死角。各基层公安派出所、社区居委会要组织相关力量，对辖区内的小歌舞厅、小录像厅、小网吧、小电子游戏厅等小型公共娱乐场所，小旅店、小商店、家庭作坊式企业及社区居民住宅楼等进行认真排查，并适时开展夜查，坚决依法取缔非法经营和不具备消防安全条件的单位和场所。对消防安全疏散不畅、自动消防设施不能正常运行、灭火器材配置不到位、用火用电管理不善的，要限期整改，及时消除火灾隐患。

二是要重点加强对危险化学品生产、经营、储存、运输企业的安全检查。市、县工业主管部门和市各控股（集团）公司、开发区要重点检查安全管理制度和操作规程的执行情况、防范危险化学品事故相关措施的落实情况、事故应急预案的制定和演练情况、消防安全间距是否符合国家有关规范标准。对关键设备、设施和关键工段要深入查、反复查，及时消除事故隐患。要继续严厉打击私产、私存、私运、私销烟花爆竹的违法行为。

三是要重点加强运输交通安全检查。市公安、交通、海事等部门要认真检查

交通运输企业、苏通大桥建设工程、××电厂建设工程安全生产责任制落实情况，运输企业、客运站点对客运车辆和驾驶员的管理情况，对营运车辆超载、超速、客货混装和疲劳驾驶、农用车非法载客等违规违法行为要坚决取缔、整治。要检查重点路段、重点单位的整改落实情况，对重点路段重大项目排查出的事故隐患，要逐一落实整改措施，务求取得实效。要紧紧围绕“三客一危”船舶等水上安全管理的重点，抓住船舶超载、非载客船载客等突出问题和容易发生重大事故的其他薄弱环节，落实措施，加强监管。要严肃查处农用船舶非法载客，取缔无证无照和达到报废年限的农用和渔业船舶。

四是重点加强海洋渔业安全检查。市海洋渔业局、农机局等部门和有关县（市）进一步加大清理整顿“三无”、“三证不全”渔船的力度，查处非法海洋捕捞行为，强化渔船进出港签证管理，要关口前移，抓源头管理。有关乡镇要组织人员走村到户对下海拖拉机进行逐一检查，重点检查救生设备、通信工具的配备，拖拉机年检等情况，争取工作的主动。严禁下海拖拉机载客上路行驶。要完善海洋渔业（含滩涂养殖业）安全生产事故应急救援预案并加强演练，遇紧急情况能及时予以救助。

3. 狠抓整改，确保安全大检查收到实效

各级对检查中发现的事故隐患要及时汇总梳理，层层上报建档。同时要抓紧整改，力争在最短时间内整改到位；一时不能整改的，要落实防范措施，死盯死守，严防发生事故；对严重危及安全生产的，该停的停，该关的关，绝不能心慈手软、麻痹懈怠，导致重大事故发生。各级安全生产监督管理部门和监察部门要全面掌握事故隐患整改情况，对发现事故隐患不及时采取措施的、不依照规定保证事故隐患整改资金投入的、事故隐患整改不力而导致发生事故的单位及其负责人，要按照《××市重特大事故隐患整改责任追究规定》严肃查处。

同志们，全国和全省“两会”即将召开，各级、各部门、各单位要切实加强“两会”期间安全生产工作。要严格执行“两会”期间领导同志值班和事故专报制度，随时掌握安全生产动态，对各种异常情况必须组织力量及时妥善处理并按规定及时、如实向上级有关部门报告，保障安全生产信息渠道的畅通。要在思想上、组织上、措施上把各项安全生产措施落到实处，防止各类事故的发生，确保“两会”顺利召开。

第三节　现场会、报告会、汇报会、研讨会讲话稿写作

一、现场会、报告会、汇报会、研讨会讲话稿的写作概述

1. 现场会讲话稿概述

（1）现场会讲话稿概念

现场会讲话稿是指领导参观工作现场后，在组织召开的现场会议上所作的汇报总结性讲话。

（2）现场会讲话稿写作要求

①参观工作现场后要作出认真深入的经验总结；对需要进行安排部署的工作作出全面阐述；对今后的工作要明确指导思想并提出要求。

②对工作中存在的问题要作出强调与分析，并提出具体的指导意见；对提出的各项政策和措施要认真贯彻落实，使开展的工作能达到预期目标。

③内容上要层次清晰，富有逻辑性。

2. 报告会讲话稿概述

（1）报告会讲话稿概念

报告会讲话稿是指领导在报告会上就有关部门陈述工作情况，提出问题和意见，对工作中的主要做法、取得的成效、评价等进行叙述总结式的讲话。

（2）报告会讲话稿写作要求

①报告要深入调查研究，如实地反映。

②概括材料要具体全面，及时发现问题，从中找出本质性、规律性的东西。

③善于归纳，突出重点，提出有指导性的工作意见和评价。

3. 汇报会讲话稿概述

（1）汇报会讲话稿概念

汇报会讲话稿是指领导在召开的有关负责人汇报各自工作情况后所作的带有总结、指导性的讲话。

（2）汇报会讲话稿的写作要求

①汇报会讲话稿对汇报会上的工作汇报要进行全面归纳，不能挂一漏万，更不能以偏概全。

②对今后工作的指示和要求要具有前瞻性和长远性，并切实符合客观实际，同时具有较强的可操作性，尽量避免空话、大话。

③讲话稿要精练、短小、立意要新。

4. 研讨会讲话稿概述

(1) 研讨会讲话稿概念

研讨会讲话稿是指为开展、管理好某项工作，对工作管理经验和意见进行研究和讨论的讲话。

(2) 研讨会讲话稿写作要求

①研讨会讲话稿的立意要明确、新颖，要有创意。

②讲话用语要准确、科学，特别是专业术语不能有差错，尤其不能讲外行话。

③讲话中的总结、归纳要有高度，提出的问题要明确、一针见血，指出的努力方向和提出的建议要中肯、符合实际。

二、现场会、报告会、汇报会、研讨会讲话稿的写作范文

现场会、报告会、汇报会讲话稿的写作范文如下：

◇ “三项创建” 工作现场会讲话

在全县“三项创建”工作现场会上的讲话

×××

(××××年××月××日)

同志们：

这次全县“三项创建”工作现场会议是经县委研究同意召开的，是一次很重要的会议，会议开的时间也很长，形式也很活泼，昨天参观了一天，刚才×部长做了一个很好的报告，有许多话我都委托他在这个会上说，刚才他讲的三个问题讲得很全面，也很到位，我表示完全赞成。请各位同志回去以后，向单位主要领导认真汇报，抓好落实。今年以来的党建工作我们是很有成绩、很有特色、很有影响的，概括起来就是两句话：“特色工作特色鲜明，常规工作常抓常新”。所谓的“特色工作特色鲜明”就是县面包协会党委争创“十面红旗”抓出了特色，在全市乃至全省有一定的位置和较大的影响力，省委组织部已经确定我县作为9个单位之一参加全省“两新”组织党建工作交流会，换句话说，我们在争创全省“十面红旗”的道路上已迈出了坚实的一步，用南征北战的话来说，前面就是凤凰山了，我们要想方设法去争，把这面红旗拿到手。“常规工作常抓常新”就是党的建设有许多必

须要做好的事情，有许多规定动作，今年我们根据资溪的实际，创新了思路、创新了途径、创新了机制、创新了方法。比如说“三培两带”的问题，我觉得今年我们做得很好，尤其是创新方面，所以今年以来的党建工作县委是满意的。对存在的问题×部长也指出来了，希望大家引起高度的重视，要按照×部长的要求一项一项抓好整改。由于时间关系，我就如何抓好三项创建工作强调三点：

一、强认识、树信心、积极去争

“三项创建”首先就是基层组织（包括机关单位、各行各业）创“红旗单位”活动，第二就是我们县级班子创“123”好班子活动，即抓好“第一要务”、牢记“两个务必”、实践“三个代表”。第三是创乡镇“亲民、为民、富民”好班子活动，那么要搞好“三项创建”关键是要我们“强认识、树信心、积极去争”。我们要有与勇的比、与高的攀、与强的争的勇气。我在当时面包协会争创“十面红旗”的时候为什么提出“决心一次下足、措施一次到位、目标一次实现”的要求。我考虑，我们必须有这个气概、必须有这个魄力、必须有这个雄心和壮志。人没有精神，那将一事无成。你要想到这个事，人家能争我也能够争，人家能创的我也能够创，所以我们要解决一个认识问题，要解决一个信心问题，要解决一个勇气问题。人家能办到的事，我们也一定能够办到，人家能办好的事，我们一定能够办好。

二、抓特色、闪亮点、立足创新

光有雄心壮志没用，你必须脚踏实地、实实在在，按照省、市、县的会议精神和文件的要求，按照领导讲话的要求，结合我们自己的实际，要去干、去做，不能做表面文章，不能搞形式主义。这个是要经过严格的考核检查后，我们才能够实现目标的，所以我们要实实在在去做。那么做这个事，我提醒大家，按照常规的思路、常规的方法、常规的措施你是做不好的，所以你就必须要有自己的特色。要有自己的特色你就必须创新，所以这里我提出来，我们要“创新思路、创新途径、创新机制、创新方法”。你们要按照这“四个”创新，一条一条结合你自己的实际去做，要做到人无我有、人有我新、人新我特。比如：我们的面包协会，它是一个社团组织，在我们市里有××的物流协会、××的汽车运输协会，但我们有我们的特色，我们特色在哪里？围绕“双创五好”目标做大做强面包产业，“双创五好”就是我们的特色。流动党员管理是我们的一个亮点，我们的流动党员管理有我们的特色、有我们的载体，我们在面包协会党委建立支部，这就是我们创新的载体。前几天××镇党委书记×××同志给我汇报创建“三民”好班子活动时讲“亲民为民富民”都分解了目标，搞得很清楚，这些都是要创新的。这项工作首先是省委组织部在××抓点，×部长讲得很清楚，我们创“三民”好班子不是要求你村里怎么做，而是要求你本级乡镇怎么做，有的地方提出来“1+1”、“1+2”就是说你们要结合你的实际，要提出你们新的思路、新的方法、新的举措，人家到你们那里检查，要使别人觉得你这个地方是不同于其他任何一个地方的。×书记、我和×部长到时候去检查“三项创建”工作的时候，你就要用一两句话概括出你们的特色，你基层创“红旗单位”有什么好的特色，开展“三民”活动有什么好特色，用一两句话概括出你的特色。

三、创品牌、重实效、关键在实

既要有创先进的典型，又要力戒形式主义，隆重地推出我们的典型，闪亮登场。我们就是要把面包协会拿到省里面去，另外，我们能不能再拿出一些典型到市里面去？这就要靠大家的努力。但是我们又要反对形式主义，抓点的目的就是为了推动面上的工作，同时，这个点也要实事求是，也要实实在在，所以我们要求我们面包协会党委在争“红旗单位”的时候，更重要的就是要把我们本身工作做好，要使自己的面包产业走出困境。同时既要注重点上的水平，又要讲究面上的质量。比如说：×部长看到的面上不行，那就完了，我们今年几个典型孤掌难鸣呀！我们抓党建的出发点和落脚点就是经济要发展、百姓要富裕、社会要稳定，一个党员一面旗帜，前不久我们县里的四套班子带领一些同志看了我们“一招三化”的一些成果，那天我要在××开两个会，所以我没看完，汇报的时候，时间也很紧，所以我也没有发言，把话留给了大家说。后来我跟×书记说了，我们这几年，尤其是自去年以来，我们××有这么大的变化，主要有这几方面的原因：一是思路决定出路。我们找到一条好的路子。二是观念就是财富。观念一变天地宽，小小的山沟也能引得金凤凰。三是生态就是品牌。××优美的生态就是能引得我们外商的青睐，你要破解台湾客商在株溪投资这个谜，我想就是那里的环境。否则的话，你怎么都解释不通，台湾老板能到一个小小的山沟里投资吗？这就是我们生态的优势。四是团结就是力量。这一届的班子可以说是空前的团结，我们有这个局面，就是×书记这个班长带领我们四套班子、带领我们全体干部共同奋斗的结果。那么团结来自于什么？团结就来自于我们党的建设，来自于我们党组织的作用。我们是执政党，这一支队伍的好坏，就是我们党的建设的好坏，所以说××的发展离不开我们的建设，离不开我们这支高素质的队伍。说来说去我们抓“三项创建”、抓党的建设就一定要把经济工作紧密结合起来，我们既要抓好党的建设，又要抓好百姓的富裕。所以我想我们抓“三项创建”就一定要实，实实在在出实招、见实效。

我希望通过今天这个会议，我们的“三项创建”工作、我们的村建工作、我们的干部队伍建设，都会上一个新的台阶。

◇先进典型事迹报告会讲话

弘扬人民教师师德　为了未成年人健康成长

——在××同志先进事迹报告会上的讲话

×××

（××××年××月××日）

老师们、同学们、同志们：

刚才，我们怀着感动的心情聆听了××同志先进事迹报告团五位成员的报告，受到了一次具体、生动、深刻的师德教育。××老师在近50年的从教生涯中，无论是在岗还是退休，无论是成功还是挫折，始终把理想和信念锁定在“终身献给人民教育事业和红领巾事业”的崇高誓言上，落实在教书育人的一言一行之中，为我们铸就了一个具有鲜明时代特征的师德楷模，一个保持共产党员先进性的时代先锋，在这里，我代表报告会主办单位，代表全国广大教师和教育工作者，向××同志致以崇高的敬意，向报告团成员表示衷心的感谢！

××老师的事迹感人至深，动人心弦，得到了全社会人民群众的广泛赞誉。湖北省人民政府授予××同志“师德楷模”的光荣称号，教育部党组作出《关于向××同志学习的决定》，团中央授予××同志“星星火炬奖章”。今天，中宣部、教育部、团中央、湖北省委、北京市委联合举办××同志先进事迹报告会。这次报告会是在中央领导同志高度重视和直接指导下进行的。

今天上午，陈至立国务委员亲切接见了××同志和报告团成员，号召全国广大教师和教育工作者向××同志学习，充分体现了党和国家对教师队伍建设和未成年人思想道德建设工作的高度重视和关心，对我们广大教育工作者是极大的鼓舞和鞭策。报告会后，报告团还将赴全国部分省（市）作巡回报告，我们要在全国教育战线掀起向××同志学习和师德宣传教育的新高潮，在全社会进一步营造尊师重教和关心未成年人健康成长的良好风气。

××老师是一位普普通通的乡村教师，却有着这么多动人的故事，在平凡的岗位上，创造了不平凡的业绩。他的先进事迹，平凡中见伟大，朴实中显崇高，细微中有真情。毛主席曾经说过：“一个人做点好事并不难，难的是一辈子做好事，不做坏事，一贯地有益于广大群众，一贯地有益于青年，一贯地有益于革命，艰苦奋斗几十年如一日，这才是最难最难的啊！”我们的××老师就是这样一个几十年如一日的人，××老师的事迹都不是惊天动地的大事。这些事情看起来人人都能做到，但××老师的不同凡响之处，他的伟大之处就在于，他把每个人都能做到的小事，坚持不懈地做了47年，还将继续做下去，成就了不是所有人都能做成的大事。××同志的事迹是广大人民教师教书育人、无私奉献的集中写照。中国有1000多万教师，大家每天都在做一件又一件平凡的事情，但正是我们这些平凡的工作，积累在一起，就构筑了教育这个崇高的事业，这个事业联系着亿万青少年的成长，联系着千万个家庭的幸福，联系着祖国的明天和民族的未来，我们的事业是伟大的事业、光荣的事业、神圣的事业。

这次报告会的主题是“为了未成年人的健康成长”。一个孩子是一个家庭的希望，亿万个孩子是我们中华民族的希望。我们的学校、家庭、社会应该全体动员起来，一定要千方百计为我们的孩子提供最好的教育，提供最好的成长环境。一个园丁最高兴的是看到他种植的小树苗壮成长，一个教师最欣慰的是看到他培育的学生成人成才。为了一切孩子，为了孩子的一切，把自己的一切献给孩子们，××同志在平凡的岗位上用爱和责任谱写了一曲“为了未成年人健康成长”不平凡的颂歌，为我们树立了学习的榜样。

××同志的先进事迹再次告诉我们，我们的教师队伍是一支值得信赖的队伍，是一支特别能战斗的队伍。尤其是广大农村教师，在困难的条件下和艰苦的环境中，志存高远，以苦为乐，默默奉献、辛勤耕耘，把自己的青春奉献给下一代，奉献给祖国的未来。他们中不少同志从风华正茂到两鬓斑白，生命不息，育人不止，体现了人民教师的品格和风范，他们无愧于人民教师的光荣称号。××同志就是他们中的杰出代表。百年大计，教育为本；教育大计，教师为本。发展教育事业，必须全心全意地依靠人民教师这支队伍，必须坚定不移地建设好人民教师这支队伍。

老师们、同学们、同志们，让我们高举邓小平理论和“三个代表”重要思想的伟大旗帜，在党中央领导下，在模范教师高尚师德精神的鼓舞下，大力加强教师队伍建设，关心和促进未成年人健康成长，为办好让人民满意的教育，为实现中华民族的伟大复兴而努力奋斗！

◇建功立业报告会讲话

在市女职工为全面建设小康社会建功立业报告会上的讲话

×××

（××××年××月××日）

同志们、姐妹们：

为了庆祝“三八”国际劳动妇女节94周年，今天，我市各行业女职工代表、市县区及市直工会女职工委员会干部在这里隆重集会，召开庆“三八”女职工为全面建设小康社会建功立业先进事迹报告暨女职工“双文明建功立业”表彰大会。借此机会，我代表市委、市政府，向全市广大女职工致以节日的问候！向受到表彰奖励的先进个人表示衷心的祝贺！

党的十六大明确提出了全面建设小康社会的奋斗目标。近年来，全市上下在市委、市政府的正确领导下，紧密结合××实际，开拓创新，大胆谋划，抢抓机遇，加快发展，围绕“三增一稳”、“五个加快”及全面建设小康社会、加快推进建设××东部经济强市的目标任务，发愤图强，使我市经济社会发展步伐不断加快。特别去年，是我市改革、发展史上具有开创性意义的一年，国内生产总值达到83.6亿元，创近7年来的最高水平；规模以上工业增加值增长26%，增幅位居全省前列，工业企业实现了近三年来第一次整体扭亏增盈。特别是大口径财政收入达到7.6亿元，增长33.5%，增幅高于全省平均水平。全市“三增一稳”的年度目标全面实现，“五个加快”取得突破性进展，各项社会事业也取得了新的成就。这些成绩的取得，与广大女职工的艰苦创业和努力工作是分不开的。全市经济加速发展，社会稳定，民族团结的大好局面，凝结着广大女职工的辛劳、智慧和力量。对此，我代表市委、市政府向你们并通过你们向全市广大女职工表示崇高的敬意和衷心的感谢！

建强市、奔小康是一项庞大的系统工程，离不开全市各行各业、各族各界人民的共同参与。广大女职工作为工人阶级的一部分，是我市全面建设小康社会一支重要的人力资源，蕴藏着无穷的智慧和力量。刚才12位代表的先进事迹已经充分证明了这一点。×××等一批女科技工作者，刻苦钻研，勇于探索，努力把科技成果转化为我市新的生产力和经济增长点；×××等教育战线的女知识分子，教书育人，甘为人梯，为培养人才辛勤耕耘；×××等一批女医务人员，救死扶伤，为维护人民群众的生命和健康兢兢业业，勤奋工作；公路工程建设局的女职工为××“一线三点”工程及道路的畅通铺路架桥，出力流汗；×××等公安战线的女干警为保地方平安和社会稳定，甘愿奉献；××厂、××厂、××厂、××集团、××水泥厂等企业一线女职工立足本职，积极进取，建功立业，争创一流；×××等一大批下岗不失志的巾帼创业带头人在非公经济领域树作为，谋发展，为全市女职工做了榜样。可以说，广大女职工自觉地投身并参与全市建强市、奔小康建设的行列，是时代赋予大家的光荣使命，也是女职工义不容辞的责任。新形势下，我市提出的工业强市带动战略，深化企业改革，加快非公经济发展，推进城镇化进程等措施，为广大女职工参与全面建设小康社会提供了良好的机遇和施展才华的平台。广大女职工一定要认清形势，努力把思想和行动统一到党的十六大及十六届三中全会精神上来，统一到市委、市政府谋划的建强市、奔小康奋斗目标上来。要紧紧围绕全市经济社会发展的宏伟目标和任务，振奋精神，与时俱进，开拓创新，丰富和深化女职工“双文明建功立业”活动载体，在我市全面建设小康社会的伟大实践中，再创新业绩，再创新岗位，再创新辉煌。建强市，奔小康是一项艰巨的历史任务，离不开大批高素质人才的积极参与。知识经济、信息时代的到来，对劳动力素质有了新的更高要求。

科技的进步与发展，人才是关键。

综合国力的竞争，归根结底，是人才的竞争。全面建设小康社会是一项宏大的工程，需要全民参与，更需要全民素质整体的提高。

当前，我市的经济发展确实很快，迈上了快车道。与周边毗邻地区相比，与经济发达地区相比，我们的差距还很大。对于我市这样一个欠发达地区来讲，加快发展是第一要务，是解决所有问题的关键。然而，从人才总量上看，目前全国每万人拥有大专以上学历人员361人，全省266人，我市138人；全市每万人中拥有专业技术人员122人，低于全省平均水平，高层次、高技能和复合型人才严重匮乏，人才已成为制约全市经济社会发展的“瓶颈”。但事物的发展必有两重性，困难与机遇同在，广大女职工一定要坚定信心，增强紧迫感和责任感，以自强不息、顽强拼搏的精神，加强学习，提高素质，提升竞争力。要通过各种有效途径和方式，努力学习科学文化知识，增加知识储备，掌握现代业务技能，不断提高自身的综合素质，增强建强市、奔小康建设的本领，成为适应市场经济社会发展的复合型人才。要积极参加岗位练兵、技术比武、技术革新、创新等活动，不断增强创新意识和创新本领，广大女知识分子、女科技工作者要发挥带头、带动、示范作用，正确处理个体利益与整体发展之间的关系，加快提升科技知识、科技成果转化为生产力的速度，通过创新、创业、创造，实现自身价值与经济小康社会的共同进步与发展。下岗失业妇女要以先进典型为榜样，鼓起迎接挑战、战胜困难的勇气和信心，树立创业光荣、竞争就业的新观念，进一步挖掘潜力，积极投身创新业的实践中，依靠自己的聪明才智，拼搏进取，通过再就业，赢得社会的尊重和承认。

建强市、奔小康是一项事关全局和长远的战略目标，离不开各级组织的坚强领导。工人阶级是我国社会主义现代化建设事业的主力军，是全面建设小康社会的实践者。工会是党领导下的群众组织，是党联系职工群众的桥梁和纽带。各级工会组织一定要立足大局，服务大局，充分发挥职能作用，要用“三个代表”重要思想统揽工会工作，要把工会女职工工作放在全局中来思考，来部署，来推进。要指导女职工委员会加强对女职工的培训教育，不断提高女职工队伍的整体素质和综合素质。要按照《劳动法》、《工会法》、《妇女权益保障法》等，把女职工的权益代表好，维护好，发展好。要把维护权益与办实事相结合，使女职工获得有效的政治民主权利、劳动权利及就业保障和生活保障。要推动和监督男女平等的发展进程，反对性别歧视，推动《中国妇女发展纲要》指标的落实。市委一届四次全会（扩大）会议提出了“认准改革抓企业不动摇”的思路，前不久，又召开了全市“抓项目、抓企业、抓党建”会议，明确了企业改革的重点任务和目标。各级工会和女职工委员会要围绕全市企业改革的深化，重视做好企业女职工工作，做好企业和非公有制企业女职工权益的保护，尽最大努力帮助她们解决实际问题。要关心在企业改革中下岗失业女职工的再就业和生活问题，充分利用工会教育、培训阵地，开展对下岗女职工技能培训、职业介绍和就业指导。同时还要关注女劳模、特困女职工的困难，为她们送去党和政府的关怀与温暖。去年，市总工会组织举办的下岗职工培训班、建立的“再就业帮扶中心”，以及开展的访贫送温暖活动，很及时，发挥了很好的作用，得到了市委、市政府的高度赞扬。在工会女职工工作中，各级各部门女职工委员会是第一责任人。因此，各级工会组织要加强对女职工委员会的领导，重视女职工组织建设，要做到哪里有女职工，就在哪里建女职工委员会。要加大对工会女职工工作人员的培训，教育，培养，选拔力度，把那些政策观念强、理论水平高、综合素质好的女干部选配到工会女职工委员会岗位上来，努力把女职工组织建设成为坚强团结、务实高效、群众信赖的女职工之家。各级女职工组织要自觉接受工会组织的领导，要以十六大精神为指导，不断加强自身建设，紧紧围绕全市改革、发展、稳定的大局开展工作，转变观念，加强学习，加强调研，深入到广大女职工中间，了解她们的呼声和反映，教育引导女职工正确对待改革中的利益调整，处理好个人与集体、局部与整体、眼前与长远利益的关系，组织开展健康有益、寓教于乐的竞赛及争创活动，把女职工的思想和行动统一到建小康、奔强市的奋斗目标上来，努力把全市工会女职工工作提高到一个新水平。

同志们，××××年是深入贯彻党的十六大和十六届三中全会精神的重要一年，也是全面实现“十五”计划的关键一年。做好今年的各项工作，对于保持几年来全市经济社会发展的好形势，加快建设甘肃东部经济强市，全面推进小康建设具有十分重要的意义。让我们在市委、市政府的正确领导下，高举改革发展的旗帜，全面贯彻“三个代表”重要思想，进一步解放思想，与时俱进，开拓创新，团结奋斗，以奋发有为的精神状态，为我市建强市、奔小康再做贡献，再立新功。

最后，祝全市广大女职工节日愉快，工作顺利，身体健康，阖家欢乐！

◇扶贫工作汇报会讲话

在县扶贫工作汇报会上的讲话

×××

（××××年××月××日）

首先，我代表××市委、市政府和全市××万各族人民向在百忙中挤时间深入基层、进村入户对我市的扶贫攻坚工作进行调查研究，对下一步扶贫攻坚工作提出明确要求和重要思路的×××主任表示衷心的感谢！×××主任刚才的讲话令我十分激动，也十分感动，深感我们各级干部今后肩上的担子更重、压力更大，但是我们也觉得有动力。我们深信，有省委、省政府的关心，有×××主任的具体帮助指导和支持，我们更加有信心在今后的工作中把××市的脱贫致富奔小康，特别是重点县××县脱贫致富奔小康的工作做好。×××主任的讲话，充分体现了"三个代表"重要思想和省扶贫开发工作会议精神，切合××实际，符合××情况。希望××县委、县政府几套班子认真传达贯彻好×××主任的讲话精神，扎扎实实工作，使××的扶贫攻坚工作取得新的突破。回市里以后，我们将召开全市扶贫开发工作领导小组会议，对×××主任的讲话精神认真抓好贯彻落实，在全市掀起扶贫攻坚的新高潮。

我到××工作时间还不到两个月，对××的情况不了解，到××也是第一次。我以前听到的关于××、××的信息，一般都是不好的信息。昨天来了以后，感到××并不像过去传的那样，××有××的优势，有××万勤劳勇敢的人民，有自力更生、艰苦奋斗的精神，有团结协作、能战斗的领导班子。××虽然条件艰苦，但是同志们在这样艰苦的环境中做了力所能及的工作。在此，我代表市委、市政府和×书记、×市长向同志们表示慰问。这样的工作环境能够坚持、能够战斗、能够做出成绩，这就是值得我们弘扬的最伟大的民族精神和创业精神。守住这个阵地就十分不容易，还发展了。希望同志们再接再厉。全县各级干部和各族人民要把思想统一起来，统一到省委、省政府和省扶贫办×××主任的指示和市委、市政府的经济社会发展要求上来，心往一处想，劲往一处使，转变思想作风，扎实工作，我想××的明天是会美好的。同时，要树立起必胜的信心，实事求是地看待我们当前面临的困难和问题。一是由于历史的原因，人口过度膨胀。××县××××平方公里的土地，又不是一马平川，老天又不帮忙，气候也不好，那么多人口，已经远远超过了承载能力，这是一个大问题。二是生态环境、生存条件十分脆弱，经济发展水平相当低，人均生产总值才一千冒一点头。按照党中央、国务院提出的2020年奔小康目标的标准，人均生产总值要达到3000美元，基本奔小康也要2500美元。人均生产总值2500美元就是2万多元人民币，而我们人均生产总值才1100多元，要达到2万元还有很大差距。农村经济相当滞后，昨天经过的地方，据说还是比较好的。×××主任下次来，我再陪着你来，与××县委、县政府的领导一起，干脆就一竿子插到底，到那些真正无法生存、要易地搬迁的地方，到杈杈房多的地方去调研，真正把情况搞清楚。三是劳动力素质比较低。这一系列的问题，都是制约着我们发展的主要问题，只要把这些问题分析清楚，××的扶贫攻坚问题就好办了。要正视差距，找准努力的方向。不能再安于现状，要有紧迫感、责任感，××困难很大，但也有很多优势。

通过听了××县扶贫攻坚的情况汇报，联系××工作的实际，我再提几点要求。

一、要理清发展思路

认识问题才能谈得上解决问题，认识是先导。所以我们经常说知难行易，要使128万多人基本实现小康，我们该怎么做，这个思路一定要再进一步理清。从刚才听到的汇报来看，××扶贫攻坚的思路是清晰的。××的问题怎么解决，在市劳务输出会议上我讲过，××的问题现在不是光说两手抓，两手抓就要两手都硬才行，在扶贫攻坚、脱贫致富奔小康的进程中，我们要多管齐下，具体来说就是××提出的“三个三分之一”，这是市委、市政府都要把它确认下来作为全市扶贫攻坚的一个基本思路，就是要抓好的三项重点工作。全市470多万贫困农民光靠给他点钱盖点房子，××的问题是解决不了的。

所以，第一个问题是要落实好扶贫攻坚的若干优惠政策。市委、市政府已经反复重申，哪个县动了扶贫资金，首先拿书记、县长是问。刚才×××主任说这番道理已是语重心长，我们穷，争取到资金又不去落实，挪用到别处，老鼠拖秤砣连路都堵死了，你让人家领导咋个支持你。讲政治、讲大局、讲团结、讲稳定，我们就要从这些具体工作做起，其他困难你们以后可以逐步汇报。保吃饭的问题是另一个问题，市委、市政府一定会认真考虑，市里解决不了，就向省委、省政府汇报，省委、省政府也会支持的。如果把扶贫资金拉来吃掉，最后还要受处理，那就不值得了。所以在这里，我代表市委、市政府作出承诺：今后决不挤占挪用扶贫资金。这一点要从××做起。至于××的困难和问题，市委、市政府一定会特别关注，也会采取特殊措施，只要大家一起努力，和省里的思路对接起来，问题是会解决的，困难也是能克服的。发展思路清晰了，关键就是抓好落实。一定要树立一个诚信的政府、诚信的县市形象，穷一点不怕，只要整个外界都说××这个地方不错，虽然穷，但干部群众很好、很能干，这样××的问题就好解决了。但现在我们的情况外面不了解，如果大家都说这个地方不真诚就都不敢来，怎么能得到人家的支持和理解。所以，我认为树形象、建立诚信政府这个问题对××很重要。扶贫资金的管理问题不仅仅是××，全市都绝对不能挤占挪用，要把这个钱用好。要让各级干部知道，我们自己的配套资金拿不出来，要向上级汇报，但上级下拨的钱必须用好，老百姓该投工投劳的要投一点，增加点投入，努力把扶贫攻坚工作抓好。有了资金投入，加强农业基础设施建设，围绕增收调结构、依靠科技增效益、突出特色闯市场，解决留在土地上的三分之一人口是没有问题的，甚至解决人口的一半。××搞工业化、城镇化在近期内吸纳三分之一劳动力就业是有困难的，所以一定要抓好扶贫工作，抓好农业农村工作。这是第一项工作。第二项工作要跳出农业抓农业，发挥资源优势进行经济结构大调整，通过推进工业化、城市化来带动转移一批。××已经召开了新型工业化工作会议，现在确定抓四大产业，一个是“两烟”及“两烟”配套产业，要做大做强，使烟税从现在的8亿多元增加到15亿到16亿元。为什么定这个目标，是因为我们有潜力，去年我市的卷烟单箱税才1600多元，而××烟厂单箱税达1万元。如果××卷烟税每箱达到3000多元，就翻了一番，所以我们“两烟”及“两烟”配套税收提高到15亿元以上，是没有问题的。××有丰富的能源资源，三个大电站由国家投资来建设，建成后分一半给××就是1500多万千瓦的装机。我们的小水电站还可以开发建设300万千瓦，加起来将近2000万千瓦。2000万千瓦的装机，那是多么大的一块蛋糕呀。这个产业我们算一下，2000万千瓦的装机算1000亿度电，就是200亿元的销售收入，这是相当可观的一笔收入。第三是丰富的矿产资源和电结合起来，做好我们的特色产业。第四就是围绕扶贫攻坚进行生物资源开发和农产品加工，用工业的理念抓农业，带动农民增收。对××来说机遇来自于煤炭产业，这个产业带动能力很强。如果煤炭开采到1000万吨，就有5万人的产业工人，这5万产业工人有了钱他就不来找我们的扶贫办主任了。发电厂是高科技，吸纳不了多少劳动力。但电厂的配套设计要一步脱硫，就需要45万吨的石灰石，石灰石生产由地方来干，民营企业采石厂就烧石灰卖给电厂，又解决了部分农民的就业。石灰石一脱硫出来就是钙，加上电厂烧出来的灰，又为建材业提供了原料。只要和温饱村、攻坚村工程结合好，就能加快脱贫进程。但农业是基础，一定要重视，不要就农业抓农业，也不要就扶贫抓扶贫，关键是怎么落实。这是第三个三分之一。华电××发电厂工程要尽快启动，否则说得再好如果动不了，喊几年都还不动，那是空的。干起来了才能给××带来效益，有了效益，财政才发得了工资，就不会挤占挪用扶贫资金了，××以前是没有办法，迫不得已而为之。

二、抓好剩余劳动力的转移

市委、市政府研究决定，在现在输出66.7万人的基础上实施“百万劳务输出工程”，即输出100万人，创收20亿元。这个计划是不高的，一个人一年除了他自己吃掉花掉，他只纯净地创收2000元，这个目标就实现了。我们的劳动力素质都很差，大部分都只是上过小学，没有技术，所以这项工作要认真抓好。大家要按×主任的要求抓好落实，特别是×主任今天又给××一个特殊小灶政策，增加1万人的培训指标，说白了就是又拿100万元给××搞培训。××是××劳务输出做得好的县，希望这次要成为全省的典型，要给你们定这个目标，要树立××的劳务输出品牌。在经济工作、扶贫攻坚上，希望你们一个产业一套班子地认真抓好落实。一个产业一套班子，一套政策一笔扶持资金，一个领导负责，干成了就给奖。希望××在几个主要产业上先这样做，请几套班子一起上，成立几个产业领导小组，认真抓好。如果不明确责任、落实职责，这个也管，那个也管，最后一个都不管，都是集体负责，结果一个都不负责。一定要在这方面抓好突破，提高效率，如果这个也管那个也管就麻烦了，决策程序又复杂，好多事情知都不知道人家就干掉了，有问题是这个推那个，最后推给领导，推给市委、市政府。这样就不行，那是对××人民不负责任。希望从××做起，书记、县长回来后，你们统一一下，按×主任的要求，把扶贫攻坚几个重点工程列出来，工业发展、产业带动、煤炭产业和特别是×主任安排的2万农民的培训要认真抓好，农业产业化要有专人抓，给了这笔钱，如果抓出效果来了，×主任下次来看到确实不错，再向×主任要指标，这次他答应200万元，下一次可能就是500万到600万元了，这个雪球就滚大了嘛。所以我觉得××在整个扶贫开发，在抓“三个三分之一”上，思路是很正确的，关键是要抓好落实。

三、转变作风

深入实际抓好落实。任何正确的思路，如果是在落实过程中间泡了汤，没有落实到最后那一点上，就不起什么作用。要转变作风，在座的干部要带头抓落实，乡镇、村要带头抓落实。×主任安排的四项工作要抓好落实，安居工程、温饱村、易地转移、劳动力资源开发都要抓得扎扎实实。今年我们在重点村工程实施中必须加进一条就是产业结构调整扶贫。我们今年准备筹集千把万，集中干几个重点工程。我们已经议过了，过几天×主任召开一个扶贫办主任会议，贯彻落实省里面会议精神和市里面的意见。市委、市政府还要专门开一个会。抓落实在基层要讲，“三个代表”重要思想要讲，如果连代表先进生产力都不知道，先进文化前进方向也不知道，代表最广大人民群众的利益也不知道，那是不对的。但是怎么代表？只要发展就代表了。如果穷得什么都拿不出来，你代表谁？所以，要把思想统一到发展上，衡量我们工作的好坏和作风的优劣，就是发展了没有，就是看工作做好了没有。要重视结果，落后地区过多地重视过程，重视提思路，重视开会，重视所谓的调研，而不重视结果，这是一个必须引起各级干部高度重视的问题。如果我们只重视开会、研讨、讨论，发展就是一句空话。实践是检验真理的唯一标准，只有干好，我们再来总结我们的思路，还有什么不完善的地方，通过实践、认识、再实践、再认识，我们的各项工作就能够上一个新的台阶。

四、结合当前扶贫开发的目标任务，把各项工作做好

一是要扎扎实实抓好烤烟生产。今年要下死决心抓好烤烟生产，认真做好烤烟生产各个环节的工作，尽最大努力打一个翻身仗，为实现市委、市政府提出的赶上全省水平的目标奠定坚实基础。二是计划生育工作，要挖穷根了，堵死掉。今年的结扎任务必须完成。当然，放环也要开展。但是，现在农村的计划生育重要的一点就是长效节育，“一放二扎”，特别要突破双女户的结扎，现在难度最大的就是只有两个女娃娃的农户，重男轻女思想根深蒂固，非常艰难。今年市里下达××的是12000例的任务，只能超额，不能打折扣。今年不能再像过去找这样理由那样理由，不能再推，必须顶住一切困难，坚决完成，只有顶住，我们的目标才能实现。计划生育不能再放松了。三是做好当前春耕备耕工作，抓好粮食生产措施的落实。这是现在农民增收、解决温饱最直接的措施，帮助群众把生产搞好，这也是扶贫的一条最直接的措施，最常规的措施。抓住农作物栽种最佳节令，坚持优良品种，搞好科技措施推广，扎扎实实抓一抓。四是注意一下对外宣传，抓好落实树形象，有一个好的发展氛围，这个很重要。前段时间在××有个别××打工的人、少数人做了一些违法违纪的事情，结果也夸张得太过分了，说什么“南站、北站××人说了算”，真的是××人说了算吗？如果××人说了算就好办了，他就懒得去南站、北站。毕竟是个别人、少数人，××还有大多数的人是辛勤劳作的，为××的现代化建设做出了艰辛努力。但是宣传上就不行，所以××县委、县政府把公安派上去，加强管理，成立临时党支部，这一宣传××人民勤劳勇敢的形象就出来了。现在任何工作都要坚持依法行政，树一下形象，这不仅是你们的问题，也是××全市的问题。我们这几年经常上《焦点访谈》，我们再也经受不起了，该吃点“补药”了。莫老是天天又穷又落后还要吃“泻药”，吓得领导也不敢来，我们这个地方发展就更难。营造一个好的发展环境，营造一个团结、求实、奋进的创业环境，营造一个诚实守信的法制环境，这个很重要。同时要注意转变政府职能，让外来投资者在××落住脚。抓软环境，这是××现在需要最重视的，希望从××做起，你们是大县，你们的问题解决了，××就解决了1/4多的问题了。我们坚信，在省委、省政府的关心支持下，在×××主任具体帮助指导下，有我们各级干部、全县人民的自力更生、艰苦奋斗、扎

实工作，就能够把××的扶贫攻坚、脱贫致富奔小康工作做好。因为我来这里工作的时间不长，特别是到××的时间很短，所以有些事情不一定看得准，仅供同志们参考，说得不对的，请同志们批评。

◇经济发展研讨会讲话

在经济发展暨“三大战略、六大突破”研讨会上的讲话

×××

（××××年××月××日）

“三大战略、六大突破”，不但符合十五大的精神，而且完全符合××的实际，是一个很有创意的发展战略，我想谈一下对××实施这个发展战略的建议。

第一点，如何把改革和发展很好地结合起来。“六大突破”，里面有非常重要的两条，一条是产业结构要转换，还有一条是经营机制要转换，这两条一个体现发展问题、一个体现改革问题，其他的也与这两条有关系。整体来讲××经济应该是二元经济，传统的农业和现代工业并存。从二元经济到现代经济的转换，这是市场化的一个层面，这个层面是改革问题；从计划经济到市场经济转换是另外一个层面，这个层面是发展问题。而从某种意义上讲，改革问题比一些发展问题还要难，因为改革问题要受意识形态、既得利益的制约，而发展问题是比较自然的过程，这两个东西怎么结合是一个难题，下一步不管××也好、全国也好，都有一个改革和发展怎么进一步良性互动的问题。

第二点，如何把发展高科技产品与发展劳动密集型产品结合起来。我们国家技术密集型和劳动密集型产品并存是非常明显的，××则更不例外。我觉得发展高科技产业的时候不要忘记发展劳动密集型产业，这方面我们的优势不能丢。

第三点，如何把内部的发展和外部的发展很好地结合起来。最近我们到××、××、×××进行了考察，这三个是海港城市，应该说发展海港经济很有潜力。根据××的发展规划，要将×××地区发展成城市带，这个构想我认为很好，但是需要长期的努力。第一就是要把这些海港城市带跟内地的地区连起来，不光要跟××以及××串联起来，甚至也要和××、××等中南地区以及西部的经济发展联系起来。同时××搞区域经济发展的时候，怎样从亚太经济角度来看待经济区域合作，并和经济全球化连在一起，我认为也是一个非常值得考虑的问题。

第六章　庆祝、纪念性讲话稿写作

第一节　庆祝、纪念性讲话稿写作概述

（一）庆祝性讲话稿概述

1. 庆祝性讲话稿的含义

庆祝性讲话稿，是领导干部在重大节日或庆典上发表讲话时使用的稿件。

2. 庆祝性讲话稿的写作要求

（1）内容既要有理论性又要有针对性，既要有明确主题又要有充实材料。

（2）结构要合理，环环相扣，首尾呼应，逻辑严密。

（3）语言既简洁明快、生动流畅又通俗易懂，既朴实无华，又充满激情，语气要坚定有力。

（二）纪念性讲话稿概述

1. 纪念性讲话稿的含义

纪念性讲话稿是领导干部在重大纪念性活动或会议上发表讲话时使用的稿件。

2. 纪念性讲话稿的写作要求

（1）内容上，要有理论性和针对性，要有明确的主题。

（2）在结构上，安排要合理、层次结构严谨，条理清晰，前后照应逻辑严密。

（3）语言要简洁明快、通俗易懂、朴实无华、充满激情，坚定而有力。

第二节　庆祝、纪念性讲话稿写作范文

◇在庆祝“五一”国际劳动节大会上的讲话

在××省暨××市庆祝“五一”国际劳动节大会上的讲话

×××

××××年××月××日

同志们：

今天，我们在这里隆重集会，共同庆祝全世界工人阶级和劳动群众的盛大节日“五一”国际劳动节。在此，我代表中共××省委、省人大、省政府、省政协、省军区，向辛勤工作在各条战线上的全省广大工人、农民、知识分子和全体劳动群众，向荣获“五一”劳动奖状、奖章的先进集体和先进个人致以崇高的敬意和诚挚的问候！

过去的一年，在中央和省委的正确领导下，全省上下紧紧围绕振兴××老工业基地和全面建设小康社会这一中心任务，坚持以科学发展观统领经济社会发展全局，我省国民经济实现了平稳较快增长，发展的活力、动力和能力进一步增强，为“十一五”时期的经济发展奠定了良好的基础。这些成就的取得，凝聚着全省人民的聪明智慧和辛勤汗水。今天荣获全国、省、市“五一”劳动奖状、“五一”劳动奖章的先进集体和先进个人，是我省工人阶级和劳动群众的杰出代表。在你们身上，突出体现了工人阶级和劳动群众坚定的理想信念、高昂的劳动热情、强烈的进取意识、良好的职业道德和无私的奉献精神。你们以自己的实际行动铸就了爱岗敬业、争创一流，艰苦奋斗、勇于创新，淡泊名利、甘于奉献的伟大劳模精神，不愧为我省改革和建设的功臣、社会的中坚、时代的楷模。

××××年是“十一五”发展的开局之年，也是振兴××老工业基地进入实质性突破阶段的重要一年。综观“十一五”发展，机遇与挑战并存，机遇蕴含在对挑战的应对和克服之中。我们必须始终依靠工人阶级，充分发挥工人阶级的主力军作用。工人阶级始终是我们党最坚实、最可靠的阶级基础，始终是推动先进生产力发展和社会全面进步的根本力量，始终是不断发展最广大人民根本利益的坚定力量，始终是维护社会安定团结的可靠力量。全省广大职工和劳动群众要始终以坚定的信心、饱满的热情和奋发有为的精神状态，胸怀大局，奋力拼搏，不断提高创新能力、竞争能力和创业能力，做自主创新的模范，打造一批×

××式的创新团队，进而增强企业的核心竞争力和产品自主创新的能力。我们要树立正确的荣辱观，弘扬真善美，摒弃假恶丑，大力弘扬工人阶级的崇高思想和优秀品质，用工人阶级的先进思想影响和带动全社会。要以高度的政治责任感和主人翁精神，认真行使管理国家、管理经济和社会事务的权利，积极参与本单位的民主决策、民主管理和民主监督，促进社会主义法制建设。

我们要在全社会大力弘扬伟大的劳模精神。劳模精神，是我们伟大民族精神的重要体现，是激励我们奋勇前进的重要精神动力。要在全社会广泛宣传劳动模范和先进工作者的先进事迹、优秀品质、高尚精神，推动全社会进一步尊重劳模、关心劳模、学习劳模，使劳模精神不断发扬光大。广大劳动模范和先进工作者要珍惜荣誉、谦虚谨慎，发扬成绩、再接再厉，为党和人民再立新功。各级政府要高度重视劳模工作，从政治上关心、生活上爱护劳模，切实为劳模解决实际问题。

工会作为党领导下的工人阶级的群众组织，是党联系职工群众的桥梁和纽带，是职工合法权益的表达者和维护者，也是国家政权的重要社会支柱。全省各级工会组织要紧紧围绕“加快发展、振兴××”这个主题，充分发挥自身优势，最大限度地把广大职工群众团结起来、动员起来，使他们改革和发展的积极性充分发挥出来。要认真履行维护职工合法权益的基本职责，推进协调劳动关系机制建设，支持配合有关部门依法严肃处理侵犯职工合法权益的行为，确保职工合法权益不受侵害；要切实为职工特别是困难职工做好事、办实事、解难事，协助政府做好下岗职工再就业和基本生活保障工作，扎实推进和谐社会建设。当前，工会要主动适应工人阶级内部的新变化和职工群众的新要求，以求真务实的精神把进城务工人员最大限度地组织到工会中来，不断巩固党的阶级基础，扩大党的群众基础，巩固党的执政地位。各级党委要充分认识新时期加强工会工作的重要意义，进一步加强和改进对工会的领导，认真研究工会工作面临重大问题，积极探索新的工作机制和工作方法，支持工会依照法律和工会章程独立自主地开展工作。

同志们，让我们更加紧密地团结在党中央周围，为创造××更加美好的明天而努力奋斗！

◇庆“五四”颁奖文艺晚会上的讲话

在全县庆“五四”颁奖晚会上的讲话

青年朋友们、同志们：

再过几天，就是“五四运动”86周年纪念日。今天，团县委在这里隆重举行××××五四颁奖晚会，表彰一批在×××××中涌现出来的杰出青年代表，很有意义。我代表县委向全县广大青年朋友们致以节日的问候！

×××现有20多万团员青年，广大青年朋友们为把我县建成××××××发挥了突击队、生力军的带头作用，为我县三个文明建设做出了积极的贡献，县委、县政府感谢你们，并希望你们再接再厉，继续努力，再立新功，再创辉煌。借此机会，我对全县各级团组织和广大青年朋友们提三点希望：

一是要努力学习，坚定信念。

现在进入了信息化和知识经济时代，社会发展变化很快，谁不学习就会落后。实践证明，进步是从学习开始的，退步是从不学习开始的。全县各级团组织和广大团员青年一定要加强学习，形成自觉学习，终身学习的好风气，否则，就会眼界不宽、思路狭窄，办法陈旧，出现本领恐慌，就难以承担我们应肩负的历史重任。同时，理想信念是一个人的精神支柱。我们全党全团的理想信念就是要坚定建设中国特色社会主义的理想信念，全面建设小康社会，并为实现中华民族的伟大复兴而努力奋斗。要实现这个理想，这将是个漫长的历史过程，可能需要100年甚至更长的时间，需要几代人、十几代人，甚至几十代的努力才能完成。对于每一个共青团员青年来说，“最可怕的敌人，就是没有坚定的信念”。为此，全县广大团员青年一定要坚定理想信念，牢固树立正确的世界观、人生观、价值观，自觉抵制拜金主义、享乐主义、极端个人主义的诱惑，为把自己培养成为全面建设小康社会的合格建设者和接班人而奋力拼搏。

二是要服务大局，继续发挥经济建设的突击队和生力军作用，积极投身×××经济建设主战场。

目前，我县正处于一个重要的发展时期，全县上下正在按照县委、县政府××××××的工作思路，强势推动全县经济社会既快又好地发展。广大团员青年是我县最富有朝气、最富有活力的群体，希望广大青年朋友们始终保持昂扬向上、奋发有为的精神状态，为实现我县××××目标，贡献自己的青春和智慧，谱写一曲××青年的壮丽凯歌！

三是加强建设，创新工作方式方法，努力开创共青团工作新局面。

多年来的经验表明，全县各级团的工作只有融入中心、服务大局，才能做到有为有位。当前，新的形势、新的机遇、新的挑战、新的要求，赋予全县各级团组织和广大团员青年共同的历史责任和历史任务，全县各级团组织要适应时代发展的需要，加强建设，创新工作方式方法，要不断在提升发展理念上下功夫，在提升能力素质上下功夫，在提高团组织的凝聚力和战斗力上下功夫，使团的各项活动成为各级领导的关注点和广大团员青年的兴奋点，使全县各级团组织充满生机和活力。

最后，祝愿全县广大青年朋友身心健康，工作顺利，事业有成！

◇“六一”儿童节庆祝大会讲话

在“六一”庆祝大会上的讲话

亲爱的少先队员们、来宾们、辅导员老师们：

大家好！

今天是“六一”国际儿童节，首先，我代表学校行政向同学们表示节日的祝愿！！向支持我校少先队工作的××单位、少先队辅导员们表示崇高的敬意和诚挚的问候，同时我也代表学校行政领导祝贺新加入少先队的少先队员们！

少先队员小朋友们，我们刚刚迈进新世纪，这对于你们来说，具有非同寻常的意义，因为你们的人生历程是与新世纪的前进步伐紧紧相伴的，你们是新世纪的小主人！！你们是幸运的一代，也是肩负重任的一代。今天你们是天真烂漫的红领巾，明天将成为建设祖国的栋梁，祖国现代化的实现要靠你们去实现，中华民族的伟大复兴要靠你们去奋斗！要切实肩负起这样的神圣使命，就必须把自己锻炼成为适应现代化建设需要的优秀人才，因此，希望你们能严格要求自己，在家庭做一个好孩子，在学校做一个好学生，在社会做一个好公民。为长大以后推进祖国新世纪大业做好全面准备。

推进新世纪大业，就要从小树立远大理想。理想是人生的太阳，是催人奋进的动力。少年有志，国家有望。不论今后你们想做什么，都要把个人的奋斗志向同国家的前途命运紧紧联系在一起，把个人今天的成长进步同祖国明天的繁荣昌盛紧紧联系在一起，牢固树立起振兴中华的雄心壮志，立志为民族争光，为祖国争光。

推进新世纪大业，就要从小养成优良品德。这是一个人做人做事的根本。只要人人心中有国家、心中有集体、心中有他人，我们的社会就会变得更加美好。你们要继承和发扬中华民族的传统美德，从一点一滴、一言一行做起，逐步养成文明礼貌、团结互助、诚实守信、遵纪守法、勤俭节约、热爱劳动的好品行，努力成为一个品德高尚的人，一个有益于社会、有益于人民的人。

推进新世纪大业，就要从小培养过硬本领。过硬的本领是一个人成功的基础，在科学技术飞速发展、竞争日趋激烈的今天更是这样。你们一定要有强烈的求知欲和上进心，发愤读书，刻苦学习各门功课，打好知识基础。还要积极参加形式多样的课外校外活动，接触自然，了解社会，开阔眼界，增长见识，敢于创新，不断提高实践能力。

推进新世纪大业，就要从小锻炼强健体魄。这是建设祖国的本钱。当代的少年儿童不应该做温室里的花朵，而要做搏击风雨的雄鹰。要坚持体育锻炼，养成良好的卫生习惯，不断增强体质。要磨炼勇敢顽强的意志，不向困难低头，不被挫折压倒，以乐观向上、积极进取的精神状态迎接未来的挑战。

少先队员小朋友们，儿童时代是美好人生的开端，远大的理想在这里孕育，高尚的情操在这里萌生，良好的习惯在这里养成，生命的辉煌在这里奠基。你们一定要珍惜、要努力啊！学校相信你们，相信你们一定能够成长为有理想、有道德、有文化、有纪律的“四有新人”，一定能够肩负起建设现代化中国的神圣使命。你们一定能行！

◇庆祝“七一”大会讲话

在庆祝建党××周年大会上的讲话

同志们：

今天我们在这里隆重集会，为了庆祝中国共产党建党××周年。在此我谨代表××党委，人民政府向辛勤工作在各条战线上的共产党员，表示节日的问候，向今天受到表彰的单位和个人表示最热烈的祝贺。

中国共产党始终是无产阶级的忠实代表，它始终代表中国先进生产力的发展要求，代表中国先进文化前进方向，代表最广大人民群众的根本利益。回顾党的历史，中国共产党自成立的那一天起，就把解放全中国、解救劳苦大众作为己任。在经历了两万五千里长征，八年抗日战争，三年的解放战争后，中国共产党带领全国各族人民终于推翻了压在人民头上三座大山，解放了全中国。新中国成立伊始，百废待兴，无数共产党人用自己的实际行动谱写了一曲曲奉献之歌。党的××届×中全会的召开，为中国共产党指明了发展方向。随着改革开放的春风吹遍大江南北，广大共产党员用自己勤劳和智慧的双手，使祖国的面貌日新月异！在党中央的领导下，沿着先辈的足迹带领全国人民奋发图强、艰苦创业、与时俱进、开拓进取，实现了国民经济的快速增长。随着中国加入WTO、成功申办××××年奥运会和××大的胜利召开，一个强大的社会主义中国已屹立于世界的东方。

一年来，××党委“一班人”带领广大干部、群众认真学习贯彻党的××大精神，大力发展农村经济，使全镇各族人民思想认识得到了统一和提高，极大地推动了基层党组织的建设、农村经济的建设和各项事业的发展。××党委积极响应党的号召，团结和带领全镇各族人民发展经济、维护社会稳定、抗击非典、抗震捐款、实施“两基”工程，扶贫帮困，使农牧民的人均纯收入有了较大幅度的提高，人民群众的生活质量得到了明显改善，各族人民的民族团结意识显著增强，取得了可喜的成就。

镇党委在抓好经济发展和社会稳定的同时，狠抓了基层组织建设，坚持以党建目标管理为龙头，以带领农牧民全面奔小康为重点，以村级党支部“五好建设”为基础，狠抓落实，党员的“双带”作用和基层组织的战斗堡垒作用得到了充分发挥，党组织的整体功能进一步得到了增强。党员队伍近几年来发展壮大较快，由××××年的600名发展到目前的933名。同时，在农村生产第一线涌现出一大批先进基层党组织和优秀党员，带动了全镇经济快速发展。党的××大召开以来，镇党委加强了党建工作力度，层层建立党建目标管理制度，极大地调动了抓党建的自觉性，使党建工作走上了制度化、规范化的道路。为给中国共产党及时注入新鲜血液、壮大党员队伍建设、进一步增强党支部的战斗力，充分发挥党支部的战斗堡垒作用，我镇按照“重视质量，计划发展，个别吸收”的原则，以“坚持标准、保证质量、改善结构、慎重发展”的十六字方针，今年计划发展新党员53人。

在肯定工作成绩的同时，我们还应看到面向新世纪党建工作还面临着十分艰巨的任务。一方面，把一个充满希望的××带入新世纪，对党建提出更高要求。另一方面，党建工作与新的形势还不相适应。主要表现在：一是村级领导班子建设方面，部分干部结构不够合理，后备力量不够充足。二是基层组织建设上存在一些村级组织维护社会稳定和带领各族人民全面奔小康的能力比较弱。三是部分党员的思想比较保守，没有真正的理解和领会××大提出的发展要有新思路，改革要有新突破，开放要有新局面，各项工作要有新举措的新要求。上述问题必须引起各级党组织的高度重视，在今后的工作中既要不断发扬成绩，又要不断解决前进中出现的问题。用改革的、发展的观点来研究新情况，解决新问题。要用与时俱进、开拓创新的精神开辟我镇党建工作的新局面。

我的讲话完了，谢谢大家！

◇庆祝建军节军民联欢晚会讲话

市常务副市长×××在建军七十五周年军民联欢晚会上的讲话

（××××年××月××日）

同志们：

在中国人民解放军建军七十五周年即将来临之际，我代表××市委、市人大、市政府、市政协，向与会的全体官兵表示节日的祝贺！并通过你们向××军分区、驻××部队、预备役部队、武警、消防部队和全市老红军、烈士军属、革命伤残军人、转业复员退休军人、军队离退休干部表示亲切的慰问！向参加会议的各位来宾和关心支持国防建设和拥军优属工作的全市广大人民群众表示衷心的感谢！

几年来，驻××部队官兵视人民如父母，把驻地当故乡，与地方党委政府和人民群众同呼吸、共命运、心连心，为我市“两个文明”建设做出了巨大贡献。广大官兵积极参与地方的资源开发、良种培育、人工增雨和基础设施建设，配合政法部门持续不断的开展严打斗争，防火灭火、力争把火灾损失降到最低限度。广大驻××官兵时刻以人民的幸福为己任，为驻地人民群众的脱贫致富，为贫困学生重返校园，为“军民共建活动”尽心尽力，无私奉献。最令人感动的是，在抗洪救灾等急难险重任务面前，部队始终站在最前列，做到政府有求必应，人民群众有难挺身而出，涌现出许许多多英雄模范，为广大群众树立了学习的光辉榜样。

全市广大红军老战士、转业、复退军人在我国几十年的革命和建设史上做出了突出的贡献。当年的雪山草地、八年抗战、三大战役、抗美援朝、自卫反击战和重大抢灾救灾都有他们留下的足迹和许多动人的故事。虽然目前他们已是年老体衰，但他们仍然保持着军人的光荣传统，想国家之所想，急国家之所急，处处事事从国家的大局着想，讲求奉献，保持晚节，不给国家出难题争待遇，维护了我市社会稳定的经济发展。许多复员退伍军人在农村经济建设中，成为勤劳致富的带头人。广大军烈属在农村经济建设中，克服生产生活中的重重困难，从不向政府叫苦叫难，从不因家庭劳力缺少而影响部队现代化建设，有力地支持了我国的国防建设。

军爱民，民拥军。各级党委政府在财政比较困难的情况下，千方百计的筹措资金，妥善解决了部队用地用电用水、子女入学入托、随军家属就业等问题，并为部队购买了电脑、电器和生活用品，有效地改善了部队官兵的生活。同时，全市社会各界和广大人民群众积极发挥自身优势，为军人和广大优抚对象开展优惠优待服务，提高了军人的社会地位，维护了优抚对象的合法权益，使优抚安置政策得到了较好的落实。

面对新世纪、新情况、新挑战，我们要牢固树立政治意识、大局意识和责任意识，切实加强党对双拥工作的领导，持之以恒，常抓不懈。要深入开展群众性创建活动，注重办好实事大事，努力提高双拥工作整体水平。要积极支持军队的建设和改革，妥善安置军队转业干部、复员退伍军人、随军家属和军队离退休干部，继续做好优抚工作，为我市的改革开放和军队建设创造更好的环境。

◇庆祝教师节大会讲话

在××市庆祝××××年教师节暨优秀教师表彰大会上的讲话

中共××市委书记　×××

（××××年××月××日）

各位领导、老师、同志们：

在“千载至福”的时刻，在“飞龙呈祥”的龙年，我们高兴地迎来了新世纪、新千年的第一个教师节。今天，市委、市政府在这里隆重召开“××市庆祝××××年教师节暨优秀教师表彰大会”，值此光荣节日到来之际，我谨代表中共××市委、市人民政府，向辛勤工作在教育战线上的广大教育工作者致以节日的热烈祝贺和亲切的慰问，向受表彰的我市各类优秀教师致以崇高的敬意，向所有热心支持我市教育事业的社会各界人士表示衷心的感谢！

百年大计，教育为本。党的十五大以来，我市各级党政部门在中央正确决策的指引下，坚持科教兴国的基本国策，始终把教育摆在优先发展的战略地位，带领全市人民艰苦奋斗，励精图治，在我市经济比较困难的条件下，坚持发动全民兴教，多渠道筹集办学经费，不断加大对教育的投入，改善了办学条件，加快了教育信息化和现代化建设；坚持大兴尊师重教风尚，全面提高了教师待遇，加强了师资队伍建设，启动了“百、千、万”工程，逐步建设了名师群体；全面加强了学校管理，提高了办学水平和质量，创立了××中、××中学、××中学、××中学、市一小、附一小、市第一幼儿园、××幼儿园、××中学、××小学、××中心小学、××镇小、××镇小等省、市、县一级学校和幼儿园，取得了显著的名校效应；全面贯彻党的教育方针，推进了学校素质教育，加强了学校精神文明建设，提高了师生思想素质；大力发展了成人教育和职业教育，加快了“三教”统筹步伐，形成了普教、职教、成教共同发展，多形式、多渠道办学的崭新局面。

盛世兴学，业绩辉煌，饮誉社会，名扬海外。多年来，我市师生发扬求严务实、无私奉献、努力拼搏和敢于竞争的精神，使我市教育保持了长盛不衰的良好势头。我市高考自1986年为全国各类大中专学校输送合格新生突破千人大关之后，扶摇直上，年年丰收；党的十五大以来我市为各类大中专学校输送人数年均达2892人，一直稳居全省各县之前列。今年我市高考再创历史最高纪录，仅上省线人数就达1661人，比去年增长59.9%。其中上大学本科人数达1197人，比去年增长110.4%；上重点大学人数达372人，比去年增长117.5%。我市源源不断为社会输送了大批优秀建设人才，为祖国四化建设作出了卓越的贡献。

我市教育取得如此巨大的成就，归功于党政重教和社会的崇文支教，但广大教师的无私奉献更是功不可没。长期以来，我市广大教育工作者在较为艰苦的条件下，不负人民重托，忠诚党的教育事业，在育人的园地上，不为名、不为利，甘为人梯，默默奉献，为发展我市教育事业、培育万千栋梁之才，在平凡的工作岗位上，作出了伟大的贡献，老师们，你们崇高的品格和辉煌的业绩，将永载史册。

国运兴衰，系于教育，教育兴衰，系于教师。教育是永恒的伟大事业。在世界科技激烈竞争的今天，我们必须充分认识我市教育的不足，要全面实施科教兴国战略，要加大对教育的投入，全面推进教育信息化和现代化建设；要继续加强教师队伍建设，努力培养适应新时期要求的教师队伍；要改革教育管理体制，加强对学校的科学管理，全面提高学校管理水平；继续加强教学研究和改革，全面实施素质教育，全面提高教育教学质量；要加快教育发展步伐，提高义务教育的水平和质量；争取2010年实现普及高中教育；要积极推进成人教育和职业教育，为全面增强我市教育综合实力、建设教育强市作出我们的不懈努力。

教师是人类灵魂的工程师，教师的职业是光荣而又神圣的，理应受到全社会的尊重，我们希望各级党政部门以“三个代表”重要思想为指针，以“三讲”教育为动力，进一步认真贯彻《教师法》，依法保障教师的合法权益，努力提高教师的政治和生活待遇，要为教师努力创造施展聪明才智的良好环境。也希望社会各界进一步关心支持教育，关心教师，发扬我市崇文重教的社会风尚，努力创造一个尊敬教师、尊重知识、尊重人才的良好社会氛围。与此同时，我殷切地希望广大教师应严格自律，不辱人民教师光荣称号，坚持自觉加强教师职业道德修养，努力熔铸热爱教育事业的思想，爱岗敬业，勤奋工作，为人师表，努力塑造人民教师的良好形象，同时继续练好教书育人的基本功，为我市经济建设培养更多高素质的人才。

老师们，20世纪中国从守旧走向改革，从封闭走向开放，从落后走向进步，要使21世纪的中国在科技、经济激烈竞争的时代不再落伍，实现中华民族的伟大复兴，就必须不断改革，不断创新，构建创新的中国和教育的中国。为此，关键在于有创新的教师和创新的教育体制。

放眼新世纪的教育，前途光明，任重道远，广大教师必须充分认识培养新世纪人才的历史重任，要以我市优秀教师为榜样，继续发扬辛勤耕耘，开拓创新，无私奉献的精神，把自己的毕生精力倾注于崇高的教育事业，为祖国的振兴和××的繁荣作出新的贡献。

最后，祝愿全市教育工作者家庭幸福，工作顺利。

谢谢大家！

◇在庆祝老人节大会上的讲话

在县人民政府庆祝老人节大会上的讲话

××县人民政府　×××

××××年××月××日

同志们、老年朋友们：

岁岁重阳，今又重阳。10月11日是我国的传统佳节重阳节，也是我省第18个老人节。值此节日到来之际，我代表县委、县政府，向全县广大老年人致以节日的问候，祝全体老年朋友们节日愉快、身体健康、家庭幸福。向今天受表彰的全县敬老助老先进单位、敬老助老先进个人、老有所为先进个人和十佳孝星表示热烈的祝贺，同时向关心支持老龄事业的社会各界人士、向辛勤工作在老龄岗位上的同志们致以诚挚的慰问！

老龄工作是党政工作的重要组成部分。县委、县政府历来重视老龄工作，关心老年人的生活。先后出台了一系列有关加强老龄工作和发展老龄事业的政策文件，为60岁以上老年人提供各项优待服务，定期举行一年一度的老人节庆祝活动，走访慰问百岁老人，为百岁老人发放长寿补贴金，出台了《××县老龄事业发展"十五"计划纲要》，不断加强对老龄工作的领导，适时调整老龄班子，充实人员。各级各部门认真贯彻落实有关的法律法规，坚持"党政主导、社会参与、全民关怀"的老龄工作方针，扩大为老年人服务的窗口，实施涉老法律援助，保障老年人的合法权益，推动了全县老龄事业健康发展，全县涌现出一大批敬老助老以及老有所为的优秀典型。××办事处新兴社区居委会，想老年人所想，办老年人所需，他们为社区所有60岁以上老年人建立了健康档案，建起了健身活动场地，组建了80人的"夕阳红"艺术团，开展丰富多彩的健身娱乐活动，受到了市级表彰；××镇××沟村女青年×××，丈夫因车祸去世，婆婆多次劝她改嫁，她提出了"允许带婆婆，并且必须孝顺的条件"。改嫁后，她一人挑起了伺候三位75岁以上老年人的重担，她的事迹一时被传为佳话；县委党校×××同志，退休后继续发挥余热，筹措资金，创办了育英中学，为培育人才做出了新的贡献。他们是各级各部门和社会各界学习的榜样，要大力宣传他们的先进事迹，在全社会营造敬老助老和老有所为的浓厚氛围。

尊老敬老是中华民族的传统美德，保障老年人的合法权益是全社会的共同责任。目前，我县有60周岁以上老人73447人，占全县总人口的12.3%，已经步入老龄社会，今后还将以每年3%的速度递增，老龄事业面临的任务十分艰巨。广大老年人在过去的岁月里，兢兢业业，任劳任怨，勤奋工作，为社会主义革命和现代化建设做出了积极贡献，今天的物质文明和精神文明成果蕴含着他们的智慧和劳动，凝结着他们辛勤的汗水。如今他们仍然在关心下一代，继续为经济建设和社会发展献计出力，积极贡献。老年人是社会财富的创造者，理应受到全社会的尊敬、爱戴和照顾，理应享受社会发展成果。

各级、各部门以及社会各界都要重视老龄工作，关心老年人事业。必须顺应人口老龄化发展的趋势，正确处理和解决人口老龄化过程中出现的各种矛盾和问题，树立为老年人服务无上光荣的思想，做到认识到位，感情到位，责任到位，为老龄工作创造条件，努力把老龄工作做得更好。要进一步加大老龄事业的投入，全面落实优待老年人政策，切实为老年人排忧解难办实事，确保老年人的晚年生活幸福、快乐。各级老龄机构要充分发挥职能作用，尽职尽责地为老年人搞好服务。各服务单位要为老年人着想，开办好为老年人服务的业务。民政、劳动等部门要继续健全完善养老保险和最低生活保障线制度，特别要关注农村孤寡、贫困老人和城镇亏损企业的退休职工的生活问题，为他们提供基本生活保障和必要的补助；卫生医疗部门要加强对老年病防治的研究，尽可能为老年人看病就医提供方便；财政、计划和经济主管部门要重视做好老年事业的发展规划，鼓励和支持企业及个人积极开发老年产业，对老年人兴办实体、发挥余热给予支持和照顾；文化、体育、教育等部门要多为老年人提供精神食粮、活动场所和学习机会；城建、公用事业管理等部门在城镇、小区建设中要充分考虑老年人特点，多兴建一些适合老年人的住房、商店、医疗和活动场所与设施，对老年人乘车、游园等给予优待和照顾；司法部门要及时处理涉老案件，及时为老年人提供法律援助，坚决维护老年人的合法权益；新闻单位要把老龄宣传纳入工作计划，加大宣传力度；工会、共青团、妇联等群团组织要深入开展各种尊老敬老的宣传教育活动和评选表彰活动，组织号召广大青年志愿者为老年人服务。各乡镇、街道要认真兑现优待老年人的各项政策，保障老年人的合法权益；要加强村级老工委建设，理顺体制健全机构，为老龄工作提供组织保证；要认真做好农村家庭赡养协议书签订兑现工作，进一步巩固家庭养老功能；要从实际出发，搞好老年人活动场地建设，配备必要的设施，组织开展适合老年人特点的文化体育活动，丰富他们的精神文化生活。其他部门和企事业单位以及社会各界，也要从实际出发，尽可能为老年人多办实事，为老龄事业多贡献一份力量，使广大老年人切实享受到改革开放和社会发展的成果。总之，全社会都要关心老年人，善待老年人，为老年人献上爱心和孝心，把我县老龄事业提高到一个新的水平。

最后，再次祝愿广大老年朋友身体健康，合家欢乐，节日愉快！

◇在庆祝春节招待会上的讲话

在庆祝春节暨欢送×××参赞离任、欢迎×××参赞到任招待会上的讲话

×××大使

尊敬的各位来宾，女士们，先生们，朋友们：

值此新春佳节即将来临之际，首先请允许我代表中华人民共和国驻荷兰大使馆，向各位前来出席招待会，表示衷心的感谢和热烈的欢迎。

我们今天的招待会有两个主题，一是庆祝××××年新春佳节，二是欢送×××参赞离任、欢迎×××参赞到任。首先，我愿借此机会对×参赞多年来在使馆的工作，对他为发展中荷友好关系所作出的贡献表示感谢。我们对他即将离任感到十分惋惜，衷心祝愿他在新的工作岗位上取得更大的成就。同时，我也非常高兴地向大家介绍陈参赞的继任李矢琦参赞。×参赞二十多年前就在荷兰学习、工作，和×××参赞一样是位“荷兰通”，我相信大家会像支持×参赞一样一如既往地大力支持×参赞的工作。

女士们，先生们，

××××年是不平凡的一年。首先面对非典的突然袭击，中国人民在新一届中国政府的坚强领导下，经受住了严峻的考验，在较短的时间里有效地控制住了非典疫情。我们变危难为机遇，大力推进和改善中国的公共卫生事业和医疗体制的改革。在这个过程中，我们学到了很多东西。在此我要特别提一句，中国卫生部副部长王陇德先生一行此时正在这里考察和学习荷兰的卫生医疗体系，今晚我们十分荣幸地也请他们以及荷兰卫生、公共福利和体育部的官员来参加新春招待会。让我们向他们表示热烈的欢迎。

女士们，先生们，

去年的另一件大事是中国首次载人航天飞行取得圆满成功，中华民族的千年飞天梦终成现实。这是中国科技进步的结晶，是25年来改革开放的成果，是中华民族的骄傲。在经济方面，尽管我们遭受了非典的严重影响和各种自然灾害，中国经济仍取得了突飞猛进的进展，实现了8.5%的增长。中国继续坚持独立自主的和平外交政策，全面参与重大国际和地区事务，为维护世界和平与发展做出了自己的积极贡献。

在过去的一年里，中荷关系继续保持了良好的发展势头。两国在政治、经济、文化、科技、教育等各领域的交流和合作日趋增多。这里，我想特别提及，

截至××××年××月，中荷双边贸易额已经超过136亿美元，荷兰已经超过英国成为中国在欧盟的第二大贸易伙伴。这一成绩是在欧美等全球主要经济体经济增长普遍放缓的情况下取得的，所以更为来之不易。我到荷兰工作已经四个月。通过这段工作，我深深地感到，当前中荷关系正处于非常好的时期，中荷合作潜力很大。只要我们共同努力，中荷关系的发展前景将会非常广阔。

在过去的一年里，荷兰华侨华人社会以更大力度广泛参与驻在国的政治、经济和社会生活，为当地社会的发展作出了积极贡献。同时，广大侨胞为祖国和家乡的建设，为海峡两岸的统一做了很多有益的工作。对此，祖国人民永远心怀感激。在过去的一年里，各位在荷中资机构人员和留学生踏实工作、勤奋学习，取得了新的成就，在此我向你们表示衷心的祝贺。另外，我也愿借此机会，向广大的××同胞、向来自××的旅荷侨胞表示新春的祝贺，不管我们身处何地，我们都是中国人，我们将竭尽全力实现祖国和平统一大业的早日完成。

女士们，先生们，

“天时人事日相催，冬至阳生春又来”。古代诗人杜甫的这句诗总让我们在这样的时刻感慨时光的易逝和我们所肩负的重任。××××年，是中国在新世纪开拓进取，实现中华民族伟大复兴的又一关键年。在新的一年里，我们将为全面建设小康社会、进一步深化中国政治、经济、社会改革而继续努力工作。××××年也将是中欧、中荷关系发展的重要一年。下半年，荷兰将担任欧盟轮值主席，第七次中欧领导人会晤将在荷兰举行。让我们共同努力，开创新的业绩。

最后，我祝各位在新的一年里合家幸福、身体健康、事业发达、心想事成！

谢谢大家！

◇在周年庆祝大会上的讲话

在××××林区开发建设40周年庆祝大会上的讲话

×××

××××年××月××日

同志们、朋友们：

今天，我们在这里隆重庆祝××××地区开发建设××周年。值此之际，我代表省委、省政府，向××××地区各族人民表示热烈的祝贺！向××年来扎根林区、艰苦创业的广大干部群众致以亲切的问候和崇高的敬意！向××年来积极参与、大力支持××××地区开发建设的各位领导、各界朋友表示衷心的感谢！

××年来，××××地区走过了一条不平凡的艰苦创业之路，创造了物质文明、政治文明、精神文明建设的丰硕成果。1964年，党中央、国务院发出了开发××××林区的号召，第一代林区开发建设者积极响应党和政府的号召，从全国各地汇集到这片茫茫林海，爬冰卧雪，风餐露宿，用辛勤的汗水和聪明的才智，谱写了一曲曲雄壮豪迈的创业者之歌。

××年来，××××人把一片人迹罕至的原始森林建设成为一个社会主义新林区和国家重要的木材生产基地，不仅创造了为国家提供木材1.1亿立方米、上缴利税41.3亿元的辉煌成就，而且推动了××××地区经济社会事业的长足发展，人民群众生活水平日益提高；不仅创造了物质文明的辉煌，而且在改天换地的伟大实践中，创造了突破高寒禁区的伟大精神。这是××××人的骄傲！是××××地区宝贵的精神财富，也是全省人民宝贵的精神财富！是我们在新世纪新阶段实现“努力快发展，全面建小康”奋斗目标的强大精神动力！

今天，我们隆重纪念这个不平凡的日子，就是要高扬艰苦创业、突破高寒禁区的伟大精神，动员全区广大干部群众，向着全面建设小康社会新的伟大征程奋勇前进。希望全区广大干部群众以纪念××××开发建设××周年为新的起点，在推进“努力快发展，全面建小康”新的伟大实践中再创新辉煌。

第一，希望你们继续发扬负重奋进、敢为人先的精神，努力开创大兴安岭各项工作的新局面。

现在，全省上下正在全面贯彻落实党的十六大和十六届三中全会精神，深入贯彻省委九届五次全会精神，紧紧抓住国家实施振兴东北地区等老工业基地战略和加大对粮食主产区加大政策扶持的重大战略机遇，掀起了“努力快发展，全面建小康”的新高潮，各地呈现了你追我赶、竞相发展的良好势头。全省快发展，××××怎么办？这是摆在全区干部群众面前一个重大课题，是对全区各级党政组织和领导干部的新的考验。××××地区要迎接新挑战，实现新的发展，关键是要有一种负重奋进、敢为人先的良好的精神状态。加大回顾××年的创业历程，××××地区之所以能够从一个环境条件恶劣的高寒禁区发展成为全国最大的国有林区，靠的就是那种“进得去、站得住，拿得出木材”的大无畏精神。现在，形势逼人，不进则退。像××××这样一个地处偏远、天气寒冷、资源型经济欠发达的地区，要在未来的重要战略机遇期内抓住机遇，乘势而上，有所作为，就必须大力发扬有条件要上、没有条件创造条件也要上的勇于拼搏、富于创造的精神，把思想和意志凝聚到为实现全面建设小康社会而努力奋斗的伟大实践上来，努力开创××××各项工作新局面。

第二，希望你们坚持用科学的发展观指导工作，加快经济社会转型步伐。

××××林区是祖国东北边疆的天然屏障。保护好、建设好这个天然屏障，是功在当代、惠及子孙的千秋大业。从××××的发展轨迹来看，你们经历了创业期、辉煌期、衰退期和转型期的曲折历程，同其他资源型地区一样，在为国家经济和社会发展做出重大贡献的同时，也积累了结构性、体制性、资源性矛盾。要深入解决局部生态环境遭到破坏、自然灾害频发、生物多样性锐减等问题，跳出资源衰减、效益递减、经济危困的兴衰周期律，关键是要树立和落实以人为本，全面、协调、可持续发展的科学发展观，大力推进经济社会转型步伐。当前，××××正面临着加快发展的重大机遇：一个是国家实施振兴东北地区等老工业基地战略、支持以资源开采为主的城市和地区发展接续产业的机遇，我省在老工业基地振兴总体规划中规划建设的六大基地之一，就是发展森林工业产业，建设我国重要的森林工业基地；第二个是党中央、国务院《关于促进农民增加收入若干政策的意见》所提供的政策性机遇，尤其是对我省农业实行“一免两补”的政策，为我们解决“三农”问题提供了不可多得的机遇；第三个是党中央、国务院作出了《关于加快林业发展的决定》，省委、省政府相应地作出了《关于加快建设林业强省的决定》，提出了实现林业大省向林业强省跨越的新任务。这三大机遇，为××××地区实现解困突围、经济转型提供了有利条件。希望你们牢牢抓住这一历史机遇，坚持以改革开放为动力，以结构调整为主线，加快体制、机制创新和科技创新步伐，大力推进实施主辅换位战略，大力推进林区替代产业、精深加工产业和畜牧业等非林产品业的发展，不断推进所有制结构、产业结构和产品结构的调整优化，加快构建经济多元发展的新格局，切实把发展要有新思路、改革要有新突破、开放要有新局面、各项工作要有新举措的要求落到实处，努力探索出一条科技含量高、经济效益好、生态环境得到保护、林业资源永续利用的林区经济转型的新路子，努力为全省资源型城市和地区实现经济转型、加快发展做出贡献。

第三，希望你们继续发扬求真务实、真抓实干的优良作风，努力开创强区富民的新局面。

××××××年的奋斗历程表明，伟大的成就来自不懈的奋斗，幸福的生活要靠劳动创造。××××之所以能够从一个荒无人烟的原始林区成为国家重要的木材生产基地，最根本的一条就是要苦干实干。你们的创业历史有力地证明：实干才有希望，实干才有发展，实干才有作为。你们××年来所创造的一切成就，归根到底是靠苦干实干干出来的。现在，振兴老工业基地的进军号已经吹响，全面建设小康社会的序幕已经拉开，新的更广阔的发展空间需要你们一如既往地去开拓。面对新一轮创业实践，全区上下都要更加深刻地认识到：全面建设小康社会的美景需要真抓实干去实现，全面建设小康社会的辉煌需要真抓实干去铸就。希望全区各级领导干部，坚持以正确的政绩观为指导，牢牢把握发展这个执政兴国的第一要务，大兴为民、务实、清廉之风，大力弘扬求真务实精神，着力解决改革发展稳定中的实际问题，倾力解决群众生产生活中的紧迫问题，尽力解决涉及群众生产生活中的紧迫问题，尽力解决涉及群众切身利益的具体问题，努力实现、维护和发展好最广大人民的根本利益，团结带领全区广大干部群众一步一个脚印地苦干实干，为完成建设生态新林区、小康型新林区的历史任务，实现强区富民的宏伟目标而努力奋斗。

同志们、朋友们，让我们高举邓小平理论和“三个代表”重要思想伟大旗帜，全面贯彻党的十六大和十六届三中全会精神，紧紧围绕“努力快发展，全面建小康”这个中心，大力弘扬“艰苦创业、开拓进取、求真务实、无私奉献”的创业精神，抓住机遇，乘势而上，为建设一个青山常在、绿水长流、永续利用和人民生活幸福的生态型新林区而努力奋斗！省委、省政府相信，只要全区上下同心同德，艰苦奋斗，××××就一定能够重振雄风，一个充满生机与活力的绿色屏障就一定能够以更加昂扬的姿态屹立在祖国的北疆！

◇纪念“三八”国际妇女节大会讲话

提高素质　参与竞争　应对挑战

——在纪念“三八”节大会上的讲话

×××

（××××年××月××日）

全厂女职工及家属同志们：

春光明媚的三月，我们迎来了第92个国际劳动妇女节，这是全世界妇女共同的节日。首先请让我代表厂党委、厂行政、厂工会向全厂妇女同胞们致以节日最亲切的问候和良好的祝愿。祝愿你们节日愉快、工作进步、家庭和美、青春永驻！

过去的一年，你们在各自的岗位上，爱岗敬业、艰苦奋斗、勇于创新、开拓进取，充分发挥了“半边天”的作用，为我厂的物质文明和精神文明建设作出了积极的贡献。在此，我真诚地向女职工同志们表示深深的谢意和崇高的敬意！

今年是我厂全面推进扩建工程的关键时期，也是我厂进行改制的非常时期，这对广大女职工来说既是一个良好的发展机遇，也是一次严峻的挑战。在这样特定的历史条件下，如何牢牢抓住机遇、从容面对挑战，我希望广大女职工要把握好三点：一是要明白做好工作才是硬道理。女职工要立足本职岗位，勤勉工作，自强不息，只有工作做好了才会有机会参与竞争。二是要懂得不断学习才能发展自己。新形势下最深刻的变化对人的素质要求越来越高，我们要以学习求生存，以素质求发展。××××年我们要学习各种专业技能知识和管理知识，还要学英语、学计算机、学WTO规则，努力学习才能应对挑战。三是要弄清勇于竞争才能找到位置。竞争选择的是实力而不是性别，因此你们要克服“男强女弱”的传统思想，以积极的心态、进取的精神、雄厚的实力参与竞争，才能找到适合自己生存和发展的位置。一句话，练就应变本领，机会永远存在。

同时希望你们以三八节为契机，认清形势，增强信心，扎实工作，积极投身企业改革，正确对待改革中的利益调整。从自身做起，从现在做起，从点滴做起，以强烈的责任感和紧迫感，以坚韧不拔的毅力和持之以恒的精神努力学习，不断提高自身素质，更好地适应新形势和企业发展的需要。

我希望并坚信你们一定能用知识、用智慧、用行动塑造奋发图强、开拓创新、建功成才的崭新形象。

再一次祝愿全厂妇女同胞们节日愉快，万事如意！

谢谢大家！

◇纪念“六一”儿童节大会讲话

牢记党的重托　肩负时代使命
为推进兴××富民大业做好全面准备

中共××省委副书记　×××

（××××年××月××日）

同志们、少先队员小朋友们：

再过几天就是六一国际儿童节，今天，我们非常高兴来参加由团省委、省少工委在这里隆重举行的庆祝六一国际儿童节暨全省青少年儿童争做新世纪文明小主人主题集会，值此机会，我代表省委、省人大、省政府、省政协向全省的少先队员小朋友表示节日的慰问，向为红领巾事业付出心血和汗水的广大少先队辅导员、少年儿童工作者表示崇高的敬意和诚挚的问候！向今天受表彰的优秀个人和先进集体表示热烈的祝贺！

近几年来，我省各级少先队组织在党的领导和共青团的带领下，围绕改革、发展、稳定的大局，主动适应时代发展的要求，着眼于提高少年儿童的全面素质，广泛开展“中国少年雏鹰行动”、“手拉手”、“雏鹰创造杯”等一系列生动活泼、丰富多彩、独具特色的少先队活动，坚持用正确的思想启迪少先队员，用科学的知识充实少先队员，用生动的实践锻炼少先队员，用先进的典型激励少先队员。为促进全省少年儿童的健康成长发挥了不可替代的作用。广大少年儿童在星星火炬的旗帜下，自学、自理、自护、自强、自律，全面发展，茁壮成长。实践一再证明，少先队事业的蓬勃发展，是党的事业始终保持生机和活力的重要源泉；少年儿童的健康成长，是国家和民族兴旺发达的希望所在。

少先队员们是幸运的一代，也是肩负重任的一代。今天你们是天真烂漫的红领巾，明天将成为建设祖国的生力军，现代化建设第三步战略目标要靠你们去实现，中华民族的伟大复兴要靠你们去奋斗。省委和省政府殷切希望你们，按照德、智、体、美全面发展的要求，在学校里做一个好学生，在家庭中做一个好孩子，在社会上做一个好少年，为长大后推进社会主义现代化事业做好充分而全面的准备。

要从小树立远大理想。理想是人生的太阳，是催人奋进的动力。少年有志国家有望。不论今后你们想当工人、农民、解放军还是想做科学家、企业家、艺术家，都要把个人的奋斗志向同国家的前途命运紧紧地联系在一起，把个人今天的成长进步同祖国明天的繁荣与昌盛紧紧地联系在一起，牢固树立起振兴中华的雄心壮志，立志为民族争光、为祖国争光。只有这样，才能保持正确的人生航向，真正成就一番事业。

要从小养成优良品德。这是一个人做人做事的根本。只要心中有国家，心中有集体、心中有他人，我们的社会就会变得更美好。你们要继承和发扬中华民族的传统美德，学习好实践好社会主义道德，从一点一滴、一言一行做起，逐步养成文明礼貌、团结互助、诚实守信、遵纪守法、勤俭节约、热爱劳动的好品行，努力成为一个品德高尚的人，一个有益于社会、有益于人民的人。

要从小培养过硬本领。过硬的本领是一个人成功的基础，在科学技术飞速发展、竞争日趋激烈的今天更是这样。你们一定要以强烈的求知欲和上进心，发愤读书，刻苦学习各门功课，打好知识基础。还要积极参加形式多样的课外校外活动，接触自然，了解社会，开阔眼界，增长见识，不断提高实践能力。特别是要学会独立思考、培养创新精神，敢于在前人的基础上超越前人。

要从小锻炼强健体魄。这是推进社会主义现代化事业的本钱。当代少年儿童不应该是温室里的花朵，而要做搏击风雨的雄鹰。要坚持体育锻炼，养成良好的卫生习惯，不断增强体质。要磨炼勇敢顽强的意志，不向困难低头，不被挫折压倒，以乐观向上，积极进取的精神状态迎接未来的挑战。

我们党历来非常重视对少年儿童的教育培养。少先队是少年儿童健康成长的摇篮，也是少先队员学习社会主义和共产主义的大学校。面对21世纪，少先队要更好地担负起培养社会主义事业合格建设者和接班人的光荣任务，坚持以邓小平理论和“三个代表”重要思想为指导，把竭诚为少年儿童健康成长服务作为全部工作的出发点和落脚点，切实把全省广大少年儿童团结好、教育好、带领好，努力使爱国主义、集体主义和社会主义思想在他们幼小的心灵里深深扎根，使优良品德和高尚情操在他们日常的行动中逐步形成，使他们动脑动手的能力和适应社会的本领不断得到增强。

少先队辅导员和少年儿童工作者是少先队员的亲密朋友和指导者，从事着面向未来，塑造未来的崇高事业。长期以来，同志们以对党的教育事业的忠诚和对少年儿童的热爱，辛勤耕耘，默默奉献，像蜡烛一样燃烧了自己，照亮了孩子，有的甚至付出了毕生的精力，省委、省政府感谢你们，敬重你们，也必然会从各方面更加关心和支持你们，今天启动的贫困地区少先队辅导员奖励计划就是我们采取的有效措施之一。希望同志们不负重托，继续发扬甘为人梯的精神，不断提高思想政治素质和业务素质，按照全面推进素质教育的要求，努力把培养祖国下一代的工作做得更好。

共青团担负着党赋予的光荣职责，要进一步加强对少先队的领导，支持少先队创造性地开展工作。各级教育行政部门要把少先队工作纳入学校的总体布局，帮助少先队更好地发挥作用。各级党政部门和有关单位，要积极支持团、队组织开展工作，切实为少年儿童的健康成长创造一个良好的外部环境。全党全社会首先是各级党委和政府，都应当以对中华民族和未来极端负责的精神，更加关心少年儿童的成长，更加重视少年儿童的教育，下大气力解决好少年儿童教育中存在的突出问题。要大力加强少年儿童素质教育，切实维护少年儿童合法权益。要进一步加大对少年儿童教育的投入。尤其要把少年儿童活动设施建设放到突出位置来抓好。要想方设法为孩子们建设更多更好的活动场所。同时，还要为少年儿童提供更多更好的精神产品。教育培养少年儿童是一项艰巨而复杂的系统工程，学校、家庭、社会各个方面都要密切配合，齐抓共管，努力形成全社会关心少年儿童、爱护少年儿童，为少年儿童办好事，为少年儿童做表率的良好风尚。

少先队员小朋友们，少年时代是美好人生的开端，远大的理想在这里孕育，高尚的情操在这里萌生，良好的习惯在这里养成，生命的辉煌在这里奠基。你们一定要珍惜，要努力！省委、省政府相信你们，一定能够走好人生的第一步，一定能够成长为有理想、有道德、有文化、有纪律的社会主义新人，一定能够肩负起推进社会主义现代化事业的历史重任，肩负起兴晋富民、振兴中华的神圣使命。

谢谢大家！

◇纪念全民义务植树节会议讲话

在××××年全民义务植树节电视会议上的讲话

××市市长 ×××

（××××年××月××日）

市民朋友们、同志们：

在这春暖大地、万木葱茏的时节，我们又迎来了一年一度的全民义务植树节。我受×××同志的委托，代表市委、市政府，号召全市机关、学校、人民团体、企事业单位和全体市民踊跃动手多植树，为建设美好家园，造福子孙后代，作出自己的努力和贡献。

我们中华民族是一个热爱大自然的民族，自古就崇尚“天人合一”、人与自然和谐共生。植树造林，绿化祖国，是维护和改善自然生态环境的重要内容。每逢植树节，党和国家领导人都亲自带头植树，为全国人民作出了表率和榜样。

××建市以来，积极探索新兴城市可持续发展的路子。在地区经济高速发展和城市规模急剧膨胀的同时，高度重视生态环境的建设和保护，大力开展造林绿化工作。自1982年国务院颁布实施《关于开展全民义务植树运动的实施办法》20年来，我市共有近800万人次参加了义务植树活动，植树3200多万株，先后被评为全国“造林绿化十佳城市”、全国、全省“造林绿化先进单位”、全国环境保护模范城市、全国优秀旅游城市、首届“中国人居环境奖”和“国际花园城市”等称号。可持续发展的内涵，在××的现代化建设中得到了初步的、较好的体现。

当今世界，环境是文化、是生产力。一个城市的环境和面貌，已成为城市综合竞争力的重要组成部分，成为城市文明程度的重要标志，成为提高人民生活质量和水平、增进人民群众利益的重要因素。

国际上先进城市都是绿树成荫，树木成林，城在林中。现代化国际性城市的环境指标中，树冠覆盖率应达到40%以上，我市经过多年努力，虽然绿化覆盖率已达到45%，但却是花草多、树林灌木少，离国际这一指标尚有较大差距。

进一步而言，树木是人类在自然界须臾不可离开的、最好的朋友。森林和树木有着良好的生态效率，社会效率，每公顷森林制造的氧气，可供1000人呼吸之用，树木还具有较好的杀菌、降尘、蓄水等功能，是空气的“过滤器”和绿色的“消声器”。根据科学测算，同等面积的树林与草坪的生态效益综合比值为6∶1，也就是说树木净化空气、保护环境的效益是草坪的6倍，而种树的养护费和综合成本则比草坪低得多。森林和树木还可为城市增姿添彩，令人赏心悦目。

××要率先基本实现社会主义现代化，建设成为有中国特色社会主义示范地区，就必须以国际先进城市为标杆，精心规划部署，加大投入力度，认真扎实推进，埋头苦干三五年，务求整体提升城市规划、建设、管理的质量和水平；必须加大植树造林的力度，认真做好规划，精心挑选、培育集环保、遮阳、观赏、抗风性能为一体的优良树种，在全市范围多种树。从今年起，我们要力争每年植树500万株以上，持之以恒十年不断种树，把××这座现代化的国际性大都市建在树林里、花园里。

植树造林，绿化家园，是利于当代、荫及子孙的一项伟大事业，是每个公民应尽的责任和义务。去年底，市政府颁布了《××市全民义务植树管理办法》，希望全体市民以主人翁的姿态，认真履行自己的职责和义务，关心支持和积极参与植树造林活动。各级政府部门和有关单位要以对人民切身利益高度负责的精神，把组织专业队伍与发动全民参与植树结合起来，把全民义务植树活动与建设生态风景林、绿化城市道路、公园、工业区和商住区、整治植被采石场、采泥场等结合起来，精心组织实施，提高造林质量，做到种植一片、成活一片、美化一片。

市民朋友们、同志们，让我们携起手来，立即投身植树造林活动，使我们的家园处处绿树成荫、满城春意盎然，把××建设成为优美的生态城市、最适合人类居住生活的仙境宝地！

第七章　庆功、表彰讲话稿写作

第一节　庆功、表彰讲话稿的写作概述

1. 庆功讲话稿概述

（1）庆功讲话稿的概念

庆功讲话稿是指领导同志在庆功大会上所发表的讲话稿。

（2）庆功讲话稿的写作要求

庆功讲话稿的写作有以下要求：

①发人深省，内容积极而不庸俗。

②亲切热情，言辞热烈而不落俗套。

③形式新颖，语言诙谐而充满情意。

④篇幅短小，言简意赅而不单调。

2. 表彰讲话稿概述

（1）表彰讲话稿的概念

表彰讲话稿是指领导干部在表彰集体或个人作出优秀成绩，有突出贡献，有先进事迹的会议上所作的讲话稿。

（2）表彰讲话稿的写作要求

①这类讲话稿的内容要充分揭示出被表彰、表扬者的可贵之处，抓住本质的、最能教育人的方面来写。

②对表扬和赞颂的话，要写得准确实在。

③文字要朴实、简洁，言辞热烈。

第二节　庆功、表彰讲话稿的写作范文

◇在夺冠庆功会上的讲话

××体育局领导在××火炬夺冠庆功会上的讲话

×××

（××××年××月××日）

尊敬的国家体育总局领导，尊敬的省政府领导，尊敬的××报业集团领导，各位棋手，各位嘉宾：

大家好！

今天，我们聚集在一起，为××晚报××火炬国际象棋队庆功，祝贺他们勇夺××××年的全国国际象棋甲级联赛冠军！首先，请允许我代表××省体育局向长期以来对我省棋类运动给予大力支持的国家体育总局致以崇高的敬意！向××报业集团、××晚报、××火炬集团以及多年来对××棋类运动关心支持的社会各界的朋友们表示衷心的感谢！

有着深厚文化底蕴的××是经济大省、体育强省，在各级领导的关怀支持下，××的体育事业取得了突飞猛进的发展。但是我们过去只是在一些显示体力的项目上占优，而智力运动项目相对落后，尤其是棋类，多年来既没有专业队也没有专业棋手。但近几年来在××晚报和××体育局以及社会各界的共同努力下，××的棋类运动正出现一个新局面。我们不但有了自己的专业队伍和棋手，培养输送了很多全国冠军和世界冠军，而且围棋和国际象棋两个项目的水平，都走到了全国的先进行列。

××火炬国际象棋队成立三年来，一年一个新台阶，从第四名到亚军，最终夺得了国象冠军，为××体育赢得了荣誉。这支队伍获得的巨大成功，说明企业办体育非常成功，也是××体育产业的一个典范。希望火炬集团和××晚报不断总结经验，密切合作，开拓创新，把这个队伍搞得更好。我衷心地祝愿这支棋队今后能更上一层楼，为××的体育事业和精神文明建设增添新的光彩！

谢谢大家！

◇在行业创新庆功会上的讲话

在××铝业庆功会上的讲话

×××

（××××年××月××日）

尊敬的各位同事：

此时此刻，此情此景，我想任何语言文字都很难表达出我复杂的心情。××年的路程，从××的××到××，到今天的庆功会，我们走得很辛苦，走得很累。

但今天，我们有理由自豪，通过我们的劳动，我们建成了国内一流的××工厂，形成了年产××万吨的规模——设计的艰难没有难住我们，技术的封锁没有难住我们，投产时的天寒地冻也没有吓倒我们！

今天，我们有理由自豪，通过我们的努力，××月××日我们产出了××的首批××。

××铝业是以××大规模生产××的企业，××人以科学的态度，科学的精神，高度的责任心和高昂的斗志赢得了国内同行的尊敬！

在此，首先要感谢我们的领导××，感谢××给了我们××人一个展现自己的舞台，正是××在复杂的斗争中始终稳稳的把握住了前进的方向，克服了常人难以克服的困难，才有今天××铝业的光荣。

另外，感谢××局领导××和集团公司的各级领导和部门，××的每一步，都离不开××局和集团公司各位领导和各级部门的关心，参与和支持！同时也要感谢兄弟单位热电厂、煤气厂、矿产公司等在××试生产期间的并肩战斗和全力支持！

此外，我还要特别感谢××，××氧化铝从开工建设到调式，到投产，××始终和我们战斗在一起，与我们建立了深厚感情，这个工程凝聚了××的心血和汗水，更重要的是××给我们树起正直和敬业的典范。

各位同事，新的一年即将来临，我们也面临着新的挑战。投产到达产达标还有很长一段路需要我们去走，如何抓住市场机遇，多产氧化铝是××交给我们的任务！

让我们共同努力，共同迎接挑战，待到明年达产达标时，我们再次欢聚庆功！

谢谢大家！

◇在上市庆功会上的讲话

在××上市庆功会上的讲话

×××

（××××年××月××日）

各位嘉宾，各位朋友，尊敬的××市常委、尊敬的××董事长，大家晚上好：

首先，让我代表××市××实业有限公司全体员工，并且以××省××协会会长的身份，代表全国××领域大大小小的××经销商，带着全国××市场××个亿的订单，热烈祝贺××股份有限公司成功上市。

××的成功上市既是实力的表现，也是无限的发展潜力的象征。在这××市场风雨飘摇的今天，××的上市给经销商很大的信心。今天参加了××工业园开园仪式，感受到非常强烈的震撼，因为××技术是一个全新的概念。如果说传统的××概念只是建筑用装饰用和工业用材料的话，××市场的全国生产产值大概不到××个亿，但是××技术就像瓦特发明了蒸汽机一样，××概念就被彻底颠覆了。××概念就变成了能源的材料，这可是一个质的飞跃，那么他的产能就可能变成××个亿甚至更多。真诚的祝福××的××技术能够走到全国甚至全世界的前列。

回想××××年××总裁买下××的时候，××市场很差，没想到第二年××市场就迅速的变好，接下来的几年，又迅速向上，为以后的融资打开了宽广的大门。这足以说明：机会和运气总是留给有准备的人。

近××年来××工业得到了飞速的发展，短短××年的时间，××集团以年产××万重量箱的产能跻身全国十强，这种速度在行业内十分罕见。这次上市，距离××集团通过证监会审核的××月××日仅××个半月时间，距去年××月完成股改仅××年半时间。

最后，让我们努力奋斗，团结起来，跟着××，一起努力，开创××新明天。

◇助残、自强表彰大会讲话

在全国助残先进集体、个人暨自强模范表彰大会上的讲话

×××

（××××年××月××日）

同志们：

我代表举办这次表彰大会的中宣部、民政部、人事部、解放军总政治部、全国总工会、共青团中央、全国妇联和中国残联，向受表彰的全国助残先进集体、先进个人和残疾人“自强模范”，表示热烈的祝贺和崇高的敬意！并借此机会，向全国五千多万残疾人和两亿多残疾人亲属，表示诚挚的问候和良好的祝愿！

在全国开展的“扶残助残”和争当“自强模范”活动中，各条战线涌现出一大批助残先进集体、先进个人和残疾人“自强模范”。我们这次表彰的是他们中的突出代表。这些助残先进集体和先进个人，以高尚的道德情操和忘我的共产主义品格，满腔热情地扶助残疾人，创造了平凡而伟大的事迹。这些“自强模范”，身处逆境，乐观进取，顽强拼搏，克服常人难以想象的困难，为祖国繁荣和民族振兴，贡献了自己的汗水、心血和智慧。他们的行动表明，残疾人同样是物质文明和精神文明的创造者，是推进社会发展的力量。

从助残先进集体和先进个人的事迹中，我们看到了一种道德风尚，这就是团结互助、扶弱助残、友爱和谐、无私奉献。弘扬这种道德，我们的社会将更加文明、更加进步。从“自强模范”的身上，我们看到了一种精神，这就是自尊自信、不畏艰难、顽强拼搏、奋发进取。为了祖国的繁荣、民族的振兴，我们必须继续发扬这种精神。

同志们，依据《中华人民共和国残疾人保障法》，为倡导团结、友爱、互助的风尚，唤起全社会理解、尊重、关心、帮助残疾人，支持残疾人事业；为激励广大残疾人自尊、自信、自强、自立，投身祖国现代化建设，有关部门决定，在全社会继续深入、持久、广泛地开展“助残活动”，在残疾人中开展争当“自强模范”活动，在残疾人组织中开展“建家做友”活动。

《中华人民共和国残疾人保障法》规定：“对在社会主义建设中作出显著成绩的残疾人，对维护残疾人合法权益、发展残疾人事业、为残疾人服务作出显著成绩的单位和个人，由政府和有关部门给予奖励。”有关部门将根据法律规定，进一步完善评选标准和表彰办法，定期进行表彰。

我们号召：全社会要更深入地开展扶助残疾人的活动，保障残疾人的公民权

利，为残疾人办实事，为国家的进步和社会的文明做出贡献！我们希望广大残疾人向“自强模范”学习，以他们为榜样，为实现我国的第二步战略目标建功立业！

谢谢大家。

◇表彰优秀经营者大会讲话

在市××××年度十大突出贡献工业企业暨优秀经营者表彰大会上的讲话

×××

（××××年××月××日）

同志们：

今天，市委、市政府隆重召开××××年度十大突出贡献工业企业暨优秀经营者表彰大会。我代表市委、市政府向受到表彰奖励的企业和经营者表示热烈祝贺！向为全市经济发展做出重大贡献的工业系统广大干部职工表示衷心感谢！

去年，面对突如其来的非典疫情和多年不遇的洪涝灾害，工业系统的广大干部职工，按照市委、市政府“四增一补”的要求，振奋精神，迎难而上，全面实施《××工业振兴计划》，坚持深化企业改革，不断加大技改投入力度，工业经济保持了持续健康快速发展的良好势头。全市工业增加值完成××亿元，占全市 GDP 的××%，拉动全市经济增长××个百分点；实现工业利税××亿元，实现利润××亿元，经济效益综合指数××，同比提高××个百分点。今天受到表彰的十户企业去年完成工业总产值××亿元，占全市××户规模以上工业企业总产值的××%，对全市工业发展做出了突出贡献。受到表彰的企业经营者，在企业创业、经营、改制、重组等方面取得积极的成果，在依法经营、诚信经营、企业文化建设、承担社会责任等方面发挥了示范和表率作用。

市委、市政府对做出突出贡献的企业和经营者进行重奖，就是要大力弘扬优秀经营者的开拓创新精神，在全社会形成尊重劳动、尊重人才、尊重知识、尊重创造、尊重纳税人价值的社会氛围，让劳动者受到尊重，让纳税人感到光荣，从而激发全市各条战线干部群众的积极性，形成一个争做贡献、比学赶超、奋发向上的良好发展局面。

工业是一个城市经济发展的脊梁。××作为一个特大城市，国民经济的大厦必须靠工业的强劲增长来支撑。没有发达的工业，财政收入缺少主体税源，兴市富民就无从谈起；没有发达的工业，物流、金融、服务等第三产业发展缺乏坚实的基础，城市经济就难以繁荣昌盛；没有发达的工业，不能提供更多的就业机会，提高人民生活水平和保持社会稳定就会受到影响。因此，加速工业化进程，是我市面临的重大任务。尽管我市工业基础较好，但存在问题也不少，突出的是总体规模小，著名企业少，名牌产品少，与西安这个特大城市的地位很不相称。我们要加快发展，尽早实现“建强创佳”和全面建设小康社会的目标，就必须切实增强发展工业的紧迫感和责任感，把握好21世纪头二十年这个必须紧紧抓住并且可以大有作为的重要战略机遇期，树立和落实科学发展观，按照走新型工业化道路的要求，加快振兴西安工业经济。

要坚定不移地实施工业强市战略，把加快发展工业和支持工业发展放在更加重要的位置。认真分析自身的优势和差距，充分利用国家实施西部大开发和振兴老工业基地的政策，准确把握国家加强宏观调控的政策措施，积极承接发达国家和地区的产业转移，调整工业布局，优化产业结构。继续实施《西安工业振兴计划》，加大资本投入，加快发展高新技术产业，以高新技术改造和提升传统产业，做精做专、做大做强制造业，推进我市工业经济的跨越式发展。全社会都要重视工业、关心工业、支持工业，为我市工业加快发展营造良好的环境。

企业是工业发展的主体。要遵循市场经济规律，有效吸纳和整合资源，加快培育能够带动地方经济发展的大型企业集团，推进产业集聚，延长产业链条，形成一批支撑我市工业发展的“参天大树”。同时，采取有效措施，积极扶持中小企业加快发展。政府各部门必须进一步更新观念、转变职能，为企业发展创造有利条件。坚持以改革行政审批制度为突破口，进一步简化办事程序，减轻企业负担。鼓励各类社会中介机构为企业提供信息咨询、贷款担保、产权交易、人员培训、对外合作和法律咨询等服务，促进我市工业经济良性运行。

企业的竞争，说到底是人才的竞争。企业发展离不开优秀的经营者，离不开企业家队伍的形成和壮大。要高度重视企业家队伍建设，建立健全科学有效的激励和保护机制，营造有利于企业家引进、培养、使用的政策环境和社会氛围，充分调动企业经营者的积极性和主动性。必须牢固树立人才是第一资源的观念，在研究人力资源、开发人力资本上狠下功夫。要千方百计留住人才，用好人才。不仅要以事业留人、以机制留人，还要以感情留人、以待遇留人、以企业家的人格留人，要把发挥经营者积极性同发挥广大职工的积极性紧密结合，形成强大合力。

实施名牌战略，是提升工业水平、增强市场竞争力的必然要求，也是发展工业的重要手段。要围绕我市优势工业，加大争创名牌力度。立志创出一批有广泛影响的品牌，既要勇创名牌，也要善请名牌，大力引进国际知名品牌，使名牌带动城市经济腾飞。

改革是工业发展的动力，建立现代企业制度是工业企业加快发展的体制保证。要按照“产权清晰、权责明确、政企分开、管理科学”的要求，不断深化企业改革，加快国有企业股份制改造，积极推进投资主体多元化，积极引进战略合作伙伴，大力发展混合所有制经济，培育和完善产权交易市场，使我们企业的体制、机制更加适应社会主义市场经济的要求。

创新是发展的灵魂，核心技术能力的创新是工业企业增强竞争力的关键。要坚持贯彻“科学技术是第一生产力”的重要思想，抓住技术进步和产业升级这个关键环节，加快技术创新，尽快形成具有自主知识产权的技术能力，增强企业核心竞争力。重视推广先进适用技术，加快淘汰浪费资源、污染严重的落后生产能力。积极建立企业信息化技术支撑体系，以信息化带动工业化。

同志们，今年我市经济发展任务很重。我们要认真落实中央加强和改善宏观调控措施，全力保持经济平稳、协调、快速发展。希望全市工业系统的广大干部职工，继续保持高昂的精神状态和饱满的工作热情，抢抓机遇，真抓实干，开拓创新，团结拼搏，确保全年任务顺利完成！希望全市各行各业都要向今天受到表彰的企业和优秀经营者学习，艰苦创业，奋发有为，为实现我市“建强创佳”和全面建设小康社会的宏伟目标做出更大贡献！

◇环境教育表彰大会讲话

在市环境教育表彰大会上的讲话

×××

（××××年××月××日）

同志们、同学们：

今天是“四二二”地球日，为了纪念这个全球关注的环境节日，市环保局、市教委、市科协等有关市级部门在这里隆重集会，共同表彰两年来在全市青少年环境教育工作中取得优异成绩的集体和个人以及在重庆市第七届中小学生环境征文竞赛活动中的获奖者。借此，我代表市人大、市政府、市政协向受到命名表彰的绿色学校、青少年环境教育基地、绿色幼儿园和重庆市环境教育优秀教师、“环保小卫士”以及在环境征文竞赛中获奖的集体和个人表示热烈的祝贺！向辛勤工作在环境教育第一线的同志们表示亲切的慰问！向所有关心、支持我们环境教育事业的社会各界朋友表示衷心的感谢！

环境保护是我国的一项基本国策，是强国、富民、安天下的大事。党的××大确定了全面建设小康社会的宏伟目标，而小康社会的重要标志之一就是良好的生态环境。为了确保这一目标的实现，在××届×中全会上，党中央又把科学发展观作为指导我国现代化建设的崭新的思维理念适时地提了出来。因此，我们要认真学习和领会科学发展观的基本内涵。科学发展观的基本内涵，我的理解是：一是全面发展；二是协调和可持续发展。所谓全面发展，就是要着眼于经济、社会、政治、文化、生态等各个方面的发展；所谓协调，就是各方面发展要相互衔接、相互促进，良性互动；所谓可持续，就是既要考虑当前发展的需要，满足当代人的基本要求，又要考虑未来发展的需要，为子孙后代着想。所以，牢固树立和认真落实科学的发展观和正确的政绩观是当前和今后相当长一段时期内，摆在全党面前的一个重要课题。

××地处长江上游、三峡库区腹心地带，搞好××的生态环境保护和建设，对于确保三峡库区可持续发展，维护整个长江流域乃至全国生态环境安全具有十分重要的意义，加之保护和改善生态环境又是党中央交办给重庆的四件大事之一。因此，市委、市政府高度重视，直辖以来，全市紧紧围绕"山水园林城市工程"、"青山绿水工程"两大战略和主城区大气环境质量改善、三峡库区水污染防治两个重点，实施了一系列重大决策和行动计划，取得了明显成效。但由于自然地理条件、能源结构、经济结构和发展滞后等因素，我市的环境形势仍然非常严峻。因此，进一步加强我市生态环境保护工作，继续加大环境宣传教育力度，全面提高市民的环境意识，对实现我市经济社会的可持续发展，尤其对实现"小康重庆"的奋斗目标，有着重要的作用。

环保的基础是意识，意识的关键在教育，教育的主题在学校。为强化环境教育，教育部于××××年专门下发了《××××》和《××××》，将环境教育作为一个跨学科的主题纳入了中小学综合实践活动课程。市委、市政府《关于加强生态环境保护和建设的决定》中指出："各级教育部门要继续抓好对大、中、小学生的生态环境教育，把生态环境教育纳入教学工作计划，认真组织实施。"这是市委、市政府从经济社会发展战略的全局高度，对我市环境教育工作提出的具体要求，也是我们教育、环保部门一项长期的、重要的战略任务。希望各级教育、环保部门和各级各类学校认真贯彻落实《决定》精神，按照国家和市里的有关要求，以对祖国未来发展高度负责的政治态度，切实抓好中小学校环境教育工作，加强对广大青少年学生环境文明素质的培养，力争形成"教育一个学生，影响一个家庭，推动一个社区，带动整个社会"来共同关心、参与环境保护的浓厚社会氛围。

当前的环境教育工作，就是以创建绿色学校、绿色幼儿园、青少年环境教育基地为切入点，积极探索环境教育的方法和途径，鼓励学生借助环境征文等多种形式，积极参与环境保护的社会实践中去，同时，要大张旗鼓地宣传和表彰在开展环境教育工作中作出优异成绩的老师和表现突出的学生，要典型引路、示范推进，形成良好的社会舆论氛围，使开展环境教育的绿色之风吹遍巴渝大地。

令人欣慰的是，近几年来，在环保和教育部门的通力合作下，我市开展环境教育、创建绿色学校的工作扎实推进，取得了较为显著的成绩，多次受到教育部、国家环保总局的联合表彰。一所所具有强烈社会责任感的绿色学校正在不断涌现，一批批具有较高环境文明素养的学生正在茁壮成长，一颗颗绿色的种子正在××大地生根发芽。当然，我们也应该看到，这项工作在有些区县发展还不平衡，还需要我们不断总结经验、加强领导、扎实工作。

同志们、同学们，今天大会表彰的绿色学校、绿色幼儿园、青少年环境教育基地和优秀教师、“环保小卫士”以及征文竞赛获奖者，都是我市近两年来环境教育工作中涌现出来的先进典型，希望全市的中小学校和广大师生向他们学习。学习他们强烈的环境责任意识，敬业爱岗精神，勤奋学习、勇于实践的作风。同时，我们也希望受到表彰的集体和个人，要谦虚谨慎、再接再厉、不断创新，切实发挥先进的示范带头作用，为我市环境教育事业发展，为实现巴渝大地山川秀美、清新洁净的奋斗目标作出新的贡献！

◇春运工作总结表彰会议讲话

市府领导在全市春运工作总结表彰会议上的讲话

×××

（××××年××月××日）

同志们：

今年的春运工作在各镇政府和有关部门的支持配合下，经过春运战线上全体干部职工的共同努力，已于××月××日圆满完成。刚才，市春运办主任、交通局副局长×××同志代表春运办，对今年的春运工作作了全面总结，讲得很好。在此，我代表市政府向在这次春运工作中作出辛勤努力和贡献的所有干部职工表示最衷心的感谢！

今年四十天的春运，能比较顺利地完成，我认为主要做好了以下几项工作。

一、各级领导重视

今年，春运在面临安全形势严峻、客流量增大、社会对春运工作要求越来越高的新特点、新情况，市各镇政府和交通各部门以“三个代表”为指导，把今年春运当做新年第一季度的重点工作，当做政府为民办实事来办。市春运办和各部门的分管领导根据春运准备、节前、节后三个阶段及天气、客流因素，抓部署、抓落实，并经常深入到车站、道路春运现场，认真检查，落实整改。交通等部门领导，春运高峰期，几乎天天服务在基层，抓好春运各个环节，保证了春运工作有序进行。

二、安全管理得到了进一步加强

今年，春运取得了无一起安全事故发生的良好成绩，我看关键一点，是各有关职能部门、各春运单位针对今年春运安全工作的新形势、新要求，按照"守土有责，确保一方平安"要求，切实加强了责任管理，抓好了现场措施落实。市春运办组织协调好春运各方面工作，及时做好上传下达，督促指导工作。各镇春运办抓好辖区内路、桥、渡安全管理，对重要路、桥、渡设施，各镇均与所在村、单位签订了确保安全的责任书。市交通局、公安局职能部门联手组织打击道路违章车辆同时，还落实组织对所有春运机驾人员进行了安全教育，加强现场监督。客运单位加大了对运营工具，特别是租赁车主监控管理，有效限制了超载等违章情况的发生。公路、稽查、航道、海事加强了道路、航道、渡口、车辆的检查和管理，积极抢修道路、桥梁、清除航障，打击黑车、狠刹超载，确保了全市路航渡桥安全畅通。

三、文明服务又有新提高

搞好春运工作是全社会对交通行业文明建设的一次全面检查，检查的标准是群众满意不满意。今年春运期间，各客货运输企业继续深入开展"文明与春运同行"活动，不断提高改善服务环境，深化文明行业创建，优质服务、优良秩序、优美环境得到了进一步的体现。××火车站新客站正式启用，同时××火车站正式晋升为上海铁路分局一级站，停靠列车的增多，为××旅客提供了良好的出行环境。客运公司、苏州客运总公司××公司不断加大对春运服务硬环境投入，切实加强规范服务，公开服务承诺。总体来看，今年春运窗口单位服务质量上又有了新的提高。同时，交通货运单位春节期间加班加点，突击做好疏港任务和外配任务，得到了社会各界的好评。

四、各方协调配合好

春运工作涉及全局，需要各个方面的支持和配合，在交通、公安部门的干部、职工集中精力，全力以赴抓春运的同时，市工商、气象、物资等部门和市新闻单位大力支持和配合春运工作，其中"××××"的记者、编辑在春运期间经常到春运一线现场采访，及时报道好人好事和存在的问题，为动员全市干部群众重视春运，支持春运，发挥了作用。各有关部门、单位热忱关心春运职工的生活，积极做好春运职工的生活后勤服务，办实事、做好事，保证了春运工作的顺利进行。

春运工作虽然告一段落，但我希望在座的各个单位，在春运成绩的基础上，继续加强“三个代表”重要思想的学习，观念上适应新形势的变化，把为人民服务、为社会办更多的实事、好事体现在日常工作当中。

今年是“××”计划的关键一年，也是党的“××”召开之年，交通部门要认真贯彻落实好市委第××次党代会确立的“富民强市、率先基本实现现代化”的战略目标，增强率行意识，加快××交通事业新一轮大发展，为××经济的大发展作出更大贡献。进一步加强交通行业管理力度，深化交通企业内部改革。抓好创建文明行业工作，对于人民群众关心的运输服务质量要强化管理，提高整个行业文明程度。

同志们，在新的一年中，我相信，在市委、市政府的高度重视下，在各镇政府、各有关部门积极努力下，春运工作中表现出的精神状态、工作作风一定为××××年全年的经济建设和各项社会事业的发展作出新的贡献。

◇年度表彰大会讲话

在县××××年度表彰大会上的讲话

×××

（××××年××月××日）

同志们：

今天，县委、县政府在这里隆重召开表彰大会，表彰××××年度××县先进单位（集体）、先进生产（工作）者、十个“十佳”、文明单位（社区、村）、军（警）民共建先进单位，以及行政效能监察、党风廉政建设、科技、招商引资等工作先进单位和个人。这既是一次群英荟萃的盛会，也是一次振奋精神、鼓舞斗志的大会。在此，我代表县委、县人大、县政府、县政协向今天受到表彰的先进单位和个人表示热烈的祝贺和崇高的敬意！向为××改革开放和现代化建设事业作出贡献的广大工人、农民、知识分子、干部、驻军官兵、各界人士和全体劳动者表示衷心的感谢！

××××年是我县战胜困难加快发展，经济建设和社会各项事业取得显著成绩的一年。全县各族人民在上级党委、政府的正确领导下，全面贯彻党的××大和××届三中、四中全会精神，树立和落实科学发展观，团结一致、顽强拼搏、排除干扰、抢抓机遇、乘势而上，克服了严重干旱、电力严重不足等诸多困难，经济建设和社会各项事业发展取得了“××”以来的最好成绩，实现了全县地区生产总值突破××亿元、财政收入突破××亿元的“××”奋斗目标，全面完成了自治区、××市下达的经济工作“××”目标任务。经济建设取得了

“四高一稳一强一同步”的好成绩，“四高”就是规模以上工业总产值、财政收入、固定资产投资、招商引资保持高速增长，总量和增幅均创历史新高；“一稳”就是农民收入稳步增加；“一强”就是工业生产后劲增强；“一同步”就是经济发展的速度与效益同步增长。年内被评为“××××年度××经济发展十佳县”、“全国粮食生产先进县”、“全国科技进步示范县”、“自治区双拥模范县”、“自治区社会治安综合治理先进县”、“××市人口与计划生育工作目标责任制考核一等奖”等多项荣誉称号。全县呈现出政治稳定、经济发展、民族团结、社会进步的大好局面。

一、国民经济强劲增长，综合实力明显增强

××××年，是我县近年来经济增长速度和运行质量最好的一年。全县地区生产总值完成××亿元，同比增长××%，增速高于全国、全区、全市平均水平，总量相当于××××年的××多倍。第一、第二、第三产业的比例由××××年的××调整到××××年的××，经济结构进一步优化。经济发展总体上实现了“六个增”。一是农业增效。我们坚持以发展工业的理念谋划农业，农业龙头企业不断壮大，优势产业和优势农产品发展较快，畜牧水产养殖业发势头喜人。在持续严重干旱的不利因素下，依靠畜牧水产业的较快增长，农业生产继续保持增长态势。全年农林牧渔业总产值完成××亿元，比上年增长××%，相当于××××年的××倍。二是工业增速。引进的工业企业项目增多，一批企业进行技改扩建，工业投资力度加大，工业经济后劲不断增强。全年工业投资完成××亿元，增长××%，更新改造投资××亿元，增长××%。全县规模以上工业总产值完成××亿元，同比增长××%。工业经济实现了速度与效益同步增长，规模以上工业实现销售收入××亿元，增长××%，盈亏相抵后实现利润总额××亿元，同比增长××%。培育形成了以制糖、造纸、建材、饲料、林化、精细化工等为支柱产业的工业体系，人造板、电子、印刷、医药、农副产品加工等一批新兴产业正快速发展。三是三产增大。第三产业发展迅速，总量不断增大，成为了我县新的经济增长点。××××年全县社会消费品零售总额完成××亿元，同比增长××%，是××××年的××多倍，第三产业增加值占GDP比重××%，比××××年提高了近××个百分点。四是财政增长。全县财政总收入完成××亿元，同比增收××亿元，同比增长××%，相当于××××年的××多倍。五是发展后劲增强。××××年，我县投资规模再创历史新高，全社会固定资产投资完成××亿元，同比增长××%，相当于××××年的近××倍。固定资产投资规模的扩大，强劲拉动了国民经济的增长，增强了经济发展后劲。六是农民增收。降低农业税税率，进一步减轻农民负担，对种粮农民进行直接补贴，精心组织农村富余劳动力转移，大力发展劳务经济，积极开展抗旱促冬种保增收工作，确保农民收入的稳定增加。

二、基础设施不断完善，城乡面貌有了较大改变

城市基础设施建设取得新突破，××、××产业园等一批重点项目建设速度加快。县城和开发区的环境综合整治力度进一步加大，塑造了县城和开发区的新形象，县城面貌有了较大的改变。

农田水利、乡村道路、生态能源等农村基础设施建设“三大会战”成效显著。

全年全县农田水利、乡村道路、生态能源农村基础设施建设“三大会战”共完成投资××万元。乡村道路建设进一步加强，投资××万元，建设了××条乡村道路，总长××公里，解决了××个行政村、××多万人的行路难问题。农田水利设施进一步完善，水利建设投入××万元，建成了××街和××个饮水工程，解决了××万人的饮水困难；完成了两座水库除加固和××镇××水库北干渠××公里渠道硬化防渗工程；向国家水利部争取了××水库灌区××公里渠道硬化防渗工程，总投资××多万元，目前已完成硬化××多公里。农村生态能源建设力度进一步加大，去年新建生态文明村××个，累计达到××个，占全县自然村的××%；新建沼气池××座，累计达到××万座，占全县农户××%；新建卫生厕所××座，累计达到××万座，占全县农户××%。农村基础设施建设进一步改善了农村的生产生活条件，提高了农业的综合生产能力，为农村的可持续发展打下了坚实的基础。

三、对外开放不断扩大，招商引资取得显著成绩

我们紧紧抓住首届中国—东盟博览会在××举办的机遇，坚持以园区为平台，以项目为中心，以招商引资为突破口，以民营经济为主攻方向的发展路子，建立健全招商引资责任制，实行领导联系重点招商项目制度，推行招商引资风险抵押和招商引资激励机制，制定实施县境内招商引资无乡镇（开发区）界政策，招商引资取得了丰硕成果。全县新签约内资项目共××个，合同引进资金××亿元，实际利用内资××亿元，同比增长××%；实际利用外资××万美金，增长××%。招商引资新签约项目数量、协议投资额和实际到位资金均创历史新高。非公经济健康快速发展，成为了我县经济增长的主力军，到××××年底，全县共有非公有制企业××家，个体工商户××万多户，全县非公企业完成工业总产值××亿元，占全县工业总产值的××%；全县非公经济增加值占全县地区生产总值的××%，比上年提高了××个百分点。招商引资由原来以开发区为主转向了开发区和各乡镇齐头并进的局面，形成了引进内资与外资并重，引资与引智并举的招商引资新格局。一批大的项目、效益好的项目、回报率高的项目纷纷落户我县，推动了我县对外开放工作迈上了新的台阶。

四、统筹城乡发展取得新成效，县域经济活力不断增强

我们牢固树立和落实科学发展观，按照统筹城乡发展的思路，大力推进“一城两岸三区四线”建设，以城带乡、以工促农，县域经济呈现出农工贸互促进、城乡村齐发展的喜人局面。五合大学城建设进展顺利，目前签约的高校有××家，协议投资额××亿元，协议在校生××万人，提前××年完成了高校引进工作，××职业学院去年××月已正式开学，××学院、××图书发行学校已进场开工建设。××两岸的房地产、饮食、休闲娱乐等第三产业发展迅猛，两岸的美化、绿化工程正在逐步推进，一个集饮食、休闲、娱乐、观光、商贸于一体的沿江经济带初步成形。三个开发区保持了良好的发展势头。至××××年底，三个开发区已累计引进项目××个，协议投资额××亿元，实际投入资金××亿元，其中投资超亿元的项目有××个。去年，三个开发区规模工业总产值共完成××亿元，占全县规模口工业总产值的××%；财政收入××亿元，占全县财政收入的××%。开发区已成为我县最具活力、最具实力的经济增长点。“四线”建设蓬勃发展。去年，我们出台实施了县境内招商引资无乡镇（开发区）界的政策，完善乡镇财政体制后，各乡镇都在挖掘潜力招项目，积极培植财源，加快城镇二、三产业的发展。去年××个乡镇共引进项目××个，协议投资额达××亿元，实际到位××亿元，同比增长××%。

五、社会各项事业全面进步，不断开创和谐发展新局面

科技兴县战略全面实施，教育创新取得新成果，教学质量明显提高，全年高考上本科线以上××人，其中上重点线以上××人，再创历史新高；××高中顺利通过自治区示范性普通高中验收；继续开展中小学危房改造工程，总投资××万元；全年共扶助××名贫困大中小学生就学。成功举办国庆歌咏比赛和县第××届运动会等文体活动。卫生事业健康发展，建设了县疾控中心大楼，改造了××所农村卫生所业务用房和××个乡镇卫生院业务用房。人口、资源、环境工作得到加强，全县计划生育率为××%，人口自然增长率为××‰。

六、就业和社会保障工作不断加强，人民生活得到改善

全年投入再就业资金××万元，筹集××多万元建设了新的劳动力市场。全年城镇新增就业人数××人，下岗失业人员实现再就业××人，帮助大龄就业困难人员再就业××人，农村剩余劳动力转移就业××人。全部超额完成了年初确定的目标任务。切实做好社会保障工作。“两个确保”、“三条保障线”、“低保”工作进一步落实，企业离退休人员基本养老、下岗职工、低保对象基本生活得到保障，做到了应保尽保。救灾救济工作扎实开展，五保供养工作得到进一步落实，全县××名五保对象最低生活得到保障。建成了××个五保村，解决了××名五保对象的住房难问题。人民生活水平不断提高，城镇居民人均可支配收入×

××元，同比增长××%。年末城乡居民储蓄存款余额为××亿元，比年初增长××%。

此外，去年一年，我县民主法制建设进一步加强，社会秩序保持稳定；精神文明建设创建活动扎实深入开展，去年我县共有××个单位荣获自治区文明单位、××个小区荣获区级文明小区（庭院）、××个对子荣获自治区军（警）民共建先进单位。

××××年，我们不仅维护了全县安定团结的良好局面，而且在困难多、矛盾多、挑战多、压力大的形势下，经济和社会各项事业发展取得了近年来的最好成绩，“两个六”目标的实现标志着我县经济发展跃上了一个新的台阶。这些成绩的取得，是全县各族人民团结一致、努力拼搏的结果，应归功于奋战在全县各条战线、各行各业的工人、农民、知识分子和全体劳动者。在去年“三个文明”建设中，我县各条战线涌现出了一大批先进单位、先进集体和先进模范人物，今天受到大会表彰的××××年度××个先进单位、××个先进集体、××名先进生产（工作）者、××个“十佳”、××个文明单位、××个文明村、××对军（警）民共建先进单位，以及行政效能监察、党风廉政建设、科技、招商引资等工作的先进单位和个人，就是其中的杰出代表。他们是全县各条战线、各行各业的精英，是“三个文明”建设的先锋队，他们开拓进取、埋头苦干，为全县的改革开放和现代化建设做出了突出的贡献。

××××年是我县全面实施县委、县政府提出的“融入大××，谋求大发展，建设新××，实现新跨越”新的发展思路的关键一年。希望今天受表彰的单位和个人珍惜党和人民给予的荣誉，始终保持谦虚谨慎、戒骄戒躁的优良作风，发扬艰苦奋斗、无私奉献的精神，始终保持昂扬向上、奋发有为的精神状态，进一步保持和发挥表率和示范作用；希望先进模范人物加强学习、勤奋学习，不断提高科学文化素质，努力掌握新知识和新技能，争做智能型、知识型、创造型劳动者，扎实提高实践“三个代表”重要思想的本领，为我县的“三个文明”建设再接再厉、再创佳绩、再立新功；希望全县广大干部群众以先进模范人物为榜样，学习他们爱岗敬业、艰苦奋斗的创业精神，学习他们勇于改革、争当先锋的进取精神，学习他们胸怀大局、高度负责的主人翁精神，在全县形成学先进、赶先进，立足本职岗位，争创一流业绩的热潮，为建设新××实现新跨越营造良好的创业环境。

同志们，建设新××实现新跨越的意义重大，责任重大。让我们紧密团结在党中央周围，倍加顾全大局，倍加珍惜团结，倍加维护稳定，以饱满的精神，百倍的信心，万众一心，扎实工作，为建设更加美好的新××，率先在全区实现跨越式发展，全面建设小康社会而不懈奋斗！

◇表彰岗位标兵大会讲话

在医学院岗位标兵表彰大会上的讲话

×××

（××××年××月××日）

同志们：

正值全院上下认真学习贯彻党的××大精神之时，我们在这里隆重举行表彰大会，表彰我院建院以来首次授予荣誉称号的各类岗位标兵。这既是院党政和全院教职员工对岗位标兵们优秀的敬业精神和突出的岗位业绩的肯定和彰显，也是对××人艰苦创业、奋发图强、爱岗敬业、乐于奉献、求真务实、克难进取之精神的弘扬，更是我们发挥标杆作用，开展“学先进，创优质”活动，深化改革，加快发展，确保稳定，把党的十六大精神落到实处的重要举措。在此，我代表院党政向××年来为××医学院的建设和发展，奉献自己的青春年华和聪明才智的所有建设者们表示崇高的敬意和诚挚的感谢，向今天受表彰的××位标兵表示衷心的祝贺。

发展大计，关键在人。××年前，××医学院××位元老在没有住房、没有教室、没有病房的情况下，白手起家，建院创业。历经两代××人的艰辛努力，拼搏进取，××医学院院本部现已发展成为占地××亩，固定资产总值××亿元，拥有三个均为“三甲”的附属医院，集教学、科研、医疗、培干和科技开发于一体，具有较强办学实力的省属普通本科院校。××年来，我们从当年的武医分院发展到独立设置的本科院校；从办专科发展到办本科、办培研，进而满怀信心地去争取硕士学位授予权；从只有一个专业、一个层次招几十个学生，发展到今天举办××个专业、具有多个办学层次，拥有在校生××余人的规模；从生源和就业局限于一地、一省，发展到生源扩展到全国××个省市，毕业生遍及国内外。这一路的发展，一路的辉煌，从根本上讲，靠的是几代××人克难进取，无私奉献的优良品格。因此，我们应当向那些毅然放弃大城市优越生活和工作条件，到××肩驮背扛建学校，自制教具搞教学，一把草药搞医疗，晚睡工棚，并把宝贵的年华和聪明才智奉献给××医学院事业发展的元老们致敬；应当向那些立足岗位、脚踏实地，不计个人名利，只图教书育人，并为之呕心沥血、忘我工作和不断求索的建设者们致敬；应当向那些在困难条件下寻找机遇，面对竞争压力而奋勇向前的××人致敬。

××医学院坎坷艰辛而又成效卓著的××年历程，既奠定了建设区域名校的坚实基础，造就了一批又一批值得敬仰的优秀××人，也铸造了可贵的××精神。这是××医学院的一笔宝贵财富。我们彰显他们的业绩，弘扬他们的精神，既是对功臣的肯定，对历史的肯定，也是抓住新机遇，再创××新辉煌的需要。基于此，院党委将评选表彰岗位标兵，弘扬岗位敬业精神，开展“学先进，创优质”活动，列入了今年的《工作要点》。在将近四个月的时间里，宣传部、办公室、组织人事部等部门在精心拟定工作方案和评选标准之后，组织各总支、直属支部进行了人选推荐和事迹材料的报送。在此基础上，院党委综合情况，着重以敬业精神和岗位业绩为尺度，上下结合地进行多次研究，依靠基层，优中选优，筛选人选，随后进行了公示，并在收集到个别意见之后，认真对待，再作研究，确定了今天受表彰的××位同志为我院首次授予荣誉称号的岗位标兵。这些同志是我院各个岗位上优秀者的代表，正如其他各级各类的荣誉称号获得者一样，他们不是十全十美的完人，但他们是最大多数所公认的，是值得我们学习的榜样。

同志们，党的××大从全面建设小康社会、实现中华民族伟大复兴的全局出发，深刻阐述了新时期教育发展的战略地位和作用、发展的目标和任务，对教育改革和发展具有现实而深远的重要指导意义。××大报告中把提高教育水平，“形成全民学习，终身学习的学习型社会、促进人的全面发展”作为全面建设小康社会的重要标志和基础，强调必须把教育“摆在优先发展的战略地位”，“坚持教育创新，深化教育改革，优化教育结构，合理配置教育资源，提高教育质量和管理水平，全面推进素质教育”，“加强师资队伍建设，提高教师的师德和业务水平”，加强“职业教育和培训，发展继续教育”，等等，都鼓舞人心，催人奋进。对高校来讲，这意味着今后还有一个大的发展时期，据省教育厅严密测算，仅我们这个人口中等的省份，最近，前十年，是高教大发展的阶段，后十年是生源充足的时期，到2025年，高校生源呈现逐年递减趋势。这也就是说，21世纪的前20年，也是我院发展的重要战略机遇期，因而也就面临着不断深化改革，实施教育创新，大力提高师资素质和人才培养质量，稳步推进发展的艰巨任务。目前，我院办学指导思想、办学定位和基本发展思路均确定，透视高教发展和改革的趋势，分析本院的办学环境和综合办学实力，我院适度扩大规模，立足于大幅度提高办学质量和效益是完全可以办到的。因此，我们必须全面把握××大关于教育发展和教育改革的部署，全面贯彻“三个代表”重要思想，按照“四新”的总要求，立足发展第一要务，不断推进教育创新和提高质量，更好地适应国家经济和社会发展的实际需要。可以说，我们目标既定，重任在肩，大局很好，催人奋进，只要全院师生员工都立足岗位，敬业精业，学先进，创优质，××医学院的明天必将更加美好。就此，讲几点意见：

一、我们要学习岗位标兵们立足岗位，无私奉献，自觉实践“三个代表”的精神

今天表彰的××位同志工作在不同的岗位，但他们具有一个共同的特点，那就是自觉关心学院的事业发展，无私奉献自己聪明才智。今天被授予“老干部老教授标兵”称号的×××教授，是我院建院元老之一。他自参加建院到现在，不计名利，不畏艰难，扎根山区，勤奋耕耘，为药理学教学和科研做出了突出贡献。他已经××岁了，但仍然工作在教学、科研第一线，发挥着传帮带作用，赢得了师生们的普遍赞誉和尊敬。×××教授长期担任着临床医学系繁重的管理、教学和科研任务，始终以严谨务实、与世无争的优秀品格，兢兢业业，开拓进取，为全系的发展作出了卓越的贡献，充分展示了一位老一代知识分子对事业无限忠诚，对工作高度负责的精神风貌，被广大师生誉为德高望重的好主任、好老师。在这次表彰的其他同志中，有的为了顾全学院发展的大局而谢绝了条件更好的外单位邀请，有的为了自己的学生和教学科研而很少能够顾及自己的孩子和家庭。他们表现出来的这种立党为公、克己奉公的精神，既是他们取得突出成绩的重要思想基础，也是我们图谋发展最可宝贵的精神动力。全面建设小康社会的终极目的是大幅度提高人民群众的生活水平和质量，实现这个目标，最需要的就是这种比金钱更为重要的敬业奉献、不懈攀登的精神。没有这种精神，一个单位、一个集体干不成大事，一个人也成不了才，还会陷入名利纷争之中。××的今天，面对着日趋激烈的竞争态势，不进则退，小进还是退。全院师生员工都应该像标兵们那样，既胸怀大志又不好高骛远，顾全大局，脚踏实地，着眼现在，开创未来，形成一个讲事业、讲团结、比工作、比贡献的氛围。

二、我们要学习岗位标兵们立足岗位、求真务实的工作作风

全院每一个岗位、每一项工作要与时俱进地创造优异成绩，必须人人立足岗位，个个求真务实。路是人走出来的，事是人干出来的，工作来不得应付，成事在人，败事也是在人。浮在面上，沉不到工作中去，喊在嘴上不付诸行动，浮光掠影，应付左右，是改革、发展的大忌，是党风的大忌，也是知识分子的大忌。今天受表彰的同志之所以为大家所公认，也归因于他们不尚空谈，崇尚务实，在日常的教学、科研和管理工作上，锲而不舍，坚忍不拔，从大处着眼，从干好每一件事情做起，而积石成山，跬步千里，业绩卓著，为众推崇。这种精神和作风，在我院逐步加大以内涵式发展力度，努力做到规模、结构、质量、效益协调发展的今天，显得十分重要和宝贵。我们应该像今天受表彰的同志们那样，多思工作，多干实事，追求质量，注重效果，防止和克服各种心态的虚华浮躁，防止和杜绝伤害情绪、涣散人心的形式主义和官僚主义，大力弘扬实事求是，密切联系群众，真抓实干的良好作风。

三、我们要学习岗位标兵们立足岗位、开拓创新的精神

与时俱进，开拓创新，对于我们党、我们国家的兴旺发达是真理，对于每个单位、每个岗位和每个人同样是真理。××的发展在质量，质量的提高在创新。坚持教育创新，推进素质教育，提高办学水平和质量，科研创新是先导，教学创新是基础，管理创新是保证，核心还是我们的教师科研队伍和管理服务队伍，都必须以强烈的忧患意识、责任感和使命感，去不断地增强自己的创新观念，积极探索教学、科研、管理、服务工作创新的途径和方法，努力实现各个岗位工作的新突破、新境界。因此，我们应该像岗位标兵们那样，有着那么一颗永不知足的进取之心，有着那么一股朝气蓬勃的创新精神。我想，有了这种精神，无论处在多么平凡、多么困难的岗位，都能闯出新的天地，干出喜人的业绩，××医学院也就随之发展壮大！

同志们，我们要庆幸自己生活、学习和工作在一个可以大有作为的好时代。尽管××医学院在前进的道路上不尽是鲜花和阳光，还会有不少困难和风险，但只要全体师生员工倍加顾全大局，倍加珍视团结，倍加维护稳定，倍加克难进取，倍加勤学敬业、求实创新，我们就一定能够在五年至十年之内，把××医学院建成具有相当实力和影响力，具有较高知名度的区域名校。

榜样的力量是无穷的。让先进之花开放在我们每位同志的心头，让优质之果结在我们每个工作的岗位上！

第八章　节日、庆典（仪式）讲话稿

第一节　节日、庆典（仪式）讲话稿的写作概述

1. 节日讲话概述

节日讲话，是指领导干部在固定的、重要的节日举行庆祝会议上所作的讲话，这种节日讲话可以加强节日相关人员情感和工作的交流。节日讲话常见的有元旦讲话、春节讲话、国庆讲话、在春节团拜会上的讲话、在迎春茶话会上的讲话等。

2. 节日讲话的写作要领

（1）首先要真诚地赞美节日相关人员对工作做出的努力，激发其上进心。

（2）强调节日相关工作的美好发展前景，增强节日相关人员的信心，调动广大人员的积极性。

（3）明确节日相关人员的工作要求，激发其事业心。

（4）整个讲话稿的语言要生动，充满情感，能营造出喜庆的节日气氛。

3. 庆典（仪式）讲话稿的含义

庆典（仪式）讲话稿属于讲话稿的范畴之一，它也称为“发言稿”，是在某种特定场合讲话前所拟定的书面稿子。其作用是省时省力，能够集中有效地围绕庆典仪式把话讲好，避免走题或出现差错。这类讲话稿使用的范围很广，体现形式多用于各种重要会议、公共场合和机关企业等。

4. 庆典（仪式）讲话稿的特点

（1）祝愿性

庆典、仪式讲话稿多是对人对事表达美好祝愿的言辞。因此，应该突出它的祝愿性特点，要用热烈真挚的情感把祝贺之情热情洋溢地表现出来。

（2）准确性

准确性是庆典、仪式讲话稿写作的前提和基础。首先要了解讲话的对象，注意听众的组成结构，了解他们的性格、年龄、受教育程度、所在地域文化，分析

他们的态度、观点、希望和要求。掌握这些以后，就可以决定采取什么方式来吸引听众，取得较好的效果。其次，应该既是对上级精神的准确表达，又是对实践中是与非、质与量的真实反映。

（3）思想性

讲话稿的思想性主要体现在：

①讲政治，始终与党中央保持高度一致，自觉维护党中央的权威。

②坚持用马列主义、毛泽东思想、邓小平理论、“三个代表”重要思想和科学发展观指导各项工作，用马克思主义的立场、观点、方法来观察、分析和解决问题。

③按照组织意图去讲，与集体意见保持一致，不论在什么情况下，都不能凭自己的好恶随意表态。

④符合并传达贯彻落实党的基本路线、方针、政策和国家的法律法规。

⑤坚持党的思想路线，解放思想，更新观念，求真务实，开拓进取。

（4）实用性

讲话的目的是为了解决问题，指导工作。领导讲话稿只有管用、实用，才有它存在的价值。如何才能使讲话稿管用、实用呢？

①要对上级指示精神进行认真学习，深刻领会其精神实质；掌握和了解领导干部的工作思想和意见；熟悉本地实际情况，做到心中有数。只有这样，起草讲话稿才能把握住大方向，提出的观点才能有高度，立得住。

②把上级指示精神与本地的实际情况结合起来，对“原材料”进行加工，去粗取精、去伪存真，发现问题，找到解决办法；把“上情”与“下情”联系起来进行分析比较，从中抓住主要矛盾和问题，寻找两者的结合点和共同点，才能在写讲话稿时有较高的立意，有较强的针对性，写出的讲话稿才有较强的指导性。

（5）个性化

讲话稿的个性化特点，是指讲话稿不仅要符合实际，而且要符合讲话者的意图，体现讲话者的思维特点和语言表述习惯，具有独特的风格和个性。这不仅是为个人树立良好形象的需要，也是提高讲话稿写作质量的需要。要想在讲话稿中体现出个性和风格，用自己的语言讲话，必须做到如下几点：

①加强党性修养，树立正确的世界观、人生观和价值观；

②锲而不舍地坚持读书学习，把学习作为重要的任务，提高文化素质；

③发扬持之以恒的刻苦钻研精神，多用脑思考问题，多动手写作；

④改进工作作风，深入基层进行调查研究，充分占有第一手材料，了解和掌握群众思想情况。

（6）礼仪性

讲话稿的开头部分，要对客人表示热烈欢迎、真挚的问候、致意或感谢。讲话的语言要做到热情、谦逊、有礼，短小精悍。在结尾处，有的要表达良好的祝愿和希望，有的要谈希望和打算等。

5. 庆典（仪式）讲话稿的写作要领

（1）标题

标题是指讲话内容的题目。其写作格式如下：

①标题位置要左右居中，上下各空一行。短标题的字距可拉开一点。长标题一行不够，可转行，但要注意保持词与词组的完整性，字数搭配匀称合理。

②含义明确，新颖醒目，生动活泼，简洁精练。

（2）讲话者姓名

姓名是指讲话者的姓名。其写作格式如下：

①有与标题连在一起，列于标题之前的。

②如果讲话者在本地讲话，大家对其不很熟悉时，最好在姓名之前，冠以主要职务，以便与会者增进了解。

③姓名独占一行时，字距应拉大一些，姓名只有两个字的，字距可再拉大一点。

（3）讲话时间

时间是指发表讲话的时间。其写作格式如下：

①讲话时间有的标在讲话者姓名之前，有的标在讲话者姓名之后，还有的把讲话者姓名与讲话时间连在一起嵌入副标题中。这三种方式可灵活运用。

②时间单独标出，独占一行时，要外加括号。

③所标时间不能简化，年、月、日中的数字要写全。一般标到某日为止，如果一天内有数次讲话，还要注明上午、下午或晚上等具体的讲话时间。

（4）称谓

称谓是指对与会者的称呼。如何称谓，要视会议性质和与会者的具体情况而定。称谓一般要顶格写，独立成行，较多时并列两行以上，有时称谓也可与讲话开头并连在一行。

（5）开头

开头是指讲话稿的开始话。开头是讲话思路的起点，它的任务在于提领整个讲话，需要具备赢得听众好感和引入正文的条件。为了达到这个条件，在写讲话稿开头时，需要注意以下四点：

①内容要力求有新意，能给人耳目一新之感。

②形式要力求新奇巧趣，要能牢牢地吸引听众。

③要避免用谦逊过度的谦辞开头和自我吹嘘的开头。

④注意开头不要兜圈子、绕弯子，入题太缓，离题太远。

讲话的开头很重要，它起着引发、定调的作用。因此，要写得很得体，要体现出讲话者和听众之间的主要关系，要符合讲话场合的需要，要用简要的语言交代出全部讲话的要点，使听众先有所了解，并造成一种气氛，达到控制和掌握听众情绪、吸引其注意力的目的。

综上所述，写讲话稿开头的总的要求是：做到开门见山、切入主题，语言引人入胜、吸引听众、新颖精巧，内容紧扣题意，简明扼要，寥寥数语交代要点。

（6）正文

即讲话稿的主体。一般来说，正文没有一个固定的模式，其内容要视讲话人的身份、会议的背景、讲话的主题以及听众的差异而定。但都必须做到内容充实、分析透彻，主题鲜明、观点正确，材料充实、详略得当，层次结构分明、条理清晰，言之有序。另外，篇幅较长的讲话稿需要列出若干小标题，或用序号分出几个部分来写。

（7）结尾

即讲话稿的结束语。结尾是讲话思路的终结，它要在一个很短的时间内，抓住听众的注意力，使其全篇的意义完整，因而必须用最有力量的语言，将思想升华，编织完成全篇的讲话。好的结尾具有画龙点睛的功能，可发人深省，耐人回味，鼓舞斗志，振奋精神。写作讲话稿结尾的要求：

①概括整个讲话稿主题，作出结论，完整准确。

②语言精悍有力，充满热情。

③让听众余音未尽，回味无穷。

结尾的写作方法很多，常见的有：一是总结式，即对讲话的主要内容进行总结，归纳概括。这种结尾方式既是讲话稿的终点又是启发人们思考的起点。二是发出号召、提出希望式，即向与会者或有关人员指明方向，发出号召，提出希望。三是展望未来、鼓舞斗志式，即对未来的前景作展望，拨动听众的心弦。四是感谢式，即向与会者或有关人员表示感谢。这种结尾方式能使听众倍感亲切，有助于缩短讲者和听者之间的心理距离，融合讲者和听者的感情。五是哲理式，即通过总结作出哲理性结论，给听众以启发。六是含蓄式，即通过提出问题，给听众以回味。

第二节　节日、庆典（仪式）讲话稿的写作范文

◇元旦致辞

县长×××元旦致辞

××××年××月××日

同志们、朋友们：

金鸡辞旧岁，锦犬闹新春。沐浴新年的曙光，满怀胜利的喜悦，我们欣慰地告别××××年，豪迈地走进××××年。值此元旦佳节，我谨代表中共××县委、××县人民政府，向勤劳智慧的××县人民致以新春祝贺，向回家团圆、荣归故里的乡友致以亲切问候，向仍然坚守岗位的建设者和驻县官兵致以诚挚慰问。祝大家在新的一年里欢乐祥和、幸福安康、万事胜意！

年年花似锦，去年花更红。过来一年，全县上下紧密团结在县委周围，坚持以经济建设为中心，以跨越式发展为主题，团结拼搏，开拓创新，务实求为，经济社会事业发展再次夺得了“满堂红”：全年完成地方生产总值57.9亿元，完成财政总收入1.48亿元，农民年人均收入达到3860元，主要经济指标增幅均居全市前列，县域经济发展实现了量的增长、质的突破。与此同时，全县基础设施建设明显加快，招商引资持续升温，各项改革纵深推进，社会事业和谐发展，形成了一个人气高、财气旺、百业兴、万事荣的大好局面，全县经济社会事业开始步入了全面、快速、高效、协调发展的良性轨道。

过去一年，是全县上下锐意创新、励精图治的“拼搏年”，是各行各业捷报频传、硕果累累的“收获年”，是全局工作赶超迈进、和谐崛起的“发展年”。一年来，全县干部群众合力同心，真抓实干，为县域经济发展打下了坚实基础，为社会事业繁荣开创了新的局面。如今放眼巴陵，我们欣喜地看到了一种欣欣向荣、蒸蒸日上的气息！感受到了一种锐意进取、昂扬向上的精神！触摸到了一种无私奉献、不断燃烧的激情！

抚今追昔，我们风雨兼程一路走来，既欣慰万分，更感慨万千。所有成绩的取得是团结拼搏的结果，是群策群力的回报。××县的变化和发展，离不开全县人民的艰苦创业和辛勤耕耘，离不开各级领导的亲切关怀和真诚厚爱，离不开各位乡友的热情帮助和无私奉献，离不开社会各界的通力合作和鼎力支援。借此机

会，我再次代表县委、县政府向长期战斗在各条战线上的全县人民表示崇高的敬意，向一直关心、支持我县经济建设和社会事业发展的各界人士表示衷心的感谢！

一元复始，气象万千。新的成绩催生新的起点，新的起点孕育新的希望，新的希望承载新的使命。在新的一年，我们县委、县政府围绕“立足民本、改善民生、维护民利”这一强县富民的宗旨，提出了“四个全面”的奋斗目标，绘就了发展蓝图，拉开了腾飞序幕。新的一年，我们将以科学的发展观统揽全局，全面推进三次产业结构优化升级，全面提高城镇综合承载能力，全面加快基础设施建设，全面推动社会事业共同进步，努力建设全省经济强县，实现县域经济社会事业新跨越。

东风浩荡满眼春，万里征程催人急。新的一年，我县经济社会事业发展的目标宏伟、任务艰巨、责任重大，但其前景光明、前程似锦、前途无量。县委、县政府决心用大手笔、大动作、大举措来促进全县经济社会事业的大跨步、大发展、大飞跃。我相信，只要全县上下始终坚持以饱满的热情、必胜的信心、创新的精神、务实的作风干事创业，新的一年，我们就一定能够谋好篇、起好步，就一定能够夺取各项工作的“开门红”、“满堂红”，我们岳阳县就必将腾飞在即、振兴在望！让我们协力同心，真抓实干，开拓进取，在新的一年里再开新局、再立新功、再创辉煌！

最后，衷心祝愿我们巴陵大地物产富庶、民生安康！

衷心祝愿全县人民家庭幸福、心想事成、万事胜意！

◇春节讲话

××镇党委、政府××××年春节讲话

金猪辞旧岁，金鼠迎新春。值此新春佳节，××镇党委、政府向各界朋友拜年了，祝大家万事如意，鼠年大吉。

××××年，××镇党委、政府紧紧围绕县委、县政府建设“四大中心，两大基地”的战略思路，坚持以邓小平理论和“三个代表”重要思想为指导，全面贯彻落实十六届四中、五中全会和党的十七大精神，以建设平安和谐××，富民强镇为目标，以社会主义新农村建设为主题，以改善农村生产生活条件为工作重点，以增加农民收入为主线，一心一意谋发展，齐心协力促和谐，积极实施项目带动战略，全面加强基础设施建设，积极探索退耕还林后续产业

建设，大力发展非公经济、劳务经济和特色农业，使全镇农村经济和各项事业稳步发展，主要经济指标保持快速增长，较好地完成了年初确定的各项工作目标和任务。新的一年，我们将继续坚持以人为本，把关注民生、化解民忧、为民谋利放在首位；继续抓好拟办实事和项目工作的落实，全面改善农村生产生活条件，多渠道增加农民收入；确保我镇经济社会科学发展、和谐发展。

◇国庆讲话

在国庆××周年招待会上的讲话

××××年×月××日

各位来宾、朋友们、同志们：

在这金秋送爽的美好季节，我们欢聚一堂，共同庆祝伟大的中华人民共和国成立××周年。首先请允许我代表中共××市委、市人大常委会、市人民政府、市政协，向在各条战线上辛勤工作的全市各族人民，致以节日的祝贺！向香港、澳门特别行政区同胞和台湾同胞、海外侨胞以及各位来宾，表示诚挚的问候！向出席今天招待会的各代表和所有关心支持××发展的海内外朋友，表示衷心的感谢和良好的祝愿！

新中国成立××周年，在中国共产党的领导下，××人民艰苦奋斗，励精图治，取得了社会主义现代化建设的辉煌成就。特别是改革开放以来，我们高举邓小平理论伟大旗帜，紧紧围绕经济建设这个中心，解放思想，扎实苦干，不断夺取新的业绩。即将过去的第九个五年计划时期，是××历史上发展最快最好的时期之一。预计国内生产总值年均增长××%，财政收入增长××%，全市综合实力显著增强。社会主义市场经济体制初步建立；全方位、宽领域、多层次的对外开放格局正在形成，××新区作为××最大的经济增长点发展势头强劲；历史上规模最大的市区成片危陋平房改造目标胜利实现，一批重点基础设施项目相继竣工，载体功能进一步增强，城市面貌焕然一新。各项社会事业全面进步，人民生活水平不断提高。广大群众精神振奋，一个充满生机，充满活力的××已经展示在世人面前。

××过去的发展，很重要的一条是得益于对外开放。面对经济全球化和科学技术迅猛发展的新形势，我们要抓住中国即将加入世贸组织的机遇，加快融入世界经济发展整体格局的步伐。我们热烈欢迎国内外企业和有识之士来×施展才华，创造业绩。我们将进一步改善投资环境，依法保护投资者的权益，竭诚搞好服务，让投资者满意。

朋友们、同志们：新世纪即将来临，我们正依据政府对××城市定位，精心编制第十个五年计划。未来的五年，是××各项工作在更高起点上实现跨越式发展的五年，是××发生新的历史性变化的五年。我们将按照“乘势而上，开拓创新，全面上水平”的工作要求，着力抓好结构调整、技术创新和对外开放三件大事，并遵循现代化国际都市发展的一般规律，坚持开放型、科技型、服务型的方向，为把××建设成为现代化港口城市和我国北方重要的经济中心而不懈努力。

展望未来，××大有希望。我们坚信，在党中央领导下，全市人民同心同德，开拓创新，××跨世纪发展的宏伟目标一定能够实现！

现在，我提议：为中华人民共和国成立××周年，为××人民与各国朋友的友谊，为××的发展和各位朋友事业发达，为在座的来宾们、朋友们和同志们的身体健康，

干杯！

◇春节团拜会致辞

××水利局××××年春节团拜会致辞

×××

（××××年×月××日）

同志们：

新春佳节到，心潮逐浪高。

今天，在全国各族人民辞旧迎新之际，我们水利局机关全体离退休干部职工、机关全体在职干部职工，局直各单位主要负责人，各乡镇水电站长，欢聚在××大厅，共庆新春佳节。首先，我代表县水利局党委，向大家拜个早年，向大家表示新春佳节的良好祝愿！

过去的一年，我县水利事业成就显著，稳步发展。防汛抗灾，实现了“两个转变”。坚持以人为本、依法抗洪，准备充分，调度科学，人努力，天帮忙，风调雨顺，灾害少有。水利建设，我们迈开了大步。×××水库南涵改建、×××电排增容扩建、×××闸接长、××分洪闸新建等等，一批重点工程克服重重困难，全面有序地推进。堤防加固、水库除险、渠道清淤、机电冬修等等，一些面上工程，死角少，进度快，标准高，特别是×××大堤培修工程还成为全市水利建设的样板工程。水利管理，我们加大了力度。今年来，我们大力推进水费改革，水费入库率有所提高；我们坚持依法治水、依法行政，完善管理体系，强化

工作措施，全县乱耕滥种、乱搭滥建、乱堆滥倒、乱挖滥填的“四乱”现象得到了有效遏制。维护工作，我们确保了大局。基层领导亲自挂帅，班子成员分工负责，没有出现群访、越级上访事件，确保了不出乱子，确保了大局稳定。以上成绩的取得，离不开各级领导、社会各界人士的高度重视，离不开水利系统全体干部职工的辛勤努力。在此，我代表县水利局党委，向长期重视、关心和支持我县水利事业发展的各级领导、社会各界人士表示最崇高的敬意，向全县水利系统的干部职工表示最衷心的感谢，特别是向已经离退休的水利系统的干部职工、老前辈们表示最亲切的问候！

展望××××年，我们精神振奋，信心百倍。现在，水利基础设施的地位已得到各级党委、政府和全社会的高度重视，水资源的保护和利用备受全社会高度关注。我县水费难收、职工难生存、队伍难稳定的“三难”问题，已提到了县委、县政府的重要议事日程，最近县委又对水利局班子、副科级以上局直单位进行了适当调整，充实了人员，加强了力量。不仅如此，而且通过我们局党委反复汇报，多方努力，据透露，从××××年开始，全县水费征收，全部纳入县财政统收范围，而且还逐步解决一批乡镇水利站财政拨款的人员编制。可见，水利系统的冬天已经过去，水利系统的春天即将到来。因此，我们要紧紧围绕县委、县政府的工作部署，振奋精神，开拓前进，迎难而上，再创辉煌！

做好××××年的工作，主要狠抓四个方面：

1. 创新“两种机制”。一要创新人事管理机制。我们要放开视野找人才，不拘一格降人才，坚持“能者上、平庸者让、不称职者撤、违法乱纪者抓、老弱病残者退”的原则，选贤用能，真正起用那些想干事、能干事、会办事的同志，拧成一股绳，形成向心力，焕发每个单位的事业生机、每个同志的青春活力。二要创新财务管理机制。将机关财务、工程财务严格分开，大力增收节支，多跑路、多喊钱，不断壮大机关财务；建立工程资金台账，按制度管理好项目专项资金。杜绝账外账、小金库，杜绝体外循环，形成资金管理使用上的良性及良性运行机制。

2. 突出“两个争取”。我们既要争取项目投资，又要争取项目施工。认真研究国家水利产业政策，及时完成项目规划设计，加大项目汇报力度，搞好项目上下衔接，大力争取国家投资。不仅如此，我们还要强化项目管理，立足行业实际，利用多种优势，大力争取工程施工，增加单位收入，不断消化财政赤字，不断壮大各级财政。

3. 抓好“两费征收”。水费、规费是水利系统的生存之本，必须牢牢抓住，丝毫都不能放松。一方面，我们要千方百计抓水费征收。从××××年起，水费要全面争取实现财政统筹。从今天起，我们要天天想这个事，时时想这个事，真抓实干，确保实现。另一方面，水费统筹后，我们要把着力点放在征收保护费、水资源费、水土保持费等规费征缴上，局里将组织强有力的领导班子，常年专门抓，重点突击抓，加强水政执法队伍，加大水政执法力度，确保水政执法从严执法，确保规费收缴成倍增长。

4. 确保“两个重点”。防汛抗灾、水利建设始终是我们履行职能、服务社会的中心工作。我们要及早动手，充分准备，高标准、高质量、高速度、高安全，我们要统筹兼顾，突出重点，真抓实干，再掀高潮，争取夺得全省芙蓉杯水利建设“五连冠。”

同志们，鸡年是个好兆头，雄鸡报晓春来早。在新的一年里，我们要高举邓小平理论和“三个代表”重要思想伟大旗帜，坚持以科学发展观为指导，不断增强我们水利系统干部职工的时代感、责任感、紧迫感和使命感，团结战斗，振兴水利工程。

最后，祝大家在新的一年里，身体健康，工作顺利，家庭幸福，万事如意！祝大家在今天的团拜会晏会上，总结过去，展望未来，开怀畅饮。

谢谢大家！

◇国庆节、中秋节致辞

××××发电有限公司国庆节、中秋节致辞

××××年××月××日

同志们、朋友们：

皓月当空，秋风送爽。值此国庆、中秋双节来临之际，我谨代表××××发电有限责任公司向各参建单位的全体人员、向监理公司和设计院的各位专家、向公司员工及家属同志们，向关心和支持项目建设的社会各界朋友致以节日的慰问和最美好的祝愿！

××公司热电项目是××投集团公司和省政府的重点电源建设项目，它凝聚着全体参建人员的心血、汗水和希望。该项目投资大，工期短，任务重。项目的建设和发展离不开各位的辛勤耕耘和无私奉献。一年来，我们在××投集团公司和××分公司的正确领导下，严格按照集团公司工程建设“四二二”管理目标的要求，经过广大建设者的共同努力，项目自××××年××月××日开工至今，我们已经取得安全文明施工 272 天的可喜战绩，工程建设质量、安全、进度、造价四大目标均处可控、在控状态，各项工作正朝着机组达标投产的既定目标而顺利进行。

当然在成绩面前，我们不能自满，不能懈怠，不能停滞，我们要始终保持清醒的头脑。实践证明，摆在我们面前的困难还很多，工程建设任务还很重，需要我们咬定目标不放松，一步一个脚印地把各方面工作推向前进。需要我们认真贯彻执行集团公司和××分公司的工程建设要求，严格控制工程造价，注重质量，抓好安全，加快进度，努力创建优质精品工程。需要我们切实加强工程建设中的过程控制和管理，加大各方位的考核和监督力度，确保工程建设中人员到位、措施到位、组织到位、制度到位和落实到位。

同志们，朋友们！我们相信，有×××集团公司和××分公司的正确领导，有社会各界朋友的大力支持，有广大参建者的共同努力，我们一定能够做到知难而进、敢于创新、艰苦奋斗、务实求效，圆满地完成历史所赋予我们的光荣职责和神圣使命。让我们在十六大精神的指引下，精诚团结、扎实工作、携手共进，为创建我公司热电项目的优质精品工程，为确保两台机组逾期投产发电的既定目标，为实现公司的健康、快速、稳定的可持续发展而不懈奋斗！

最后，祝愿大家身体健康、工作顺利、阖家幸福！

◇在启动仪式上的讲话

在共青团“××行动”启动仪式上的讲话

××市委书记、市长 ×××

同志们、青年朋友们：

今天，能够和大家尤其是青年朋友们一起，共同参加由团市委、市××建委、市扶贫办举行的“××行动”启动仪式，我感到十分高兴。

实施“突破××”战略，是市委、市政府以科学的发展观为指导，着眼于统筹城乡区域协调发展，加快建设社会主义新农村，努力构建和谐××所作的一项重大战略决策，也是用经营开发区的理念和支持重点区域突破发展的思路来推进扶贫开发的一次创新和实践。我们设想，力争用3到5年时间，完成西部山区69个扶贫重点村建设，实施移民搬迁5000人，实现水、电、路、通信、广播电视五到村，达到人均一亩基本农田，户有稳定收入项目，农民人均纯收入逐年提高，人均占有粮食300公斤以上，实现7万人脱贫。

我们高兴地看到，这个决策从提出到实施半年来，受到了国家扶贫办和省委、省政府的充分肯定，引起了社会各界的普遍关注，一个关注××、帮扶××的热潮正在全市兴起。这次团市委等部门组织开展的“××行动”，就是服务全市工作大局、发挥共青团优势，进一步把“突破××”引向深入的一次有益尝试，创意很好，内容很实，也很及时。近年来我市共青团的工作实践也充分证明，只要始终坚持党有号召，团有行动，始终坚持围绕大局、服务大局，团的事业就会兴旺发达，团员青年就会在加快发展的实践中大有作为。希望各级团组织按照团省委××书记的要求，创造性地开展工作，扎扎实实地搞好这次“××行动”。借此机会，我就如何更好地发挥共青团的突击队和生力军作用，团结带领广大团员青年在建设“四市”、力创“双佳”的主战场建功立业，提三点希望，与青年朋友们共勉。

首先，要带领青年在志存高远上走在前列，做刻苦学习、坚定理想信念的先锋。青年正处在人生的起步阶段，解决好立志问题，对自身成长进步至关重要。各级团组织要教育引导青年把个人的理想融入到立志报效祖国、无私奉献社会上，体现在建设××、发展××的实践中去。尤其要把学习作为实现理想信念第一位的任务，组织青年刻苦学习新知识、新技能，在学习实践中加深对经济社会发展规律的认识，树立正确的世界观、人生观、价值观和荣辱观，用马克思主义的立场、观点和方法，正确分析和看待前进道路上的问题和挫折，把个人的前途同××的发展紧密结合起来，确定好人生坐标，找准自己的位置，自找差距奋斗，自加压力争先，实现自己的人生价值，做学有所成的先锋模范。

其次，要带领青年在解放思想上走在前列，做改革创新，推动发展的生力军。青年人最富改革精神，最少保守思想，是整个社会中最富有创新朝气和创造活力的群体。近年来的实践证明，××的加快发展首先得益于解放思想，改革创新，也得益于广大青年成为了创新创业、推动发展的重要力量。各级共青团组织要继续教育引导广大青年争做解放思想、促进改革的先锋，争做机制创新和技术创新的标兵，争做创业发展的带头人，始终站在时代前列。尤其要适应“十一五”加快发展、科学发展、和谐发展的时代主题，组织带领青年积极投身招商引资、项目建设第一线，投身新农村建设第一线，投身企业改革和自主创新第一线，投身民营经济发展第一线，投身生态环境建设第一线，打头阵，打硬仗，攻难题，用勤劳的双手建设我们的美好家园。特别是要进一步在各行各业、各条战线的广大团员青年中倡导形成锐意改革、尊重创造、鼓励创新、支持创业的良好氛围，使大家在践行科学发展观，推动××率先跨越发展的伟大实践中施展才华，建功立业。

最后，要带领青年走在引领社会新风的前列，做构建文明和谐社会的标兵。共青团组织和团员青年素有开风气之先的传统，理应在加强精神文明建设、构建和谐社会中有更大的作为。全市各级团组织要教育和引导团员青年用科学理论武装头脑，用优秀文化陶冶情操，高举爱国主义旗帜，积极投身社会主义精神文明建设，始终成为引领社会风气之先的有生力量。尤其是当前，要按照“八荣八耻”的要求，教育广大青少年树立社会主义荣辱观，紧紧围绕《公民道德建设实施纲要》和我市精神文明建设总体规划，以创建文明城市为契机，深入组织开展各类群众性精神文明创建活动，广泛开展送温暖、献爱心活动，自觉同各种违法犯罪行为和社会丑恶现象做斗争，努力做中华民族传统美德的传承者，体现时代进步要求的新道德规范的实践者，新型人际关系和良好社会风尚的倡导者。

同志们、青年朋友们，国运昌盛系于青年，××的希望在于青年。希望广大青年不辱使命，走在构建和谐××的最前列，用自己的智慧和汗水，创造出无愧于时代的辉煌业绩，让青春在加快××发展的实践中熠熠闪光！

◇在挂牌仪式上的讲话

在××县农村党员干部科技培训示范第二基地挂牌仪式上的讲话

县委副书记 ×××

（××××年××月××日）

同志们：

为了贯彻落实区党委、××市委关于“五村、两规范、一带头”建设的工作部署，为我县“五村、两规范、一带头”建设培养大批的党员干部人才，不断壮大农村党员带富队伍，××县农村党员干部科技培训示范第二基地，经过各级领导和各有关部门的共同努力，今天顺利挂牌投入使用了，这是全县广大农村党员干部的一件大喜事，我代表县委表示热烈的祝贺！

县农村党员干部科技培训示范第二基地建立之后，它的主要功能、任务和作用，就是围绕“四个培养”开展培训工作，大力提高农村党员干部队伍的整体素质，为在我县农村建设小康社会提供强有力的人才保障。

按照全区深化村级组织“五村、两规范”建设经验交流会议要求，各地要在深化村级组织“五村、两规范”建设中抓好党员干部人才的“四个培养”工作，即把农村党员培养成致富能手、把致富能手培养成党员、把党员致富能手培养成村干部、把党员村干部培养成村党组织书记。

抓“四个培养”，要突出能力培养。在对农村党员基层干部进行以“三个代表”重要思想为主要内容的思想教育的同时，要采取有力措施，想方设法提高他们的三种能力。一是调整经济结构、发展农村经济的能力。学习掌握科技文化知识，带头应用和普及农业实用技术，掌握致富的本领，掌握适应市场变化的本领，树立榜样，做好示范，带领群众发展生产致富。二是提高政策水平、依法办事的能力。做到全面理解党的政策，正确宣传落实政策，规范执行政策，增强民主法制观念，学法、知法、守法，开展工作和解决问题都能严格依法办事。三是解决农村矛盾的能力。要学会做深入细致的思想政治工作，不断增强思想政治工作的感召力、说服力和渗透力，把矛盾化解在萌芽状态，把问题解决在基层，维护社会稳定。各乡镇要着眼于村级组织建设的需要，切实抓好村级党员带富人才的培养工作，及早发现苗子，要把他们输送到县农村党员干部科技培训示范基地来学习培训。

为了建设一支致富带富能力强的党员能人队伍，除大力争取上送参加市级培训之外，全县要以县农村党员干部科技培训示范基地为龙头，乡镇培训基地为骨干，形成培训网络，普遍培训农村党员干部及非党经济能人，实现“四个培养”的目标。力争到××××年，使全县农村党员干部的思想政治素质和科学文化素质有较大幅度的提高，使90%以上有劳动能力的农村党员普遍掌握1～2门实用新技术，20%左右的村“两委”成员达到农民技师水平，80%左右的青年党员获得绿色证书或成为农民技术员，40%左右的党员户成为科技示范户，80%以上的村级领导班子具有依靠科技发展农村经济、增加集体收入的能力。

进一步加大培训力度，县培训示范基地要发挥龙头作用，争取每季度要举办一期有100名农村党员干部和非党经济能人参加的培训班。各乡镇培训示范基地也要相应举办培训班，培训村委干部和有劳动能力的农村党员，做到每年普遍轮训村委干部和50岁以下党员一次以上，要做好培养工作计划，要建立有把党员培养为致富能手；把致富能手培养成党员；把党员致富能手培养成村干部；把党员村干部培养成村党组织书记的培养花名册，并实施培养，不断加强农村致富能手队伍、党员队伍、村级干部队伍、村级党组织书记队伍建设。

我相信，县农村党员干部科技培训示范第二基地必将在我县“五村、两规范、一带头”建设中发挥巨大的作用，一定能在我县全面建设小康社会的进程中作出应有的贡献！

◇在入党宣誓仪式上的讲话

在×××市青年党员入党宣誓仪式上的讲话

市委组织部长　×××

（××××年××月××日）

同志们、青年朋友们：

今天，我们在这里隆重集会，纪念中国共产党建党83周年，举行全市青年党员入党宣誓仪式。值此机会，让我代表市委向新加入党组织的青年党员表示诚挚的祝贺！

83年前中国共产党诞生之时，党员只有五十几人，面对的是一个灾难深重的旧中国。83年后的今天，我们党已成为在全国执政50多年，拥有6700多万党员的大党。在83年的征程中，我们党以自己的智慧、胆略、意志和驾驭能力，领导全国人民告别了苦难的过去，谱写了壮美的新篇，迎来了光明的未来。今天，你们通过组织的帮助和自身的努力加入了党组织，每名新党员应该感到无上的光荣和自豪，更应珍惜这一难得而又值得铭记的庄严时刻，不断增强责任感和使命感，积极投身到老工业基地振兴，加速“工业立市”发展战略的伟大实践中去，切实担负起时代赋予的崇高使命。市委在对你们表示祝贺的同时，也对你们寄予了殷切的希望。

一是希望你们要充分发挥党员的带头作用，努力成为人民群众的表率。要做勤奋学习，刻苦钻研的表率。要全面系统地学习“三个代表”重要思想，切实领会其科学内涵和精神实质，着力掌握其科学态度和创新精神，努力提高自身的党性修养和党性锻炼。要做坚决贯彻执行党的路线、方针、政策的表率。要坚持党的基本理论、基本路线、基本纲领不动摇，认真执行党的方针政策，坚定跟党走建设有中国特色社会主义，以高度的政治责任感完成好党交给的各项工作任务。要做不尚空谈，多干实事的表率。要把远大理想同务实精神结合起来，在工作岗位上艰苦奋斗，多办实事，多做贡献。要言行一致，讲求实效，不务虚名，不搞浮夸，不做表面文章，坚持说老实话，办老实事，当老实人。

二是希望你们要充分发挥党员的骨干作用，努力成为×××经济发展的先锋。要做推动改革和经济发展的生力军。要坚定地站在改革的前列，全面理解改革，积极参与改革，坚定促进改革。要在我市骨干企业的重组、重点项目的建设、优化经济发展环境等重点工作中，发挥青年的生力军和突击队作用。要做促进精神文明建设的排头兵。要大力发扬开风气之先的光荣传统，勇敢地站在开创社会文明新风的最前列，努力做中华民族传统美德的大力弘扬者、新型人际关系和良好社会风尚的积极倡导者。要做维护社会稳定的先锋队。要想党和政府之所想，急党和政府之所急，帮党和政府之所需，真心实意地为广大群众解决实际困难，为党和政府分忧，维护安定团结的大好局面。

三是希望你们要充分发挥党员的桥梁作用，努力成为全心全意服务人民的模范。要密切联系群众。要深入基层，深入群众，向群众宣传党的主张，及时向党反映群众的意见和要求，特别要到最困难的地方去，到群众意见多的地方去，到工作推不开的地方去，努力为群众排忧解难。要全力服务群众。要坚持立党为公，执政为民，始终把群众的利益放在第一位。坚持权为民所用、情为民所系、利为民所谋，为群众诚心诚意办实事，尽心竭力解难事，坚持不懈做好事，特别是对下岗职工、农村贫困人口和城市贫困居民等困难群众遇到的实际问题，一定要带着浓厚的感情帮助解决。要切实转变思想作风和工作作风。坚决防止和克服形式主义、官僚主义，自觉接受群众的批评监督，绝不脱离群众，绝不贪图安逸，绝不以权谋私。

同志们，青年朋友们！党和人民对你们寄托着殷切的希望。希望你们热爱祖国，热爱人民，志存高远，胸怀宽广，在改革开放和现代化建设的广阔舞台上，充分发挥自己的聪明才智，展现自己的人生价值，努力创造无愧于时代和人民的业绩。

◇在入团宣誓仪式上的讲话

在××市“五四”运动86周年纪念大会暨大型入团宣誓仪式上的讲话

市委副书记　×××

（××××年××月××日）

同志们：

今天是“五四”运动86周年纪念日。团市委在这里隆重集会庆祝这一伟大的节日，很有意义。首先，我谨代表市委、市政府、市政协向今天参加活动的各位青年朋友，并通过你们向全市广大青年致以节日的问候和诚挚的祝愿！

86年前的今天，在中华民族生死存亡的紧要关头，广大热血青年毅然奋起，投身于拯救国家、拯救民族的伟大斗争，开创了青年运动与人民大众相结合的光辉道路，拉开了我国新民主主义革命的序幕。此后，一代又一代的中国青年，继承“五四”光荣传统，紧跟中国共产党，以民族解放、国家富强、人民幸福为己任，谱写了一曲曲壮丽的青春之歌。今天，“五四”运动的革命火炬已经传到了当代青年手中。青年作为社会中最积极、最活跃、最有生气的群体，是继往开来的伟大力量，是我们事业的希望所在。当前，我市正处于全面建设更高水平小康社会、构建和谐社会的重要时期。新时期新形势，给广大青年提出更高要求，也提供了大有可为、大有作为的广阔空间。借此机会，我给广大青年朋友们提三点希望和要求：

一、要立志成才。伟大的时代孕育杰出的人才，杰出的人才推进伟大的事业。中国特色社会主义伟大事业，为每一个人的成长成才开辟了广阔天地，为各类人才施展才华提供了实践平台。广大青年要树立“人人都可以成才”的观念，摒弃学历、职称、资历、身份的束缚，把品德、知识、能力、业绩作为人生的标杆，孜孜以求。要志存高远，用“三个代表”重要思想指引成才之路，做“三个代表”重要思想的传播者、推动者、实践者；要勇挑重担，把个人的成才融入××的发展建设和祖国的繁荣富强之中；要全面学习，用终身学习的理念铺就成才之路，打牢人生成长进步的根基；要投身实践，在改造客观世界和主观世界的活动中拓宽成才之路，接受社会的检验和群众的评判。

二、要艰苦创业。实干成就宏伟事业，苦干造就灿烂人生。青年最少保守思想，青年最具创新潜能。要顺应时代潮流把握创业机会，与时代共同进步，与人民紧密结合，创造无悔青春；要立足本职工作寻求创业支点，在每一个平凡的工作岗位上有所发现、有所发明、有所创造、有所前进，成就辉煌人生；要到艰苦的地方打开创业通途，用我们的青春激活一方热土，造福一方人民，造就永恒人生；要用创新的精神推进创业实践，在继承前人的基础上超越前人，用青春的智慧和汗水为经济社会的不断发展注入强大的创新动力。

三、要乐于奉献。奉献是真诚自愿的付出行为，是崇高的精神境界，是美好的人生追求。时代的车轮在奉献者推动下前进，事业的蓝图在奉献者奋斗中实现，民族的未来因奉献者的努力而充满希望。青年要引领社会风气之先，带头弘扬和实践奉献精神。要在国家和人民需要的关键时刻挺身而出，决不退缩，在日常工作和生活的平凡时刻恪尽职守，爱岗敬业。要在维护最广大人民根本利益的前提下寻求个人利益的实现，扎根基层，深入群众，吃苦在前，享受在后，克己奉公，多做贡献。

青年朋友们！在充满希望的新时代，广大青年重任在肩、使命光荣。让我们接过“五四”运动的火炬，时刻铭记历史使命，在拼搏中施展抱负，在奋斗中发挥才智，在平凡中开拓创新，创造出无愧于青春的新业绩，谱写出壮丽的青春之歌，为建设繁荣、和谐的现代化新××作出新的更大的贡献！

◇在开学典礼上的讲话

区委常委、区委组织部长×××同志
在××区委老干部党校成立暨开学典礼上的讲话
（××××年××月××日）

各位老领导、老同志：

今天我们在这里举行中共××区委老干部党校成立和开学典礼仪式。区委老干部党校的成立，体现了我区老干部工作的创新，体现了党组织对离退休老一辈同志在政治上的关心和爱护，同时，也是全区老同志在新的形势下不断加强政治理论学习、不断加强政治思想工作、不断加强党性锻炼的要求和心愿。为切实把老干部党校办好，下面我讲三点意见：

第一，要把老干部党校办成培训全区离退休干部的重要阵地

我们党历来十分重视党校工作，从延安时期直至改革开放的今天，党校在用马列主义、毛泽东思想、邓小平理论和“三个代表”重要思想武装全党、教育干部方面，发挥了十分重要的作用，可以说，党校是各级领导干部培训轮训的主渠道。我们不仅要重视对在职领导干部的培训，而且也要随着形势的发展，通过老干部自己的党校，加强对离退休干部的培训，以保证老同志思想常新、信念永存。

当前，我国的改革和发展正处在关键时期，面临着全面建设小康社会、开创中国特色社会主义事业新局面的艰巨任务。因此，老干部党校对离退休干部的培训工作，应重点把握以下几方面：

一是深入学习党的十六大精神和“三个代表”重要思想。今年是全党掀起学习贯彻“三个代表”重要思想新高潮、深入贯彻十六大精神的重要一年，所以，老干部党校要注意安排好这方面的学习内容，让参加培训的老同志通过学习，更加准确地把握邓小平理论和“三个代表”重要思想的深刻内涵，不断地在解放思想中统一思想。

二是要学习党的路线、方针和政策。老干部是党和国家的有功之臣和宝贵财富，老同志在离职退休之后，仍然以天下为己任，时刻关心着党的建设和社会主义建设事业的发展，因此，老干部党校要注意结合形势的发展，结合党的各项工作，让参加培训的老同志学习党的路线、方针和政策，正确地认识当前经济社会中出现的矛盾和问题，澄清存在的各种思想困惑，保证老同志在政治上、思想上到行动上与党中央保持一致。

三是要开展好形势教育。老同志退下来后，非常关心形势的发展，这是老同志多年形成的良好习惯，因此，老干部党校要适时地安排好形势教育。通过形势教育，要让老同志正确认识国际国内形势发展带来的新的机遇和挑战，科学判断我们党所处的历史方位，不断增强忧患意识，居安思危，既能清醒地看到日趋激烈的国际竞争带来的严峻挑战和前进道路上的困难风险，又能不断增强责任感和使命感，为顺利实现十六大确定的奋斗目标，倍加顾全大局，倍加珍视团结，倍加维护稳定。

总之，要针对老同志的特点和需求，努力把老干部党校办成培训全区离退休干部的重要阵地，并力求在两年时间内，对我区离退休干部基本培训一遍。

第二，要把老干部党校办成促进离休干部政治待遇落实的载体

落实离休干部的政治待遇，是党和国家对老干部的基本政策和原则，它体现了对老干部政治上的关心与信任。几年来，我区各级党组织在落实老干部政治待遇的工作上做了大量工作，并逐步形成了一套行之有效的工作制度，老干部的政治待遇基本上得到了落实，老干部是满意的。但是也应该看到，随着时间的推移，老干部“双高”特点日趋明显，过去一些可行的工作方式，在今天看来就需要加以改进和提高。老干部党校的成立，可以说是在新的形势下，为更好地落实离休干部的政治待遇提供了新的载体。老干部党校可以通过举办培训班的形式，把更多的老同志集中在一起，共同听党课、共同听报告、共同座谈交流，以促进老干部政治待遇的全面落实。总之，老干部党校在办学实践中，一定要注意针对老同志的思想实际和自身需求，根据形势发展的需要，办成为落实老干部政治待遇的补充渠道。

第三，老干部党校要从老同志的实际情况出发，办出自己的特色

老同志们常说：离休不能离党、退休不能褪色。党交给离退休老同志们的任务是：健康长寿，继续写完自己的光荣历史。怎样才能做到上述的要求，很重要的一个方面就是要做到努力学习、思想保持与时俱进，严于律己、保持优良传统和作风。因此，老同志除因身体状况或其他特殊原因外，都要自觉地按照组织的要求和安排，参加老干部党校的学习。

老干部党校在培训、轮训的方式上，要从老同志的实际情况出发，可采取相对集中的办法，每期的安排要适当，每天的安排不宜时间太长。学习的方法要灵活多样，可采取集体学和自学相结合，面授辅导、座谈讨论、参观考察相结合等方法进行。

区委党校以及全区各级党组织，要大力支持和协助老干部党校的教学工作，区委老干部局要精心做好老干部党校的组织工作，要为老同志提供良好的学习条件和环境。各位老同志们：老干部党校第一期离退休干部培训班今天就要开学上课了，在此，我预祝参加第一期培训班学习的老同志们身体健康、精神愉快、学有所获。

谢谢大家！

第九章　礼仪、文体活动讲话稿

第一节　礼仪、文体活动讲话稿的写作概述

1. 礼仪讲话概述

礼仪讲话是指领导干部在迎送宾客、寿辰庆典、结婚礼仪等特定场合中，宾主双方或一方所发表的祝贺的一种礼仪性讲话。

2. 礼仪讲话稿的写作要领

（1）在讲话稿的开头部分，要对客人表示热烈的欢迎、诚挚的问候和致意或感谢。

（2）在主体部分，讲话的语言要做到热情、谦逊、有礼，语言要短小精悍，饱含真情。

（3）在结尾部分，有的要表示出良好的祝愿和希望；有的要谈今后的打算，表明继续努力的决心。

3. 文体活动讲话的含义

文体活动讲话，是指领导干部在各种社会活动特别是文体活动如联欢晚会、文艺演出、体育比赛等开始时，为了制造活动的热烈气氛、调动观众的参与热情而发表的讲话。

4. 文体活动讲话稿的内容

（1）当地领导文体活动讲话。

①对参加活动的领导和来宾表示欢迎或谢意。

②介绍本次活动的特定背景和意义。

③介绍活动的安排内容，对当地干部群众或参与者提出希望和要求。祝愿活动取得圆满成功，观众过得愉快，玩得开心。

（2）上级领导文体活动讲话。

①表达参加活动的心情，对活动的举行表示热烈祝贺。

②阐述活动举行的背景，指出活动的目的、意义。

③向与会者提出办好本次活动的希望和要求，最后用预祝活动取得圆满成功或祝参与者过得愉快等祝愿语作结。

5. 文体活动讲话稿的写作要领

讲话稿的语言要写得简洁明快，真情感人；篇幅要短小；语气要显得生动活泼，充满激情，感染力强。

第二节 礼仪、文体活动讲话稿的写作范文

◇在工程开工奠基仪式上的讲话

在××市×县××水库工程开工奠基仪式上的讲话

××市人民政府副市长　×××

（××××年××月××日）

同志们、朋友们：

在全党全国人民高举邓小平理论伟大旗帜，认真贯彻落实科学发展观，充满信心全面建设小康社会的重要时刻，我市贯彻落实十七大精神的重要举措之一，市委、市政府确定的“八大民心工程”之一的×县××水库工程，在党中央、国务院的正确领导和国家有关部委的大力支持、帮助下，今天正式开工奠基了。在此，我谨代表中共××市委、市人大、市人民政府、市政协表示最热烈的祝贺！并借此机会，向150万勤劳、勇敢、善良、开拓的×县人民和向参加××水库工程的建设大军表示最亲切的问候！向关心、支持我市经济社会发展的各界人士、各位朋友表示深深的谢意！

当前，我市正处于经济社会发展快速提升时期，既面临着十分严峻的挑战，又有着千载难逢的机遇。为此，市委、市政府紧紧围绕党中央交办给我市的“四件大事”，审时度势，明确了“富民兴渝，加快建设长江上游经济中心”的总体奋斗目标和建设小康社会的“三步走”阶段性目标。我市各级各部门一定要围绕这一目标，开拓进取，奋发图进，踏实工作，全面推进我市改革开放和现代化建设的各项事业。我市农业生产条件差，水利基础设施薄弱，水利化程度低，抗旱能力弱。要实现“富民兴渝”的目标，要实现经济社会的可持续发展，要圆满完成党中央交办的“四件大事”，必须要加大水资源的综合开发利用和优化配置力度，加快农业、农村生产生活条件的改善。

×县是三峡库区淹没范围最大、搬迁人口最多、淹没损失最大、移民安置最重的县，同时还地处×××中心地区，按照市委、市政府提出的××要构筑×东北中心城市的要求，兴建我市第一座主要用于城乡供水和农业灌溉的鲤鱼塘大型水库，不仅是改善农业生产条件、夯实农业基础，促进县域经济发展的需要，而且是确保新县城××万人生产生活用水的需要，也是拓展××库区移民安置容量，保证其搬得出、安得稳、逐步能致富的需要，同时还是市委、市政府认真实践和贯彻“三个代表”重要思想的具体体现，推进我市全面建设小康社会的重要举措，是实现市委、市政府向全体市民的庄严承诺。动工兴建集城乡供水、农业灌溉、兼顾发电和移民安置为一体的×县××大型水库工程，时刻凝聚着市委、市政府的关注和××万××儿女的目光。

因此，我希望市水行政主管部门要切实加强该项目的管理，严格投资控制，强化质量监督，确保工程质量，加快工程进度，力争早日竣工投产；×县县委、县政府要积极主动地为该工程的建设创造宽松、良好的外部环境，及时协调和化解各种矛盾和问题，正确处理好库区移民和工程建设的关系；工程业主单位要进一步加大筹资力度，加强工程建设的日常监督和管理，充分发挥资金的投资效益；建设施工单位要视工程质量为生命，精心组织，文明施工，科学合理安排工序，把该工程建设成为质量一流的标志性工程。与此同时，希望市级各有关部门要更加关心和支持××水库工程的建设，努力把这民心工程及早建成并发挥显著的经济、社会效益。

同志们，风好正是扬帆时。让我们在党中央、国务院的正确领导下，以党的十七大精神为指导，全面贯彻落实科学发展观，与时俱进，开拓进取，求真务实，锐意创新，努力在建设小康社会的伟大实践中不断推进我市的改革开放和各项社会事业，力争早日实现富民兴渝、建设成为长江上游经济中心的壮志雄心。

最后，我由衷地祝愿×县×××水库工程早日竣工投产！

由衷地祝愿×县以××大型水库开工为契机，挂云帆，济沧海，争朝夕，构筑成为×××中心城市！

由衷地祝愿×××万××人民生活幸福！日子越过越好！

由衷地祝愿各位同志、各位朋友身体健康！合家欢乐！

◇在工程建成投用剪彩仪式上的讲话

在××市医疗废物无害化处置中心竣工暨
二期工程建成投用剪彩仪式上的讲话

副局长 ×××

××××年××月××日

各位来宾，同志们、朋友们：

××市医疗废物无害化处置中心的建成，是××市人民政府为全市人民办的一件好事，是确保××市环境安全的一件大事，是××市各有关部门共同努力的结果。我代表××省环境保护局向××市有关部门和单位、××××固废处置有限公司表示热烈的祝贺。

实行医疗废物集中处置，中华人民共和国《固废法》和国务院《医疗废物管理条例》都有明确的规定，《固废法》要求城市人民政府组织建设危险废物集中处置设施。国务院《关于全国危险废物和医疗废物处置设施建设规划》和国家环保总局《医疗废物集中处置技术规范》中对处置厂的建设数量、处置技术都有明确的要求。省政府对各地医疗废物集中处置设施的建设十分重视，特别是去年我国部分城市爆发非典疫情以后，省政府办公厅下发了《关于加快医疗废物集中处置设施建设的通知》，要求各市都要在去年年底建成医疗废物集中处置设施，并委托省局定期汇总上报各地的建设情况。××市委、市政府把医疗废物集中处置设施建设作为实践“三个代表”重要思想，树立和落实科学发展观，为群众办实事，确保全市环境安全的“民心工程”、“示范工程”和“重点工程”，按照国家的有关标准，精心组织施工，加快施工进度，确保施工质量，使这项民心工程建成并投入运行，使影响和危害全市人民健康的医疗废物得到了规范化的收集、无害化的处理，在全省带了个好头，为全市人民办了一件大好事。

医疗废物是危险废物的一种，对人民群众的生命健康有直接影响和危害，国家要求对危险废物实行特许经营，并按照规划和标准进行建设和经营。××市医疗废物无害化处置中心已获省局颁发的经营许可证，今后希望中心建成后，在申报登记的基础上，第一要加强管理。在全市建立完善的医疗废物收集体系，不仅把全市医院的医疗废物，还要将各县医院、乡镇卫生院、各社区诊所等分散的医疗废物都要收集起来，不留死角、不漏一户；逐步实行转移联单制，由专门的运输车辆运输，逐步建成全市监验体系。第二要确保运行。要严格按照标准规范运行，建立严格的规章制度和责任制，层层把关，做到无害化处理，严防二次污染，对焚烧残渣要做到安全填埋。第三要不断总结经验，提高管理运营水平。省局准备在适当时候在××召开现场工作会议，介绍并推广××市的先进经验，推动全省进一步做好医疗废物安全处置工作。

环境保护工作是以人为中心的、以实现人类的发展和社会全面进步为目的的科学发展观的具体体现。现代经济社会的发展，对环境的依赖越来越高。环境越好，对于生产要素的吸引力、凝聚力就越强。实现经济社会的宏伟目标，必须要有良好的投资环境作支撑，而环境质量则是投资环境的重要依据。因此，环境保护工作不是哪几个部门、哪几个人的事情。希望全社会都要重视、参与环境保护工作，要树立保护环境，就是保护人类自己的思想，就是实施可持续发展。希望××市委、市政府及各有关部门，要进一步加强对医疗废物集中处置工作的领导；××公司和医疗废物处置中心，更要珍惜、爱护这项事业，一定要把“好事办好”。为消除医疗废物对环境的污染，保障人民身体健康，让我们全社会一起行动起来作出贡献，确保全省的环境安全，实施可持续发展。谢谢大家！

◇在研究生党校开学典礼上的致辞

在第四期研究生党校开班典礼上的致辞

校党委副书记、副校长　×××

××××年××月××日

尊敬的×部长，

尊敬的各位领导，各位学员：

大家好！

首先我代表学校党政祝贺第四期研究生党校顺利开班！同时也十分感谢×部长应我们的邀请来给我们作第一场讲座。参加这次培训，感到很荣幸，作为一名老党员，我非常高兴能在此见到这么多在思想政治上积极要求上进的研究生同学！祝贺你们光荣成为第四期研究生党校的学员！

在新形势下，人们的思想正发生着深刻的变化。虽然研究生的知识层次比较高，视野比较开阔，但是总体而言，相对于我们将肩负的时代重任，在理论素质、党性锻炼、从政经验以及经受的各种考验等方面则显得不够。面对日新月异的世界和层出不穷的新情况、新问题，我们共产党人要增强执政能力，不断提高科学判断形势的能力、驾驭市场经济的能力、应对复杂局面的能力、依法执政的能力和总揽全局的能力，为此需要不断地学习锻炼，研究生党校正是为同志们提供了这样的学习锻炼机会，也为研究生党员们提供了一个互相学习和交流的平台。通过讲座，通过理论联系实际的思考，通过挂职锻炼等多方面、多层次的培养方式，使研究生党员的综合素质进一步提高。

从××××年至今，我校研究生党校已成功举办了三期六个班次，相关工作得到了××市和教育部的高度认可。如今，党校第四期的培训活动即将全面展开。为更好地贯彻党的十六届四中全会精神和中共中央《关于进一步加强和改进大学生思想政治教育的意见》精神，在研究生中大力培养政治素质高、综合能力强的优秀党员，使大家成为社会主义合格建设者和可靠接班人，本期党校在汲取前三期成功开展的经验基础上，不断研究新情况，探索适应研究生党员学习的新模式，在预备党员班、骨干班的班组模式上新增了书记班，为全校各院系的学生党支部书记提供一个系统学习党务知识的机会，从而为更好地开展院系党建工作提供了人才支持和有力保障。在以前，没有对党支部书记进行专门的管理，这样就有一个问题，怎样才能做好党支部书记，做好学生支部的领导工作？这对于高校党建工作来说是一个很好的新课题。而支部书记班就是针对了这一新课题而开设的，她的开设也是我校党建工作的一项创新，而这种创新从本质上也体现了与时俱进、开拓进取的可贵精神。

同志们，在跌宕起伏、风云变幻的20世纪，世界格局发生着巨大变化，但我们中国的经济自改革开放以来始终保持高增长，至今已持续了20多年，中国的经济能够有今天的成就，是离不开我们党的领导，离不开无数在革命、建设和改革的征程中拼搏进取、自觉奉献的中国共产党人的。历史已雄辩地说明，中国共产党不愧是中国先进生产力的代表、中国先进文化的代表和中国最广大人民群众根本利益的代表。我们党肩负着民族振兴、国家富强和人民幸福的崇高历史性命。一切追求进步的青年，特别是怀有报国之志的学生青年，都应该自觉地在党的崇高使命中，追寻并积极地承担自己义不容辞的政治责任。只有这样，才能最大限度地实现个人价值，才能使自己的人生真正富有非凡的意义。为党的事业、为建设有中国特色社会主义的壮丽事业奉献青春、智慧和力量是当代青年最为崇高的人生境界。高尔基说过："人追求的目标越崇高，他的进步就越快。"希望在座的同学们把进入党校学习作为成长、进步的新起点，立志早日成为合格的共产党人，坚定信念、发奋学习、勇于实践、自觉奉献、奋发成长为高素质，特别是具有较高政治素质的社会主义建设者和接班人，成长为开创改革开放大业新局面和推动中华民族21世纪伟大复兴的青年马克思主义者！青年强则国家强，我坚信今天你们的努力与辛勤的付出将带来明天国家的昌盛与人民的幸福！

最后预祝同学们学习好、工作好、身体好！

谢谢大家！

◇在成立典礼上的讲话

在×××创新研修学院成立典礼上的讲话

副区长　×××

（××××年××月××日）

各位领导、各位来宾，

各位关心×××发展的朋友们：

首先，请允许我代表×××科技园区××园管委会、×××创新研修学院董事会，对大家的到来表示热烈的欢迎！

在举国关注×××发展、首都各界齐心协力落实国务院批复的时候，经×××的高新技术企业家、人民代表提议，××区政府和市教委大力支持的一所新型高等教育机构——×××创新研修学院成立了！这是具体落实"国务院关于建设×××科技园区若干问题的批复"，改善×××高新技术企业继续教育环境的一个实际步骤，对进一步发掘×××地区深厚的智力资源和教育资源，以改革的精神开展教育创新、推动产学研结合，加快创新人才的培养具有重要的意义，是提高×××凝聚力、改善高新技术企业创新能力的一条新途径。

创办×××创新研修学院，是把×××建成世界第一流科技园的需要，也是×××管委会、广大科技企业、驻区大专院校和科研单位的共同心愿。在×××科技园区××园作为全国第一家国家级高新技术产业开发区成立10周年之际，中央领导视察××园"锦绣大地"公司，作出了加快建设×××科技创新基地，为推动我国高新技术产业发展作贡献的指示。不久《国务院对××市、科技部关于加快建设××村科技园区有关问题的批复》发表，这一切都充分表明党中央、国务院已经把××科技园的建设，纳入了我国21世纪可持续发展战略的重要规划。历史将赋予×××继深圳、浦东之后成为中国改革开放的领头羊的使命。我们聚集在×××的科教工作者，一定要发扬光辉的五四革命传统，承担起中国新一代知识分子以科技、知识振兴中华的历史使命。

×××创新研修学院的办学宗旨是：适应×××高新技术产业的发展要求，充分利用××地区丰富的高等教育资源，开展对高新技术企业的全方位、多层次创新教育，目标着眼于提高企业创新能力，培养跨学科复合型人才，逐步形成适应××市高技术产业发展急需的、稳定有效的创新人才培养基地。同时，打破传统的办学思路和模式，探索一种地方政府、科技企业、高等院校、科研单位共同参与培养高新技术产业管理人才的途径和方式。

学院将与高等院校联合组织企业家进修讲座和研讨交流，提高企业家和中高级管理人员前瞻性、战略性决策能力和经营管理方面的能力；中高级管理人员继续教育、相关领域知识的介绍；企业技术研发人员专业知识前沿领域的跟踪学习、技术创新、知识创新能力的培养提高。还将对欲创办高新技术企业的人员进行创业入门前期知识传授和经营能力培养提高，开展技术创新、知识创新能力的培训提高，区域综合情况介绍及相关知识的学习。同时，开展园区管理人员的业务培训（财会、统计、工商法规、税务法规及其他相关领域知识等）并进行管理和运行××园博士后流动站以及与××为××园企业每年培养100名研究生的研究生工作站的工作。

学院在筹办过程中得到了××大学、××大学、××大学、××大学、××航空航天大学和中科院等单位领导的大力支持和帮助，借此机会表示我们由衷的感谢！我们将遵循开放办学的原则，在业务上愿同所有驻区高校、科研单位、党政机关竭诚合作，同国内外知名高校建立合作渠道，同各方面一起把学院办好。希望大家仍像以往一样给予关注、指导和支持，使×××创新研修学院同×××高新技术产业一道走向全国、走向世界。

谢谢各位！

◇在欢送劳模代表仪式上的讲话

在欢送我市劳模代表赴×出席自治区劳动模范和先进工作者表彰大会仪式上的讲话

××市人民政府副市长　×××

××××年××月××日

各位劳动模范和先进工作者代表：

你们好！

等一会儿，各位就要赴×出席自治区劳动模范和先进工作者表彰大会了，在此，我代表市四套领导班子对你们表示衷心的祝贺和崇高的敬意！你们这次赴会代表的不仅仅是你们个人和单位，你们代表的是我市伟大的工人阶级和数百万的劳动群众。这是你们的光荣，也是全市人民的光荣！

同志们，劳动最光荣，劳动最伟大，劳动创造一切物质文明、政治文明和精神文明。我市所取得的一切成就，无不是包括你们在内的全市工人阶级和各族人民、同心同德，艰苦奋斗的结果。这些年来，尽管困难重重，职工群众们干得很苦很累，但是全市上下始终保持着蓬勃的朝气，开拓的锐气和高昂的志气。从而使我们的“再造一个工业××”的战略目标得以一步一步地实施，并取得了一个又一个的胜利！

你们是先进模范人物，是经过民主推荐，民主评议，层层选拔，具有广泛的群众性和典型性。在你们当中，既有身先士卒，锐意改革，经营成绩优异的领导干部，又有百折不挠，开拓创新，勇攀科技高峰的科技人员，还有爱岗敬业，无私奉献，在平凡岗位上做出不平凡业绩的普通员工。你们胸怀大局、信念坚定、对党的事业无限忠诚，是以实际活动投身改革和经济建设的典范；你们忘我工作，恪尽职守，正确处理集体利益和个人利益的关系，是立足本职建功立业的榜样；你们勤奋学习，努力掌握和运用科学技术，是不断推进技术进步和产业升级的标兵；你们严于律己，弘扬正气，以自己的先进思想和行动影响带动群众，是精神文明建设的先锋。你们的思想和行动，体现了先进模范人物的崇高品质，你们不愧是我们事业的中坚和全市各族人民的杰出代表和学习的楷模。我代表党和政府感谢你们！

当前，××总的发展态势很好，全市各族人民正在认真地贯彻党的十七大精神，按照市委市政府确定的做大、做优、做强××工业的发展战略和目标，全力推进“再造一个工业××”的宏伟事业。同时，我们也必须看到，进一步深化企业改革和农村改革，保持全市经济持续、健康、稳定的发展，解决前进中出现的新情况、新问题，需要我们付出更加艰苦的努力。

我们要紧紧依靠职工群众才能成功。因此，我们的一切工作都必须有利于群众，有利于把群众的积极性引导好，保护好，发挥好。我们各级党委和行政要始终不渝地坚持为人民服务的宗旨，坚持依靠工人阶级的方针，创造和谐社会；始终倾听群众的呼声，满腔热情地帮助群众解决困难，扎扎实实地办实事，坚决同一切漠视群众疾苦的官僚主义作风和消极腐败的现象作斗争。只有保持同群众最密切的联系，一切依靠群众，我们的改革和建设才能获得最广泛和最可靠的力量源泉。

同志们，实现跨越式的发展，我们有着良好的机遇，也面临严峻的挑战。我们肩负的任务光荣而艰巨。伟大的事业需要伟大的精神力量，我们要学习和弘扬先进模范人物的崇高精神，以坚定的信心和旺盛的热情投身到全市的各项改革、发展和建设事业中。实践反复证明，以先进思想和高尚精神武装起来的××人是能战胜任何艰难险阻的，已经并将继续创造出一个又一个的发展奇迹，到达胜利的彼岸。

同志们，你们即将踏上胜利之旅，我希望你们在大会期间，充分领会各级领导的指示精神，和全区各行业的劳模们切磋技艺，广泛交流，把宝贵经验带回××，为××的“工业立×”谱写“再造”的辉煌。

谢谢大家！

◇欢送新兵大会讲话

县领导在欢送新兵大会上的讲话

××县委武装部　×××

××××年××月××日

同志们：

今天，我们在这里隆重集会，热烈欢送我县优秀青年光荣入伍，这是我县人民政治生活中的一件大事。征兵工作开展以来，全县广大适龄青年，积极响应祖国召唤，踊跃报名参军，大家以实际行动依法履行兵役义务，体现了高度的爱国主义精神。经过严格挑选、层层把关，你们被批准光荣入伍，即将成为中国人民解放军中的一员，这不仅是你们本人的光荣，也是你们全家乃至全县人民的光荣。我代表县委、县政府、县武装部，向你们表示热烈的祝贺！

新兵同志们，中国人民解放军是中国共产党领导下的人民军队。作为伟大祖国主权的捍卫者，我们的人民军队始终坚持全心全意为人民服务的宗旨，为中国人民的解放事业和国家经济建设做出了巨大贡献。这个岗位光荣神圣，责任重于泰山，希望你们到部队后，要牢记人民军队的宗旨，继承我军的光荣传统，继续发扬我们××人民“团结拼搏、开拓进取、吃苦务实”的精神风貌，认真学习，积极磨炼，努力争做一名优秀的军人。新兵同志们，42 万父老乡亲在热切地期盼着早日听到你们建功立业的喜讯，早日收到你们立功嘉奖的喜报！

接兵部队的领导同志，你们继承发扬了部队的好传统、好作风，以实际行动密切了军政、军民关系，工作中坚持原则、密切配合，从新兵体检、家访到定兵整个过程，都做了大量卓有成效的工作，为保证新兵质量做出了重要贡献。在此，我代表县委、县政府和全县人民，向你们表示衷心的感谢！同时，欢迎你们常来××做客。最后，祝接兵部队的领导同志们和全体新兵一路平安！

谢谢大家！

◇在青少年科技创新大赛开幕式上的讲话

在第十九届××省青少年科技创新大赛开幕式上的讲话

省委副书记　×××

（××××年××月××日）

各位来宾、各位评委、各位老师，同志们、同学们：

在这生机勃勃、百花争艳的大好春光里，第十九届××省青少年科技创新大赛在×××市隆重开幕了！我代表省委、省人大、省政府、省政协，向辛勤工作在全省科技教育第一线的老师们和热爱科学的青少年朋友们表示热烈的祝贺！向与会的来宾和评委们致以诚挚的问候！

××省青少年科技创新大赛，是我省中小学各类科技活动优秀成果集中展示的一种主要形式，是我省开展的规模最大、最具影响力、最有权威性的品牌性青少年科技教育活动。青少年科技创新大赛是开展青少年科技教育和科普工作的重要组成部分，是贯彻“科教兴国”、“人才强省”战略加强未成年人思想道德建设的有效载体。这项大赛的开展，每年都吸引了全省上百万中小学生的广泛参与，促进了全省广大青少年“学科学、爱科学、用科学”良好风尚的形成，增强了同学们的创新精神和实践能力，为我国、我省经济社会的发展培养了浩浩荡荡的科技后备大军。理所当然地得到了省委、省政府的充分肯定和社会各界的大力支持。

当今世界已经进入知识经济时代，科学技术飞速发展，科技创新日新月异。“发展是第一要务，科学技术是第一生产力，人才是第一资源”已成为全省人民的共识。各国间、地区间日趋激烈的综合实力的竞争，归根到底是科技和人才的竞争，是国民思想道德素质和科学文化素质的竞争。青少年是祖国的未来，是民族的希望，肩负着实现中华民族伟大复兴的历史使命。青少年综合素质包括科学素质如何，将直接关系到我们能否巍然屹立于世界民族之林。创新是一个民族进步的灵魂，是国家兴旺发达的不竭动力。热切地希望青少年朋友们勤奋学习，积极探索，大胆实践，勇于创新，努力使自己成为振兴中华、振兴××的栋梁之才！

青少年科技教育工作，是促进青少年健康成长、推进科技持续发展的基础性工作，是为××省全面建设小康社会、奋力实现××崛起提供人才支撑的奠基性工作。全省各级党委、政府和各有关部门都要高度重视、更加关心青少年科技教育工作，社会各界都要广泛参与、大力支持青少年科技教育工作，共同营造有利于青少年科技创新的社会环境和舆论氛围。广大青少年科技教育工作者，要充分认识肩头上沉甸甸的分量，扎实工作，锐意进取，乐于奉献，努力培养出千百万具有较高科学素养和创新能力的一代新人！

祝参加这次大赛的选手们取得优异成绩！祝第十九届××省青少年科技创新大赛圆满成功！

◇在田径运动会开幕式上的讲话

在第四十三届秋季田径运动会开幕式上的讲话

党支部书记 ×××

各位老师、同学们、运动员们：

大家好！

乘我们党的十六届三中全会胜利闭幕的东风，在金秋十月，秋风送爽的今天，我们欢聚在这里举行大团高级中学第四十三届秋季田径运动会，请允许我代表学校领导，全体教工向运动会的召开表示衷心的祝贺！

体育，作为我们学校教育的重要组成部分，作为由应试教育向素质教育转轨的重要方面，作为我们社会主义精神文明建设的重要载体，其体现出来的功能已远远超出了体育本身的范畴。同学们，当许海峰一枪打破奥运会零的纪录的时候，当女排的姑娘们一次次登上世界最高领奖台的时候，当王军霞身披国旗的矫健身影出现在亚特兰大赛场的时候，你能说，体育仅仅是体育吗？不，我感到体育已成为我们爱祖国爱人民的最好的体现！

老师们、同学们，21 世纪将是人才的全面素质的竞争。民族素质如何，关系到国家的前途和命运，我们要发展生产，繁荣科学文化，增强国家实力，就必须要完善和提高国民的整体素质，而身体心理的素质是整体素质的最基本素质。为了把我们的学生培养成跨世纪的德才兼备的全面发展的人才，我们必须大力发展体育事业，开展体育运动，增强我们身心素质。

为此，学校历来十分重视体育，积极开展体育活动，我们曾先后被市、县命名为群众体育活动先进单位，我们的运动成绩也一直在区里领先，还多次代表区、局到市里参赛，获得好成绩。相信我们今天的运动员会在赛场上勇敢拼搏，奋勇争先，赛出水平，赛出风格，希望大家踊跃参赛，文明观看，注意安全。让我们一起为胜利者喝彩，为暂时落后者鼓掌！祝运动会圆满成功！

谢谢大家！

第十章　社交礼仪文书写作

第一节　介绍信、推荐信、证明信写作

一、介绍信、推荐信、证明信的写作概述

（一）介绍信概述

1. 介绍信的概念

介绍信是指行政机关、团体、企事业单位用来向有关单位介绍前去联系的派遣人的情况与任务的一种专用信件。它具有介绍与证明两种作用。

2. 介绍信的特点

（1）介绍信是行政机关必备的具有介绍、证明作用的书信。使用介绍信的人，可以凭借此信同有关单位或个人联系，商量洽谈一些具体事宜；而看介绍信的一方则可从对方的介绍信中了解来人的职业、身份、要办的事情、要见的人，有什么希望和要求等。介绍信是联结双方关系的一个桥梁，其目的旨在证明来人的身份。

（2）介绍信可以帮助对方了解来人的身份、来历，同时也赋予对方一定的责任和权利。所以，介绍信通常都开出一定的时间期限，是在限期内才具备效力的一种专用书信。

3. 介绍信的写作要求

（1）要填写被介绍人的真实姓名、身份，不得弄虚作假。

（2）所接洽办理事项要写清楚，介绍信要写得简明扼要。

（3）介绍信必须加盖公章，以免以后造成不必要的麻烦。查看介绍信时要核对公章和介绍信的有效期限。

（4）有存根的介绍信，存根联和正式联要内容完全一致。存根底稿要妥善保存，以备今后查考。

（5）介绍信书写不得涂改，要书写工整。有涂改的地方，可加盖公章，否则此介绍信将被视为无效介绍信。

（二）推荐信概述

1. 推荐信的概念

推荐信是指向单位或个人介绍某人担任某项职务或工作的信件。推荐信的收信者可以是单位或单位负责人，也有向私人推荐的，收信者是个人。

2. 推荐信的种类

推荐信的种类按推荐对象分，有推荐人和推荐物两种类型；按作者分，有自我推荐和推荐他人两种类型。

3. 推荐信的内容

推荐信一般包括下列内容：

（1）推荐信主要写明被推荐者的身份及基本状况。

（2）表明推荐者的推荐目的和愿望。

（3）被推荐者一旦被任用将会产生的作用或好处。此项内容用语可模糊些。

（4）推荐信写作格式同一般书信写作格式，也有的以“推荐信”为题。

（三）证明信概述

1. 证明信的概念

证明信是指以单位或个人名义书写的、用以证明有关人员的身份、职务、经历以及有关事项真实情况的一种专用公文。

2. 证明信的种类

（1）证明信从内容上可分为以组织名义出具的证明信和以个人名义出具的证明信。

（2）从格式上可以分为固定形式的证明信和无固定形式的证明信。

（3）从证明信的用途来看又可以分为作证件用的证明信和不作证件用的证明信。

3. 证明信的使用范围

（1）某人要入党或入团，组织在进行调查时，原单位或有关人员为其写出证明信。

（2）有些真相模糊不清的历史事实或事件由于被人歪曲，而当时亲身经历的人写出证明信以澄清事实。

（3）在公安机关寻求某些案件的目击者时，当时在场的群众写出证明信以说明案发时的真实情况。

（4）个人在单位办理某些事项或个人由于具体情况而必须向单位作出解释说明时，也可以请有关人员出具证明。

4．证明信的写作格式

（1）标题。“证明信”，写在第一行正中位置。

（2）正文。开头顶格写送达机关名称；接着写要证实的具体事实，说明材料来源等。

（3）结束语。一般用“特此证明”。有的开头没写送达机关名称的，可用“此致××单位”。

（4）落款。证明制发机关，日期，加盖公章。

总的说来，证明信的写作要实事求是，简明扼要，要有明确的结论，用语准确。

5．证明信的写作要求

（1）以个人名义所发的证明信。要写明写证明信者本人的政治面貌、工作情况等，以便使审阅证明信的人了解证明人的情况，从而鉴别证明材料的真伪和可信程度。

（2）个人所写的证明信的内容如果本人不太熟悉，应写“仅供参考”的提示性语言。因为证明信有时是作为结论性证据的，所以要实事求是，严肃认真，要尽量言之有据。

（3）对于随身携带的证明信，一般要求在证明信的结尾注明有效时间、过期无效的期限。

（4）证明信的语言要十分准确，不可含糊其辞。证明信不能用铅笔、红色笔书写，若有涂改，必须在涂改处加盖公章。

二、介绍信、推荐信、证明信的写作范文

介绍信、推荐信、证明信的写作范文如下：

◇介绍信

介　绍　信

×政介字（　）号

兹介绍×××、×××等××名同志（系×××），前往贵处联系×××事宜，敬请接洽并予以协助。

此致

敬礼

×××县人民政府（章）

××××年××月××日

◇自荐信

自 荐 信

××洗衣机厂总经理：

我是××××大学中文系即将毕业的涉外企业秘书班学生。贵厂是闻名遐迩的中外合资企业，总经理知人善用，我慕名已久。最近听亲友说，贵厂因扩大业务经营而需要增加文职人员。我现在来求职，渴望能为总经理效劳。

本人在校期间，注重思想品德的修养，严格要求自己，积极参加社会实践活动，努力提高思想政治水平。学习成绩优秀，两次获得优秀学生奖学金。两年来，我系统学了秘书学、应用写作、管理学、公共关系学和外贸基础等20多门专业课程，熟悉文章写作和公文处理知识，曾获本校征文比赛三等奖。还较熟练地掌握了中英文打字和电脑操作技术，能适应现代化办公室的工作要求。

本人性格开朗，热情诚实，通晓普通话、广州话，会听一些潮州话、客家话。日常英语的听力和口语也较好。曾代表本系参加学校的中文演讲比赛。我的爱好广泛，课余特别喜欢文娱、体育活动。多次参加文艺演出，曾获本校第二届卡拉OK歌唱大赛第三名，还多次代表系参加篮球比赛。本人历任班长、系学生会宣传部长，工作热情肯干，交际较广。亦曾利用寒假搞社会调查，并连续两年在本市××做暑假工，积累了一些实际工作经验。

不瞒您说，我喜欢做秘书、公关或宣传工作。不仅有本市户口，也有住房。福利待遇没特别要求，月薪起点××××元即可。如能录用，两个月后就可上班。请函告或电话约见。谨候回音。

祝

生意兴隆

自荐人：×××敬上

××××年××月××日

◇推荐信

推 荐 信

×××文学研究所：

欣闻贵所最近要招收一批学以致用的年轻研究人员，我谨推荐××同学到贵所工作。

××同学××××年毕业于××大学中文系古典文学专业。学位硕士。在校期间各种成绩优良。毕业后在××大学任教。于××××年考入本校中文系古典文学专业攻读博士学位，跟从×××教授专攻秦汉文学。在校期间，学习刻苦，成绩优良，发表论文共11篇，计21万字。其中《×××××》曾引起学术界很大重视。

××同学对中国古典文学尤其是秦汉文学有较深的理解，具备一定的研究能力，富有刻苦钻研精神。最近刚通过博士论文答辩。××同学有志于中国古典文学的研究，希望能学以致用。切盼贵所能采纳我的推荐意见，招收他为贵所研究人员。

顺致

研安

××大学校长　×××

××××年××月××日

◇证明信

证 明 信

××日报社：

贵报××××年××月××日第一版《寻访“8·7”交通肇事目击者》一文我看到了，我就是当时目睹大卡车肇事和××女士（此前我并不知道她的名字叫××）热心救人的“绿衣人”，现将我当时目睹的情况证明如下：

××××年××月××日晚11时，天正下雨，我披一件绿色雨衣（该雨衣是一位外国朋友送的，国内没有生产，所以特别醒目）从朋友处回家，我当时由南向北在××路上走，行至××银行门口，一个中年妇女站在屋檐下向我招呼，并用东北口音问我附近有没有柜员机。我俩正说话，一辆大卡车从北向南飞快地开过来，随后只听到一声怪异的急刹车声音，我们回过身，发现那辆车在离我们大约20米处撞倒了什么东西，在我们急忙赶过去的时候，那辆大卡车已经匆匆发动起来开走了（我留意到车牌号码的尾数好像是“37”），我们过去一看，路上躺着一个老人，身边一辆手推车被汽车轧烂了（这条路我刚刚步行走过来时，路上未见这位老人和轧烂的手推车），此时正好有一辆出租车过来，××女士就招呼我一起将那个老人扶到车上，我因为要赶回家准备第二天一早飞往加拿大出差，心里很急，又看看老人不至于有什么生命危险，就拿出100元钱交给那位女士，随后就自己回家了，万没料到××女士因此而蒙冤含屈。

××日报社，我因业务忙碌，近期又将飞往加拿大，谨以此信证明：

一、“8·7”交通肇事案的肇事者是某大卡车司机，车号尾数大约是“37”。

二、在此案件中，××女士是一个热心救人的好人。

请贵报代我向××女士致以崇高的敬意，如有必要，我愿出庭作证。

特此证明。

××（章）

××××年××月××日

第二节　公开信、表扬信、批评信写作

一、公开信、表扬信、批评信的写作概述

（一）公开信概述

1. 公开信的概念

公开信是指将信的内容公布于众，公开让人们周知和参与讨论的信件。

2. 公开信的写作要求

（1）开头

公开信的开头，即称呼部分，要顶格写。

（2）正文

正文写要公开表明的事项。

（3）结尾

结尾部分写上署名和日期。日期写在署名的下面。

（二）表扬信概述

1. 表扬信的概念

表扬信是指用来表彰好人好事、先进思想、先进事迹的一种书信。表扬信可以以组织的名义写，也可以以个人的名义写。

表扬信具有公开的性质。先进的需要表扬，表扬可以起到鼓舞和带动的作用，对于提高人们的修养，优化社会风气，促进经济建设发展，有着不可估量的作用。

2. 表扬信的类型

表扬信主要有两种类型：

（1）以领导机关或群众团体的名义表彰其所属的单位、集体、个人。这种表扬信可以在授奖大会上由负责同志宣读，也可以登报、广播。

（2）群众之间的互相表扬，这种表扬信不仅赞颂对方的好品德、好风格，也有感谢的意思。

3. 表扬信的写作格式

（1）标题

正中写“表扬信”三个字，也可以写成“对×××的表扬信”。

（2）称谓

写被表扬的单位、个人的称呼。如果是写给个人的，应在姓名之后加上“同志”、“先生”等字样，后边加冒号，顶格写。

（3）正文

①交代表扬的缘由。主要讲述事实情况。

②适当加以评论，要热情赞扬，并表示向被表扬者学习。

③提出建议。写给单位的可建议单位领导予以表扬，写给个人的应强调值得我们学习等。

（4）结尾

如果是写给被表扬者所在单位或领导人的，可提出建议：“在×××中加以表扬”，“×××同志的优秀品德值得大家学习，建议予以表扬”等。如果是直接写给本人的，则要适当谈些“深受感动”、“值得我学习”等方面的内容。

（5）祝愿

最后要写上表示祝愿的话，如“此致敬礼”、“祝好”、“谨表谢意”、“向你学习”等。

（6）署名

署上单位名称或个人姓名。如果以个人名义写的表扬信，应在后边详细写明发信人的地址，签上自己的姓名，并在下方注明年、月、日。

4. 写作表扬信应注意的事项

①在表扬信中，要充分反映出对方的可贵品质、动人事迹，做到见人、见事、见精神。不能以空泛的大道理代替突出的动人事迹。

②在表扬和赞颂时，要恰如其分，实事求是，不要以偏赅全。哪件事好，就表扬哪件事，既不夸大，也不缩小。

③表扬信的语气要热情恳切，情尽文畅。文字要朴素，篇幅要短小。

（三）批评信概述

1. 批评信的概念

批评信是对个人或单位的错误言行提出批评的信件。

2. 批评信的写作格式

批评信的写作格式如下：

（1）标题

批评信的标题一般不居中写“批评信”三个字，而是以批评事项作标题。

（2）称谓

顶格写被批评的单位或个人名称。如果是批评个人的，应在姓名之后加上“同志”、“先生”等字样，后边并加冒号。

（3）正文

写所批评的缘由。本部分须另起一行，空两格写。

（4）结尾

如果是批评单位或领导人的，可对被批评的错误事项提出正确建议；如果是批评个人的，则要谈些鼓励的话语。

（5）署名

签上批评者姓名或单位名称，并在下方注明年、月、日。

二、公开信、表扬信、批评信的写作范文

公开信、表扬信、批评信的写作范文如下：

◇致民众的公开信

致农民朋友的一封信

农民朋友们：

你们好！冬去春来，值此春耕繁忙时节，省委、省政府向你们致以亲切的

问候！

党中央高度重视农业和农村工作，十分关心农民群众。改革开放以来，通过实行以家庭承包经营为基础、统分结合的双层经营体制，调整农产品价格和购销政策，改善农村分配关系，采取一系列减轻农民负担的政策措施，调动了农民的积极性，农村发生了深刻的变化，经济社会蓬勃发展。

当前，农业和农村经济社会发展进入了一个新的阶段，出现了许多新情况、新问题。为了进一步保护和调动广大农民的积极性，巩固和发展农村大好形势，党中央、国务院作出了在农村实行税费改革的重大决策。农村税费改革的主要内容是：取消乡统筹费、农村教育集资等专门面向农民征收的行政事业性收费和政府性基金、集资；取消屠宰税；逐步取消统一规定的劳动积累工和义务工；调整农业税费改革顺利实施，达到农民减负的目的，还要进行配套改革。农村税费改革以后，农民承担的税费项目有：农业税及其附加、农业特产税及其附加，有的还要缴纳一定的公益事业金。村内兴办集体生产公益事业所需资金，采取“一事一议”的办法解决。考虑到目前劳动积累工和义务工仍是农村进行农田水利建设等公益事业的重要手段，对“两工”将采取逐步取消的办法。

这次税费改革的意义十分深远，是继农村实行家庭承包经营之后的又一重大改革，事关农村经济社会发展的大局，事关广大农民群众的切身利益。通过税费改革，规范农村分配制度，有效遏制向农民的乱收费、乱集资、乱罚款和各种摊派，体现农民应尽的义务，从根本上减轻农民负担。同时，又能够促进干部转变作风，密切干群关系。广大农民群众要充分认识税费改革的重要性和必要性，理解和支持税费改革，齐心协力把这项利国利民的好事办好。在税费改革中，将根据农民的承受能力，从轻确定农民负担水平并保持长期稳定，保护农民的合法权益。在保证农民负担明显减轻的前提下，注意兼顾其他方面的承受能力，使地方政府特别是乡镇政府和基层组织正常运转。实行符合农民意愿、能够为农民所接受的税收征收方法，便于依法征收和群众监督。税费改革将同精简乡镇机构、调整农村中小学布局、完善县乡财政体制和健全农民负担监督机制等项配套改革结合进行，压缩人员，量入为出。

建设社会主义新农村，使广大农民逐步实现共同富裕，归根结底要靠发展。要适应发展社会主义市场经济的要求，大力调整优化农业结构，深化农村改革，采用先进科学技术，增加农业投入，改善农业生产条件。积极发展二、三产业，开辟新的生产门路，千方百计增加农民收入。进一步加强社会主义精神文明建设，实行依法治国同以德治国相结合，推进民主选举、民主管理、民主决策、民主监督和政务公开、村务公开。切实加强以党支部为核心的村级组织建设，充分发挥广大党员和基层干部的骨干带头作用。通过广大农民群众的共同努力和辛勤劳动，把农村建设得更加美好。

我省广大农民具有爱党、爱社会主义、爱国家、爱集体的光荣传统。改革开放以来，我省农村改革与发展有声有色，农民群众创造了许多好经验、好做法，谱写了绚丽篇章。在农村税费改革中，广大农民群众一定能继续发扬光荣传统，正确对待国家、集体、个人三者利益，增强公民意识，维护合法权益，自觉履行纳税义务，在各级党委、政府的领导下，圆满完成农村税费改革任务，进一步促进我省农村改革、发展、稳定。

让我们更加紧密地团结在党中央周围，解放思想，实事求是，艰苦创业，乘势前进，为建设更加富裕的小康生活，实现农业现代化而努力奋斗！

中共××省委
××省人民政府
××××年××月××日

◇致选民的公开信

致××市全体选民的一封信

××市全体选民：

市第×届人代会第二次会议将于××××年××月××～××日举行，为不辜负全市选民的信任和希望，我们将广泛收集选民对市政府各方面工作的意见、批评和建议。主要内容可包括以下几个方面：

一、本市区内实施宪法、法律、法规中存在的问题及国民经济、社会发展、财务政策中存在的问题。

二、人民群众普遍关心和迫切需要解决的重大问题。

三、有关行政管理、审判、检察工作中的重大失误问题。

四、国家机关工作人员严重失职，以及违反为政清廉决定的腐败行为等。

希望广大选民充分利用各辖区内的意见箱，把自己的意见写上，我们将把意见带到人代会，并做到件件有回音。

过去一年里，我们收集到选民意见10余条，其中有关市政府的占6条。如商业网点、蔬菜供应、垃圾清运、东市区道路、增设重点中学、居民区治安等。市政府对这些都及时作了答复。我们感到，人民代表只有认真行使法律赋予的权利，积极参政议政，才能真正代表人民。望全市选民充分行使自己的权利，把对市政府的意见及时反映上来。

××市第×届人代会筹备处信访办
××××年××月××日

◇表扬信

县委、县政府关于抗台救灾先进事迹的表扬信

从10月7日起，受第16号超强台风“罗莎”影响，我县普降大到暴雨，农田受淹，受上游水库泄洪影响，××溪水位急剧上涨，沿岸4个乡镇11万多名老百姓遭受了自1999年以来最大的一次台风暴雨威胁，20余公里的堤防全线告急，多处出现危情，给我县造成了严重损失。

在抗台救灾的过程中，全县上下党政军民认真落实省、市的决策部署，“以人为本、万众一心、百折不挠、敢于胜利”的抗台精神，心连心、手牵手、肩并肩，齐心抗台、合力救灾、携手奋战，把灾害损失减少到最低程度，夺取了抗台救灾斗争的重大胜利，涌现出很多先进事迹，现予以通报表扬。

县四套班子领导高度重视，身先士卒，坚守一线，靠前指挥，科学调度，切实发挥了坚强的领导核心作用。全县各乡镇（街道、开发委），特别是××溪沿线的××、××、××、××桥等乡镇党委、政府处变不惊，沉着应对，开展了卓有成效的组织指挥工作；全体乡镇干部进村入户，深入险情，始终坚守在防台抗台第一线，组织发动群众，准备防汛物资，加强土斗堤巡防，转移危险地带人员。县级机关各部门自觉服从大局，积极发挥职能，恪守职责，全力以赴，主动参与抗台防汛工作。水利部门加强水利设施排查，指导基层排涝和抢修水毁工程，保障了排涝设施全力运行，并科学调拨防汛物资。气象部门及时做好天气预测工作，及时掌握台风走向，为县委、县政府抗台决策提供了科学依据；发挥气象短信息服务系统功能，以最快捷的短信方式把台风信息发送给群众。国土部门加强36处地质灾害点监管，会同镇村干部转移危险地带群众。建设局积极调剂工地建设物资送到抢险一线，并从六个建筑工地紧急调集300多名抢险突击队员支援乡镇抢险。国土、建设、安监等部门加强对建筑工地和矿山企业的巡查，做到警报不解除、工地不开工。贸粮局提早准备，及时调配草包、麻袋、桩木、铁锹等防汛物资。公安交警、交通港航等部门做好太湖大堤封道工作，召回船舶回港避风，禁止船舶进入太湖，做到车船不出太湖。交通局开展道路、桥梁的安全检查，确保全县交通安全、畅通。××公司及时调配应急车辆，把抗台防汛物资

和人员及时送到抗台一线。供电局全力出动技术人员，及时抢修变电设施，提供应急照明，确保了抗台防汛用电。农业、民政等部门迅速组织工作组，深入乡村，了解灾情，指导基层开展生产自救，重建家园。卫生部门认真做好灾后防病工作，消杀受害地区，发放消毒药品和防病宣传资料，确保了灾后无大疫。全县村级基层组织，尤其是××镇××村和××桥村、××桥港口村和××村、××乡××村和××村、××乡××村和××村积极发挥战斗堡垒作用，冲锋在前，凝心聚力，发动群众，与民同战，风里来，雨里去，以实际行动充当群众的“生命之舟”。特别值得关注的是，驻湖、驻长部队和武警官兵，民兵预备役人员和公安干警发扬特别能吃苦、特别能战斗的优良作风，始终奋战在一线，在完成急难险重任务中发挥了主力军和突击队的作用。一军通信团、武警××支队和驻长的×××××部队、×××××部队、×××××部队、武警××中队出动近千名战士，投入到抗台防汛的最前沿，筑起了保卫人民生命财产安全的钢铁长城。县人武部在做好部队协调工作的基础上，及时调集了××镇、×××镇、开发区等多个民兵应急小分队加入战斗行列。公安局全警动员，全力以赴，连续奋战，出动警力1400人次，深入急难险要之处，与当地百姓共筑起了一道道“防洪坝”。××空调、××机械、××建工等企业调集600多名抢险突击队员，奔赴抗台一线，鼎力相助，支援了灾区抗台防汛。

夺取抗击“罗莎”台风的重大胜利，这主要归功于基层组织和广大党员干部顽强拼搏、合力防御，更归功于驻湖、驻长部队武警官兵和社会各界患难与共、全力支持。在此，县委、县政府向参与、支持我县抗台工作的各级党政领导，驻湖、驻长部队武警官兵，社会各界，广大党员干部群众，表示衷心的感谢！

抗台成果，来之不易；抗台精神，光芒永驻。经过抗击超强台风斗争的洗礼和考验，我们的信心更加坚定，精神更加坚强，意志更加坚毅。全县上下一定要深入贯彻落实科学发展观，保持和发扬抗台救灾的那么一种冲天精神、那么一种迎战氛围、那么一种拼命干劲，克难攻坚，顽强拼搏，团结进取，狠抓落实，为加快建设山水园林型现代化新兴城市、实现全面小康社会作出新的更大贡献！

中共××县委

××县人民政府

××××年××月××日

◇批评信

用“拉”、“扯”的办法招徕顾客的做法不可行

编辑同志：

前不久，去××市旅游，在一家个体饭店的服务员硬逼之下吃了顿饭。回味起来觉得不是滋味。

在那条街上有好多家个体饭馆，几乎每家店前都有一两个青年“女招待”。她们看见有人往饭馆张望，便连拉带扯地把你弄进去，不容分说地把面条、水饺端到你跟前，硬逼着你吃。

做生意笑脸相迎、热情待客是应该的。但买不买东西、吃不吃饭，应由顾客自愿，怎能拉客逼客吃饭呢？生意的好坏，不仅与服务态度有关，更主要的是靠经营商品的质量、品种和价格的合理，来取得顾客的信任。因此，用“拉”、“扯”的办法是不能招徕更多客人的。

××行政部门：×××

××××年××月××日

第三节　倡议书、建议书、号召书写作

一、倡议书、建议书、号召书的写作概述

（一）倡议书概述

1. 倡议书的概念

倡议书是指首先公开提出某种建议，希望别人能够响应，以共同完成某种任务或开展某种公益活动的信件。

2. 倡议书的写作格式

倡议书一般由标题、称呼、正文、结尾、落款5个部分组成。

（1）标题。在倡议书开端的中间，标明“倡议书”三个字，也可在“倡议书”三字前概括倡议的内容。

（2）称呼。根据受倡议对象选用不同的称谓。也有的倡议书不另起行写受

倡议对象，而是在正文中指明。

（3）正文。另起一行，空两格，先总述倡议的根据、原因、目的和意义。然后，分条开列倡议的具体内容。

（4）结尾。表明决心和希望。

（5）落款。写发出倡议的单位名称或个人的姓名，下面签署年、月、日。

3. 倡议书的写作要求

（1）倡议书有个人发起与集体发起的两种，要合乎身份地写明在什么情况下、为了什么目的、发出什么倡议、希望别人怎么做、自己打算怎么做，等等。

（2）倡议的内容应是于国于民有利而又可以做到的好事。因此，所提条件应当具有先进性与可行性，倡议内容虽然很好但一时做不到的，就不要提出来，以免成为一纸空文。

（3）语言要简练，条理要清楚，有一定的鼓动性。

（二）建议书概述

1. 建议书的概念

建议书，也叫意见书，是个人、单位和有关方面为了开展工作、完成任务、进行某种活动而提出有见解主张的一种书面材料。

建议和提案不同，尽管二者都是用来提意见和建议的。提案必须由具有提案权的机构或个人提出；而建议则没有使用资格的限制，任何机构或个人都可以使用。提案一经提出，有关方面必须予以审理、答复，并转交有关部门处理落实，在有关会议上报告处理落实情况；而建议则不一定件件都必须进行专门研究，也不必都在会议上作出答复。对切实可行、确实合理的建议，应立即采纳，研究落实，其余则可作为工作中的参考。

建议书和倡议书也不同。倡议书虽然有所建议，但它一般要面对群众，提出号召性的主张；建议书主要是向有关领导或部门提出建议，是否发动群众，要由领导和有关方面考虑。

2. 建议书的写作格式

建议书一般由标题、抬头称呼、正文、落款 4 部分组成。

（1）标题。建议书的标题可以直接用“建议”或“建议书”，也可以由建议的内容和文种组成，写成“关于××××的建议”，如“关于我校节约用电的建议”。

（2）抬头称呼。写上接受建议的单位名称或领导人的姓名和职务。也可以用“抄送”的形式代替抬头称呼。

（3）正文。是建议书的主要部分。先写明提出建议的出发点或原因，说明为什么要提出这个建议，以及与此建议有关的想法，以便使接受建议书的单位或领导联系实际情况，考虑其必要性和合理性。接着写建议的具体内容，这一部分可以分条开列，也可以分段叙述。所提建议内容必须具体，改进办法及采取的措施也应实在，以便接受建议单位、领导考虑建议的可行性。最后，可以表达一下期望建议被采纳的愿望。

（4）落款。在正文的右下方要写上建议者的单位名称或姓名，签署年、月、日。

3．建议书的写作要求

（1）提建议是行使国家主人翁的权利，要严肃对待，采取认真负责的态度。

（2）提建议要从实际出发，考虑具体情况、实际需要和客观条件，不能空想瞎想、不着边际。只有这样，才会有利于促进生产和改进工作。

（3）提建议要考虑建议的合理性和可行性，即考虑在现实条件下能否用得上、行得通。不应在建议中提过高的要求，说过激的言辞，要掌握好分寸。

（4）要求言简意赅地进行叙述，具体、准确地写明解决问题的办法，无须过多地分析和论证，更不能讲空话、套话、过头话，防止抽象、笼统。

（三）号召书概述

1．号召书的概念

号召书是指各级党委、政府借重大会议或节日之机，紧密配合形势，号召人民群众贯彻会议精神时所使用的专用书信。

2．号召书的写作格式

（1）标题。在第一行正中用稍大的字体写上“决心书”字样。一般情况下不写明事情的主题，要写当然也可以，像“完成植树造林保证书”、“参加防洪抢险决心书”等。

（2）称呼。在标题下空两行顶格写明接受决心书或保证书的领导、单位、组织、机关、团体的名称，有时可冠以“亲爱的”、“敬爱的”等修饰词。称呼后加冒号。

（3）正文。称呼后下一行空两格起写正文。正文是决心书或保证书的主体。保证有几条，决心有几点，最好分开行书写，以使正文内容清楚。

（4）结语。可以写“请予批准”、“此致敬礼”等，也可以不写。

（5）署名和日期。结语之后下一行靠右写署名，如果人数比较多，最好是每个人都签名；如果是单位、集体，写上名称后最好盖上公章。在署名下一行的下方写上书写决心书或保证书的日期。

3．号召书的写作要求

号召书要求语言生动，突出重点，有号召力。

二、倡议书、建议书、号召书的写作范文

倡议书、建议书、号召书的写作范文如下：

◇环境整治倡议书

×××镇环境整治倡议书

全镇广大干部群众、镇村各居民住户、朋友们：

为切实改变×××镇环境卫生状况，提高全镇人民生活质量，营造良好人居环境，镇党委、镇政府向全镇广大干部群众提出如下倡议：

××是我们共同的家园，建设美好家园是每个人的职责和义务。自觉向不文明行为和不良现象作斗争，不乱堆乱摆、乱停乱放、乱画乱贴，不向房前屋后、河道乱扔乱倒垃圾。

积极参与创建文明村镇、卫生环保模范村镇，镇党委、镇政府愿带领大家共建清洁、亮丽、开放、文明的居住环境。

大力支持×××镇的净化、绿化、美化、亮化工程，自觉规范行为，向“脏、乱、差”说“不！”人人参与，从我家做起。

乡亲们，让我们以实际行动来创建和呵护我们共同的家园，每个细小动作都会折射×××人的文明，每次点滴行为都会铸就×××镇的辉煌。我们相信：在广大干部群众的带领下，在大家的鼎力支持配合下，短期内一定会实现×××镇环境大改善、面貌大转变、形象大提升。

×××镇人民政府
××××年××月××日

◇计划生育倡议书

倡　议　书

全厂的妇女同志们：

实行计划生育，是我国的一项基本国策。晚婚晚育、优生优育，功在国家，利在自己。为更好地实行计划生育，我们一车间全体同志向全厂女同志提出以下

倡议：

一、已有一个孩子的女同志绝对不生第二胎。

二、女同志不满24周岁不结婚，不满26周岁不生孩子。

三、精心培育孩子，不溺爱、不娇惯，使孩子健康成长为对祖国有用的人才。

此致

敬礼！

一车间全体女同志

××××年××月××日

◇流动人口管理建议书

建 议 书

公安局：

鉴于目前××市普遍存在的流动人口难以管理的问题，结合我们区街道办事处在这方面所取得的经验，特提出如下建议，以供有关部门参考借鉴。

首先，成立一个流动人口调查小组，对各建筑工地的外地民工、租私人住房居住的来×打工、当保姆等的流动人员作详细的调查，并把住在市内亲友家中来探亲、访友、治病、读书等人口数量也调查清楚，然后尽快为他们办理暂住证，设立管理卡片档案。

在此基础上，针对存在的和可能出现的问题，可以采取以下措施：

1. 与各施工工地签订《社会治安综合管理协议书》，加强对外地民工的管理。一般来说，外地民工占来×流动人口的最大数量。

2. 规定凡出租房屋的户主，必须在三日之内向街道综合治理办公室申报新来住户的情况，为住户办理暂住证，设立管理卡片档案。

3. 夫妇租房一定要有结婚证明，办理暂住人口计划生育证。

4. 每50户设一名流动人口户籍员，以掌握流动人口的职业状况，了解他们的去向等。

5. 对查出没有固定职业、没有证明的流动人员，责令其限期离×。

6. 对清查后补办暂住证的流动人员，街道综合治理办公室向其原籍发信调查他们在原籍的有关情况。

7. 同用工单位、个人签订计划生育书，如发现计划外生育，除规定处罚当事人外，还要追究用工单位或个人的责任。

我们使用以上办法对管理好流动人口，维护社会治安起到了积极作用，建议有关部门采纳试行，共同做好流动人口管理工作。

此致

敬礼

××区××街道办事处

××××年××月××日

◇开展创建活动号召书

认真开展“创建学习型组织，争做知识型职工”活动的号召书

全校教职工会员们：

21世纪是我国经济全球化不断发展，科技进步突飞猛进的时代，学习是立足生存的基本要素，学习是自身发展的必需要求，为积极响应全国总工会等九个部门《关于开展全国“创建学习型组织，争做知识型职工”活动的实施意见》和××市教育局、××市教育工会《关于在全市教育系统开展创建学习型学校评选学习型学校创建先进集体的实施意见》，校工会、校女职委号召全校教职工，特别是全体青年教师积极行动起来，认真投入“创争”活动，为我校的改革和发展充分发挥自己的才能和力量，特提出以下要求：

一、树立终生学习理念，提高终生学习的紧迫性和自觉性

振兴民族的希望在教育，振兴教育的希望在教师。作为一名人民教师，要立足讲台，实现自身发展，体现自身价值，首要的任务，就要树立新的学习理念、新的发展观念，即要从思想上充分认识学习的重要性、时代性和紧迫性，为此校工会要求大家做到从要我学转变为我要学，人人自觉参加学习，个个积极投入“创争”活动，在学习中不断提高自身素质，在竞争中充分实现自我发展和价值，在全校范围内掀起“学政治、学理论、学业务、学技术”的浓厚的学习氛围。

二、注重学习实效，着力提高知识的运用能力和水平

“创建学习型学校，争做知识型教工”，必须从实际出发，不能单纯追求时髦和表面现象，而要在产生实效上下功夫，出成果，即要解决学以致用，用以致学，要把以学为重心转向以习为重心，不断提高自身的教育能力、教学水平和教研能力，要在教育教学质量上突出成果，为学校特色兴校、质量强校作贡献。

三、加强宣传、信息工作，营造“创争”活动良好氛围

校工会对全校教职工，特别是全体青年教师，在开展“创争”活动中出现的“学习工作化、工作学习化”的先进学习理念、先进学习方法和先进学习亮点，通过宣传窗、《××教工通讯》等进行大力张扬；并要为“创争”活动设计多层次、宽领域、有突破的平台和机会；同时要广泛开展群众性体育活动，重视教职工心理健康教育，使全校教职工有健康的身心参加学习，接受挑战，保证“创争”活动的顺利开展。

××职校工会

全体女职委

××××年××月××日

第四节 申请书、意向书、邀请书、聘书写作

一、申请书、意向书、邀请书、聘书的写作概述

（一）申请书概述

1. 申请书的概念

申请书是指个人、单位、集体，向组织、机关、团体、领导提出要求实现和满足自己的希望、要求的一种文体。

申请书使用的范围十分广泛。个人要求参加党团组织可以写申请书向组织表达愿望；下级在工作、生活等方面对上级有所要求，也可以写申请书表达。总之，几乎工作、生活的一切方面，都会使用到申请书。有些事上级、组织、单位部门本来视情况可以为之办理的，但如若下级、个人不提出申请，就不予办理了；有些事项，申请要掌握时机，错过时机，申请事项的实现可能就少了，甚至不会有结果。因此，写申请书既是一种手段，也是一门巧妙的艺术。

2. 申请书的写作格式

申请书通常有固定的格式，其内容包括以下几部分：

（1）标题

在申请书第一行正中写申请书的名称，一般只写“申请书”3个字就可以了，有的则写出内容的主旨，如“入党申请”、“申请调换工种”，等等。标题的字体可略大于正文，也可和正文一样。

（2）称呼

称呼也叫“抬头”，就是在标题下空一行顶格处写出接受申请书的组织、机关、团体、单位、领导的名称。称呼后用冒号。

（3）正文

正文是申请书的主体，在称呼下一行空两格处写。正文部分要写明申请的事情和理由。如果内容和理由较多，特别是申请的事情有几件的情况下，每一件事都要分段写，以使眉目清楚，不致混合错漏。

（4）结尾

结尾部分往往是表示礼节或恳切的愿望，如“此致敬礼”、“恳请批准”、“不胜感谢”等。

（5）署名和日期

在结尾下一行的靠右写上申请人姓名或单位名称。如果是单位，要盖公章；如果是个人，可盖私章，也可不盖。在署名下面写上写申请书的年、月、日。

3. 申请书的写作要求

①申请的事情、要求一定要写具体、写仔细，有的细节也要写明，数字更要具体、准确。

②申请的理由，一定要实事求是，不能虚夸和杜撰。就是实在的理由，也要说充分、说具体、说全面，特别是最有说服力的理由，更要讲清、讲得感动人。特别要注意的是，一些无关紧要的、不起作用的所谓“理由”还是不讲为好，以免冲淡气氛，甚至起相反的作用。当然，更要避免出现相互矛盾的“理由”，那是要坏事的。

③申请书的语言，一要准确；二要朴实；三要简洁明了；四要恳切。要认识到，语言表达得如何，常常会影响申请事项的效果。

（二）意向书概述

1. 意向书的概念

意向书是指社会组织内部各部门之间或组织与组织之间表达和记录某种意向的公关文书。

2. 意向书的写作格式

（1）标题

为了明确、醒目，意向书之前要加上项目名称，如：“合资兴建麦秆草席加工厂意向书”、“合作建立×××公司意向书”。

（2）开头语

写明合作各方单位的全称，双方接触的简要情况，磋商后达成的意向性意见，本着什么原则，兴建什么项目。

（3）正文

分条款叙写达成的意向性意见，即兴建项目所要涉及的最基本的内容要点，而且必须交代“未尽事宜，在正式签订合同或协议书时予以补充”，留有余地。

（4）结尾

写明签订意向书时间和洽谈意向书单位的全称和代表姓名，并签字盖章。

3. 意向书的写作要求

①严肃认真，忠实于洽谈会议记录。意向书是依据意向洽谈会议记录整理而成的。所达成的意向，洽谈双方均有义务履行，因此必须经双方认可，撰写者既不能随意编造，也不能把非会议记录的内容添上，而是要严格按会议记录整理。

②所达成的意向，必须按内容分条叙述。既然是意向，就不一定十分周全，允许有不完善之处，不能像订合同或协议那样周密。

③既然意向书是以后签订合同的一种准备，各种意向应参照合同或协议的条款排列，就应以显示其“雏形”的特色，区别于“会谈纪要”的格式。

④语言要准确、表述要清楚。不能因为它是一种意向性的文件而过多使用模糊或者有歧义的语言。

（三）邀请书、聘书概述

1. 邀请书的概念

邀请书实际上就是一种比较复杂的请柬，它除了起请柬的作用外，还有向被邀请者交代有关需要做的事情的作用。

2. 邀请书的写作格式

邀请书的写作一般包括四个部分：

（1）标题

在纸的上方中间用大于正文的字体标出“邀请书”三个字，也可在“邀请书”三字前用小字标出发邀请书的单位名称。为示喜庆，标题可作适当装饰，如饰以花边，字体用美术字。

（2）称呼

在正文的上一行顶格写被邀请者（个人或单位）名称。姓名之后可加“书记”、“校长”等职称或“先生”、“女士”等尊称。单位名称要用全称，以示尊敬。称呼之后加冒号。

（3）正文

在称呼下一行空两格写正文内容。正文一般包括前言和事项两部分。前言只简单地说明何时何地有什么活动和邀请语就可以了，这一部分相当于一张请柬的内容。事项部分要分条列出这次活动的有关事项。

（4）落款

在正文右下方注明邀请单位的名称和发出邀请的时间。若单位名称在标题中已标出，这里可以从略，但为了表示郑重、礼貌，一般是要再次注明的。

3. 邀请书的写作要求

①起草邀请书的人在起草之前要对各方面的情况，如会议宗旨、食宿安排、报到时间、地点等，有全面、详彻地了解，这样写出来的邀请书才能准确、清楚、有条理。

②正文的前言部分的行文可参考对请柬的要求，这里从略；正文的后一部分——事项部分，事项要全面，语言要概括。因为邀请书和请柬的性质是相同的，都是作邀请之用，因篇幅有限，说明问题时要言简意赅。

4. 聘书的概念

聘书是聘请书的简称。它是用于聘请某些有专业特长或有名望、有权威的人完成某项任务或担任某种职务时的书信体文书。

随着机构改革，不仅聘用外单位的人到本单位工作要发聘书，就是聘请本单位其他部门的人员到本部门工作也要发聘书。聘书不仅起着告知被聘人的作用，而且表示聘者对受聘者的尊重。

5. 聘书的写作格式

聘书的写作一般包括六个部分：

（1）标题

一般是印刷好的，在封面上印上“聘书”两个字，字号要求较大，制作美观、大方，有的套红、烫金。书写的聘书在用纸的第一行中间书写“聘书”或“聘请书”字样。

（2）称谓

称谓要顶格写被聘人的姓名和职务，后加冒号。

（3）正文

第一行顶格写，写聘请人姓名、称呼，如“××先生”、“××同志”等。也可在第一行空两格写“兹聘请×××先生”，接着写聘请他担任什么职务，或做什么工作，期限多久，待遇多少等。

（4）敬语

敬语多用“此聘”、“此致、敬礼”、“敬请台安，诸维垂鉴”、“专肃敬请台安，诸希朗照”、“敬请大安，诸维爰照”等。敬语因性别及职业性质不同而略有不同，使用时应斟酌。

（5）署名

一般在正文后边，另起一行，偏右，署上聘请单位名称，并盖上公章。

(6) 日期

紧接聘请单位名称后，另起一行写上年、月、日。

二、申请书、意向书、邀请书、聘书的写作范文

申请书、意向书、邀请书、聘书的写作范文如下：

◇建房申请书

建房申请书

××规划局：

我厂拟建职工食堂1000m^2，已经××部（××）×发×字×第×××号文批示，同意在本年完成设计并要求在四季度施工，年前完成基础部分。该项工程已委托××市设计院设计。食堂位置在本厂厂内（附地形图两张），请审查，并请批示红线图。

××市××××厂

（公章）

××××年××月××日

◇退职申请书

退职申请书

厂领导：

我系××××年××月参加工作，迄今已有××年工龄。由于我所学专业与现从事工作不对口，工资收入亦难维持一家五口的生活，每次为孩子的学费也要苦筹一番。经过与家人共商，我再三思考，认为自己尚有一技之长，为生存和图发展，决定申请退职，今特专此报请，盼予批准。

职员×××　谨呈

××××年××月××日

◇合作培训意向书

合作培训意向书

甲方：××市现代科技培训中心

乙方：××出版社

经双方商讨，拟合作举办一期编辑、校对技术短期培训班。初步意向如下：

一、培训期3个月。××××年××月××日开班，××××年××月××日结业。

二、培训学员10名。由乙方选送25岁以下、具有大学本科文化程度的人员。

三、培训费2万元，由乙方在开班前支付给甲方。

四、甲方提供培训场地、师资、教材，并负责教学管理，发放结业证书。

××市现代科学技术培训中心　　　　　　××出版社

代表：×××（签字）　　　　　　　　　代表：×××（签字）

××××年××月××日

◇邀请书

邀　请　书

××同志：

为纪念××诞辰一百周年，定于××××年××月××日至××日在×市举行“××诞辰一百周年学术讨论会”，敬请您届时光临。现将有关事项通知于下：

一、会议以××大精神作指导，内容为：

（一）宣读学术论文；

（二）交流教学、科学研究经验。

二、出席会议的代表原则上应向大会提交学术论文。

三、会议的住宿费、伙食补助费由大会负责，往返交通费由代表所在单位负担。

四、接到通知后，请即向大会筹备组寄回代表登记表（在会前三天不见寄回登记表，即视为不出席会议，不再安排食宿）。

五、报到时间：××××年××月××日。

六、报到地点：×市××宾馆（××路××号）。

七、代表登记表请寄×市××大学××研究所××同志。

××大学（公章）

××××年××月××日

◇聘请书

聘 请 书

××科技大学：

为了提高教学质量，本校总部成立了刊授教学研究会。特聘请×××老师为指导教师，参加教学研究，并关心、指导本校的教学工作。

此致

敬礼

××大学（盖章）

××××年××月××日

◇聘 书

聘 书

×××教授：

为了提高教学质量，以适应现代远程教育发展的迫切需要，我校成立了学科专家委员会。您长期以来一直进行××学科的建设，是资深教授。我校特聘您为学科专家委员会成员。聘期暂定三年。

此聘

××大学（公章）

校长××（章）

××××年××月××日

第五节　感谢信、慰问信写作

一、感谢信、慰问信的写作概述

（一）感谢信概述

1. 感谢信的概念

在社会生活中，单位或个人之间常常互相帮助、互相支援，涌现出许多好人好事。其后，受援的一方为了答谢和表彰援助方，往往采用感谢信的形式给对方写信，以谢对方相助。而对影响较大、事迹突出的还可同时送交报刊或电台广播。

2. 感谢信的分类

（1）从感谢对象的特点来分

①给集体的感谢信。这类感谢信，一般是个人由于在困难时，受到了集体的帮助，使自己渡过了难关，走出了困境，所以要用感谢信的方式表达自己的感激之情。

②给个人的感谢信。这类感谢信，可以是个人也可以是单位集体，为了表达对某个人曾给予的帮助、照顾而写的。

（2）从感谢信的存在形式来分

①公开张贴的感谢信。这种感谢信包括登报、电台广播，或是电视台播报的感谢信等。

②寄往单位或个人的感谢信。这种感谢信直接寄给单位或个人。

3. 感谢信的写作格式

（1）标题

第一行正中写“感谢信”或“致×××的感谢信”等字样，字体应大些。

（2）称谓

第二行顶格写被感谢方的单位名称或个人姓名。个人姓名应加上“同志”、“先生”或职务等，称谓后加冒号。

（3）正文

第三行空两格起写感谢的内容，一般有以下两个方面：

①简述事迹，说明效果。应交代清楚人物、事件、时间、地点、原因和结果，并扼要叙述在关键时刻由于受到对方帮助所产生的客观影响和社会效果。

②颂扬品德，表示决心。既表感激之情，也谈今后如何用实际行动向对方学习。

（4）致敬语

最后写上诸如“此致敬礼”、“致以最诚挚的敬礼”等表示感激的敬意话语。致敬语前半截一般连接正文或另起一行空两格写；后半截另起一行顶格写，以表尊敬。

（5）署名、日期

在右下方写上发感谢信的单位名称或个人姓名，后一行写发感谢信的年、月、日。

4. 感谢信的写作要求

（1）内容真实

叙述事迹要真实具体，人、时、地及有关数字要绝对准确，关键部分要突出，并给予对方以恰如其分的评价。

（2）感情丰富

做到以事表情，以情感人。既要感情充沛，讲究文辞，又避免平铺直叙，辞藻惊人。表达谢意的行动要符合实际，说到做到，切实可行。同时要讲究礼貌，开头的称呼、文中的用词、结尾的敬语都要符合双方的身份和社会交往中的习惯。

（3）格式规范

篇幅要简短，语句要精练，格式要符合一般书信的要求。

（二）慰问信概述

1. 慰问信的概念

慰问信是指以组织或个人名义对在某方面作出特殊贡献或遇到意外损失、遭到巨大灾难的集体或个人表示关切致意、问候同情的一种书信。

2. 慰问信的种类

这类慰问主要针对那些承担艰巨任务、作出巨大贡献甚至牺牲，取得了突出成绩的先进个人或集体，如“慰问抗洪抢险的解放军战士”、“慰问保家卫国的边防军人”、“慰问春节期间仍坚守岗位的铁路工人”等。通过慰问，鼓励他们戒骄戒躁，继续前进。

（1）对遭受困难或蒙受损失的单位或个人的慰问

这类慰问信，通常是针对那些由于某种原因（如车祸、火灾、地震、暴雨等）而暂时遇到困难或蒙受了巨大损失的集体或个人。对他们表示同情和安慰，鼓励他们克服暂时困难，进而努力工作，以期尽早改变现状。

（2）节日慰问

这是一种上级对下级、机关单位对广大群众进行的一种节日问候。一般表示对他们以前工作的肯定和赞扬。并祝福他们在今后的工作、学习、生活中心情舒畅，作出更大的成绩。

3. 慰问信的适用范围

慰问信适用范围较感谢信广，主要有以下三种情况。

（1）表彰慰问

如慰问在抗震救灾、保卫国家和人民生命财产安全等重大斗争中作出卓越贡献的人民解放军、公安干警等，并表彰其英勇行为和先进事迹。

（2）受遇灾慰问

如慰问由于某种原因（自然灾害、事故伤亡等）而遭受重大损失的人民群众，对其表示同情和安抚。并鼓励他们战胜困难，重建家园。对亲友的伤病等慰问也属这种情况。

（3）节日慰问

如教师节来临之际，写信向教育工作者表示节日的问候和祝贺。

4. 慰问信的内容

慰问信的内容应根据时间、事件和对象不同有所区别。如上面三种情况，由于各自对象和目的不同，有的赞扬革命和建设中的有功之臣，有的慰藉勉励受灾群众，有的慰抚各条战线中的无名英雄。写法不能千篇一律。

5. 慰问信的写作格式

（1）标题

第一行正中写“慰问信”或“×××致×××的慰问信”等字样。

（2）称谓

第二行顶格写单位名称、个人姓名。

（3）正文

第三行空两格起，写慰问的主要内容，包括以下三个方面。

①原因背景。用一般简要文字陈述目前形势，写明慰问的背景和原因，以提起下文。

②叙述事实。应比较全面、具体地叙述对方的模范事迹或遇到的困难，要实事求是地肯定其功绩，然后向对方表示慰问和学习。

③结语部分。先结合形势与任务提出殷切的希望，接着表示共同的愿望和决心，最后用一句慰勉与祝愿的话作结。

（4）署名、日期

署名下一行写年、月、日。

6. 慰问信的写作要求

①对象要明确。根据不同的对象确定慰问内容和重点。如对死者家属："为柯棣华大夫的逝世，向你们致以最深挚的悲悼。"（《周恩来致柯棣华大夫家属的慰问信》）

②感情要真挚。应以高度的政治热情，赞颂或慰勉对方，使人受到鼓舞。

③期待要殷切。如"望多休息"并注意以后在工作中节劳为盼。

④语言要亲切。慰问信的主旨是向对方表示慰问，语言要精练、朴实、亲切、诚恳。可适当运用抒情的表达方式，要忌用公式化、概念化的词语，也不宜套用呆板的公文语言。

二、感谢信、慰问信的写作范文

感谢信、慰问信的写作范文如下：

◇抗震救灾感谢信

抗震救灾感谢信

尊敬的各兄弟院校：

5月12日下午2时28分，我省汶川县遭受特大地震灾害，此次地震波及成都及周边地区，我院正常教学秩序及师生学习、工作、生活也受到严重影响。

地震发生后，学院临时成立的抗震救灾临时指挥部立即启动突发事件应急预案，组织学生迅速有序疏散到运动场、草坪等空旷地带。随后，学院对各建筑物的值守、后勤保障、医疗卫生、安全保卫和学生的生活、管理等工作进行了部署和安排，并确定了每项工作的责任人，实行24小时值班制度。学院要求全体干部职工紧急行动起来，听从安排，服从指挥，不惜一切代价保证师生安全，保证抗震救灾工作的有序进行。全体师生员工在安全区域顺利渡过了数百次余震及夜半阵雨。目前，虽然我们尚未解除余震的危险，但是全院教职工及学生情绪稳定，校园秩序井然有序，我们正团结一心、众志成城、共同克服重重困难，充满信心地去战胜这场自然灾害。

近几天来，我们陆续收到了××高教出版社、×××大学、××商学院、××商务职业学院、××商业高等专科学校等全国各兄弟院校及相关单位发来的慰问函电，值此危难之际，你们的关怀让我们感受到了暖暖深情，使我们深受鼓舞，更增强了我们战胜灾害的信心和勇气。在此，我院全体师生对你们传来的深情厚谊致以最诚挚的谢意和最崇高的敬意！

我们将在党中央、国务院和四川省委、省政府的坚强领导下，在各兄弟院校和相关单位的关心和支持下，团结一心，负重自强，夺取抗震救灾工作的胜利。

××商务职业学院
××××年××月××日

◇建军节慰问信

八一建军节慰问信

电车公司全体转业、复员、退伍军人：

值此中国人民解放军建军××周年光辉节日即将到来之际，公司谨向你们致以节日的祝贺和亲切的慰问！

中国人民解放军是中国共产党缔造和领导的人民军队。我军从诞生之日起，在中国共产党的领导下，牢记全心全意为人民服务的宗旨，忠实履行党和人民赋予的神圣使命，始终坚持听党指挥、服务人民、英勇善战的优良传统，为争取民族独立和人民解放，捍卫国家尊严，维护国家安全与统一，保卫改革开放和社会主义现代化建设的伟大成就，维护世界和平立下了不朽的功勋。中国人民解放军81年的光辉历程充分证明：人民军队始终是人民民主专政的坚强柱石，是保卫国家安全的钢铁长城，是党和人民完全信赖的不可战胜的力量。

从部队回来的同志们，你们多年来一直牢记全心全意为人民服务的宗旨，保持军人本色，自强不息，勇于拼搏，努力工作，扎实奉献，在各条战线上创造了新的业绩，为我公司的持续发展作出了突出贡献。在此，公司谨向你们表示衷心的感谢并致以崇高的敬意！

展望未来，我们将紧密团结在以胡锦涛同志为总书记的党中央周围，高举邓小平理论和“三个代表”重要思想伟大旗帜，认真贯彻落实党的“十七大”精神，坚持科学发展观，积极推进资源优化整合、继续深化企业改革，不断提高信息化手段和营运效益，强化企业服务品牌，打造高素质的员工队伍，实现企业可持续发展，不断开创我公司双拥工作的新局面。

祝同志们节日快乐，身体健康，工作顺利，家庭幸福！

××市电车公司武装部
××××年××月××日

◇受灾慰问信

慰问信

××省各上市公司：

5月12日下午四川汶川发生里氏8.0级强烈地震，震区人民的生命和财产遭受了严重损失，××水电、××电气等公司的部分员工不幸遇难，公司的财产和运营受到巨大破坏，上市公司监管部全体人员对此感到十分的痛惜！在此，上市公司监管部全体人员向灾区所有上市公司及全体员工表示诚挚的慰问和深切的关怀！向所有的遇难者表示沉痛的哀悼！

当前，在党中央、国务院的坚强领导下，灾区军民正争分夺秒，全力抢救人民的生命财产，各上市公司正克服重重困难争取恢复生产，对此，上市公司监管部全体人员向奋战在抗震救灾第一线的四川灾区所有上市公司表示崇高的敬意！感谢你们在自身遭受巨大损失的同时仍在默默支持资本市场！衷心希望你们和家人在今后的抗震救灾工作及灾后重建中继续确保安全！我们坚信，在党中央、国务院的坚强领导下，我们一定能战胜这场特别重大的地震灾害！恢复公司正常的生产经营秩序，展现公司驰骋资本市场的雄姿！

我们万众一心！我们众志成城！我们共同努力！我们一定会赢得胜利！

××证监会上市公司监管部

××××年××月××日

第六节　欢迎词、欢送词、答谢词、祝词写作

一、欢迎词、欢送词、答谢词、祝词的写作概述

（一）欢迎词概述

1. 欢迎词的概念

欢迎词是指领导人在欢迎仪式上或宴会上向来宾发表的表示欢迎的讲话稿。它包括欢迎对象、欢迎事由、欢迎单位等内容要点。

2. 欢迎词的写作格式

（1）标题

第一行正中写标题，字体略大，可写“欢迎词”3 个字或写“×××在欢迎×××大会上的讲话”。

（2）称谓

称谓要有敬辞并写全称。如“尊敬的×××总理阁下”、“亲爱的×××先生”等。如果来宾来自不同的方面，称谓也要照顾到。这样既表示了对主要来宾的尊重，也表示了对其他来宾的热忱欢迎。这样会使所有来宾都感受到欢迎仪式的庄重、亲切和热烈。

（3）正文

正文要表达三层意思：

①开头要对客人表示热烈的欢迎、诚挚的问候和致意。

②阐述来访的意义，赞颂客人各方面取得的成就，也可回顾双方之间的交往与友谊，赞扬双方之间的友好合作。

③最后表示良好的祝愿或希望。

（4）结尾

再一次对客人表示热烈欢迎和良好祝愿。

（5）署名、日期

正文右下方署名，如标题有名称，可不署名，署名下一行标明日期。

欢迎词要写得热情洋溢，真诚感人，语言简洁，礼貌适度。

（二）欢送词概述

1. 欢送词的概念

欢送词是指领导人在欢送仪式上或宴会上向来宾发表的表示欢送的讲话稿。

2. 欢送词的写作格式

欢送词的写作格式同欢迎词，只是正文部分的内容有所区别，欢送词正文应对客人表示热烈欢送并对客人在这一阶段取得的成绩予以肯定，给予适当的评价。最后结束语要以生动感人的语言对客人表示希望和勉励，并显示出依依惜别的感情。

（三）答谢词概述

1. 答谢词的概念

答谢词是宾客对主人的热情接待表示感谢的讲话稿。目的是为了制造和谐的气氛，交流主客之间的感情，以达到相互尊重、友好相处、以诚相待的目的。

2. 答谢词的写作格式

答谢词的写作格式与欢迎词、欢送词写作格式基本相同，只是正文的内容有所不同，答谢词首先是对对方致以衷心的感谢，然后对对方的成就和双方的友谊表示赞颂，结尾提出自己的希望和良好的祝愿。

答谢词要求语言生动，感情真挚、热情、有礼貌。

（四）祝词概述

1. 祝词的概念

祝词也称祝辞，是对人或事表示良好祝愿言辞的讲话稿。

祝词是国际、国内人际交往活动中必不可少的交际工具和手段。

2. 祝词的分类

祝词根据祝贺对象的不同可分为节日祝词、寿诞祝词、事业祝词三种。

3. 祝词的特性

祝词的特性如下：

（1）事先性

祝词与贺词都表示祝贺之意，有时两个词也可以互用，但祝词一般用于对未成事情或正在进行事情的事先性预祝（有时也用于事后的祝贺）；而贺词一般用于事情已成，对之表示庆贺、道喜之意。

（2）广泛性

祝词的广泛性是指祝词的对象很广泛。以人为祝词对象，长辈、平辈、晚辈，上级、平级、下级，男女老少都可以，既可以是知名人士，也可以是平民百姓，都可以通过祝词的形式增进感情，加深交往。以事为祝词对象，范围也很宽，比如，生日聚会、庆祝诞辰、开业典礼、朋友联欢会、同学聚会等，都可以使用祝词来渲染气氛，活跃场面，增进彼此的友谊。

（3）严肃性

尽管祝词有调节气氛的作用，但由于祝词一旦脱口而出，就不便更改，从这个意义上说，祝词又具有一定的严肃性。在一些比较随便的场合，如在聚会、庆功会、喜宴等轻松愉快的气氛中，祝词人常常是触景生情，即兴而发，恰到好处。但要求祝词人必须是机智灵活，善于表达，否则，就有可能闹笑话，出洋相。在一些比较正规的场合，如举行国宴、迎送贵宾时，祝词人往往是事先有所准备，起码要打好草稿，或口头、或书面，总之，祝词要准确无误，表达要自然得体。

4. 祝词的写作格式

口头祝词和书面祝词都需要一定的构思和酝酿，从广义上说，都属于“写作”，只是腹稿和手稿之分。祝词的写作没有固定的模式或格式。一般应包括以下几个方面的内容：标题、称谓、正文、结语和落款。

（1）标题

祝词的标题要写在正文的上方居中，如“元旦祝词”、“给××教授的祝词”

等。有的祝词可不用标题。

（2）称谓

在标题之下顶格写称谓，如“××同学”、“××小姐”、“××先生”等，具体怎样称呼祝词的对象更合适，要根据对象的性别、职业以及身份地位等而定。

（3）正文

正文所列内容一定要条理分明，让人看了、听了一清二楚。或问候、祝愿；或赞颂、讴歌；或提出自己的想法和希望，都要以褒为主，以赞颂为主旨，而不要列出几大过错，那样就把祝词写成鉴定、评定书了。如果非提缺点不可，也要把握分寸，而且最好不提。

（4）结语

这部分主要写敬语，如“祝×××健康长寿”、“祝×××先生生意兴隆，财源滚滚”、“祝×××与×××百年好合”等。

（5）落款

落款处应署上祝词者的姓名和祝词的年、月、日。在署名时，如果是晚辈向长辈祝词，落款时要写“学生×××”或“晚辈×××”等；如果是平辈之间或长辈向晚辈祝词，则只写上自己的名字就可以了。有的祝词可以没有落款，比如当场即兴祝词，祝词人和日期都是清清楚楚的。

祝词的基本格式和结构是由上述5部分构成的，但在写作过程中要依据具体情况灵活掌握，不能死板、教条，否则就会不合时宜。

5. 祝词的写作要求

（1）要了解祝词对象

好的祝词除了语言慎重、注重感情以外，还要了解祝词对象。“没有调查就没有发言权”，同样，没有对祝词对象的充分了解，也就没有祝词的依据，也就不可能写出非常理想的祝词。可见，了解祝词对象不但是重要的，而且是必要的，甚至是写祝词时的首要条件。只有了解祝词对象，才能避免在写祝词时张冠李戴，漏洞百出，闹出笑话。

（2）语言要慎重

作为一种社会礼仪，祝词语言一定要达到以下几个标准：准确、简练、通俗、优美。准确是最基本的要求。对人、对事都要客观公正，实事求是，不能因为是祝词，就过分地夸张；当然，必要的、恰如其分的溢美之词是无可厚非的。简练是在准确基础上的又一高层次要求。祝词常常是很简短的，有时甚至少到几个字，言简意赅，既能给人以回味，又能节约时间，这样的祝词是普遍受人欢迎的。通俗，即深入浅出，雅俗共赏，而非流于庸俗，落入俗套。要达到这一标准并非易事，它需要祝词人具有更高驾驭语言的能力。优美是对祝词的最高要求：不仅要求祝词能传情达意，而且要同时给人以美的艺术享受，这种优美有时并不在于其华丽的辞藻，而主要在于其构思的巧妙，能够给人耳目一新之感。

（3）要流露真情实感

祝词，表达的是美好的祝愿，是令人高兴和愉快的事。但是否能达到这样的效果，还在于祝词者的感情流露。如果祝词的内容是发自祝词者内心的，是有感而发的，那么就是真情，否则，就是虚情假意。人都是有感情的，对于真情假意，人们是很敏感并能很容易识别出来的。所以，写祝词一定要发自肺腑地祝愿，要流露出真情实感，否则，就会引起别人的反感，倒不如不说祝词为好。

二、欢迎词、欢送词、答谢词、祝词的写作范文

欢迎词、欢送词、答谢词、祝词的写作范文如下：

◇致国内外宾朋欢迎词

欢　迎　词

我谨代表第二届××国际论坛暨维持河流健康生命研讨会组织委员会和本届会议主办单位××水利委员会，热烈欢迎各位代表从世界各地来到××，参加第二届××国际论坛暨维持河流健康生命研讨会。

××××年10月21～24日，××水利委员会在中国××成功地举办了首届××国际论坛。会议共有32个国家和地区的350多位专家学者出席，收到论文258篇，出版了四集论文集。与会领导、专家、学者围绕着“21世纪流域现代化管理模式与管理经验、流域管理现代技术应用”的中心议题，进行了广泛的交流与对话，交流发表了许多具有创新价值的学术观点和先进经验，对流域管理工作起到了积极的推动作用。

这次会议是××国际论坛的第二届会议，会议中心议题是，维持河流健康生命。中心议题下分维持河流健康生命、流域水资源一体化管理及现代技术应用、河流工程与非工程技术、水环境与水生态保护、跨流域调水技术及水资源配置和水权、水价及水市场政策六个专题。

目前，已有来自52个国家和地区的800多位专家学者报名参会，收到论文400多篇。经第二届××国际论坛技术委员会专家严格审查，选出340多篇编入会议论文集。

我相信，在会议顾问委员会、组织委员会、技术委员会，以及全体参会代表的努力下，本次会议一定能使各位代表在专业上有所收获，在生活上过得愉快。我也深信，你们在会议上交流的经验与为维持河流健康生命提供的良策，必定会对今后黄河及世界各流域的管理产生积极的影响。

最后，我希望本次会议能给大家留下美好的回忆，并预祝大会成功；祝各位代表身体健康，在××过得愉快！

××国际论坛组织委员会主席
××水利委员会主任 ×××
××××年××月××日

◇欢送词

欢 送 词

尊敬的女士们、先生们：

首先，我代表×××，对你们访问的圆满成功表示热烈的祝贺。

明天，你们就要离开××了，在即将分别的时刻，我们的心情依依不舍。大家相处的时间是短暂的，但我们之间的友好情谊是长久的。我国有句古语："来日方长，后会有期。"我们欢迎各位女士、先生在方便的时候再次来××做客，相信我们的友好合作会日益加强。

祝大家一路顺风，万事如意！

××××
××××年××月××日

◇答谢词

在接受救灾粮仪式上的答谢词

亲爱的××领导，远道而来的客人们：

今天，我们怀着无比感激、无比振奋的心情，在这里迎接××红十字会给我们县师生捐赠救灾粮的亲人。

今年7月以来，我国遭受了百年未遇的大旱灾。7、8、9三个月，炎阳连天，滴雨不下，池塘干涸，溪河断流，田地龟裂，禾苗枯死，真是赤地千里！虽经我们奋力抗灾，但自然灾害的肆虐，使10多万人饮水困难，30多万亩田颗粒无收。我们县的中小学生，就有1万多名因受灾辍学，还有几万名靠同学、教师、亲属的接济度日。然而，党和政府没有忘记我们，兄弟县、市的乡亲没有忘记我们。省、市领导多次亲临视察灾情，组织救援，市、县国家干部职工争相解囊，捐粮捐钱。今天，我们又接到了你们无私捐助的大批救灾粮食。“一方有难，八方支援”，团结互助，无私奉献，只有在今天优越的社会主义制度下，只有在我们伟大的社会主义中国才能办到！

谢谢你们，远方的亲人。我们全县中小学生、全县人民，一定从你们的援助中汲取力量，奋发图强，重建家园；努力学习，奋勇登攀，以崭新的成绩，来报答党和人民的关怀，报答你们的深情厚谊！

××县教育局　×××

××××年××月××日

◇节日祝词

在第×届中国国际民间艺术节开幕式上的祝词

×××

（××××年××月××日）

女士们、先生们、朋友们：

由中国××主办的第×届中国国际民间艺术节今天在我国××市隆重开幕了，我怀着十分高兴的心情代表中国政府向艺术节的开幕表示衷心的祝贺，向远道而来的亚洲、非洲、欧洲、大洋洲、美洲15个国家的300多位民间艺术使者和海内外各界朋友表示热烈的欢迎和亲切的问候。

来自五大洲15个国家的艺术使者，把各自富有民族特色的优秀民间歌舞艺术带到中国，这不仅是艺术的交流，而且是我国人民和各国人民之间的传统友谊进一步加深的具体体现。艺术节的意义远远超出了文化艺术本身，随着时间的推移，它必将还会在弘扬世界各国民间文化艺术，加深世界各国人民之间的团结、友谊，促进世界和平方面，发挥越来越大的作用。

愿各国艺术使者在中国期间生活愉快！

祝第二届中国国际民间艺术节获得圆满成功！

第七节 贺信、贺电、请柬写作

一、贺信、贺电、请柬的写作概述

（一）贺信概述

1. 贺信的概念

贺信是指表示庆贺的书信总称。当有关单位、个人有喜事时，任何人都可以使用贺信的形式表示祝贺。

2. 贺信的内容

贺信的内容十分广泛，可以贺家庭、个人婚嫁、祝寿一类的喜事；可以贺重大的会议或重要的纪念活动；可以贺对方取得的优异成绩；可以贺国家领导人任职等。重要的贺信往往对广大群众有很大的鼓舞和教育作用。

3. 贺信的写作格式

（1）开头

正中写“贺信”两个字，另起一行顶格写被祝贺单位或个人的称呼。如果是写给个人的，要加“先生”或相应的称呼。称呼之后加冒号。

（2）正文

另起一行，空两格起写贺信的内容。可分若干段落。

①简略叙述当前的形势，说明对方所取得成绩的社会背景，或重要会议召开的历史条件。

②简要说明对方在哪些方面取得了成绩，并要分析对方取得成绩的主观原因和客观原因。如果是寿辰贺信，应概括地说明对方的贡献和品德。如果是重要会议的贺信，应说明会议的内容及其重要性。

③表示热烈的祝贺、称赞。还要写出祝贺者的决心和准备怎么办。

④热情的鼓励，殷切的希望和双方的共同理想。

（3）结尾

写上表示祝愿的话，如“祝大会圆满成功”、“祝您健康长寿”等。

（4）署名

另起一行，在右下方写发信单位或个人姓名。署名下边写上年、月、日。

（二）贺电概述

1. 贺电的概念

贺电又称为庆贺电，它是领导机关、单位或领导人以个人名义发给有关单位、集体、个人、表示祝贺、赞颂的电报。

2. 贺电的写作格式

（1）标题

在第一行正中写“贺电”两个字，有的贺电也可以不写标题。

（2）称谓

在第二行顶格写收电单位或个人的称呼。

（3）正文

正文部分直接写明祝贺的内容、成就、意义。

（4）结语

写表示热烈祝贺和寄予希望的话语。可以紧接正文写，也可另起一行。

（5）署名和日期

在右下方写发文单位名称或个人姓名；下边写上年、月、日。

（三）请柬概述

1. 请柬的概念

请柬是指邀请客人时发出的专用信件，又叫请帖。

2. 请柬的应用范围

请柬应用广泛，召开庆祝会、纪念会、联欢会、招待会、宴会、订货会等许多会议和许多活动都可以发请柬；单位、团体、个人均可以发请柬。

3. 请柬的写作格式

请柬一般由标题、称谓、正文、敬语和落款几部分构成。

（1）标题

标题一般即写“请柬”。如果请柬是折页纸，封面写“请柬”两个字，封面还要做些艺术加工，如图案装饰，文字用美术体，并可套红或烫金。如果请柬是单页纸，第一行正中写“请柬”两个字。

（2）称谓

写被邀请单位和个人的名称。如“××研究所”、“××先生”、“××教授”等。称谓有时写在正文之上抬头顶格处，有时将请柬放入信封，称谓写在信封上，请柬上就不再写称谓。

（3）正文

要写清被邀请人何时、何地、参加什么活动或会议等。

（4）致敬语

可写“敬请光临指导”、“敬请届时出席”或“此致、敬礼”等。

（5）落款

注明发请柬的单位名称或个人姓名，并写明发请柬的年、月、日，如果是单位发请柬，有时还须加盖公章。

二、贺信、贺电、请柬的写作范文

◇贺　信

贺　信

××市学生联合会第一次代表大会：

在祖国改革开放深入进行，四化建设蓬勃发展的大好形势下，在市委的直接领导下，我市学生联合会第一次代表大会胜利召开了。我们××学院全体学生谨向大会表示热烈的祝贺！

这次大会的召开是我市全体学生的一件大事。它将激励我们为推进改革开放，促进四化建设而努力学习。

我们全体同学决不辜负党和人民的殷切期望，一定要努力学习，奋发进取，勇攀科学高峰，争做四有新人，以实际行动庆祝这次大会的召开。

预祝大会圆满成功。

××学院学生会

××××年××月××日

◇上级给下级的贺电

贺　电

中国长江三峡工程开发总公司：

值此×××溪洛渡水电站开工典礼举行之际，国务院国有资产监督管理委员会对此表示热烈的祝贺！

×××溪洛渡水电站是我国西电东送的骨干电源点，是西部大开发的标志性工程，是全面建设小康社会的基础性工程。建设溪洛渡，开发×××，对于促进东西部区域协调发展、推动国民经济的可持续发展都具有非常重要的意义。溪洛渡水电站的开工建设，也标志着中国三峡总公司在金沙江流域梯级滚动开发方面迈出了实质性步伐，进入了可持续发展的新阶段。

希望你们继续坚持以科学发展观为指导，深入学习贯彻中共十六届五中全会精神，正确认识和处理当前水电开发中面临的新形势和新问题，不断增强安全意识，注重环境保护和移民安置，提高自主创新能力，为我国水电事业的发展、为全面建设小康社会做出新的贡献！

国务院国有资产监督管理委员会

××××年××月××日

◇展览会请柬

《中国山水画展》定于××××年8月18日在××市工人文化宫西展厅举行预展。

敬请光临指导。

展出时间：××××年8月19~31日

上午：7时30分~11时30分

下午：2时30分~6时

中国美术家协会××分会（章）

××××年××月××日

下　编

公文规范处理

第一章 发文办理

汇报传达类公文也就是机关公务文书，处理程序和机关公务文书相同。

发文办理是机关内部为制发公文进行的制文、处置与管理的活动过程，也是发文机关履行法定职责，表达自身意志和愿望，创造、加工和记录、传递有用信息的过程。

公文发文办理指以本机关名义制发公文的过程，包括拟稿、审核、签发、复核、缮印、用印、登记、分发等程序。

第一节 拟 稿

一、拟稿的基本要求

综合性或专业性公文，一般分别由办公室或职能部门拟稿，对政策性强、涉及面广、问题复杂、文字量大的公文可组成专门班子共同拟稿。草拟的公文要符合国家的方针、政策、法律、法规及有关规定，如提出新的政策、规定等，要切实可行并加以说明；要做到情况真实，观点明确，表述准确，结构严谨，条理清楚，直述不曲，字词规范，标点正确，篇幅力求简短；要力求人名、地名、数字、引文准确。

二、认真填写发文稿纸

发文稿纸的填注内容包括：公文形式、公文标题、主送单位、抄送单位、内部发送、附件、拟稿部门、拟稿人及联系电话、拟稿部门核稿及领导人签字、有关部门会签、秘密等级及保密期限、紧急程度和发文字号、时间、序号等。

三、拟稿注意事项

拟稿即起草公文。这是一项政策性、思想性、业务性很强的工作。公文的起草，应由谙熟该项工作和业务的专人承办，领导人应提出基本思想和主要观点，指出解决问题的原则和措施。重要公文的起草，应由机关领导人亲自主持指导，成稿后要经集体研究，并在适当范围内征求意见。草拟公文注意以下几点：

(1) 要符合国家的法律、法规，符合党和政府的方针、政策及有关规定，如提出新的政策规定，应加以说明。

(2) 情况要真实，观点要明确，条理要清晰，层次要分明，文字要精练，书写要工整，标点要准确，篇幅力求简短。

(3) 人名、地名、数字、引文要准确。时间应写具体的年、月、日。

(4) 公文中的数字，除发文字号、统计表、计划表、序号、百分比、专用术语和其他必须用阿拉伯数码外，一般用汉字书写。在同一公文中，数字的使用应前后一致。

(5) 引用公文应注明发文时间、机关、标题和文号。

(6) 用词要准确、规范。在使用简称时，应先用全称，并加以说明，不写不规范的字。

(7) 草拟公文，应使用钢笔或毛笔。

四、撰写公文的过程和方法

撰写公文的过程和方法如下：

1. 领会意图

公文是机关根据处理某项工作的实际需要来写的，领会意图，明确发文的目的，是写好公文的前提条件。所谓意图是指机关领导人提出的公文基本内容，包括主要观点、意见、措施及写作要求等。领会意图，要弄清以下几个问题：

(1) 发文目的，即为什么要发文。

(2) 用什么样的形式，即行文的文种。

(3) 行文的对象，即发送和阅读的范围，包括主送和抄报（抄送）对象。

(4) 公文的主要内容以及领导者对发文的具体要求。

2. 准备材料

领会了发文目的、明确了行文主题之后，撰写者就要围绕主题准备材料。只有充分地准备并占有材料，才能全面、准确地反映某项工作的客观情况，才能综合分析，概括出事物的本质和规律，才能充分地表现公文的主题和完满地表达领导意图。当然，并不是拟写任何公文都需要准备材料，比如，写一份简短的命令、公函、请示等。对于比较复杂的公文，往往必须进行准备材料的工作。

收集材料包括两个方面：一是收集和阅读机关的文字材料，比如拟写一份专题报告，需要查阅上级发布的有关文件、本机关的计划与大事记、下属单位的有关典型材料和统计资料等。二是通过召开座谈会、个别访问等形式调查情况，掌握正、反两方面的材料。

对所收集的材料，要根据写作公文的需要，进行认真的选择，所选择的材料要真实、可靠、新鲜、别致，具有典型性。在此基础上进行整理，使材料系统化、条理化，为文件的写作打下基础。

3. 拟定提纲

准备材料的过程实际上也是充分酝酿和构思的过程，准备材料是有目的地根据一定的思路进行的，随着对材料的占有和熟悉，对问题的认识更深化、更完善，往往需要调整原来的思路甚至重新构思。因此，要在正式撰写之前，根据行文目的和掌握的材料，重新拟定提纲，安排结构。篇幅不长的文件，提纲可以简略些。对于篇幅长、内容丰富而又非常重要的文件，要拟写比较详细的提纲。拟写提纲时要注意三点：一是明确主题，围绕主题来确定公文中总的观点和各个层次的分观点，构成公文的骨架；二是合理分配材料，做到依据充分，详略得当；三是安排好段落层次，做到脉络清楚，层次分明。

撰写重要的文件，在执笔人拟出初步提纲后，可以召集一定的会议进行讨论，呈送领导同志审查，吸取各方面的意见加以修改补充，使之更臻完善。由起草小组或两人以上共同起草文件，更需要共同研究写作提纲，以免发生前后重复、脱节或相互矛盾的现象。

4. 起草正文

列出提纲后，就可以着手起草了。草拟公文要根据公文内容、文种格式、行文对象、行文规则和写作要求，按详细提纲来写作。撰写时，观点要鲜明、突出，材料与观点相结合，材料说明观点，观点统率材料。要正确运用表达方式和写作技巧，注意公文的语言风格和惯用模式，力求篇幅简短，语言精练，表达清楚。

5. 认真修改

草稿写出后，要认真检查，发现问题，进行修改。一般从四个方面进行检查、修改：一是从思想内容上检查、修改，避免观点错误，论述片面等问题；二是从材料上检查、修改，看材料是否充实，使用是否恰当，与观点是否相符等；三是检查、修改逻辑结构，调整安排不够妥当的段落层次；四是从语言上检查、修改，字斟句酌，行文要简明精练，达到文通字顺、符合语法、标点符号正确、书写清晰工整的要求。通过精心检查、修改，努力使撰写出的公文臻于完善，以此维护公文的严肃性和领导机关的权威性，发挥公文应有的作用。

第二节　文稿的审核

公文送负责人签发前，应当由办公厅（室）进行审核，对文稿的内容、形式进行把关，以提高公文的质量，确保送领导人签发的文件符合规范。

一、文稿审核的含义

文稿审核，是指公文的审核人员按照一定的原则和方法在公文签发之前对其进行全面的检查、修正活动。

审核工作一般由部门负责人、综合办公机构的文秘人员进行，重要文稿的审核还应由机关领导亲自参与，必要时也可以传阅形式或会议形式，请领导集体共同审核并批示修改意见。一些内容性质一般或内容非常简单的文稿，也可不经专人审核，由拟稿人自行检查修改后呈送有关领导人核准签发。审核中发现的问题，通常分别采用提出原则性修改意见后退撰稿人或其他有关工作人员具体修改；直接对文稿作全面系统的具体修改等方式加以修正。实践中的审核与拟稿活动（主要是其中的修改工作）是循环往复进行的，改后审，审后再改，直至确认已消除一切可能的错漏为止。

审核人在对文稿做出全面核查、确认无误后，应在“发文稿纸”相应栏目内签注姓名，以示负责。

二、文稿审核的方法

1. 通读审核法

通读全稿一至两遍，努力把握全文的中心思想、结构层次，然后根据发文原因、目的来推敲文稿的思路、结构、逻辑关系，看看思路是否清晰，结构是否妥当，逻辑关系是否严密。如果思路不清，首先要整理思路，重新安排结构；如果思路、结构基本可以，再考虑下一步具体修改问题。有的核稿人员喜欢一边看稿一边修改，结果一篇文稿一句一段改下来，到最后发现尽管文字通顺了，但全篇的思想、结构比较混乱，于是又重新修改，以致事倍功半。如果文稿较长，可以一边阅稿一边将文稿的提纲整理出来，再从提纲中来看其思路和结构。

2. 审阅审核法

指公文审核人员对文稿从字到词、从词到段，乃至全文的结构仔细审核，发现问题随时留下标记，待全文审阅完毕，再回头对存在的问题进行逐项修改。

3. 讨论审核法

一些内容复杂、事关重大的公文文稿，可以组织有关人员进行集体修改，先就文稿的内容和形式进行认真的讨论和研究，提出具体的修改意见，然后确定专人汇集整理大家的看法并进行必要的修改。

4. 特邀修改法

对一些政策性强、业务难度大的公文文稿，如果核稿人员把握不准，可以邀请熟悉政策的有关领导和熟悉业务的权威人士，对文稿进行把关或提出意见，使公文更加准确、科学。

三、文稿审核的重点

1. 确定是否有发文的必要

当一份公文为解决问题所必需，或能产生比面谈、电话、会议、现场办公等方式更好的效果时，才是真正具有形成该文稿的必要。

如凡属本部门、本单位职权范围内的事情，凡可以与有关单位协商解决的问题，一律自行解决，不另行文；凡内容重复、脱节以至于互相矛盾的公文不另行文。总之，要把不该发的文件坚决卡下来。

2. 行文方式是否妥当

要根据文件的主送机关来确定行文采用的是什么方式，是上行文还是下行文、平行文，使用的文种是否正确，是否应联合行文等。

3. 是否符合行文规则和拟制公文的有关要求

包括是否准确地体现了发文机关与收文机关的关系，主送、抄送是否准确，需要会签的部门意见是否取得一致，公文的内容是否符合国家的法律、法规及其他有关规定，有关政策、规定是否切实可行，行文是否符合公文的写作要求，文字表达是否准确无误，日期、结构层次序数、公文中的数字是否符合规范，等等。

4. 公文格式是否符合有关规定

包括检查公文是否完整，其秘密等级、保密期限、紧急程度、发文机关标志、发文字号、标题、正文、附件、日期、印章等是否符合规定。

对于文稿审核中发现的问题，并不是全部由审核人来负责修正，可以视情况不同提出不同的处理意见：对于文稿中出现局部的、小范围的问题，审核人可以直接对文稿进行修改；对于文稿中出现的多方面的、大范围的问题，审核人可以提出修改意见后，退还给拟稿人，由其对文稿进行具体修改；对于一些专业性比较强的文稿也可由审核人与拟稿人相互协商，共同修改。联合行文的文稿，先由主办单位负责审核，同时还要组织好其他发文单位进行会商工作，并由其依次审核文稿。

会商意见应签在“发文稿纸”的有关栏目内，要写明对有关内容是否同意，并亲笔签名和注明时间。会商时应注意如下几点：①协商的对象应齐全没有遗漏。②协商过程中，如未就有关问题取得一致，应及时向有关上级机关反映情况，请求指示，如未获准，不得按自己的意见向下行文。③协商时可采取多种具体方式，可以“跑会”，即主动到对方驻地去面商；也可以“函会”，即向对方寄发草稿和有关函件，请其签注意见后再寄回；也可以用会议方式同时召集有关机关或部门的责任者一起协商讨论，取得一致意见。

审核人对文稿核查无误后，应规范地在“发文稿纸”的相应栏目内签注姓名、时间，以示对公文审核工作负责。

四、文稿审核的步骤

公文审核一般分两步，即初审、复审，有些文稿还需要会审。

1. 初审

初审即初步阅览。也就是公文核稿人员收到文稿后，不忙于拿起笔来修改，而是先将文稿大致看一遍。这样做有以下几个好处：

（1）初步了解文稿的主要内容，以确定可否发文，或发什么样的文。若不需要发文或可改为部门发文，则将文稿退回起草部门。

（2）对可发文的文稿，看是否需要大改。若认为文稿结构混乱，表述不清，必须做大的修改，一般也可退回原起草部门，建议重新拟写。对不需作大修改的文稿，则留下进行复核。

（3）看文稿紧急程度，以便先处理急件。

2. 复审

复审即正式审稿。也就是对文稿从头至尾，逐字逐句逐段，反复推敲，认真修改。

3. 会审

会审也称会稿，是对初审、复审都未通过的文稿的继续审核。即会同主办部门的拟稿人或有关人员，一起对文稿进行修改。为了把好公文会审这一关，一要做好会审前的准备工作，即事先与有关人员联系，确定会审的时间、地点，列出会审要点，提出可能发生的分歧意见；二要做好会审时的协商工作，分歧意见应在会审中达到统一，如达不成统一意见，可将意见整理后一并交签发公文的负责人裁定。

第三节　文稿的签发

一、签发的权限规定

签发是指机关或部门领导人对拟以本机关或本部门名义发出的文件送审稿签署表示核准的意见。签发是文件形成的最后一个关键性环节。文件经过领导人核准签发后即已生效。签发人是代表一级党委或政府或部门行使权力的领导人，对文件从政治到文字上都负有完全责任，应以高度的责任感行使好这一权利。签发是领导人履行职权的一种形式，签发人只对自己职权范围内的有关文件，才有权签发，不得越权签发文件。文件法定签发人因公外出，可以授权或委托其他负责人代行签发。各个机关部门一般都应根据其具体情况制定有关文件审批签发权限方面的规定。

下面就一般情况下比较普通的一些做法作一说明：

（1）各级党政领导机关，凡以党委或政府名义发出的内容比较重要、涉及面较广、对全局工作具有普通指导意义的公文，由党委或政府的正职或主持日常工作的负责人签发；党委和政府联合发文，分别由党委和政府的正职或主持日常工作的负责人签发。

（2）各级党政领导机关，凡以党委或政府名义发出的属于某一战线、某一方面工作的文件，由党委或政府主管该方面工作的负责人签发，如以党委和政府联合发文，分别由党委和政府的主管负责人签发。

（3）以党委或政府名义发出的公文，经党委或政府会议讨论通过的发文稿，由党委或政府的主管负责人签发，有些发文稿也可由秘书长或办公厅（室）主任签发，属于事务性的发文稿一般由秘书长或办公厅（室）主任签发。

（4）以党委办公厅（室）或政府办公厅（室）名义发出的，属于办公厅（室）职责范围内工作的发文，则由办公厅（室）主任签发。如以党委、政府两个办公厅（室）联合行文的，则由两个办公厅（室）主任分别签发。如办公厅（室）的发文内容比较重要或者超出了办公厅（室）的工作职责范围，其发文需经党委或政府主管的负责同志签发。如需两个办公厅（室）联合发文，也应由党委和政府主管的负责人分别签发。

（5）业务职能部门代替上级党委或政府起草的发文稿，应由业务职能部门的领导人审核签署意见后，由上级党政领导机关负责人审定签发。

（6）各级党委或政府所属的某一业务部门自行发文，由业务部门的负责人签发；业务部门的联合发文，由联合发文的各个单位负责同志分别签发。

（7）以各级党委或政府名义的发函，由党委或政府主管的负责人签发；以党委办公厅（室）或政府办公厅（室）名义的发函，由办公厅（室）主任或秘书长签发。

二、签发的原则

在具体操作中，公文签发的原则有五条。

1. 按职权划分的原则

领导人工作上有分工，因而只有对自己职权范围内的有关文件才有签发权。

2. 集体负责的原则

对于某些有关全局的长期性、关键性文件，必须由领导班子集体讨论通过，共同负责，最后由主要领导人签发。或由领导班子集体讨论通过后报请同级人民代表大会及其常务委员会批准，再由机关主要领导人签发。

3. 授权代签原则

当文件法定签发人因公外出或因其他原因不能视事，可以授权或委托其他领导人代为签发，事后再送法定签发人阅知。一般性的事务文件，必须以领导机关的名义发文时，也可委托办公厅（室）负责人代签。

4. 加签原则

凡欲以业务主管部门名义发出的文件，原则上应由业务部门负责人签发。但当文件内容涉及方针政策等重大问题时，应送主管领导人审阅后加签。

5. 会签的原则

当文稿内容涉及两个以上业务主管部门的职权范围时，必须经相关部门的负责人共同协商，并在发文稿纸的“会签”栏内签署具体的核准意见。会签后的文稿，有两种发布形式：一是以业务主管部门的名义联合发文；二是以领导机关的名义发文。以业务主管部门名义联合发文，会签后即成定稿；以领导机关名义发文，会签后仍是草稿，经机关领导人签发后才能成为定稿。

三、签发的程序

先审后签，是各级领导在签发文件时必须坚持的操作程序。签发人对自己核准的文件从政治内容到文字都要负完全责任，如果未经过目就签字同意，也就失去了“签发”的实际意义。领导人在签发前审阅的重点是：

看是否需要行文，该以谁的名义行文。关于是否需要行文，应该掌握的原则是：可发可不发的公文坚决不发；凡在会议上已经部署了的工作，或在报刊上已经发布过的公文，除印制少量供存档的文本外，一般不再重复行文；凡是能够通过口头汇报、请示或可以当面协商解决的问题，不要行文。

看是否符合国家的法律、法规及有无与上级机关的同类文件不协调或相抵触的地方，做到准确、严谨、滴水不漏。

看是否需与有关部门和地区协商、会签，是否经主管部门负责人先行审核，是否经办公室审核、登记。如发现文稿内容涉及其他部门的职责范围或相关地区的管理权限，且又没有协商、会签时，应暂不签发，责成主办单位组织协商、会签后再送审。

审阅文稿时要尊重主办单位或拟稿人已经付出的劳动，只要文稿在大的方面没有问题，就不必吹毛求疵。但如发现有问题需作重大修改时，就不要迁就，甚至可以推倒重来。

四、签发的格式

签发的格式包括核准意见、签发人姓名、签发日期三项，缺一不可。

核准意见要具体。常见的核准意见有：“同意印发”“打印发出”“抄清后发”等。如果认为文稿还应送其他领导同志审阅，应写明“请×××同志审阅后印发”。在实际工作中，有的领导人习惯于用圈阅的形式代替签发。按照规定，圈阅是有条件的。圈阅，是指审批文件的领导人阅毕文件后，在送阅、送审单内自己的姓名周围画一个圆圈，把自己的姓名圈在中间，表示对文件内容已阅知或同意。有的在画圈的同时还引一条直线至空白处，再签上自己的姓名和圈阅时间。过去，不少有关公文处理的教科书都把“圈阅”视为不负责任，明确反对。但在实际工作中，仍有不少领导人习惯于圈阅。由于圈阅并没有签署具体意见，个别不负责任的领导人事后往往推托说：“圈阅只表示我知道，但并不表示我同意。”审批公文，主批人应当明确签署意见，并写上姓名和审批时间。其他审批人圈阅，应当视为同意。就是说，圈阅是有条件的。

（1）主批人——对文件内容负主要责任的领导人，不能圈阅了事，必须签署具体批准意见。

（2）其他审批人——对文件内容承担次要责任的其他领导人，在没有不同意见（同意主批人意见）的前提下，才可以圈阅。

(3) 签发人姓名要写全。有的领导人在签发公文时，只写姓，不写名；或写名不写姓；甚至仅写一字母，一个代号，让人费解，或引起误解，都是应当避免的。

(4) 签发日期不缺项。签发日期应年、月、日都有。有的领导人却习惯于写月、日而不写年份，时间一长，就会影响对文件生效日期的认定和查考。

核准意见、签发人姓名、签发日期均应写在专用发文稿纸左上侧“签发”栏内，不要直接写在文稿首页或尾页空白处，以利立卷归档。

总之，那种只签核准意见不签名，或只签名不写核准意见，甚至以画圈代签发，都是不允许的。

五、做好签发工作应注意的问题

做好签发工作必须注意以下几方面问题：

(1) 任何人不得越权签发公文。各级机关的领导者只能对属于自己职权范围内的公文负责，只能签发自身权限所及的公文。

(2) 必须“先核后签”。需核稿的公文必须审核完毕后再签发，而不得先签发后核稿，以提高工作效率，确保公文有效。

(3) 联合行文时，必须做好会签工作，使各机关或部门领导人均履行签发手续。

(4) 必须在“发文稿纸”相应栏目内批注定稿及发出意见并签注完整的姓名与日期，不要只签姓或只签名，不要只签姓名不批注意见。如为代签应标注“代”“代签”等字样。

第四节　文稿的复核

一、复核的含义

复核，即秘书部门在公文正式印制前对影响公文质量的各个方面进行的最后一次把关检查。

二、复核工作的重点

1. 检查审批签发手续是否完备

检查审批签发手续是否完备，即核查文稿的审批人、签发人是否合法，有无越权情况；是否规范地签注了发文意见、姓名和日期。

2. 检查公文管理信息是否准确

检查公文管理信息是否准确，即公文具体的发文范围是否明确；阅读范围的级别限制是否清楚；紧急程度、保密等级是否合理；印制份数、发文字号是否有误等。

3. 检查附件材料是否齐全

检查附件材料是否齐全，即附件材料的件数、页数是否与附件说明一致，是否有遗漏，其内容是否完整无缺。

4. 检查格式是否统一、规范

检查公文书写格式是否统一，字体字号、标点符号、数字、公式、层次序数、页码、表格、注释等的表达格式是否符合有关规定，表达公文内容的各数据项目的结构格式是否规范。

经复核，如发现问题，确实需要对文稿进行实质性修改的，应向签发人提出请求，征得其同意后，方可修改，文稿经修改后，必须按程序重新进行审核、签发。未经签发人同意，任何人员不得对复核中发现的问题擅自修改，否则，将会追究修改人的责任。

上述公文发文办理拟稿、审核、签发、复核这四道程序，是相互联系、缺一不可的，拟稿是公文质量的基础，审核是办公室（厅）对公文内容的严格把关，签发是领导对公文全面把关，复核是文秘部门对公文形式的最后把关，经过这四个规范化程序，才能确保公文的高质量。

第五节　缮印与用印

一、公文缮印方式

缮印主要有三种形式：

1. 手工誊写

手工誊写是指由人使用简单书写工具（各种笔）将字迹材料（墨、墨水）

按一定规律转移固定在纸张上，形成与原稿一致的文字符号或图形。

2. 机械誊写

机械誊写是指用打字机、印字机等机械设备誊录文字符号。

3. 印刷

印刷是指运用专门的印刷设备和技术手段批量生产文字、图形或图像。以印刷方法制作公文的一般程序过程为：整理定稿、格式设计、制作印版、制作校样、校对、改版、印制、装订、检验。同一内容的公文在数量需求很大的情况下适宜采用此种方法。

二、公文缮印材料

缮印公文的物质材料包括显现符号图形的字迹材料（主要是各种印刷油墨）和承受保持、固定字迹材料的纸张两类。在公文印制过程中正确选择这两类物质材料，直接影响着公文效用的实现以及决定着公文的寿命。因此，在选择纸张与字迹材料时必须符合适用、耐久的原则。

纸张的选择，应与所采用的印刷方式相适合。为使纸张的内在质量能为适用性提供保障，需注意控制影响其质量的定量、平滑度、白度、透明度等指标。

字迹材料的选择，应使之具有强或较强的耐久性。一般来说，色素成分为炭黑、结合方式为结膜的黑色油墨的耐久性最好，色素成分为其他化学颜料的蓝色或红色的油墨，耐久性稍差一些。因此应避免使用红墨水、纯蓝墨水、圆珠笔油墨和铅笔等材料书写公文。

三、公文缮印格式与标题排列

1. 公文缮印格式

根据《中国共产党各级领导机关文件处理条件（试行）》第二十五条的规定：正式文件标印格式包括版式和文件体式的有关部分。即版头、发文字号、印制顺序号、秘密等级、缓急时限、签发人、标题、主送机关、正文、附件、发文机关、成文日期、机关印章、阅读（传达）范围、抄送单位、印制版记等。

（1）版头由发文机关全称或规范化简称加“文件”二字（或加括弧标注文种名称）组成，用大字居中印在文件首面上端。联合行文可用文件主办机关一家版头，也可并用几家版头。在民族区域自治地区，版头可用自治民族的文字和汉字两种文字印制，将自治民族的文字放在上面（或前面）。版头文字一般用红色套印。

（2）发文字号由机关代字、发文年度和发文顺序号组成。联合行文时，一般只标注文件主办机关的发文字号。

（3）印制顺序号即文件的份号，标注在文件首页左上角。

（4）秘密等级标注在文件首页左上角、印制顺序号下方位置。

（5）缓急时限标注在文件首页左上角，密级下方位置。

（6）签发人姓名标注在发文字号右侧适当位置。

（7）文件标题一般由发文机关名称、内容和文种三部分组成。

（8）主送机关是指收受、办理文件的单位。

（9）正文是文件的主体部分，用来表达文件的内容。

（10）附件标题置于正文之后、发文机关名称之前；如附件较多，则在正文之后、发文机关名称之前注明附件的件数。

（11）发文机关名称应使用全称或规范性简称。

（12）成文日期以文件签发或会议通过的日期为准，标注在发文机关名称右下方。

（13）正式行文都应加盖机关印章（有特定版头的普发性文件除外）。用印位置在成文日期的上侧，要求上不压正文，下要骑年盖月。

（14）阅读（传达）范围，标注在成文日期的左下方。

（15）文件抄送（含抄报、抄发）范围标注在正文末尾下方位置。除主送机关外，对其他需要了解文件内容的上级机关用“抄报”，同级机关和不相隶属机关用“抄送”，下级机关用“抄发”。

（16）印制版记包括文件制发（翻印）单位名称、制发（翻印）日期和印刷份数。制发（翻印）单位名称和日期置于文件末页下端，印刷份数置于下间隔线右下方。

2. 公文中标题的排列

公文中大小标题的排列形式，可根据重要程度和字数居中排布，排列对称，间距恰当。字数不多时排一行，字数较多时，可排两行或多行，外形可呈正梯形、倒梯形、“除号”形、齐肩形等。

公文标题排列时应避免“切词”现象，即将由两个或两个以上的字组成的词或词组拆开分置在两行。此外还应注意避免“背题”现象，即将标题排在页面的最后一行，使题下无正文文字。避免正文标题“背题”的方法是空行，将标题移置下一版面；或者通过加行或缩行来解决。公文主标题和正文中的标题排列时，为使标题突出和醒目，应注意使其行距大于正文文字的行距。标题的占行或空行是按正文行空计算的。公文主标题应在红色反线下方空两行标注。标题下空一行标注主送机关。

四、公文校对

公文校对是指对校样或缮写誊录完毕的文件即将发出的文稿进行的全面校对，主要校对有无与原稿不相符的字词或符号，包括体例，一般要校对2～3遍，方法是：对校、折校、读校，以防止差错。校对工作的主要内容是：校正与文稿不符的各种错字、倒字、横字、残字；校正与文稿不符的被颠倒的字句、行段；删除多余成分，补正被遗漏部分；校正标点符号、公式、图表方面的错漏；纠正格式方面的差错；解决统行、缩面等一般版式的问题，以及图表与正文，注码与注文的衔接和页码编排问题；进一步审核文稿中的疏漏，发现问题并提交有关领导人或撰稿人处理（但绝不能擅自改动）。

校对方法有对校法、折校法和读校法三种。

1. 对校法

对校即将原稿与校样对比着进行校对。其优点是一人操作，差错较少；其缺点是速度较慢。

2. 折校法

折校即将原稿轻折使其每一行文字压在校样要校的那行文字上，逐字、逐行进行校对。其优点是易于发现原稿与校样中的不同，速度亦较快；缺点是有些麻烦。

3. 读校法

读校即一人朗读原稿，一人看校样。其优点是速度快，合作性强；其缺点是对校对人员素质要求较高，否则难以保证质量。

公文装订：经校对无误后打印出的正式文本，应予以装订，以免散失，方便传递和公文的办理。

五、公文用印

1. 用印注意事项

党和国家机关印发的正式文件，必须一律加盖公章，用印需要注意的事项有：用印前必须经领导批准；原则上用谁的名义制发的公文就用谁的印章；用印次数，以领导者批准印发的份数或常规规定的份数为准，不得随意增加；印章及供拼装的印版上使用的印模须保管在文书部门专人手中，使用时必须由其监印，用毕迅速退回。以照相、静电复印制成的印模用毕应尽快退回文书部门或就地监销；印章应盖在成文日期上方，骑年盖月。应使用质量较好的印泥作为字迹材料，除专用章外，印泥应为红色。印迹必须端正、清晰、完整。用印情况必须做正式记录，以备日后核查，即使在特殊情况下当时没有记录，过后也要及时补记。

2. 用印方法要求

（1）印章位置

①单一机关制发的公文，在落款处不署发文机关名称，只标志成文时间。成文时间右空4字，加盖印章应上距正文2～4 cm，端正、骑年盖月。当印章下弧无文字时，仅以下弧压在成文时间上（下套方式）；当印章下弧有文字时，印章中心线压在成文时间上（中套方式）。“下套”的盖印方法，可以显示印章的庄重性。

②联合行文的情况：需加盖两个印章时，应将成文时间拉开，左右各空7字，主办机关印章在前，两个印章均压成文时间，两印章间互不相交或相切，相距不超过3cm。联合行文需加盖三个以上的印章时，应将各发文机关名称（可用简称）排在发文时间和正文之间，以防止出现空白印章。主办单位印章在前，每排最多排三个印章，最后一排如余一个或两个印章，均居中排布；印章之间互不相交或相切；在最后一排印章之下右空两字标志成文时间。两个或两个以上印章的排列应采用同一种加盖方式，即要下套均下套，要中套均中套，以保证印章排列整齐、美观。

（2）印章颜色与字迹

印章的颜色，除专用章外，印泥应为红色。应使用质量较好的印泥作为字迹材料，印迹必须端正、清晰、完整，即指印章加盖在纸面上时，其字迹必须是端正地自左而右环行，完整、清楚地表达发文机关的名称。同时，为了维护公文的严肃性和有效性，禁绝出现印章字迹歪歪斜斜或者模糊不清的现象。

第六节　登记与分发

公文的登记与分发是发文处理工作中的最后环节，如有失误，前功尽弃，所以必须善始善终地认真进行这一环节的工作。

一、发文登记

公文的发文登记，是指将拟发出公文正本中的信息和发送对象、范围等情况登录在案，以备查案的活动。

规范无误的公文正本用印后，在发出前还需对公文进行逐项、逐份地登记，并正确地填写《发文登记簿（表）》。

1. 发文登记的形式

发文登记时应将同一机关的发文依次登记在一起，不同发文机关的发文分别登记。发文登记的形式有卡片式登记、联单式登记和计算机登记。

（1）卡片式登记

卡片式登记是指使用单张卡片，每张卡片只登记一份公文的登记形式。其优点：一是可以根据公文管理和工作需要，将登记好的卡片灵活地进行分类排列存放，不仅可按发文机关、发文月份，而且还可按公文内容、承办单位、是否清退等分类排放，并可随时调整排列位置。二是只要在卡片上加填一项归入的卷号，移交档案室就可作为检索档案公文的工具。缺点：一是容易丢失，不易保密。二是如果分类排放时插错，会给查找公文带来困难。

（2）联单式登记

联单式登记是用比较软而薄的纸张印刷联单，采取一次复写两联或多联的方式登记。其优点是可以减少重复登记，文秘人员只要在登记时一次复写几联，既可自己保存备查，又可将另外几联和公文一道送承办部门或在归档时送档案室，并可按需要灵活装订成册。联单式登记的缺点是由于张数较多，容易发生散失，且由于是比较薄的纸张复写，不利于长期保管。

（3）计算机登记

计算机登记就是将需要登记的公文目录乃至全文通过一定的形式输入计算机。计算机登记一般采取两种形式：一是图文输入，即将需要登记的公文目录或全文进行摄像或用电子扫描仪扫描下来，通过图文信号与数字信号的转换，最终将信号输入计算机储存。二是键盘输入，即在收发室的微机上由文书处理人员通过键盘将公文目录输入计算机储存。

计算机登记的优点很多：首先，容量大，如果用光盘或移动存储盘代替磁盘，储存就更方便，储存量就更大，可以大大地压缩档案库房。其次，便于保存，将公文目录保存在磁盘或移动存储盘上，可以保存许多年，如果储存在光盘上便可永久保存。最后，便于查找，只要知道文号、发文机关单位或文件标题中的任何一项，通过计算机检索，便可以很容易地查到公文的去处与公文的全部内容。

2. 登记范围

哪些公文该登记，哪些公文不该登记，应该有一个比较明确的范围。尽管由于各级机关的情况有较大差异，登记的范围也不尽相同，但就整个机关办公系统而言，登记的范围大致包括以下几方面：上级机关或上级机关职能部门的正式公文（含各种会议上印发的有关材料）；直属下级机关的请示、报告；各级党政及其内设部门的重要来文；其他平行机关单位和部门需要签复或办理的来文；具有密级的内部刊物和资料。

3. 登记时应注意的事项

要逐项填写收文时间、来文单位、来文字号、来文份数、成文日期、公文标题和处理情况，需转交其他单位办理的公文应连同来信一起转出，不得破坏信封上的任何标志。

（1）收到公文，应于收文当日登记处理。收文日期应登记收文当日的日期，不要误登为公文的成文日期。

（2）来文字号的登记，根据工作需要，可以全登（包括机关代字、年号和序号），也可以只登记序号，不登记机关代字和年号。

（3）收文号即本机关收文登记的顺序号，登记收文号切记不要漏号或重号。收文号必须同时登记在所登公文加盖的收文项内。

（4）来文单位的登记应注意以下几点：一是要准确，特别要防止随意简化。如“省计委”，不能简略为“计委”，因为这样就看不出是省计委，还是国家计委，或是市计委。二是部门简称要规范化。如“省对外经济贸易厅”简称“省外经贸厅”，不要登记为“省外经厅”，要做到统一、规范。用计算机管理公文的部门，这一点尤为重要。三是几个部门联合发文的公文，可只登记主要部门和联合发文的机关数，如“省计委、经贸委、财政厅等七部门”。

（5）公文标题登记，是收文登记中的一个重要项目。如遇收到的公文发文标题过长的，可在不影响主要内容的情况下简略登记。对没有标题的来文，可视公文内容自拟标题，而不应只登记“通知”“函”，以免题不达意，日后难以查找。

（6）公文份数的登记，应注意分清公文的主件、附件，以主件的份数作为登记的收文份数。

（7）秘密公文，均应注明秘密等级及保密期限。

二、公文分发

将已装封的公文，经过登记后以多种方式传递给受文单位。发出文件采用方法有：

1. 普通邮寄

只用于无保密要求的文件。

2. 专人送达

机要通信员向对方机关投送文件，也可设文件交换站，定时到交换站交换文件。

3. 机要通信

送机要通信部门寄送，用于秘密文件。

4. 机要交通

通过专设机要交通系统传递。

传递秘密公文，必须采取保密措施，确保安全。利用计算机、传真机等传输秘密公文，必须采用加密装置。绝密级公文不得利用计算机、传真机传输。

文件发出以后要在《发文登记簿》上注明发文的具体情况。

第七节　发文文稿管理

发文办理中运转的是公文的文稿，保存完好的公文文稿，对全面准确地反映公文的形成过程十分重要。相关人员在工作中应注意以下几点。

一、底稿的保存

有的文稿，几经修改后形成几个修改稿，对重要的政策性文件的修改稿、领导审改稿，要保存好原件，与正式文件一并归档。

二、会签意见的保存

有的部门在会签时会附上专门的会签意见，有的会在送请会签的文稿上修改，这些都必须原貌保存，防止缺漏。

三、签发及审签意见的保存

要将有关审核、审签、签发的全部材料保存齐全，特别是签发人的签署件，要确保完好。如遇特殊情况需传真到外地请领导同志签发公文时，事后要请其正式补签，不可只保存传真复印件。

四、联合发文的文稿保存

联合发文的，文稿原件应保存在主办单位（编写公文字号的单位），会办单位保存复印件。

五、送印文稿的管理

发文文稿送印时，印制部门应保管好文稿。公文印制完毕后，随正文一起交给办文部门文书人员保存。部门文书人员应负责检查文稿是否完整，无误后保存，以备归档。未经办文部门允许，不得将文稿和印成文件交给其他人员取走或捎转。

六、文稿与印成件一并保存

公文印成文件要与正文、附件及有关材料一并整理，按档案管理的要求归档。

第二章　收文办理

收文是公文的收进，对收进的公文按照一定程序进行办理，直接为领导决策与机关的工作运转服务，即是“收文办理”。收文办理指对收到公文的办理过程，包括签收、登记、审核、拟办、承办、催办等程序。

第一节　收文签收、登记与审核

签收、登记与审核是收文办理中的最早环节，事关以后各个环节的质量、效率甚至成败，十分重要。传阅是对所收阅文件的办理。因此，也放在本章内作介绍。

一、收文签收

签收，是指收到文件后收件人在对方的文件投递单或送文簿上签字，以示收到。目的是明确交接双方的责任，保证文件运行的安全可靠。签收是收文处理的第一个环节，包括“收到”“签名”两层意思，一般由办公室负责文件处理工作的人员承担。

签收有两种情况：一种是不接触文件内容，只点收多少信封或文件包，即通常所说的“外收发”；另一种是逐份清点接收文件，通常由“内收发”或文件处理部门来做。

签收主要有三种方式：

1. 签字

机关各部门之间交换文件，收方的办公室主任应在对方的送文簿上签字。

2. 盖章

接收邮局和机要通信部门送达的文件，收方的办公室主任除在文件投递单上签字外还要加盖公章。

3. 收条

收方办公室主任在接收文件时，也可向发文单位出具收条。

清点收件总数与清单上标注的总数是否一致。如有不符，在未查明原因之前，可暂不签收，待送文单位查明原因后再予签收，以防出错。

清点时如遇几种不同的文件装在一起，首先要按文号区别开，注意有无夹带别的文件，有无文件缺少的情况。

阅后按页清退的绝密文件，接收时要逐页清点，注意有无缺页。

经清点、检查无误后方可在送件簿或清单上签上收件人姓名和收到日期。签名要用钢笔或毛笔，不能图省事，要签姓名全称，字迹清晰、易于辨认。时间一般注明收到的月、日，特急件应注明几份，以备查考。

收发室与文书人员交换信件使用簿册的登记项目要尽量简化通用，只包括月日、来件单位、来件编号、送交单位、签收人即可。因为签收是文件处理过程中最常见的工作，交换时无须登文件的标题，只需记个编号就可以了。

签收的常用方式，是在《签收登记表》的相应栏目内签上收件人姓名，或加盖收件人的专用章（公文数量较多时），要求写清姓名全称、收到日期（快件和急件要写明收文的确切时间），以备查考。

内收发核对检查无误，向外收发办理签收手续，加盖收文章之后，即可进行收文登记。

二、收文登记

收文登记，即对收文的内容信息进行分门别类的登录活动。

凡收到重要公文和资料都要进行登记，文秘人员将文件清点、分类后，将所收文件记载入册。

公文登记形式分为簿式登记和活页式登记。

簿式登记可以按上级文件、下级文件、不相隶属机关文件等几个类型分类登记，也可以按工作性质进行分类登记，这种分类登记的优点是便于查找、检查。

活页式登记分为卡片式登记和联单式登记两类，卡片式登记指用单张卡片进行登记，其优点是可以根据工作需要灵活进行分类排列，如可按发文机关、文件内容、承办部门等分类排列；联单式登记采取一次复写两联或三联的方式，其中一联或两联随同收文送给承办机关或承办人，签收人直接在联单上签字，可以减少重复登记的手续。

计算机登记，即将公文的主要数据信息输入电子计算机。这是现代化的登记方式，优点是一次输入，可多次输出，便于多途径查找、储存公文，除机密公文外，其他公文皆可输入公用公文夹，实现信息共享。各单位可根据需要自行调阅公文目录，减少查阅公文环节，提高机关工作效率。随着办公自动化的日益普及，这种登记方式将成为主要和最佳的方式。

对来文登记要注意：一是随到随登，对收到的公文，应于收文当日登记处理。所以，收文日期应登记收文当日的日期，不要误登为文件的成文日期。二是要准确，防止随意简化，特别是用计算机管理公文，甚至一个标点符号使用不慎就可以导致错误。三是几个部门联合发文的公文，可只登记主要部门和联合发文的机关数。机密以上秘密等级的公文，均应注明密级，但保密期可以不登录。

三、收文的审核

收文的审核，主要是指按照有关规定和规范对收文进行检查核实，以确保收文办理的有效性。

收到下级机关上报的需要办理的公文，文秘部门应当对收文进行认真阅读审核。

审核的重点有五个方面：

（1）是否应由本机关办理。将不应由本机关办理的公文首先筛选出来。

（2）是否符合行文规则，如是否有越级请示、是否在报告中夹带请示内容等。

（3）内容是否符合国家法律、法规及其他有关规定。这一条是最重要，也是具有一定难度的审核，需要有关工作人员有非常好的业务素养。

（4）涉及其他部门或地区的事项是否已协商、会签，对涉及其他部门和地区的公文必须在与有关部门、地区进行协商，并且是在取得一致意见后，才能行文。

（5）文种使用、公文格式是否规范。

实际上，审核的结果无非是分办、拟办和退办，是有关人员在接到文件后，通过筛选，根据公文的性质、重要性、各部门和领导的职责分工以及有关制度规定，将来文分送有关领导和部门进行阅读和处理。它实质上是为公文确定运转方向，决定公文能否准确、迅速、有效地得到实质性办理的环节。分发公文应注意分清主次缓急，分清哪些是阅件，哪些是办件；哪些是重要需优先办理的公文，哪些是相对次要办理的公文；哪些是必须呈送领导办理的公文，哪些是没有必要呈送的公文。对于退办的公文不能简单地一退了之，要分情况进行处理。

第二节　拟　办

经审核，对符合国家规定需要办理的公文，文秘部门应当及时提出拟办意见，拟办是文秘部门参与决策，发挥好参谋和助手作用的重要途径。

一、拟办概述

拟办是指有关领导或具体办文的有关人员，对收到的公文进行认真阅读分析并提出建设性意见，以供有关领导审核决策的工作。实际上是一种辅助决策活动，其目的是为领导者快速、准确地决策做好参谋和辅助工作。拟办是公文处理的前期工作和实质性的环节，拟办意见提得如何，直接关系到公文办理的效率和质量。公文登记、审核之后，公文处理人员就应根据来文内容，提出拟办意见，并将意见写在《文件办理批办单》“拟办意见”一栏内。具体内容是：

1. 摘写“内容提要”

把来文中长达数百字、数千字的内容，用准确、简练的文字表述出来，为领导锤炼文字。要尽量将内容加以浓缩，把文中的“水分”挤干，做到语言简练，画龙点睛。

2. 提出“拟办意见”

凡需请领导人批示的文件，一般都应有拟办意见，并附相关背景材料，供领导同志审批时参考。拟办意见，又称“办文预案”，是秘书人员在办文中根据文件内容和要求，预先为领导人提出的办理意见或设想的方案，供领导审批时选择、参考，意见要简明、具体、得体，如果所提方案有两个或两个以上，应将倾向性意见排在前面。特别是对公文中所涉及的有关问题处理有一定把握时，可以直接草拟复文文稿供审核定夺。

二、拟办范围

凡需本机关及其各职能部门贯彻执行、具体办理或阅知的公文均需拟办，具体包括：

（1）要求贯彻落实或办理的公文，或重要的需本机关领导或有关部门阅知的公文。

（2）下级机关的请示及重要报告。

（3）要求本机关办复的公文。

（4）几个业务部门联合办理的公文。

（5）重要的群众来信等。

三、拟办意见

拟办的直接结果形成拟办意见，即拟请领导同志批示的文件，先由办公室进行详尽研究，提出处理意见，并附以有关参考资料和背景材料。有几种方案的还需分别说明利弊，供领导同志抉择。

拟办意见是否准确恰当，对领导批办、文件执行和机关工作效率有直接影响。要努力吃透所要拟办文件的内容和需要解决的问题，根据不同问题、不同要求和不同情况，分别提出具体切实可行的拟办意见。

（1）对上级机关主送本机关并需要贯彻落实的文件，要根据文件的要求和需要落实的问题，提出拟请哪位领导同志批示、由哪个部门承办以及送哪些领导和部门阅知的意见。对上级下发的阅知性文件，也应根据文件内容提出分发意见。

（2）对本机关所属部门及下级机关主送本机关的请示性文件，要根据所请示的问题和要求，提出由哪个部门承办和如何办理的拟办意见。对涉及面比较广，内容又比较复杂的请示性文件，要根据具体情况，提出不同的拟办意见，不要按一个模式都写成“请×××同志阅示”“请×××同志批示”。

（3）在处理请示性文件时，常常会遇到多头主送、越级上报的问题，此时应根据不同情况分别处理。对多头主送的请示，要看请示的问题是否属于本机关职责范围，如确属本机关职责范围的事，应按来文机关的请示提出拟办意见；对不属本机关职责范围的事，可不写拟办意见，只分送有关领导阅知。对越级上报的请示性文件，一般不予处理。但属重大紧急的，亦应提出拟办意见。对抄送本机关的请示性文件，一般不需提出拟办意见，分送有关领导和部门阅知即可。

（4）对平行机关和不相隶属机关主送本机关并需答复的商洽性文件，要根据文件所提出需要办理的事项、商洽的问题，提出应由哪位领导审批或由哪一部门承办和如何办理的拟办意见。

（5）若请示的问题需要几个部门承办，在提出拟办意见时要写明主办部门或主办人，并请主办部门牵头与其他部门商办。

（6）对一些难以提出拟办意见，或认为所提意见没有把握时，应先与来文机关或有关部门联系商洽，确有把握时再提出拟办意见，以免自己的拟办意见不准而带来不必要的麻烦。

（7）对承办部门提出处理意见后转回来的文件，应根据承办部门所提意见和要求再次提出拟办意见。

（8）提拟办意见要注意把好政策关。

（9）拟办意见的表述，文字要准确，观点要鲜明，书写要工整，并且要简明扼要，使人一目了然。拟办意见要写在“文件处理单”上，切不可在文件上随意乱写。

（10）为使领导同志准确地批办，拟办意见要随同有关资料、政策依据和背景材料一并呈送，供领导同志批办时参考。

第三节　批　办

批办就是将公文批交承办部门办理。这是一项由法定责任者履行法定的事务处置权的决策性活动，它规定了对具体公文的处理方法、程序、具体承办责任、承办原则与要求等，对公文效用的实现具有决定性影响。

一、批办的范围

批办工作有一定范围，并非所有公文都需批办。批办的范围主要包括：上级颁发的重要指示、决定、工作部署，针对本机关的批示、批复、通报等；平行或其他不相隶属机关重要的协调性工作的公文；下级机关重要的请示、报告等。

二、批办方法

批办属于决策性活动，是执行和实施各项管理活动的前提条件，批办意见直接影响公文办理和执行公文内容的质量，直接关系着机关管理的效率。工作中，应准确、及时地批办公文。不同的公文，有不同的批办方法。

1. 按常规传送的例行公文

对于按常规传送的例行公文，如统计报表、临时性、事务性公文等，应在年初做一次性批办，以后来文依此办理，简化重复性批办手续；领导因故不能批办的，应及时委托或授权其他领导批办，以免积压公文，影响运转。

2. 已提出具体方案的公文

对于已有具体请示事项或拟办意见中已提出具体方案的公文，主批人应当明确签署意见、签署姓名和审批日期，其他审批人圈阅视为同意；没有请示事项的，圈阅表示已阅知。

3. 随机传送的非常规性公文

对于随机传送的非常规性公文，必须根据公文的内容，提出相应的、准确的批办意见；对需要贯彻执行的上级公文要提出贯彻执行的具体措施；对需要具体办理的公文应批示承办部门及承办的要求与时限等；对需要两个或两个以上部门会同办理的公文，应批明主办单位与协办单位以及承办要求等；对需要阅知的公文应批示传阅或传达的范围与时间。

4. 批办意见主要包括：

（1）指明承办部门或承办人，如需要两个以上部门办理的，还要指明主办单位和协办单位。

（2）对来文所述问题的处理意见、办法及需要注意的问题。

（3）对于紧急公文，应当提出承办期限，以免贻误工作。

（4）签署批办意见后，应注明批办人姓名和日期。

批办意见应规范地书写在《公文处理单》的批办栏内，一般不要写在公文的白边区上（对呈请性的上行公文，必要时，可将批办意见工整地写在公文首页天头白边区，但必须预留出立卷时的装订位置），以保持公文文面的庄重与整洁，便于归档保存。

三、批办时的注意事项

批办公文时应注意：不得越权批办公文；严格控制批办范围；批办意见必须明确、肯定、具体，前后一致、切实可行。不能只阅不批，仅画圈而不签注意见，不能使用模棱两可、似是而非的语言。批办公文，对领导者来说，要求批的意见要明确，针对性要强，轻重缓急时间要求要具体，以保证公文能够准确、及时地得到处理；涉及两个以上部门共同承办的，批办时要指定牵头单位；对需要传阅或传达的文件，应批明传达对象、传达范围和传达时间，等等。对秘书来说，送批公文要按程序，先送分管领导阅批，然后送主要领导阅批。如果把送批程序颠倒过来，先送主要领导人审定了，就可能出现三种情况：一是分管领导认为主要领导定得对，表示同意，这很好办；二是分管领导认为主要领导定得不对，但为了维护主要领导的威信，将错就错，看着工作受损失；三是分管领导如果签上不同意见，必然在一份公文上反映出领导意见的分歧，既影响对全局工作的指导，又影响领导人之间的团结。这就要求有关人员必须注意。在批办过程中，如发现公文所涉及的问题是自己无权确定或无法处置的，可将批办改为拟办，实事求是地提出建设性意见，提供给上级领导定夺。

第四节　分送与传阅

一、分送的含义

分送（转办）是指单位领导将有关公文批示给某部门后，由文秘人员转给该承办部门进行办理的行为。

二、分送时应注意的问题

（1）要将领导的批示或批复附在承办公文上。如果领导按正常情况在公文处理单上批示，则将公文处理单随公文一并送承办部门；如果领导不是在公文处理单上批示，应将领导的批示附在公文上，并在公文处理单上注明后送承办部门（如涉及几个部门应和公文一道印送有关部门），以备承办人承办时参考。

（2）要对分送（转办）工作提出具体要求。如要求承办部门指定承办人、规定承办时间等，以便明确责任和催办。

（3）对涉及几个部门承办的公文，分送（转办）时要将公文印送各有关部门，在对主办部门提出要求的同时，对协办部门也要提出要求。对一些较为复杂且时间紧迫的公文，应由办公室负责人召集有关部门共同开会研究，取得统一意见后由主办部门承办。

（4）办公室要积极支持和配合主办部门做好承办工作，如提供必要的资料和文件等，必要时可共同研究。

三、传阅的含义

传阅，是指由文秘处理部门负责组织，将经过处理、加工或整理的公文在多个部门或多位领导（工作人员）之间传递、运转，使其了解、知悉公文所述内容的活动。传阅工作是文秘部门为领导和机关其他人员提供信息服务的重要手段和途径。

传阅属于拟办的一个附属部分。为使组织传阅活动能取得更好的效果，应注意以下问题：

1. 传阅路线

选择合理的传阅路线，避免文件在阅文者手中“自动”横传。

2. 传阅顺序

文件传阅要正确排序，灵活调整。要根据阅文者实际责任而不仅仅是以级别高低确定传阅顺序。一般情况下，参与办理者在先，单纯知晓者在后；主管领导者、主管部门、主管人在先，其他人在后；涉及先决条件者在先，利用条件者在后。传阅次序并非一成不变的，需根据不断变化着的情况，随时加以调整。

3. “阅”“办”分流

按其工作职责，一份公文的阅文者不外乎两大类：一是既阅又办的，二是只阅不办的。为提高效率可以多种形式使“阅”“办”分流。

4. 方式多样

积极利用并发展多种传阅方式。如开辟阅文室、设置内部布告栏、应用传真机和计算机网络等通信手段传阅公文、以会议形式集中传达文件，等等。

5. 传阅登记

建立严格而简便易行的传阅登记手续，使阅文者阅毕后能简便而有效地签阅。

6. 传阅检查

及时检查阅读情况与结果，及时将阅毕公文投入具体办理过程，有效地组织落实有关领导者阅后批示的意见。

四、传阅的方式

1. 分送传阅法

是由办公室负责文件处理的秘书人员和专职负责传阅的人员，将需要传阅的文件直接送给应阅人员的一种方法。其办理流程是：先送第一应阅人，第一应阅人退回后，再送第二应阅人，依次传阅。应阅人相互之间不横传文件，均由秘书人员采用一送一退的办法直接传阅。

2. 集中传阅法

是利用单位领导集中学习或开会的机会将紧急而又简短的传阅文件集中传阅。这项工作常常由负责组织会议的办公室主任来承担。为了不影响领导学习和开会，传阅尽量利用会前或会后进行。文字较长的文件，不宜采用这种办法，以免影响领导开会。利用会议传阅文件，可使那些急而短的文件，得到很快处理。

3. 设立阅文室法

有条件的机关，应建立机要阅文室，由办公室秘书（文书）工作人员管理，有关应阅人员应尽量到阅文室阅读文件。阅文后也应在传阅单上签名，便于管理人员掌握谁看了、谁还没有看，防止漏阅。

4. 横传法

又称“接力式传阅”。即文件从文秘部门送出后，第一应阅人（甲）阅后再传至第二应阅人（乙），传阅文件像接力棒一样逐次传递，直至由最后一位阅文人将文件退回办公室。这种传阅方式走的是直线，减少了中间环节，可以加快传阅速度。其缺点是容易失控，因而只有在特殊情况下，比如时间紧迫、两个阅文人办公地点又比较近，由中心点周转不如由两个阅文人之间直接交接来得快时，方可进行横传。横传交接，阅文双方必须在办公室“挂号”和“销号”，让办公室及时掌握文件的去向。

5. 回传法

后面阅批人的批示意见需要向前面已经作过批示的领导同志通报，这个倒流传阅的过程称作回传。回传是文件传阅工作中的一种重要的不可缺少的形式。

6. 专传法

由专人将传阅文件送给有关领导审批的过程称为专传。这种传阅方式只在两种比较特殊的情况下采用：一是特急件，二是绝密件。指定执行专传任务的人应是头脑清楚、办事谨慎的秘书工作人员。他的职责是严格按照限定的知密范围，亲自将特急件或绝密件按指定时间迅速送达有关领导阅处，坐等领导阅完后马上送其他领导，直到传完为止。采用专传方式可以减少中间环节，节省时间，大大加快传阅速度，避免费时误事。同时，又可以缩小知密范围，确保文件的绝对安全。

第五节　承办、催办与查办

承办是收文办理中的核心部分，也是收文办理程序中的关键环节，它关系到文件内容的落实和问题的解决。

一、公文的承办

1. 承办的含义和作用

承办，是指通过对公文的阅读、贯彻执行与办理（或回复），而使公文内容所针对的事务与问题得以处理和解决的活动。其作用如下：

（1）承办是收文办理工作的中心环节

收文办理包括签收、登记、审核、拟办、批办、承办、催办等程序，签收登记是否完整，审核是否合格，拟办方案是否可行，批办意见是否科学，只有通过承办，才能得到充分体现。

（2）承办工作真正实现公文的实际效用

承办使批办意见最终落到实处，在承办过程中，如发现批办决策的偏差或错误，可以及时从速修正。若有不足，可予以补充、完善。没有承办活动，批办意见就只能是纸上谈兵，无法实现。

2. 承办的范围

（1）上级下达事项

即上级来文、来电、来函传达的各项工作任务，交办的各项工作，转办的有关事项或案件等。这些对全局都带有指导性，必须送领导阅知。

（2）下级请办事项

即下级为了解决某个问题、贯彻某项指示、开展某项工作、实施某项政策、颁发某些规定等，向领导机关行文，请求给予明确答复或批示的文件。这些下级组织向上级组织的请示性文件，秘书不能擅自处理。

（3）同级转办事项

即同级有关部门，为了取得某项工作的步调一致，转来公文会商、会签，或者要求协助解决某个问题而转来的文件。这些都要以组织的名义去答复处理。

（4）外地函办事项

即友邻地区和兄弟单位为了通报某些情况、协调某项业务、开展某些协作而来函请求办理的事项。这类来函，涉及与兄弟地区关系，必须由领导亲自阅处。

（5）社会动态事项

即社会各单位、各部门反映的有关两个文明建设情况，社会治安情况，人民群众关心的某些问题，突发性事件，苗头性、倾向性问题，改革开放中出现的新情况、新经验、新问题，等等。这些都是领导所重视和关心的，必须随时送阅。

3. 承办的要求

办公室收到需要办理的文件后，要及时提出拟办意见，送办公室主任处批办，然后按领导批示意见转送承办部门或承办人。此时这份文件就进入了承办阶段。

负责承办的部门和人员收到承办文件后，首先要认真研究文件内容和批办意见，弄清是否属于自己承办的范围。对不属于自己承办范围的文件，要及时退回，并说明情况，不要因为不属于自己承办的范围，就放置一边不管，影响该文件运行。凡属自己承办范围之内的，都要按照领导批示及时提出具体处理意见（有前案材料的应将前案材料附在后面），报本部门领导审批后立即处理，并将处理结果及时报告领导。凡领导批办意见中明确提出由某部门牵头承办的，牵头部门要先准备好处理意见，邀请协办部门协商会签，由牵头部门负责将有关部门提出的意见归纳整理，报领导审批。如有分歧，应报送领导裁决，或按领导意见再次会商，得出处理结果。承办人要将处理结果填写在《文件承办单》上，或另写一份材料附在承办文件上（注明承办部门和承办人），然后将承办文件转回文秘部门拟复。

4. 做好承办工作应注意的问题

（1）承办人员接到交办文件后，首先要阅读、研究文件的内容，然后分清轻重缓急安排处理。

（2）在仔细研究来文内容、要求和领导批办意见的基础上，认真办理。凡属自己承办范围的文件，如有领导批示意见，可以根据领导批办意见办理。未经领导批办的公文，可以遵循有关的方针、政策、规定或惯例等，酌情办理。凡领导批办意见中明确提出由某部门牵头承办的，牵头部门要先准备好处理意见并邀请协办部门会商、会签，再由牵头部门负责将有关部门提出的意见归纳整理，报领导审批。

（3）承办要讲究效率，分清主次先后，有条不紊，并落实责任到人。收到承办文件后，要及时处理，急件要当即办理。对有时限要求的文件，要在规定的时间内办完，对需要几个部门联合办理的文件，主办部门要主动牵头，协办部门要积极配合，抓紧办理，不能互相推诿，久拖不决。对确难按期办完的文件，要及时向有关领导反映，以便采取相应措施。对所有的承办文件，都要有个答复，即使不能办理的也要向交办部门说明情况。

（4）有些文件不能一次办结，需要一个再次办理或多次办理的过程。比如，有时下级请示的问题，本级解决不了，还需要转报上级批准或答复。上级来文要求报送的情况和材料，还需向下级要情况，然后汇总上报。

（5）承办人员对已经办理结案的文件要向交办机关（一般指办公部门）报送结案报告，并做好注办工作。所谓“注办”，就是指承办人员把文件的处理结果在文件的适当位置（比如在文尾或公文处理单上）作简要注明。如果是行文答复的，则应注明行文的文号。如果是用其他方式答复的，则应注明答复的时间、地点、交办的人员及主要内容四个方面的情况，并签署承办人姓名及日期。注办是为以后的收集归卷工作做准备，以便于检索和利用。

二、公文的催办

这里所说的催办，是指文件处理过程中的催办。催办工作从广义上来说，是对上级领导机关和领导的指示、本机关所做的重要决定和领导交办的事项以及机关所属部门和下级机关的请示等项在承办落实过程中的查询督促工作。它是避免积压，加速文件运行的手段。通过催办不仅可以提醒承办部门及承办人员在规定的时限内把事情办完，而且可以使单位领导及时了解文件承办的进展情况，保证圆满完成领导批办的事项。党政机关建立健全文件催办制度，对克服文牍主义、官僚主义，提高工作效率，保证党和国家各项方针政策的贯彻实施，都有重要意义。这项工作虽然十分重要，但却往往被人们所忽略。有些办公室文件送出后就算完事大吉，对文件承办情况不闻不问，结果使有些文件长期积压在公出、请假人员手里，误时误事。这个问题，目前虽已引起各部门的重视，但仍是文件处理工作中的一个薄弱环节。办公室主任应在催办工作上狠下功夫。

催办工作一般都由负责文件处理的秘书人员承担。在较大机关，由于催办的文件较多，涉及面广，也可以配备专职催办人员。

1. 催办范围

文件处理过程中的催办，是指在需要办复文件的承办过程中的督促检查工作。它的具体范围应当包括：

（1）上级机关主送本机关并需要具体实施、贯彻执行的文件。

（2）所属部门及下级机关主送本机关的请示及其他需要办理的文件。

（3）平行或不相隶属机关发来商洽、征询事务需办理或答复的函件。

2. 催办方式

目前机关公文催办有内催办和外催办两种形式：内催办是由本机关专职、兼职催办工作机构或有关人员对机关内部各承办人所进行的有关公文的承办过程实施催促检查。外催办是由发文机关内承办文件的部门或有关工作人员对文件有关收文机关具体办理情况所进行的了解、催询和检查督促。在实际催办过程中，要根据不同情况和对象，选择不同方式，或发函，或打电话或上门。催办，还要注意工作方法：一是建立科学的登记制度，二是完备催办手续，三是语气要谦和，四是注意信息反馈。催办工作的一般过程为：明确对象与对承办工作的要求（时限、方式、原则等），将有效进行催办工作所需要的情况以《文件催办单》等形式记录在案，作为催办依据；定期或随时向承办部门或人员催询，检查承办工作进展情况；及时协助制定和实施解决问题的方法、措施，保证公文迅速有效地运转；验收办毕公文，综合反映承办工作实际情况与结果，注销已办结公文。

3. 如何做好催办工作

催办工作直接关系文件处理速度与机关工作效率。要做好催办工作，必须做到以下几点：

（1）重视催办工作

在较大机关的办公室要设专人负责催办，在一般机关也要有人兼管。

（2）健全催办制度

办公室在催办工作中要根据文件的具体情况，对承办部门分别提出办理时限要求。一般来说，紧急件要在当日内办理完毕，一般件也不能超过一周。

（3）催办文件要有登记

办公室对需要催办的文件应当单独进行登记，做到心中有数。翻开登记，一目了然，便于催办，避免遗忘。登记的方法主要有两种：一是利用收文登记簿兼作催办登记簿，可以在收文登记簿上取出一部分账页专门登记催办性文件。二是拟制《文件催办单》，对需催办的文件逐件登记。

（4）加强催办检查工作

办公室要定期对需要催办的文件进行检查。对尚未办完的文件，要加强催办，并将催办检查情况及存在的问题尽快向主管领导同志汇报。要做到件件有着落，事事有回音，防止漏办。

三、公文的查办

查办是指对重要公文的实际内容全面落实、办理核查、督促控制的活动。它是公文处理的管理机关或其他专门组织对一些重要公文的实际执行情况所进行的核查协办工作。

查办的一般过程如下：

1. 立案

确定查办对象，决定对哪些公文所涉及的事务进行办理结果的检核或推动。

2. 交办

向有关部门布置查办任务，履行注册登记手续，落实查办人、查办要求等。

3. 核查

向承办部门催询办理情况，核查办理结果。

4. 反馈

由查办人将查办情况和结果反映给有关领导。

5. 落实

采取措施（领导授意或请示其后获准）解决实际困难和问题，指导或协助落实文件精神。

6. 结办

将查办结果上报给领导。

7. 销办

注销已获结果的承办事项，对办毕公文做出处置。

四、查办和催办的区别

公文查办与催办都是带有监督性质的管理活动，但两者的区别也比较明确。催办是对承办公文过程的监督控制，重点在于使公文按“时”办毕。查办不仅要监控承办过程，还要检查公文产生实效的全部过程，按时、按质、按量地将有关事项办理完毕。催办一般是以一份具体公文为单位展开；查办则是以一件件“事情”为单位进行。在若干份公文反映同一“事情”的情况下，查办往往就围绕这样一组公文而展开。

第六节　办　复

办复是指需要办理的文件在办理完毕后，对来文机关所做的答复。它体现收文处理过程的最终结果。办复通常由文秘部门承担，但有些承办文件，承办部门也可依据领导的指示或经文秘部门同意后直接办复。办复的形式，可根据需要确定，一般有如下几种。

一、函复

即用行文的形式答复。一种是由承办人代拟文稿，经部门负责人审查签署后，连同交办文件及领导批示一并退回交办机关的办公室审核后送领导签发。另一种是以职能部门的名义行文，即由承办人拟好文稿后，送交部门领导人签发，交办文件可留本部门立卷存查，这种情况不多，必须有领导授权方可。

二、口头答复

对于下级机关来文请示的比较简单的问题，或者不同意来文所请示的问题，可以不必行文，而以口头方式答复。口头方式，有的用电话，有的用面谈，但传达处理意见后都要做记录。记录要包括时间、方式、受话人、处理意见四个方面，以备查考。

三、传送领导批示

有些下级来文领导批示了具体的处理意见，就不需要再行办理。这时可以将领导的批示直接复印后发送来文机关，以减少程序，提高办事效率。

四、就地研究处理

有些比较复杂的问题，需要承办人或承办部门负责人出面，带着审定的处理方案前往来文机关就地研究解决问题，传达处理意见。必要时，要形成会谈纪要，作为结案的依据。如无纪要，也要有处理记录以备查用。

五、统筹回复

有些请示性文件，不能来一件复一件，需要从整个地区或部门的全局来统筹考虑。比如，关于请批基建项目，关于申请把某一事业列入计划，关于申请某项经费，等等，这类问题虽然也需要办理，但需要通盘考虑，一般可以在年终或年初经过研究确定方案，一次性通知各地。

第三章　立卷和归档

公文办理完毕后，应当根据《中华人民共和国档案法》和其他有关规定，对具有查考利用价值的公文，及时立卷、归档，按照有关规定定期向档案部门移交。个人不得保存应当归档的公文。

第一节　立　卷

一、公文立卷概述

公文立卷是按照公文的特征和联系将若干具有共同点和联系密切的公文组合成有机联系的集合体的活动。从公文的组成结构中概括出来的所有公文都共有的共同点，如作者、内容、地区等，是立卷工作的依据。立卷工作主要包括两项工作：分类和组卷。

分类是将机关产生的公文按照一定的特点分成若干部分，组卷则是把每一小类的局部公文，按照共同特点组成保管单位。但两者又有相似之处：分类的方法主要是分析，分中有合，其分类结果是将具有不同特点的公文分别集合为不同类别；组卷的方法主要是综合，合中有分，其结果是将具有共同特征的单份公文集合为一个集合体（案卷）。

二、公文的分类

公文的分类应该符合分类的逻辑原则，力求简明、严密。每一分类层次上只能使用一个分类标准，也就是将一大组公文划分成若干小组时，只能使用一个相同的标准，不允许同时使用几种标准。通常，机关公文分类可以划分为四个层次：分年度、分组织机构、分问题、分保管期限。

1. 分年度

即按照公文形成、处理的年度特征将同一年度的公文分为一类，不同年度的公文分为不同的类别。在现行机关，其工作的计划、总结等都是按照一个自然年度来安排，将每年的1月1日~12月31日作为一个工作周期，其工作周期中同步产生的公文，也就自然而然形成了以年度为单位的独立类别，因此，按年度分类，纵向反映了机关工作的特点和逐年变化、发展的客观情况，有利于现行机关的利用和归档之后其他机关的利用。

年度分类，要求根据公文准确日期归入相应的年度。不同年度的公文一般不得放在一起立卷，否则，会打乱公文的时序，给日后的查找利用工作带来极大不便。但是，由于工作的连续性，有时也会出现跨越两个或两个以上年度的公文，针对这类跨年度公文可采用的常规处理方法有：

（1）回复性公文

放在复文年度，如2000年的请示与2001年的批复，应将请示批复均放入2001年立卷。

（2）规划性公文

应放在计划或规划针对的第一年立卷，如“2000—2005年科研工作规划”可以放在2000年立卷。

（3）总结性公文

应放在其内容针对的最后一年立卷，如2001年完成的“1999—2000年×××项目财务决算”应放入2000年。

（4）会议公文

应放入召开会议的年度。

（5）规范类公文

应放入公文针对的第一年。

（6）两项内容的公文

应归入主要内容针对的年度，如“2000年工作总结及2001年工作安排”，可视内容侧重归入相应年度。

2. 分组织机构

按机关的内部组织机构进行分类立卷。

机关中组织机构的框架，是根据本机关的职能设立的，每一个部门又有各自相对独立的职权、职责，由各部门自身产生或承办的公文在内容性质上也就是相对独立的一个类别。在一个年度内，按照内部各组织机构分类，自然能够保持公文之间内容上的主要联系，有利于专题查找和利用档案。

根据国家的有关规定，我国党政档案实行统一管理的原则。一个机关一个年度内的公文按照组织机构标准分类的步骤是：将公文分成党、政、工、团四大类别；在四大类别中每一类别再按组织机构继续分类。这种分类的结果，使一个机关的党、政、工、团等组织的公文与各行政和业务部门的公文分开，公务员部门（办公室）的公文与业务部门的公文分开，各内部机构的公文也相互分开，各自形成不同的类别，按组织机构的性质从各个方面和层次清楚地反映整个机关各项工作活动的历史面貌。

在按组织机构分类时，要注意把握好立卷点的深度，一般不要将立卷点确定在最基层的执行层，而应该根据文秘工作的组织形式，将立卷点确定在能掌握本部门公文运转、控制本部门公文信息的机构层次上。

3. 分问题

分问题，就是按照公文内容所反映的问题特征来划分类别。

问题分类，可以使性质、内容相同的公文相对集中，较好地保持同一问题公文之间的联系性，为利用者提供关于某一问题、事件或人物等的系统且完整的公文信息。减少或避免了同一问题公文的分散现象。

在选用问题分类时，特别要考虑使用的机关对象和分类层次。由于人们知识水平不同，认识事物的角度不同，对同一“问题”的看法各异，往往更多地掺入了个人主观成分，致使同一份公文产生的分类结果也可能出现多种归类，使分类难以给公文准确定位。因此问题分类的方法，适用于第三、四层次的分类标准，通常在组织机构分类下使用。适宜在第一层次采用问题分类的，往往是一些内部机构设置比较简单或者不太稳定、机构分工不明确而且公文数量较少的机关。一些大、中型组织机关，其内部组织机构较多且相对稳定，各部门职能相对独立，公文数量较多，应该采取先按组织机构分类，再按问题分类的方法，一般不要轻易打乱组织机构采取问题分类。

问题分类时应遵循问题的伸缩性规律。每一个机构对本部门产生和处理的公文总是有主有从、有多有少，立卷时应根据具体情况，灵活掌握。公文多时，可将一个大问题分解为几个小的具体问题；公文少时，又可以把几个具体问题概括为一个大问题。

4. 分保管期限

按照公文的保存价值不同，将公文划分成不同的类别。分保管期限，通常是在同一个问题之下进行，一般不作为一个机关第一层次的分类标准。

保管期限，是根据各类公文客观存在的保存价值确定。国家档案局《关于机关档案保管期限的规定》将应归档公文的保管期限确定为永久、长期（16 ~ 50 年）和短期（15 年以下）三种期限。这三种期限只是一个大致规定，各个机关在具体的工作中根据本机关的地位、职能和业务活动等客观情况，制定出更加详细、准确的保管期限表。如有必要，还可以针对公文具体情况，将长期、短期的保存时间划分得更准确、更具体，如5年、10年、20年、25年等。

分保管期限时，应该密切注意同一问题公文的完整性。由于公文自身的真实记录性、原始性，决定了公文的价值（对现行机关的现实凭证价值和对历史的参考价值）。划分保管期限应该以此为依据。同时公文的价值往往不是单份公文所能体现的，更多是相互联系的一组公文的展现。这是公文形成的联系性所决定的，在立卷时应维护同一问题公文的完整性。一般情况下，机关公文完整程度较高，划分保管期限应从严，反之，则应适当提高残存的不完整公文的保管期限，从宽处理这些公文。

三、公文立卷的作用

公文立卷的目的在于完整、系统、安全地管理办理完毕的文件材料，具有以下几点作用。

1. 有利于对公文进行科学管理

机关在各项工作活动中，产生了大量的文件材料，立卷可以把散乱的文件材料，按照它们在形成过程中的联系和规律组成案卷，使文件不再无序零散而是一个有机的文件组合体，避免了公文的散失、破损，保证了公文的齐全、完整和安全，有利于集中科学管理。

2. 有利于对公文进行查找和利用

机关处理完毕的公文，具有历史记录和查证参考的价值，是今后工作可查证和借鉴的重要资料，立卷保持了公文之间的历史联系，使之有章可循，有据可查，便于查找和利用。

3. 为档案工作打好基础

公文立卷是公文归档的前提，公文立卷的质量，直接影响和决定公文归档的质量。公文立卷归档以后，公文就转化为档案，公文处理程序转入档案管理程序。做好公文的立卷、归档工作，就为本机关档案工作创造了条件，打好了基础。

四、公文立卷的原则

归档范围内的公文，不是杂乱无章地堆砌在一起，而是应当遵循一定的归档原则，即根据其相互联系、特征和保存价值等整理（立卷），要保证归档公文的齐全、完整，能正确反映本机关的主要工作情况，便于保管和利用。

公文立卷的原则包括联系原则、完整原则、保管原则、利用原则。立卷时，不坚持联系原则，就无法顺利查找到需要的公文，也就无法为利用者提供有效服务；不坚持完整原则，公文的内容或形式残缺不全，显然不能维持公文之间的有机联系，无法全面反映本机关的工作活动，也就无法实现利用的目的；不坚持保管原则，公文的物质载体和信息内容容易遭受各种物理和化学等因素的破坏，影响公文的可读性、保存寿命的长久性，就谈不上公文的联系、完整和利用；不坚持利用原则，有机联系的归档公文无论保管得多么完整齐全，都无法实现公文的立卷根本目的，立卷工作也就毫无意义。因此，以上原则之间是相互联系、彼此制约的辩证关系，前三个原则是利用原则的基础，利用原则是前三个原则的最终归宿，只有正确运用这些原则，才能做好立卷工作。

1. 联系原则

联系原则，即遵循公文材料自然形成的规律和特点，按照公文材料之间的有机联系进行立卷工作。

从公文产生的过程来看，机关公文都是随着一定的职能活动开展而逐渐产生的。可以说，各种管理活动的过程就是公文一份份同步产生的过程。一项管理活动从开始到结束的过程，就是有关该项活动的公文从无到有的“自然生长”过程，前一份公文引申出后一份公文，而后一份公文又接续着前一份公文，这样逐渐累加而成大量的公文。公文之间存在一种围绕本机关职能活动而展开的内在“天然”联系，这就是公文形成的自然规律和特点。在公文立卷时，人们不能随意割断这种联系，必须遵循公文形成规律和特点，保持公文之间的联系，才能够维护机关活动的历史面貌。

从利用特点来看，利用者需要全面、系统的公文材料。公文的查考凭证作用往往不是单份公文所能决定的，而是在与别的公文相互联系中来体现。只有提供反映机关历史发展来龙去脉的有机联系的原始记录，才能使利用者在联系中从整体上去观察、分析研究事物，才能揭示事物的本质特征。目前本机关以及社会各领域对公文和档案的这种利用趋势，客观上要求各机关在公文立卷时，自觉地保持公文之间的联系，使所立案卷成为系统、有序的有机整体，使之有规可循，方便检索和提供利用。

坚持公文立卷的联系原则，按照历史的本来面貌收集、整理一个机关或一个单位形成的公文，保持一项工作或工程、一个问题、一个人物、一个案件、一次会议形成公文的联系性，是实事求是地尊重历史事实形成的客观性。人为地割断公文之间的联系，就会给本机关或社会各类利用者的查找利用工作带来混乱和不便。

2. 完整原则

完整原则，即保证归档公文在内容和形式上的齐全完整。

公文信息内容是指公文所表达的发文作者的思想和意图，它是归档公文价值的客观基础，一经形成，就不允许任意改动，应忠实地保存其原文原意，即使原公文中有错误，这种错误也反映了发文机关当时当地的意图，应尊重事实本身面貌；公文形式主要是指其外在格式、制成材料与制成技术形态、处理标记、印章等的形式，客观地反映了公文形成时的社会状况、生产力水平等多种因素，都应准确予以保存。公文内容与其形式是有机整体，内容决定形式，形式表达内容，因此要保证归档公文的完整，必须保证这两个方面的完整。

坚持公文立卷的完整原则，是保证公文信息内容和形式原始性、真实性的前提条件，是日后归档公文保管工作、利用工作有效展开的必要基础。

3. 保管原则

保管原则，即对不同保管期限、不同保管要求的公文，按照不同的方式和方法分别立卷。

保管期限是由公文的保存价值决定的，按不同的保存价值划定公文的保管期限，根据不同的保管期限合理有区别地保管公文，便于高效而经济地分配人力、财力、物力和时间，降低保管成本。同时在遇到火灾、水灾等突发事件时，可以有重点地保护和抢救具有重要价值的永久保存类公文，有利于将灾害带来的损失降低到最小。立卷时，应将保管期限相同的公文组合在一起，不同保管期限的公文分开立卷。

随着科技的发展，公文制成材料的种类越来越丰富多彩，除传统的纸张外，产生了大量的胶片、磁带、磁盘、光盘等载体的公文材料，这些制成材料的公文，较之于传统的纸质公文，有更加严格的保管条件，如录音录像公文只适合在温度为15℃～25℃，相对湿度为40%～60%，远离磁场，避免光线直射的环境中保管；照片公文要求的适宜温度是13℃～15℃，适宜相对湿度为40%～60%，电子公文和光盘公文也都有其相应的环境和温、湿度要求。立卷时，应考虑公文的制成材料，提供恰当适宜的环境条件，使之得到良好的保管。

坚持保管原则，就是要针对不同种类、不同类型的公文，灵活地采取不同的保管方法，提供适宜的保管条件，以确保公文的可读性、可据性，尽力延长档案公文的寿命。

4. 利用原则

利用原则，即归档公文的分类组合应便于及时、准确地提供利用服务。

利用原则是公文立卷的中心原则，立卷归档工作归根结底就是为了利用，没有利用的需要，也就没有立卷的必要。在整个立卷的分类、组合工作中应始终贯彻“便于利用”的原则。利用原则是公文立卷的最终目的和检验案卷质量的重要标准。

在坚持分类组合工作中特别要注意以下问题的处理：秘密公文与非秘密公文分开立卷，秘密公文具有严格的阅读范围，均有不同程度的安全要求，如果不分密级立卷，在提供非秘密公文利用时，容易造成泄密，给国家和机关带来重大损失。装订成册的案卷卷内公文数量的适宜程度也直接影响利用，卷内公文太多，不便装订、翻阅和复印，数量太少，又会增加卷皮比重和填写卷皮时间，又不方便案卷排架。“文（公文）电（电报）合一”立卷，可以保证立卷公文的系统性，公文和电报均是机关在工作活动中形成的反映其工作活动的文字记录，理应统一立卷归档，若分开保管，往往会打破有关同一问题的文电之间的联系，给查考利用带来许多不便。

五、公文立卷的基本要求

1. 保持文件之间的有机联系

公文立卷，首先应当将文件材料收集齐全完整，其次要遵循文件材料的形成规律和特点，保持文件之间的历史联系，从而进行具体的立卷工作。比如先有请示，后有批复；先有意见，后有批转；先有致函，后有复函；先有计划，后有总结等。立卷要保持公文形成的来龙去脉，避免文件的残缺不全或随意拼凑组合，保持文件之间的历史联系才能反映出本机关各项工作的历史面貌，才能确保案卷的质量要求。

2. 正确区分文件的不同价值

文件的保存价值即文件对日后查考利用的价值，表现形式就是保管期限，区分文件的不同价值，就是在立卷时确定文件的保管期限。根据国家档案局的有关规定，文件保管期限分为三种，即永久（无止期地保管）、长期（16～50 年）和短期（15 年以下），凡是反映机关主要职能活动和基本历史面貌，对本机关、国家建设和历史研究有长远利用价值的文件材料，列为永久保管；凡是反映机关一般工作活动，在较长时间内对本机关工作有查考利用价值的文件材料，列为长期保管；凡是在短时间内对本机关有查考利用价值的文件材料，列为短期保管。

公文立卷时要依据上述原则区分文件的保存价值，制定本单位的保管期限表，具体操作时将价值不同的文件材料分别立卷，这是公文立卷的重要原则。

3. 便于保管和利用

为了使公文立卷更好地发挥作用，便于随时查找利用，要注意以下几点。

一是抓好案卷排列和编目工作。

二是每个案卷的文件要适量，案卷厚薄要适度。

三是录音带、录像带、光盘等声像记录材料，根据保管条件的不同要求，分别妥善整理保管。

四是绝密文电与一般文电分开立卷，以利于保守国家机密，也便于保密和利用。

六、公文立卷的程序

机关的立卷工作一般分为四个阶段。

1. 准备

编制归卷类目录，将当年形成的文件材料，包括：上级机关的文件材料、本机关的文件材料、不相隶属机关的文件材料、下级机关的文件材料，按照归卷类目录进行存放和积累。

2. 平时归档（预立卷）

将办理完毕的文件材料根据归卷类目录，分门别类地加以整理归类，及时归入相应的卷宗，使公文立卷工作日常化，为年终调整和组卷打好基础。

3. 调整和组卷

在第二年初对前一年形成的文件，在平时归档的基础上根据立案的要求和方法，对文件加以调整，组合成案卷，拟写案卷标题，确定保管期限，标明卷内文件的起止日期等。

4. 编目装订

对立卷进行一系列的编目工作，如排列卷内文件顺序，编写卷内文件件号和页号，填写文件目录、卷内备考表等，之后填写案卷封面，案卷封面要按照国家标准的统一格式填全规定项目，用毛笔填写，字迹要工整清晰，最后装订成册。

经过上述四个阶段，立卷工作即告完成，之后就可进行案卷的分类排列和编制移交目录，并向机关档案部门归档。

七、公文组卷的方法

公文组卷，即对分类后的各属类按照其共同特征和主要联系，将其组合成一个个案卷的活动。

组卷的依据是从公文结构中概括出来的作者、问题、时间、名称、地区、通信者等诸要素，它们体现了公文在这些方面特有的联系及形成规律。组卷的常用方法有：

1. 按作者特征组卷

将同一作者制发的公文组合成案卷。作者指制发公文的机关、部门及其领导。特别强调“同一作者”，本机关的发文、直接领导机关、某一个下级机关的来文，都可以采用作者特征组卷。按此特征组卷，有利于反映同一公文作者的工作状况及本机关与某机关之间的工作联系，有利于依据公文来源确定其重要程度和保存价值。

2. 按问题特征组卷

将反映同一事件、案件、人物、问题、业务活动和同一性质工作的公文集中在一起组卷。此处所言的“问题”，是指公文内容反映的主题，包括事件、案件、人物的处理、具体问题的发生与解决、某项工作业务活动的开展等。按问题特征立卷，将同一主题的一系列关系密切的公文组合成一个整体，正好反映了“同一问题”发生、发展以及解决的全过程，既能保持公文之间的有机联系，又能符合利用者按问题（主题）检索公文的习惯，使它成为一种主要常用的组卷方法。

3. 按时间特征组卷

按照某一问题下公文产生的时间顺序将公文编立成案卷。时间特征，是指公文形成的时间（同一年度、同一时期、月份、日期）。按时间特征组卷，可以反映出一个机关（部门）在不同时期的工作特点和发展状况，有利于保持同一时间公文的联系，可以使利用者从“纵”的（历史）联系中去把握和认识事物的发生、发展、影响等，为那些需要依据时间特征检索公文的人提供方便。

4. 按名称特征组卷

将名称相同或性质、作用相同相近的公文集中组卷。公文名称即文种，它反映了公文的性质、效能和价值，按公文的名称特征组卷，可适当区分公文的重要程度和保存价值，还可以把名称相近、保存价值相近的公文合并组卷，但要注意名称相同，而其性质不同的一名多用情况。按名称特征组卷，可以满足人们从文种角度利用公文的需求。

5. 按地区特征组卷

将公文内容涉及同一地区或作者所在同一地区的公文集中组卷。此处所言的“地区”，是指我国的省级、地（市）级、县级、乡（镇）级等各级行政区域，这种方法多用于上级机关对下属机关的来文、调查统计材料和某些专门公文的组卷工作中。运用地区特征组卷，便于反映该地区的工作情况或有关该地区问题的处理，方便人们按地区特征检索公文。

6. 按通信者特征组卷

将本机关与某一机关之间就一定问题进行工作联系而形成的来往公文集中组卷。通信者特征是指两个机关之间针对同一个问题的问复性质往来文书，一般与名称特征的统称“往来文书”同时使用。通信者特征是作者特征的一种特殊表现形式。适合于按通信者特征检索公文的情况。

以上六种方法可以单独使用，但更多的情况是两种或两种以上的方法结合使用，由于卷内公文的联系和人们检索公文的习惯，常用的结合运用有作者—问题—名称、年份—问题—名称、地区—问题—名称等形式。结合几个特征组卷，卷内公文就具有几个方面的共同点和联系，结合特征越多，公文联系的紧密性专指性就越大，成分越单一，特点越明显。在组卷时应该认真分析公文特点，发现公文的内在规律联系，尽量结合多种方法组卷。

第二节　归　档

一、公文的归档范围

公文归档范围，是指应予立卷归档的公文范围。立卷归档就是将办毕公文按照一定的原则和特征进行系统化整理后移交给档案部门的活动。

1. 归档范围的确定

立卷归档的范围包括：按照《中华人民共和国档案法》及其配套法规的要求，属于立卷归档的文件，主要有以下几大类：

（1）本机关产生撰写的指示、决议、请示、报告、计划、总结等。

（2）本机关收到的重要文件、电报、内部事项、电话记录等。

（3）下级报来的请示、报告；上级针对本机关工作的指示、批示、批复等。

（4）本机关编印的出版物、图表、账簿等。

（5）反映本机关活动的照片、录音、录像、影片等声像资料。

2. 不予归档范围的确定

根据国家档案局的有关规定，不予归档的公文材料包括：

（1）重份公文，即同一公文有几份甚至许多份，包括一式多份的收文或发文副本，为办理而制发的复印件等。

（2）无查考利用价值的事务性、临时性的公文。

（3）未经领导审阅签发的未生效的公文，一般公文的多次修改稿（具有非常重要查考价值的法规性公文、重要的方针政策性公文、长远规划等的历次修改稿除外，这样的修改稿必须得以保存，以反映整个公文讨论、修改的全过程）。

（4）公文起草人为撰写公文而收集的素材公文。

（5）与本机关工作活动无关的抄送类公文、无保存价值的会议公文等。

（6）一般的人民来信及无特殊保存价值的信封。

二、公文的归档时间

归档时间即向档案部门移交案卷的时间。具体时间一般在第二年上半年（即7月1日以前）向档案部门移交。有些专门性案卷由于特殊需要，还可根据具体情况另行商定归档时间。

三、公文的归档要求

根据有关规定，向档案部门移交案卷必须移交案卷（移交）目录，清点核对，接收的案卷应符合下列要求：

（1）要保证档案的齐全、完整，能正确反映本机关的主要情况。归档文件必须收集齐全完整，包括应归档的文件材料的种类、份数及每份文件的页数都应收集齐全完整，归档文件必须是经过整理、立卷、编目的案卷，能正确地反映本机关的主要工作情况和历史面貌，而不是一些散乱的文件材料，这是保证归档质量的前提。

（2）文件和电报按其内容的联系，合并整理、立卷。

（3）归档的文件材料，保持它们之间的历史联系，区分保存价值，分类整理、立卷，案卷标题简明确切，便于保管和利用。

（4）拟制、修改和签批公文，书写及所用纸张和字迹材料必须符合存档要求。

（5）联合办理的公文，原件由主办机关整理（立卷）、归档，其他机关保存复制件或其他形式的公文副本。

（6）本机关负责人兼任其他机关职务，在履行所兼职务职责过程中形成的公文，由其兼职机关整理（立卷）、归档。

四、办理归档手续

文秘部门按照案卷的排列顺序，用钢笔或毛笔填写编制案卷（移交）目录后，即向档案部门办理归档手续。交接时，档案部门要对接收的案卷进行严格检查，核对无误，双方可在案卷移交目录的备考表上签字盖章并填明交接日期，交接目录一式三份，一份留存文秘部门备查使用，另两份由档案部门保存使用。

第三节　组卷过程

一、案卷的组成步骤

1. 排列卷内公文

排列卷内公文，是对分类到恰当数量的一组组公文进行认真分析，寻找出它们的主要特点，按照其主要联系来排定它们的顺序，以固定每份公文在卷内公文中的位置。

卷内文件可按时间、问题、地区、作者、收发文机关、文种以及文件的重要程度、涉及人物的姓氏笔画等方法排列。无论采用哪种方法排列，必须注意保持问文与复文、正文与附件、同一文件的各种不同稿本（正本、原稿、草案等）之间不可分离的联系。

2. 编卷内页码

编卷内页码，即按卷内文件系统化排列后确定的顺序在文件正面的右上角、背面的左上角依次编写页号。目的是固定文件的顺序，方便其保护、统计和检索。文件的编号应用阿拉伯数字。

3. 填写卷内目录

卷内目录，即用以揭示卷内文件的内容与成分的一览表，主要是为了便于查找利用卷内文件，保护文件。卷内文件目录，一般包括如下项目：顺序号、文件作者、文件题名（标题）、文件日期、文件页号、备注等。

案卷目录具有重要作用：第一，固定全宗内档案的分类体系和案卷排列顺序，最后完成档案整理工作。第二，介绍全宗内案卷的内容和成分，是查找利用档案最基本的检索工具也是编制其他检索工具的基础。第三，它是档案登记的基本形式，也是统计和检查档案的重要依据。编制案卷目录是档案馆（室）业务的基本建设之一。

填写卷内目录时，应注意规范地将每一项内容填写在相应的栏目内，一般都应照实抄录，不要随意更改和简化各项目。填写文件“题名”（标题）时，没有题名的应拟写题名，虽有题名但无实质内容的，也应重新代拟，外加“〔　〕”号；日期可省略汉字“年”“月”“日”，用阿拉伯数字加上“.”号表示，如“2000. 10. 1”。

就案卷目录而言，一般包括以下组成部分：

（1）封面和扉页（里封）

封面和扉页的项目包括：

①档案馆（室）名称。

②全宗号（如一个全宗编若干本目录，还应有目录号）。

③全宗名称（如一个全宗编若干本目录，还应有机构或其他名称）。

④目录中档案的起止日期。

（2）目次

目次即案卷所属类目的索引，它是介绍案卷目录内容和结构的纲要。应写明案卷分类类目的名称及其起止页码，也可包括案卷的起止号。

（3）序言或说明

序言中应叙述使用案卷目录和利用档案时需要了解的情况。如目录的结构、编制方法、立档单位和全宗简史，尤其需要说明全宗内档案的完整程度。每本案卷目录是否必须编写序言，其繁简程度如何，应根据案卷目录的内容和使用情况来决定。

（4）简称表

根据需要将案卷目录中使用的名词简称，与其全称列为对照表，以便查对。简称表可以写在序言内，也可以单独编制。

（5）案卷目录表

这是案卷目录的主体，它以表格形式直接登记案卷封面上的各项内容。其格式如下：

顺序号	案卷标题	起止日期	卷内文件页数	保管期限	备注
1	2	3	4	5	6

顺序号：案卷的编号，通常又称作“案卷号”，也简称“卷号”。它是用来固定案卷在上档中的位置和统计案卷的数量，便于迅速查找所需要的档案，监督和保护档案的完整与安全。

案卷标题：目录上的标题必须与案卷封面上的标题一致，不能随意改动和缩减。如遇相同的案卷标题，在登记时写“同上”字样即可。

起止日期：案卷内最早的文件日期和最迟的文件日期。

卷内文件页数：卷内文件实有的页数。

备注：用来说明个别案卷的某些特殊情况（如卷内文件字迹模糊、残破等），以及案卷的变化情况（如案卷的移出、销毁和卷内文件数量的增减等）。

（6）备考表

附在全部案卷目录之后。

4. 装订案卷

长期和永久保存的案卷，一般均应装订成册，或采用适合的卷夹、袋、筒等形式将全卷件装封为保管单位，以固定和保护卷内文件避免散失或损坏。在案卷装封之前，须做除去文件上的金属物（如钉、针），以及必要的修补等技术处理。

5. 加贴卷末备考表

卷末备考表是用以注明卷内文件立卷与利用状况的一览表。其作用是以供档案保管人员与利用者日后查考。加贴于卷内文件末一页之后，卷内备考表包括：立卷人、检查人、立卷时间等。

一般情况下，有关卷内文件材料的说明，都应逐项填写在备考表里，若无情况说明，也必须将立卷人、检查人的姓名和立卷时间填上，以示对案卷负责。

6. 拟写案卷题名

案卷题名，即案卷标题，用以概括揭示卷内文件的主要内容与成分的词组。案卷标题是封面中最主要的项目，用以概括揭示卷内文件的内容与成分。标题是一个案卷的具体名字，它为查找利用提供线索，也是编制各种检索工具的基础。

拟写案卷题名要求文字简练，表达准确，基本结构力求完整。其基本结构包括文件的责任者（作者）、内容（问题）、名称（文种）三部分。必要时，应适当标明文件的时间、地区、通信者。同时应恰当地使用“文件”“材料”“案卷”“来往文书”等表示文种统称的名词。案卷题名基本格式是：

（地区）责任者（通信者）—（时间）—（地区）内容—名称

责任者必须用全称或规范化简称，不得简称为“本部”“本局”等；两个或三个责任者应直接列出，多个责任者无法一一罗列的，可适当概括，写出2～3个常用责任者，其后加上“等”字，或者使用统称。如责任者是领导个人，应标明其职务、机关。责任者一般位于案卷题名的开首。

内容是卷内文件内容的集中概括，是案卷题名的主体部分。对卷内文件内容的概括要全面、恰当、确切清楚，使人能够一目了然地判断出卷内文件内容中是否有要查找的文件。

文件名称反映了文件的性质和查考价值，也应在案卷题名中予以揭示。一般案卷题名应标明卷内主要文种2～3个，其后加上“等”字，文件名称之间可按重要程度排列并兼顾不同性质的文种。必要时，部分案卷题名的名称部分可按规定使用“文件”“材料”“来往文书”“案卷”等专用术语表示，但应注意使用的条件。

7. 填写案卷封面

案卷封面项目包括：全宗名称、类目名称、案卷题名、时间、保管期限、件、页数、归档号、档号。

填写案卷封面要求格式规范、页面整洁、文字简练，使用简称应规范易懂，并用毛笔或钢笔书写，字迹要工整清晰、易于阅读，便于查找文件。

8. 编制案卷目录

案卷目录就是案卷的名册，是著录案卷内容成分并按一定次序编排的一览表。一个全宗的全部档案，经过分类、立卷并进行了系统的排列以后，应当将案卷逐个登记到案卷目录上。

案卷目录具有重要作用：

(1) 固定全宗内档案的分类体系和案卷排列顺序，最后完成案卷整理工作。

(2) 介绍全宗内案卷的内容和成分，是查找利用档案最基本的检索工具，是编制其他检索工具的基础。

(3) 它是档案登记的基本形式，也是统计和检查档案的重要依据。

就案卷目录而言，一般包括封面和扉页、目次、序言或说明、简称表、案卷目录表、备考表。

案卷目录一般以一式四份为好。其中一份供日常查找利用，三份保存起来备用。

一个全宗如编有若干本案卷目录，必须以全宗为单位编定各本目录的顺序号，通常称作“案卷目录号”，也简称“目录号”。

二、归档文件的整理单位与装订

1. “件”的概念

归档文件整理的基本单位为“自然件”，即单份文件，就是以“件”为整理单位，进行文件整理。

2. 文件装订

文件装订是从实体上最终确定“件”的形态，可以起到固定文件页次，防止文件张页丢失，便于归档后保管和利用的作用。

单份文件直接装订，多份文件作为一件的，装订前首先必须对它们进行排序。一般来说顺序如下：正本在前，定稿在后；正文在前，附件在后；原件在前，复制件在后；转发文在前，被转发文在后；复文在前，来文在后；汉字文本在前，少数民族文字文本在后。不同文字的文本，无特殊规定的，中文本在前，外文本在后。有文件处理单的，可放在最前面，这样可以作为首页加盖归档章，从而更好地保护正本的原始面貌。

装订前应将“件”内的各页按一定方式对齐，便于将来翻阅利用。一般来说，采用左上角装订的，应将左、上侧对齐；采用左侧装订的，应将左、下侧对齐。一般先用线装，也可以使用缝纫机在文件左上角或左侧轧边，或者在文件左上角或左侧穿针打结。

此外，对不符合要求的归档文件材料应进行必要的修整，如修裱或“托裱”破损文件，以恢复文件的原有面貌，增加强度，延长寿命；字迹模糊或易蜕变的文件可以采用复印的方式进行复制，以延长归档文件的寿命；超大纸张的文件，应加以折叠；易锈蚀的金属物应去除，以避免对档案的潜在危害等。

三、归档文件的分类和排列

1. 归档文件的分类

归档文件的分类是指将归档文件按其来源、时间、内容和形式等方面的异同，分成若干层次和类别，构成有机体系的过程。

合理选择分类方法，很大程度上决定了分类的质量。卷宗内档案分类的方法很多，《归档文件整理规则》中对“件”为单位进行整理的文件规定选择年度、组织机构（问题）和保管期限作为通用的分类方法。

2. 归档文件的排列

归档文件的排列是指在分类方案的最低一级类目内，根据一定的方法确定归档文件先后次序的过程。

归档文件的排列原则：按“事由原则”排列，即同一事由的相关文件应当排列在一起。这里的事由是一个比较原则性的概念，可以是指一件具体的事，或一个具体的问题，或一段较紧密的工作过程，等等。

归档文件的排列方法：“在分类方案的最低一级类目内，按事由结合时间、重要程度等排列。会议文件、统计报表等成套性文件可集中排列。”

这里的“最低一级类目”，是指分类时所确定的类目体系中设在最低一级的类目，例如，按照“年度—机构—保管期限”分类，“保管期限”即为最低一级类目。当最低一级类目内文件数量较大时，也可用时间、重要程度等因素作为进行事由间系统排列时的选用要素。

排列的实际操作可以分为两步：

（1）同一事由内的归档文件排列

最简单的方法是按文件形成时间的先后顺序，日期在前的归档文件排列在前，日期在后的文件排列在后；或者按文件的重要程序排列，相对重要的文件放在前面，其他的文件放在后面。

（2）不同事由间的归档文件排列

不同事由间的归档文件排列方法有：

①按不同事由形成时间排列。即按事由的办结时间的先后顺序排列，要求将不同事由的文件，按其办结时间的先后顺序排列，而不必考虑其他因素。

②按事由的重要程度排列。指将主要职能或重要活动形成的文件材料排在前面，其他工作形成的文件材料排在后面，或将综合工作材料排在前面，具体业务工作材料排在后面。

③按事由具有的共同属性分别集中排列。按责任者或承办部门分别集中排列。例如，设司的机关，一般以司为单位整理归档，不同事由的归档文件进行排列时，可以将不同处（室）形成的文件分别集中排列。

④按照不同问题分别集中排列。这里的问题是指小问题，如同一机构的不同职能。例如，机关人事部门，可以将干部调配、职称评定、出国审查等问题所属的不同事由形成的文件分别集中排列。

此外，成套性文件可集中排列，“成套性”是指某些有着较密切联系的系列文件。例如，一次会议往往包括许多事由，它们形成的文件在时间上可能跨度很大，但表现出较强的系统性，利用时需要相互参照、查证，集中排列更方便检索。统计报表、内部刊物等在形式上较为特殊，成套利用的情况也较普遍，因此也易于集中排列。

四、归档文件的编号

归档文件的编号是指将归档文件在卷宗中的位置标志作为符号，并以归档章的形式在归档文件上注明。

编号是编目工作的起点和基础，其目的是反映分类、排列这些系统化工作的成果。通过编号，使归档文件在卷宗中的位置得以确定，并为后续的编目工作以及将来查找利用时提供条件。

归档文件应以分类方案和排列顺序逐件编号，在文件首页上端的空白位置加盖归档章并填写相关内容。归档章设置多项编号项目，编号项目分为必备项和选择项，必备项目包括卷宗编号、年度、保管期限和件号。

1. 卷宗编号

卷宗编号是指档案馆对其接收范围内各立档单位所编制的代号。卷宗编号往往由各级档案馆按照进馆计划给定，有些新组建单位或暂未列入档案馆接收计划的单位，可将此项空置，留待同级档案馆给定卷宗编号后再行填写。

卷宗的编号与排列，通常涉及档案管理中三个环节：

（1）卷宗编号一般是在档案馆接收卷宗时，于卷宗名册上登记编写的，它属于统计工作中一个具体的技术项目。

（2）卷宗在库房内如何排列存放，属于保密工作的范畴。

（3）卷宗号的编写，它作为档案号的组成部分填写于案卷封面，卷宗的系统排列等也属于档案的基本编目和系统化的课题。

2. 年度

年度是指归档文件的形成年度，即形成和处理归档文件的年度。填写此项时，应采用公元纪年，以 4 位阿拉伯数字表示。如“一九九八年”表示为“1998”，不能简化为“98”。

3. 保管期限

保管期限，是指机关文秘、业务部门或档案部门在整理归档文件时，按照本单位制定的《档案保管期限表》给归档文件划定的保管期限。按照现行的国家档案局《关于机关档案保管期限的规定》，保管期限分为永久、长期、短期 3 种，简称为“永、长、短”，代码分别为“Y、C、D”，填写时可以直接采用简称或代码。

4. 件号

件号即文件的排列顺序号，它是反映归档文件在卷宗中的位置和固定归档文件的排列先后顺序的重要标志。件号分为室编件号和馆编件号两种。

室编件号即归档文件在分类方案的最低一级类目内的排列顺序号。

馆编件号是档案馆在接受档案室移交进馆的永久、长期档案时，对其重新编制的件号。

由于归档文件整理以“件”为基本单位，件号也应逐“件”编制，以保证归档文件目录的完整，反映卷宗内归档文件的全貌。

五、归档文件的编目

归档文件的编目是指编制归档文件目录。

编目应以“件”为单位进行，在目录中一件也只体现为一条条目。如来文与复文作为一件时，在归档文件目录中只对复文进行编目，通过检索复文来实现对相应来文的查找。

归档文件目录包括件号、责任者、文号、题名、日期、页数和备注等项目。

目录中各项目的具体填写要求如下：

1. 件号

件号包括室编件号和馆编件号两种，归档文件目录中设置的“件号”项，是指室编件号，应填写室编件号，并与档案室整理体系相吻合。

2. 责任者

责任者是指制发文的组织或个人，即公文的发文机关或署名者。填写责任者一项时一般应使用全称或通用简称，注意不能使用“本部”“本局”“本公司”等含义不明、难以判断的简称。联合发文时一般应将所有责任者照实抄录，责任者过多时可适当省略。机关内部文件等“白头文件”，由于各种原因，常会出现未署责任者的情况，编目时应尽量根据文件内容、形式等特征加以考证并填写。

3. 文号

文号即发文的字号，是由发文机关按发文次序编制的顺序号。填写文号项时应照实抄录，代字、年度、顺序号都不能省略。文号栏内不得填写诸如“会议文件之一”等文件顺序号，也不得填写“情况反映”等刊物名称。

4. 题名

完整的题名结构由责任者、问题、文种三个部分组成。

文件题名应按照原样照抄下来，没有标题或标题不规范的，可以自拟标题，外加“〔　〕”。

5. 日期

日期即文件的形成时间。具体填写日期项时应以 8 位阿拉伯数字标注年、月、日，如 1999 年 1 月 17 日，标注为 19990117。有的文件上未注明日期，编目时应根据文件内容加以考证并编写。实际填写目录时，为避免日期项占用的列宽过长，影响其他项目的填写，可将表示月、日的数字回行填写为两行。

6. 页数

页数项要求填写一件文件的总页数，用于统计和核对。计算页数时以文件中有图文的页面为一页，空白页不计。大张的文件或图表折叠后，仍按未折叠前有图文的页面数计算页数。来文与复文、正本与定稿等作为一件时，统计页数应将构成该件的各文件页数相加作为该件的页数，如关于 ××问题的请示和批复分别为 4 页和 1 页，作为一件时，该件页数应为 5 页。

7. 备注

备注项用于填写归档文件需要补充和说明的情况，包括密级、缺损、修改、补充、移出、销毁，等等。前面在排列、编号部分提到的零散文件排列和档案进馆前再鉴定、整理即属此中的补充、销毁情况。如果有些条目需说明的情况较多，可将其具体内容填入备考表中。

归档文件目录的格式，包括目录表头、目录表格形式、各项目在目录中的位置等。

文件目录表

件号	责任者	文号	题　　名	日期	页数	备注

填写归档文件目录项目时，应使用符合档案保护要求的字迹材料，如碳素墨水等，禁止使用圆珠笔、铅笔、纯蓝墨水等不耐久的书写材料进行填写。已采用档案计算机管理的单位，可直接使用档案管理软件生成并打印出的目录。

归档文件目录应单独装订成册，并编制封面。

归档文件目录封面的格式应与目录的编制方式一致，设置卷宗名称、年度、保管期限、机构等项目。其中卷宗名称栏应使用全称或规范化简称填写立档单位的名称，其他栏目根据目录制成册的具体方式选择设置并填写。

归档文件目录

归档文件目录 *卷宗名称______ *年　　度______ *保管期限______ *机　　构______ （问题）________

六、归档文件的装盒

装盒包括将归档文件按件号顺序装入档案盒、填写备考表、编制档案盒封面及盒脊项目等工作内容。

归档文件应严格按照件号的先后顺序装入档案盒，与归档文件目录中相应条目的排列顺序相一致，保证检索到文件条目后能对应地找到文件实体。档案利用完毕后归位时，同样要注意将其按件号顺序装入相应档案盒中。

1. 档案盒的规格

档案盒的规格为：长 310mm，宽 220mm 的长方体，厚度一般为 20mm、30mm、40mm，此规格是按照可放入纸张幅面为国际通用 A4 型（297mm × 210mm）的文件，并能够较方便地取盒内文件而设计的。

2. 档案盒的摆放

档案盒的摆放方式可以分为竖式和横式。同一机关档案部门，两种格式的档案盒只能选用一种，以保持档案盒上架后整体的整齐、美观。

3. 档案盒的封面填写

（1）卷宗名称：应使用全称或规范化简称标明（即立档单位名称），下加双横线。

（2）卷宗号：一般卷宗暂未给定的可先空置；无进馆任务的单位（如某些企事业单位），可以不印制卷宗号一栏。

（3）年度栏：填写盒内文件的形成年度。

（4）保管期限栏：填写盒内文件所属保管期限，一般以汉字全称表示。

（5）机构（问题）栏：填写分类方案中相应机构（问题）的类目名；不按机构（问题）分类的单位，盒脊上可以不印制机构（问题）项。

（6）起止件号栏：填写盒内排列最前和排列最后的归档文件的件号，其间用“—”号连接。

（7）盒号：一般按照档案盒上架排列后顺序流水编制，可以每年一断号，也可以 4 位数为限几年一断号。

（8）备考表：将所有归档文件放在盒内之后，用以对盒内归档文件进行必要的注释说明。

备考表上设置的项目包括盒内文件情况说明、整理人、检查人和日期，各项填写要求请参见第三节第一题第 3 小题中“填写卷内目录”中规定的填写方法。

档案盒备考表

盒内文件情况说明   整理人： 检查人： 年　月　日

第四章　日常管理

公文管理是指在一定的公文管理原则和制度的指导、制约下，对公文及其办理过程中各个要素、工作环节以及人、财、物、信息的运动过程进行科学系统的规划、组织、监督、控制、协调的活动。

第一节　管理制度

公文管理制度，是为了顺利实现公文效用、有效运行公文程序而制定的各项规则、办法等。

根据国家的有关规定和公文管理工作的特点，公文管理中应遵守以下主要制度。

一、保密制度

保密制度，是指在公文管理活动中严格执行有关保密工作的法律、法规和规章，严守党和国家的秘密，确保公文安全的系列规范。

保密制度具体包括：

（1）合理划定公文的秘密等级和保密期限，并予明显标示。

（2）不随便将秘密公文携带出办公室、阅文室。

（3）不用普通邮递或电子邮件方式传递秘密公文。

（4）未经批准不得转借、复印、摘录、私存、传播秘密公文等，以避免丢失、泄露秘密。

二、登记制度

登记制度，是指对公文发出、收进、运转、处理等各环节情况进行登录的各种原则，方法和规程等。

登记制度具体包括：准确记录公文标题、文号、发文机关、成文时间、抄送机关等文件自身的各种数据，记录文件发生位置变动情况的动态，阅文人、批办人、承办人员的有关情况等。登记工作贯穿于公文形成、办理和管理的整个过程中，是公文管理的重要环节。

三、分类归卷制度

分类归卷制度，是指在日常管理活动中，将已经办理完毕的公文随时或定期收集集中，分门别类地放入预先设定的卷夹（盒）中，卷夹（盒）上注明公文分类的条目或分类号的系列规程。

平时归卷有助于机关日常的公文管理有条不紊，方便对现行公文的查找利用，同时，也为年终公文的立卷归档工作奠定良好的基础。

四、阅文制度

阅文制度，是指机关根据工作人员的职级、职务、职权、职责而对其阅读公文的范围，内容，顺序，方式等所做的规定。其目的是避免时间的无效消耗，提高公文处理的速度和实现公文的效用。

五、公布和翻印制度

公布和翻印制度，是指对公文公布和翻印的范围、方式、审批手续等方面的规定。

公布翻印制度应明确以下内容：对上级机关的公文，除绝密级和注明不准翻印的以外，下一级机关经负责人或者办公厅（室）主任批准，可以翻印，翻印时应当注明翻印的机关、日期、份数和印发范围；公开发布行政机关公文，必须经发文机关批准，经批准公开发布的公文，同发文机关正式印发的公文具有同等效力；公文复印件作为正式公文使用时，应当加盖复印机关印章。

六、催办查办制度

催办查办制度是指根据承办时限和内容要求对公文的办理和贯彻情况进行督促检查的各种规定。

催办查办的范围、方式方法、程序等都应予以明确规定，以更好地实现其监督反馈功能。

七、清退制度

清退制度，是指明确清退文件的范围、原则、程序和具体方法等方面的规定。其初衷和目的是通过将办理完毕的公文定期或不定期退还原发文机关或由其指定的专门部门，以防止公文遗失，保证公文的安全，提高公文的运转速度。

八、销毁制度

销毁制度，是指对不具备归档和存查价值的公文进行毁灭处置的范围、方式等做出的规定。

经过鉴定，并经办公厅（室）负责人批准的无保存价值的公文予以销毁。秘密公文的销毁，应当到指定场所由两人以上监销，保证不丢失、不漏销，其中销毁绝密公文应当进行登记。

九、移交归档制度

移交归档制度，是指公文处理部门将属于归档范围的公文编立成案卷，移交给档案部门的各项规定。

一般机关均应按归档范围进行归档。机关合并的，其全部公文应当在合并时随之合并管理。机关撤销的，在撤销时需要归档的公文整理后按有关规定移交档案部门。秘书人员调离工作岗位时应当将本人保管和借用的公文按照有关规定移交、清退给有关部门或人员。

十、借阅利用制度

借阅利用制度，是指对公文提供利用的范围、方式、时间、审批手续等的一系列规定和要求。

借阅利用制度主要是指公文在向档案部门归档移交之前，由公文承办部门或综合办公厅（室）提供公文日常借阅时的范围、方式、时间、审批手续等的一系列规定和要求。借阅时，应按照有关规定，严格地履行应有的借阅手续。

第二节 信息加工

公文信息加工，即公务员在收到公文后，对其进行筛选分类、编辑加工，提取有效信息的活动。

一、公文信息加工的原则

1. 及时原则

及时的要求是，快速收集加工和反映行政事务、对象、环境变化发展的最新信息。这些信息体现了各机关在现阶段工作发展的新情况、新动态、新典型，是具有新意的，有代表性、方向性的信息，这些信息最能反映事物本质特征与规律。如果收集和处理迟缓，一旦时过境迁，其原有价值再大，其现实价值也所剩无几，甚至一无所取，也就失去了公文信息加工的意义。“及时”是公文信息的价值保障。

2. 真实原则

真实的要求是，加工中保持公文信息的准确真实，实事求是地反映原文的真实思想，保持其原意，切忌凭个人好恶主观地断章取义，妄行校改。公文信息的失真，会给领导或管理者的决策工作造成失误，甚至带来严重损失。“真实”是公文信息的生命。

3. 适用原则

适用，是指强调公文信息的针对性，毫无目的、不分轻重缓急加工编辑公文信息，结果是工作中根本用不上，既加重工作负担，又浪费人力物力和时间。“适用”是公文信息加工根本的出发点和最终的落脚点。

二、公文信息加工的方式

1. 分类加工

分类加工即将繁杂混乱的公文信息按业务性质、重要程度、紧急程度、主题内容、时间特征等标准，予以分门别类，有针对性地采取不同的处理方法。对公文进行分类加工，有助于公文信息的定向合理流通、运转，便于及时快捷地办理公文。

2. 比较加工

比较加工即对同类型或者连续的公文信息进行比较，为领导人或管理者分析某一管理对象或事物的历史、现状及趋势提供客观依据。对公文进行比较加工，浓缩了公文信息，扩大了公文信息量值，可使更多领导人或管理者获得大量信息，有利于提高阅文效率。

3. 综合加工

综合加工即将不同时间、不同侧面的公文信息经过综合归纳，产生具有新质的概念或结论。对公文进行综合加工，有助于领导人或管理者对具有动态性、预测性重要信息的把握，对其进行决策具有重要参考价值。

第三节　平时归卷

一、平时归卷的含义

平时归卷，是指机关各部门及其人员在日常管理中，按照本单位预先编制的公文的归档范围和不归档范围，对办理完毕的公文进行分类、集中，组织起一个日常公文的直接查找系统。这个“直接查找系统”可以方便、快捷地实现按“号”索“文”，同时又能为次年初的公文立卷归档工作奠定良好的基础。

二、平时归卷的方法

1. 准备卷夹

在新的一个年度开始时，根据归档范围和不归档范围，为每一个类别的公文准备一个或几个公文盒，并在其卷脊上注明条款名称、类别、属类、条款顺序号，也可直接标明其条款的数字代码，如“1－1－2”表示第一个大类的第一个属类中的第二条款的公文盒。这个数字代码即是归档号。秘书人员在收文处理时，在公文首页加盖收文章，并在收文章中标明这份公文在本机关公文分类方案或归档范围中的类别属类的条款数字代码。

2. 收集公文

将公文日常管理活动中已经办理完毕的公文收集起来，要求做到齐全、完整。如对外发文，应在公文发出的同时将定稿和正本一起收集；收文办理各环节中应催办，监控公文的运转环节，注意随时收集办结公文；同时，还应注意对未履行公文处理程序的会议记录、领导发言稿等公文的收集，以保证反映本机关职能活动的公文完整齐全。

3. 分类归卷

将收集的公文，按照其在本机关公文分类方法或归档范围中所属的类别属类，或者对照办结公文首页上收文章中的归档号，将其分别放入预置的卷盒中保管。归卷工作最好能够随收随归，如条件不允许，也可以采用一周、两周或一个月进行定期归卷。

三、平时归卷的作用

机关公文经过平时归卷后，类别清楚、系统有序，查找时只要查到公文收文簿上公文的归档号，即可在文件柜中对号入座地找到相应的卷盒，取出所需的公文。

第四节　办结处置

无论是收文处理，还是发文处理过程，都有一个处置办理完毕公文的活动。

办结公文处置，是指对已经发出或承办完毕的公文，根据其不同情况予以分门别类决定其归宿的活动。在机关中对办结公文的处置方法主要有：公文的立卷归档、清退、销毁、暂存。

一、公文的立卷归档

立卷归档是指从已办毕的大量公文中，通过科学、合理的加工整理，将其中有价值的部分挑选出来，按照它们的联系和规律，组成一个案卷，供日后查考和利用。

公文立卷，可以维护公文之间的联系，防止公文的磨损、散失，保护公文安全、完整，方便管理，有利于检索、查阅与利用。同时，立卷归档为国家档案事业奠定基础，为国家积累档案财富。

公文立卷是公文运转处理的终点，也是一切公文的归宿。

二、公文的清退

清退即经过清理将有关办毕的收文按期退归原发文机关或由其指定的有关单位。

公文清退工作的目的是保证重要公文或机密公文信息内容的安全，避免公文的丢失或失密、泄密现象的发生；保证公文郑重性、严肃性、权威性与有效性，避免无用或错误公文信息的扩散给各项工作造成负面影响。

需要清退的公文包括：绝密公文、有重大错漏的公文，被明令撤销的公文，仅供征求意见或审阅的公文，一些未经领导本人审阅的讲话稿，其他发文机关指定需要清退的公文。清退公文的办法，或按规定成批定期进行，或随时清退。但不论以何种方式清退，都应该办理一定的手续。对要清退的公文，任何人不允许私自摘要或复制。

清退办法：

1. 注明清退日期的绝密公文及其他公文材料

对注明清退日期的绝密公文及其他公文材料，应由机要部门或文秘部门按制发机关要求的清退时限退还。清退时应逐件核对清点、退还，同时要在《收文登记簿》或者《公文清退清单》上注明清退日期和清退编号；下级机关报送的绝密公文，一般不予退回，由上级机关销毁或暂存备查。

2. 未注明清退要求但不宜在收文机关久存的重要公文材料

对虽未注明清退要求但属不宜在收文机关久存的重要公文材料，收文机关秘书部门应及时主动与公文制发机关联系，按照发文机关的意见处理。

3. 需要清理的会议公文

需要清理的会议公文（包括征求意见稿、讨论稿），由会务组负责找持件人清退。本机关内部征求意见稿，由承办单位的承办人或公文管理人员直接清退。外单位征求意见的公文（文稿），由本机关的文秘部门定期或不定期地统一清退。

4. 公文清退要求

需清退的公文（文稿）一般应与其他公文（文稿）分别保管，任何人不得私自翻印、摘录、复印。清退公文时，应认真清点、防止夹带其他公文，交接双方应履行交接手续，出具书面凭据；成批清退时，应附一式两份的《公文清退清单》，双方均应在此清单上签注姓名和时间，以示对清退工作负责。

三、公文的销毁

销毁是指对没有保存价值和可能性的办毕公文所做的毁灭性处理。需要销毁的公文主要包括：所有没有留存价值的公文，没有留存必要的重份公文，不立即销毁有可能造成失密或损坏的公文，一般性的没有保存价值的草稿，印制公文中形成的校样、印版等。

公文销毁必须经由有关领导批准后方可予以销毁。一般来说，销毁一般公文，由文秘部门与业务部门负责人审核，机关保密部门审查批准，定期销毁。销毁秘密公文及重要公文，填写《公文销毁清单》后，由各机关文秘部门负责人审核，机关保密部门与分管领导人审查批准。销毁计算机储存的公文材料，可经有关部门或领导人审查批准后定期清洗软盘。未经审查批准，任何部门和个人均不得私自销毁公文。待销公文平时由文秘部门妥善保存。

销毁的方式有：焚毁、变成纸浆、粉碎、清洗消磁等。但对要销毁的文件必须按照规定履行有关手续，个人不得私自销毁文件。

四、公文的暂存

公文的暂存，是指对既不应立卷归档或清退，又暂不宜销毁的公文，仍需再留存一段时间以备查用。部分公文暂时留存保管，能方便日常工作中的查阅参考，可以减轻业务部门频繁查找归档公文带给档案部门的压力，以及带给档案本身的磨损，还可以节约大量的人力和时间。

暂存公文的范围：凡不需立卷归档或清退，对本机关工作仍具有一定参考利用价值的公文材料，均可列入暂存公文范围，具体包括：频繁查阅的已立卷归档公文的重份文本与复印本；具有参考价值的公文、简报等；一时难以准确判定是否留存或销毁的公文；反映一般情况的公文、报表；等等。

暂存公文应由各机关的文秘部门统一、集中保管，并按一定的方法加以管理，重要常用的暂存公文，应根据立卷原则与方法进行系统整理并组成案卷，如不便或不能装订成卷（册），也应置于公文夹内妥善存放，防止散失。可以编制简便的案卷目录或公文目录，以便于日常的查找利用。在提供利用时，必须建立必要的借阅制度，严格办理借阅登记手续。

第五节　处理过程管理

公文处理过程管理，是指对公文从形成、运行、办理、利用到存放及销毁等过程的组织监督工作。公文处理过程管理直接关系整个机关、部门的工作效率及国家秘密的安全，是公文处理的一个重要环节。

文件跟踪单呈卡片形式，每一类型的文件跟踪单放在一起。以县委办公室为例，中央文件、内刊，省委文件、内刊，省政府文件、内刊，市委文件、内刊，市政府文件、内刊分别放在各自的盒子里。清文收回后，跟踪单自行作废。

2. 文件的定位管理法

把送阅、送办的文件取回后按照预先给它们规定好的位置存放起来，即所谓定位管理。具体办法是：

按文件长、宽制作适当厚度的文件盒（塑料盒或自制的夹板纸盒均可），并将本机关所有文件名称按一定的规律（参考收文登记簿类目）分别标注在盒上，把文件柜分上半年与下半年两个或几个使用期，柜内再用横挡板分出层次（中央级、省级、市级等）。然后依文件盒标清的名称，本着由上到下的等级次序，将盒放在柜内相应的层次，运转回来的文件，分层次按序入位。

3. 文件的卡片管理法

在文件管理工作中，为了便于查找，文件可采取编制“文件卡片”形式管理。“文件卡片”是以卡片形式揭示本单位文件内容和成分的一种检索工具。把浩瀚的文件信息储存起来，加以科学的分类，使同一问题和专题性的内容信息汇集在一起，排列在一起，组成一个有机的整体，便于主动为领导提供利用信息。“文件卡片”是当前手工检索工具中较为广泛运用的一种。

编制文件卡片应注意以下几种情况：

（1）凡遇到文件标题填写不合逻辑时，要按照实际情况更改标题。例如，有些统计表，往往是上级组织直接统一印发的，标题往往用“全国×××统计表”，这类表格如果用在县级单位时，其标题就应改写成“××县×××统计表”。

（2）遇到无标题或文件名称作标题的文件，则要根据文件的内容拟制一个简明确切的标题。

（3）有的文件虽有标题，但要加上一个副标题才比较确切，使人一目了然。

（4）对文字太长的标题，在不影响文件原意的情况下，可以适当简略，使人一看就懂。

卡片分类后，要根据一定的方法固定类内每张卡片的前后次序和排列位置，保持文件之间的历史关系，使之有规可行，有目可查。每个单位每年所编制的卡片格式标准要一致，这样才不会失散，同时又便于查找利用。文件卡片的排列主要是属类与小类内文件卡片的排列，可按类—属类—小类（问题）—年度—作者—时间的顺序排列。这样排列，同一性质的文件集中在一起，便于迅速、准确、完整、系统地查找。在同一年度里，卡片排列的次序习惯是：先上级后平级再下级；先党委后行政；先领导机关后业务部门。卡片经过排列，位置固定后放进卡片柜，并设属类、小类、问题或年度、作者等的索引卡，最后拟写一个“查阅须知”。这样基本上既能克服文件保管、利用的混乱现象，同时又保证了文件卡片的编制质量，使“文件卡片”这项检索工具更好地起到为领导当好参谋和助手的作用。

4. 文件的制度管理法

要建立文件借阅、传递、归档制度，以便发现丢失、损坏等问题时，进行核对和查找。

建立文件借阅、传递、归档制度一般包括下列内容：

（1）建立文件借阅簿

建立文件借阅簿，是指把各种文件分门别类、有科有目的编排成簿，方便阅览时查找。

（2）借阅文件注意的问题

①认真。无论何人、何故、何时借阅文件或资料，不管再急、再忙，都要在“借阅簿”上一丝不苟地履行登记、签字手续。

②严密。规定借阅时间，控制“密级”文件阅知范围。特别对标有“密级”文件的外借，随时请示领导，借出前要当面交代注意事项。

③勤查。对所管理的文件一周一小清、一月一大清、一季一核对、半年一整理，一有问题就主动、及时上报，求得迅即解决。

（3）规定文件借阅范围

列明本簿所属文件仅供何人何时查阅。